Martin Rothkegel / Reinhard Assmann (Hg.)

Eine freie Kirche in einer freien Gesellschaft

Schriftenreihe des Berliner Instituts
für vergleichende Staat-Kirche-Forschung 30

Bestellungen direkt in unserem Institut,
per Post: Bethaniendamm 25, 10997 Berlin,
telefonisch: 030 22496821,
per E-Mail: biskf@arcor.de.
Weitere Informationen auf unserer Webseite:
                 www.staat-kirche-forschung.de.

Martin Rothkegel / Reinhard Assmann (Hg.)

Eine freie Kirche in einer freien Gesellschaft

Freikirchliche Perspektiven auf das Verhältnis von Kirche und Staat

Beiträge einer internationalen Tagung des Berliner Instituts für vergleichende Staat-Kirche-Forschung in Kooperation mit der Theologischen Hochschule Elstal, Berlin, 6. und 7. Dezember 2017

© Gesellschaft zur Förderung vergleichender Staat-Kirche-Forschung e.V., Berlin 2019

Alle Rechte vorbehalten
Satz, Layout und Umschlag: Peter Muttersbach
Umschlagbild: Oncken-Archiv des Bundes Evangelisch-Freikirchlicher Gemeinden in Deutschland, Elstal.
Druck und Binden: Schaltungsdienst Lange oHG, Berlin

Printed in Germany
ISBN 978-3-931232-37-5

Inhaltsverzeichnis

3

Inhaltverzeichnis

Zum Geleit

Liebe Leserinnen und Leser,

„Eine freie Kirche in einer freien Gesellschaft", so lautet der Titel von Heft 30 der Schriftenreihe des Berliner Instituts für vergleichende Staat-Kirche-Forschung, das Sie nunmehr in Ihren Händen halten. In ihm geht es um „freikirchliche Perspektiven auf das Verhältnis von Staat und Kirchen", wie es im Untertitel des Heftes heißt. Autoren aus Deutschland, aus den USA, aus Großbritannien sowie aus Polen nehmen verschiedene freikirchliche Zusammenschlüsse in mehreren Jahrhunderten und in unterschiedlichen Ländern in den Blick, was die Lektüre dieses–Bandes besonders informativ und interessant macht.

Das Berliner Institut für vergleichende Staat-Kirche-Forschung hat sich in den 25 Jahren seiner Existenz immer wieder einmal der Geschichte freikirchlicher Zusammenschlüsse und kleiner Religionsgemeinschaften angenommen. Zu den ersten Veranstaltungen dieser Art gehörte ein Institutsabend, bei dem es um die Geschichte der Quäker in der DDR ging. In deren Büro in der Planckstraße 20 hatte das Institut unmittelbar nach seiner Gründung 1993 seinen Sitz. Dennoch nahmen Fragen der Geschichte des Verhältnisses zwischen dem DDR-Staat und den evangelischen Landeskirchen sowie der katholischen Kirche in der Institutsarbeit einen weit größeren Raum ein, was angesichts der Geschichte und der konfessionellen Landschaft des Territoriums der DDR nicht verwundert.

Umso dankbarer waren wir, als die Theologische Hochschule in Elstal auf unser Angebot einging, zu einer gemeinsamen Tagung über die Geschichte der Freikirchen und ihr Verhältnis zum jeweiligen Staatswesen einzuladen. Diese Tagung fand am 6. und 7. Dezember 2017 im Evangelischen Forum in Berlin-Mitte statt und erfreute sich eines regen Zuspruchs.

Danken möchte ich dafür neben Martin Rothkegel, der an der Theologischen Hochschule in Elstal Kirchengeschichte unterrichtet, Reinhard Assmann, der Mitglied im Vorstand unseres Trägervereins ist und im Historischen Beirat des Bundes Evangelisch-Freikirchlicher Gemeinden in Deutschland mitarbeitet. Ohne ihre Sachkunde und vielfältigen Kontakte im In- und Ausland wäre es nicht möglich gewesen, einen so kompetenten Kreis von Referenten für die Tagung zu gewinnen. Danken möchte ich in diesem Zusammenhang der Irina-Modrow-Stiftung für die großzügige finanzielle Unterstützung der Tagung.

Ich bin sehr froh, dass nunmehr – nach fast zwei Jahren – die Beiträge der Tagung in Buchform erscheinen können. Für das Zustandekommen dieser umfangreichen Publikation gilt mein besonderer Dank den beiden Herausgebern, Martin Rothkegel und Reinhard Assmann, sowie den Autoren, die ihre Tagungsreferate für die Drucklegung bearbeitet und teilweise erheblich erweitert haben. Danken möchte ich Peter Muttersbach, der ehrenamtlich Satz und Layout besorgte, und der Ursula-und-Horst-Dähn-Stiftung für die Gewährung des notwendigen Druckkostenzuschusses.

Ich freue mich, Sie als Leserin/als Leser unserer Schriftenreihe begrüßen zu können und wünsche Ihnen eine interessante und informative Lektüre dieses Bandes.

Joachim Heise
Institutsleiter und verantwortlicher Redakteur der Schriftenreihe

Eine freie Kirche
in einem freien Staat
Vorwort der Herausgeber

I

Vor 100 Jahren, im August 1919, trat die Weimarer Verfassung in Kraft. Die Artikel 136, 137, 138, 139 und 141 WRV wurden 1949 als Artikel 140 in das Grundgesetz der Bundesrepublik Deutschland übernommen und bilden bis heute die Grundlage des deutschen Religionsverfassungsrechts. Als dessen drei Säulen gelten die Religionsfreiheit, die Trennung von Staat und Kirche und das Selbstbestimmungsrecht der Religionsgemeinschaften bzw. der diesen gleichgestellten Weltanschauungsverbände.

Die Trennung von Staat und Kirche ist in Art. 137 Abs. 1 WRV mit dem knappen Satz ausgedrückt: „Es besteht keine Staatskirche." Eine strikte Trennung zwischen dem hoheitlichen Handeln des Staates und der religiösen Betätigung der Religionsgemeinschaften fordern die „Kirchenartikel" der Weimarer Verfassung bzw. Art. 140 GG indessen nicht. Mit dem Recht auf die Erhebung von Steuern wurde den Kirchen nicht nur ein genuin hoheitliches, nur durch die Mitwirkung der staatlichen Exekutive durchsetzbares Recht zugestanden. Vielmehr wurden durch Staatsverträge und Landesgesetze weitreichende Verpflichtungen zur aktiven staatlichen Förderung der ehemaligen protestantischen Staatskirchen und der römisch-katholischen Bistümer festgeschrieben. Die aktive staatliche Förderung der beiden Großkirchen umfasst heute unter anderem die (seit 1919 entgegen dem Verfassungsauftrag zur Ablösung derartiger Zahlungen beträchtlich ausgeweiteten) Staatsleistungen, die finanzielle Förderung von Hochschulen in kirchlicher Trägerschaft, die finanzielle Förderung der kirchlichen Auslandsarbeit, den Unterhalt konfessionell gebundener theologischer Fakultäten und Lehrstühle an staatlichen Hochschulen und den konfessionellen Religionsunterricht an staatlichen Schulen.

Die – im Vergleich mit anderen den Grundsätzen der Religionsfreiheit und der weltanschaulich-religiösen Neutralität verpflichteten Demokratien ungewöhnliche – „hinkende Trennung" von Staat und Kirche wird vor dem Hintergrund der historischen Kontexte, in denen die entscheidenden religionsverfassungsrechtlichen Wiechenstellungen erfolgten, verständlich. 1919 war die Idee eines konsequent säkularen Staats, der auf jegliche Form der religiösen Legitimation verzichtet und sich der aktiven Förderung der traditionell staatstragenden Kirchen enthält, schlicht nicht mehrheitsfähig. Ein anderer Aspekt war 1949 maßgeblich, nämlich die besondere Rolle der Kirchen beim Aufbau einer Zivilgesellschaft nach dem Ende der nationalsozialistischen Diktatur. Die Rechtsordnung der Bundesrepublik eröffnete den Kirchen breite Möglichkeiten der öffentlichen Präsenz und der Mitwirkung an gesellschaftlichen Prozessen. Vier Jahrzehnte später trug die Wahrnehmung der konstruktiven Rolle der Kirchen in der DDR vor und während der Friedlichen Revolution von 1989 dazu bei, das Prinzip der fördernden Neutralität des Staates gegenüber den Religionsgemeinschaften im politischen Diskurs des wiedervereinigten Deutschland auf breiter Basis zu verankern.

Grundsätzlich anders verlief die Entwicklung in der DDR. Der alleinige Machtanspruch der SED führte zu massiven Einschränkungen gesellschaftlich-öffentlicher Mitgestaltung durch die Kirchen. Nach anfänglichem Konfrontationskurs kam es in den Folgejahren zu Begegnungen zwischen den Kirchen und der SED-Staatsführung, die seitens der Kirchen vor allem mit dem Ziel, pragmatische Lösungen für die Situation der Gläubigen und Gemeinden zu finden, angestrebt wurden. Die SED propagierte die strikte Trennung von Staat und Kirche – allerdings mit der vorrangigen Absicht, die Wirksamkeit der Kirchen in den privat-religiösen Raum abzudrängen. Zugleich erwartete sie von den Kirchen Loyalitätsbekundungen zum sozialistischen Staat. Der Versuch, für dieses Ziel mittels Differenzierungspolitik Landes- und Freikirchen gegeneinander auszuspielen, scheiterte jedoch – mit wenigen Ausnahmen – am wachsenden ökumenischen Bewusstsein und der zunehmenden Zusammenarbeit der Kirchen in der DDR.

Die rechtlichen und politischen Rahmenbedingungen im 1990 wiedervereinigten Deutschland tragen der Einsicht Rechnung, dass Religion keine Privatsache ist. Mit der Ermöglichung des öffentlichen Wirkens der Religionsgemeinschaften kommt der deutsche Staat insbesondere dem theologischen Selbstverständnis der christlichen Kirchen entgegen, deren Verkündigung und Dienst stets über den Kreis der eigenen Gemeindemitglieder hinausweist und Gehör in der Öffentlichkeit sucht. Einen Öffentlichkeitscharakter bzw. öffentliche Wirkungsmöglichkeiten beanspruchen auch einige – aber keineswegs alle (auch das ist zu respektieren!) – der in Deutschland vertretenen nichtchristlichen Religionsgemeinschaften.

Die Formel von der fördernden Neutralität des Staates gegenüber den Religionsgemeinschaften wird jedoch in dem Maß problematisch, in welchem mit ihr – über die Ermöglichung der Religionsfreiheit und des öffentlichen Wirkens der Religionsgemeinschaften hinaus – die aktive Förderung bestimmter Religionsgemeinschaften oder bestimmter Formen von Religion legitimiert wird. Dies gilt nicht nur für die genannten Instrumente der direkten und indirekten staatlichen Subventionierung, die von ihrem Ursprung her zur Sicherung der Tätigkeit der beiden Großkirchen bestimmt waren und bis heute primär diesen zugutekommen, während anderen Religionsgemeinschaften entgegen dem Gleichbehandlungsgrundsatz keine vergleichbare Förderung gewährt wird. Auch Versuche, dem Gebot der Gleichbehandlung durch eine dem gegenwärtigen Stand der demographischen Entwicklung und der religiösen Pluralisierung entsprechende Ausweitung der begünstigten Religionsgemeinschaften nachzukommen, können sich als problematisch erweisen. Dies ist der Fall bei der Schaffung konfessionsgebundener Lehrstühle für islamische Theologie an staatlichen Universitäten, sofern damit staatlicherseits die Erwartung verbunden wird, langfristig auf die innere religiöse Entwicklung der islamischen Gemeinden Einfluss zu nehmen. Hier stellt sich die Frage nach den Grenzen, die das Neutralitätsgebot und der Grundsatz der Selbstbestimmung der Religionsgemeinschaften dem staatlichen Handeln in Bezug auf Religion setzen.

Diskussionen über ein *aggiornamento* des durch die historische Entwicklung und die föderalen Strukturen ausgesprochen komplizierten deutschen Religionsverfassungsrechts sind längst im Gange. Ihr Anlass sind nicht nur der stetige Rückgang der Mitgliederzahlen der traditionellen Kirchen und der wachsende Anteil der Konfessionslosen an der Bevölkerung, sondern auch die starke Präsenz des Islam in Deutschland, zumal das deutsche Religionsverfassungsrecht bislang keine Rechtsform anbietet, die dem Selbstverständnis und der Vielfalt der islamischen Traditionen hinreichend Rechnung trägt. Wenig wahrgenommen wird im Kontext dieser Diskussionen, dass die evangelischen Freikirchen mit beachtlichem Erfolg, aber auch mit hohem Einsatz ein alternatives Modell der Beziehung zwischen Staat und Religionsgemeinschaften praktizieren.

Die evangelischen Freikirchen finanzieren ihre Arbeit durch freiwillige Spenden ihrer Mitglieder und verzichten freiwillig auf das ihnen, sofern sie öffentlich-rechtliche Körperschaftsrechte besitzen, zustehende Recht auf Erhebung von Kirchensteuern. Die für den Kirchensteuereinzug erforderliche, aufwendige Verflechtung von staatlicher Verwaltung und kirchlicher Selbstverwaltung entfällt. Durch die Nichterhebung der Kirchensteuer erübrigt sich auch die problematische Pflicht zur Bekanntgabe der Religionszugehörigkeit gegenüber Arbeitgebern, Banken, Kreditinstituten und Versicherungen. Abgesehen von vereinzelten (und gerade durch ihre Geringfügigkeit bezeichnenden) Ausnahmen[1] erhalten Freikirchen keine Staatsleistungen. Die evangelischen Freikirchen unterhalten in Deutschland spendenfinanzierte theologische Hochschulen, die keinerlei staatliche Zuwendungen erhalten (Institute oder Lehrstühle für freikirchliche Theologie existieren an deutschen staatlichen Hochschulen nicht). Auch die humanitäre Auslandsarbeit der Freikirchen wird durch Spenden der Gemeindemitglieder finanziert.

Kein grundsätzlicher Unterschied zwischen den Freikirchen und den beiden großen Kirchen besteht dagegen im Bereich der Freien

---

1 Vgl. in diesem Band den Beitrag von *Harald Mueller*, Staat, Kirchen und Freikirchen in der Bundesrepublik Deutschland.

Wohlfahrtspflege, in dem die evangelischen Freikirchen und die mit ihnen verbundenen Werke in einem im Verhältnis zur Mitgliederzahl auffallend hohen Maß aktiv sind. Die zahlreichen Kindergärten, Altenheime und Krankenhäuser in freikirchlicher Trägerschaft werden ebenso wie die Einrichtungen anderer nichtstaatlicher Träger aus öffentlichen Mitteln gefördert. Einige freikirchliche Träger erhalten auch Zuschüsse von öffentlicher Seite für Maßnahmen im Bereich der Jugendarbeit.

II

Auch wenn diese Aussagen im Großen und Ganzen auf die meisten derjenigen evangelischen Freikirchen, die der Vereinigung Evangelischer Freikirchen (VEF) angehören, zutreffen, schließt der Begriff der Freikirchen eine große Bandbreite unterschiedlicher Traditionen ein, deren Verhältnis zum Staat keineswegs einheitlich ist. Der Begriff „Freikirche", eine Lehnübersetzung des englischen „free church", wurde als Gegensatzbegriff zu „Staatskirche" in Deutschland seit den 1840er Jahren üblich, und zwar zunächst vor allem im Zusammenhang mit den lutherischen Freikirchen, die sich aus Opposition gegen die preußische Kirchenunion oder aufgrund anderer theologischer Konflikte von den protestantischen Staatskirchen mehrerer deutscher Länder separierten. Erst gegen Ende des 19. Jahrhunderts fand der Begriff „Freikirchen" in Deutschland vereinzelt als gemeinsame Selbstbezeichnung von Methodisten, Baptisten und Freien evangelischen Gemeinden Verwendung. Häufiger wird die Selbstbezeichnung als Freikirchen dann seit dem Ersten Weltkrieg, als Methodisten und Baptisten sich gegen die Diffamierung als „angelsächsische Sekten" zu schützen suchten. Vertreter der Methodisten, Baptisten und Freien evangelischen Gemeinden gründeten 1916 einen „Hauptausschuss Evangelischer Freikirchen", aus dem 1926 die VEF hervorging, der in der Folgezeit noch weitere freikirchliche Denominationen beitraten. Ihnen war die Auffassung gemeinsam, dass ein Mensch nur durch ein freiwilliges Bekenntnis zum christlichen Glauben Christ werden könne und daher auch nur freiwillig einer christlichen Gemeinde beitreten könne. Durch die starke Betonung der Freiwilligkeit in Glaubensdingen erhielt der Begriff „Freikirche" nun über den bloßen Gegensatz zu „Staatskirche" hinaus eine theologisch konkrete Bedeutungsnuance.

Die Nichtinanspruchnahme staatlicher Mittel und der staatlichen Exekutivgewalt für die Erreichung kirchlicher Ziele, die sich bei einigen Freikirchen eher als pragmatische Konsequenz aus der besonderen Betonung der persönlichen Glaubensüberzeugung einstellte, galt in anderen freikirchlichen Traditionen als theologische Grundsatzfrage. Besonderen Nachdruck auf eine strikte Trennung zwischen Kirche und Staat legten vor allem die Baptisten seit ihren ersten Anfängen im frühen 17. Jahrhundert. Bereits eines der frühesten Glaubensbekenntnisse der englischen Baptisten aus dem Jahr 1612 formulierte als verbindlichen Glaubensartikel:

> „That the magistrate is not by vertue of his office to meddle with religion, or matters of conscience, to force and compell men to this or that forme of religion, or doctrine: but to leave Christian religion free, to every mans conscience, and to handle onely civil transgressions […]."[2]

> „Dass die Obrigkeit keine Befugnis hat, sich in Religion oder Gewissensfragen einzumischen, Menschen zu dieser oder jener Form von Religion oder Lehre zu zwingen oder zu nötigen; vielmehr soll sie die christliche Religion dem Gewissen jedes Menschen freistellen und lediglich weltliche Verbrechen ahnden […]."

Der Kirche als einer *societas perfecta*, d.h. einer Gemeinschaft, die über alle zur Erreichung ihres Zwecks benötigten Mittel selbst verfügt, steht nach dieser Auffassung der Staat als eine religiös neutrale Instanz gegenüber. Sein Mandat im Hinblick auf die Religionsgemeinschaften beschränkt sich darauf, die für deren Tätigkeit notwendige Freiheit zu gewährleisten. Artikel über die Trennung von Kirche und Staat sind in den meisten baptistischen Glaubensbekenntnissen vom 17. Jahrhundert bis zur Gegenwart enthalten. Besonders ausführlich ist ein amerikanisches Glaubensbekenntnis aus dem Jahr 1925, in dem eine Art politisch-theologisches Grundsatzprogramm formuliert wird:

---

[2] Propositions and Conclusions, Concerning True Christian Religion, Conteyning a Confesion of Faith of Certaine English People, Livinge at Amsterdam [Amsterdam 1613 (?)], B2v-B3r; auch in: *William L. Lumpkin* (Hg.), Baptist Confessions of Faith, Valley Forge, PA, ²1969, 140.

„Church and state should be separate. The state owes to the church protection and full freedom in the pursuit of its spiritual ends. In providing for such freedom no ecclesiastical group or denomination should be favored by the state more than others. Civil government being ordained of God, it is the duty of Christians to render loyal obedience thereto in all things not contrary to the revealed will of God. The church should not resort to the civil power to carry on its work. The gospel of Christ contemplates spiritual means alone for the pursuit of its ends. The state has no right to impose penalties for religious opinions of any kind. The state has no right to impose taxes for the support of any form of religion. A free church in a free state is the Christian ideal, and this implies the right of free and unhindered access to God on the part of all men, and the right to form and propagate opinions in the sphere of religion without interference by the civil power."[3]

„Kirche und Staat sollen getrennt sein. Der Staat ist verpflichtet, der Kirche Schutz und volle Freiheit bei der Verfolgung ihrer geistlichen Ziele zu gewähren. Bei der Gewährleistung dieser Freiheit soll keine Konfession oder Religionsgemeinschaft mehr als die übrigen vom Staat gefördert werden. Da staatliche Obrigkeit eine von Gott eingesetzte Ordnung ist, ist es die Pflicht der Christen, ihr in allen Dingen, die nicht dem offenbarten Willen Gottes widersprechen, loyalen Gehorsam zu leisten. Die Kirche soll bei der Ausübung ihrer Arbeit nicht die Staatsgewalt in Anspruch nehmen. Das Evangelium Christi lässt nur geistliche Mittel zur Verwirklichung seiner Ziele zu. Der Staat hat kein Recht, religiöse Auffassungen, welcher Art sie auch seien, mit Strafe zu belegen. Der Staat hat kein Recht, Steuern zur Förderung von religiösen Überzeugungen irgendwelcher Art zu erheben. Eine freie Kirche in einem freien Staat ist das christliche Ideal, und dies schließt das Recht aller Menschen auf einen freien und ungehinderten Zugang zu Gott ein, ferner das Recht, religiöse Überzeugungen ohne Einflussnahme der Staatsgewalt zu formulieren und zu verbreiten."

Das Schlagwort „Eine freie Kirche in einem freien Staat" stammt weder aus der Bibel noch aus der theologischen Tradition, sondern wurde von dem liberalen italienischen Staatsmann Camillo Benso Cavour (1810–1861) geprägt und hatte im italienischen Kontext des 19. Jahrhunderts auch eine durchaus andere Bedeutung als in dem amerikanischen Bekenntnistext. Die prägnante Formel ist aber geeignet, zu verdeutlichen, dass sich aus der Bildung von staatsun-

---

3   The Baptist Faith and Message (1925), hg. von der Southern Baptist Convention, in: *Lumpkin* (Hg.), Baptist Confessions, 400.

abhängigen christlichen Gemeinden notwendigerweise die Forderung ergibt, dass die weltliche Obrigkeit bzw. der Staat die dazu notwendige Freiheit gewährt.

Schon die von katholischen wie evangelischen Obrigkeiten blutig verfolgten Täufergemeinden des 16. Jahrhunderts erhoben (wie bereits ein halbes Jahrhundert zuvor die Böhmischen Brüder) Forderungen nach Glaubensfreiheit. Wie ein Staat aussehen könnte, der das Bekenntnis zum christlichen Glauben und die Zugehörigkeit zu einer Kirche der Freiheit des Individuums anheimstellt, wurde im 17. Jahrhundert in Polen von den Sozinianern sowie in England von den protestantischen Gruppen außerhalb der Staatskirche, den Dissentern oder Nonkonformisten, intensiv diskutiert und unterschiedlich beantwortet. In den Vereinigten Staaten von Amerika wurde die von den Baptisten und anderen radikalen Minderheiten geforderte Trennung von Staat und Kirche gegen Ende des 18. Jahrhunderts Verfassungsnorm. In England kam es seit den 1830ern zu einer konfrontativen Politisierung des Gegensatzes zwischen der Staatskirche und dem theologisch unterschiedlich geprägten, aber durch gemeinsame praktisch-ethische und politische Haltungen verbundenen Lager der *nonconformity*, zu dem neben den Baptisten, Kongregationalisten, Quäkern und Unitariern nun auch die Methodisten zählten. Im Kampf um die Liberalisierung und Demokratisierung der britischen Gesellschaft und um soziale Reformen spielten die Freikirchen bis zur Wende zum 20. Jahrhundert eine Vorreiterrolle.

In Deutschland dagegen überwog in den Freikirchen, die hier weder eine Massenbasis noch politische Einflussmöglichkeiten besaßen, auch noch nach 1919 eine im 19. Jahrhundert angesichts staatlicher Repressionen und politischer Verdächtigungen entwickelte Grundhaltung der demonstrativen Loyalität und der Akkommodation an die politischen Herrschaftsverhältnisse. Diese wurde vor allem mit der Aufforderung zum Gehorsam gegenüber der Obrigkeit in Röm 13 begründet. Eine vermeintlich „apolitische", tatsächlich aber systemstabilisierende Haltung führte dazu, dass die deutschen Freikirchen während der nationalsozialistischen Diktatur im

Großen und Ganzen nicht die gebotene Distanz gegenüber einem ins Verbrecherische pervertierten Staat wahrten und die politische Mündigkeit und Klarheit vermissen ließen, die ihre britischen und amerikanischen Schwesterkirchen auszeichnete. Und es sind auch die Erfahrungen in der DDR, wo sich auch viele Freikirchler erneut zum Rückzug in die private Sphäre oder zur Akkommodation genötigt sahen, die verdeutlichen, dass das Konzept der Freikirche in eine schwere Bewährungsprobe gerät, wenn allgemeine bürgerliche Freiheitsrechte nicht gewährleistet und auf dem Rechtsweg durchsetzbar sind.

III

Als das Berliner Instituts für vergleichende Staat-Kirche-Forschung im Frühjahr 2017 mit dem Vorschlag an uns herantrat, eine Tagung über das Verhältnis von Kirche und Staat in den freikirchlichen Traditionen zu konzipieren und durchzuführen, haben wir dieses Angebot gerne angenommen. Für die freundliche und unproblematische Zusammenarbeit bei dieser ersten Veranstaltung des Instituts, die ausschließlich dem eher ungewohnten Thema Freikirchen gewidmet war, danken wir dem Vorsitzenden des Fördervereins des Instituts, Herrn Bischof a. D. Prof. Axel Noack, dem Leiter des Instituts, Herrn Dr. Joachim Heise, und dem Stifter der Modrow-Stiftung, Herrn Hans Modrow, DDR-Ministerpräsidenten a. D.

Die Tagung „Eine freie Kirche in einer freien Gesellschaft: Freikirchliche Perspektiven auf das Verhältnis von Kirche und Staat" fand in Kooperation zwischen dem Institut und der Theologischen Hochschule Elstal, einer Einrichtung des Bundes Evangelisch-Freikirchlicher Gemeinden in Deutschland, am 6. und 7. Dezember 2017 im Evangelischen Kirchenforum Stadtmitte an der Parochialkirche in Berlin statt. Als Referenten konnten Fachleute verschiedener Disziplinen aus dem In- und Ausland gewonnen werden. Ein erster Themenschwerpunkt galt nonkonformistischen Freiwilligkeitsgemeinden der Frühen Neuzeit. Die Historikerin *Astrid von Schlachta* referierte über die deutschen und niederländischen Täufer, die überwiegend einen apolitischen Pazifismus vertraten. Über die Polnischen Brüder oder Sozinianer, die, begleitet von innerkirchlichen Kontroversen um das Verständnis der Bergpredigt, das Konzept eines toleranten Staats entwickelten, sprach der Philosophiehistoriker *Sascha Salatowsky*. Nicht Toleranz, sondern uneingeschränkte Religionsfreiheit forderten im Kontext der Englischen Revolution die Baptisten und andere Nonkonformisten. Wie der britische Historiker *John Coffey* darlegte, kam es bei diesen Gruppen, die Eingriffe des Staates in Glaubensdinge als „antichristlich" zurückwiesen, zu bis dahin unerhört radikalen „Absagen an das christliche Abendland".

Eine zweite Gruppe von Beiträgen galt der Umsetzung der Forderung nach Trennung von Kirche und Staat in Großbritannien und Amerika. Der amerikanische Theologe Curtis W. Freeman zog einen großen Bogen von dem Baptisten Roger Williams, der 1636 das erste säkulare demokratische Gemeinwesen auf amerikanischem Boden gründete, über die Verankerung der Trennung von Staat und Kirche in der Verfassungsordnung der Vereinigten Staaten bis zur Gegenwart. Den emanzipatorischen und sozialreformerischen Aktivismus der englischen Freikirchen des 19. Jahrhunderts beschrieb der Kirchenhistoriker *Gerhard Lindemann*. Die Rolle der afro-amerikanischen Baptisten- und Methodistengemeinden in der amerikanischen Bürgerrechtsbewegung von 1955 bis 1965 analysierte der Theologe *Michael Haspel*.

Drittens wurde die Entwicklung der Haltung der Freikirchen in Deutschland in den Blick genommen. Obwohl die konfessionell weitgehend homogenen deutschen Territorialstaaten der Entfaltung von religiösem Pluralismus hemmend entgegenwirkten, entwickelte sich aus der 1727 in Herrnhut entstandenen Evangelischen Brüder-Unität eine Freikirche, die innerhalb weniger Jahrzehnte eine weltweite Missionsarbeit entfaltete und von der vielfältige Impulse auch auf andere Strömungen des freikirchlichen Protestantismus ausgingen. Ihre Geschichte und Gegenwart behandelte der Theologe *Peter Vogt*. Ein differenziertes Bild der politischen Einstellungen in deutschen Baptisten-, Methodisten- und Freien evangelischen Gemeinden seit ihren Anfängen in den 1830ern bis zum Ersten Weltkrieg skizzierte der Kirchenhistoriker *Thomas Hahn-Bruckart*. Sein Beitrag verdeutlicht, wie wenig die von den englischen und amerikanischen Freikirchen vertretenen politischen Anliegen im deutschen Kontext Fuß fassen konnten. Die aus den im Kaiserreich verinnerlichten Einstellungen resultierende, überwiegend unkritische Haltung deutscher Freikirchler gegenüber dem Nationalsozialismus führte der Historiker *Andreas Liese* vor Augen. Der Historiker *Imanuel Baumann* erarbeitete am Beispiel eines baptistischen Laienpredigers in der frühen DDR Thesen zum politischen Verhalten dieser Freikirche in der Diktatur.

Die gegenwärtige Situation beleuchteten abschließend zwei Beiträge aus sehr unterschiedlicher Perspektive. Einen engagierten Blick auf die Lage in Deutschlands östlichem Nachbarland bot der Vortrag des Verfassungsrechtlers und Theologen *Tadeusz Jacek Zieliński* über Verfassungsnorm und Rechtswirklichkeit des Staat-Kirche-Verhältnisses in der Republik Polen. In die Gegenwart des deutschen Religionsverfassungsrechts führte aus freikirchlicher Perspektive der knappe und präzise Vortrag des Juristen *Harald Mueller* ein.

Es lag außerhalb unserer Absichten, mit der Auswahl der Themen die gesamte Bandbreite der freikirchlichen Bewegungen und Traditionen abzubilden. Wir haben vielmehr exemplarisch einen Schwerpunkt auf die baptistische Tradition gelegt, in der die Forderung nach Trennung von Staat und Religionsgemeinschaften besonders pointiert diskutiert wurde und wird. Dennoch wurde die Vielfalt, ja Widersprüchlichkeit der in den verschiedenen Freikirchen vertretenen Einstellungen zum Staat sichtbar. So wirkte in den freikirchlichen Bewegungen durchaus auch die traditionelle Auffassung der Mehrheitskonfessionen, ein Staatswesen oder eine Gesellschaft als ganze könne christlich sein oder einen christlichen Charakter behaupten, auf die eine oder andere Weise nach. Auch im Hinblick auf die Selbstverortung der Freikirchen in der Gesellschaft ergab sich ein differenziertes Bild freikirchlicher Einstellungsverhalten, das von zivilgesellschaftlichem Aktivismus bis zum quietistischen Rückzug aus der Öffentlichkeit reicht.

In einem die Eindrücke der Tagung zusammenfassenden Grußwort hob Pastor Peter Jörgensen, Beauftragter der Vereinigung

Evangelischer Freikirchen am Sitz der Bundesregierung, hervor, dass eine Verflechtung von Staat und Religion letztlich zu Lasten der Religionsgemeinschaften gehe:

> „Die wenig beherzte Umsetzung der im Grundgesetz geforderten Trennung von Staat und Kirche hat zu einer Domestizierung der Kirchen geführt. Das Bemühen, staatstragend zu wirken, geht mit einem Verlust an geistlicher Vitalität einher. […] Religionsgemeinschaften sind keine Moralagenturen. Sie sind auch unterfordert, wenn sie darauf reduziert werden, kulturelle oder nationale Identitäten zu stabilisieren."

Im Blick auf das zukünftige Wechselspiel zwischen Staat, Religionsgemeinschaften und Weltanschauungen erinnerte er noch einmal an Martin Luther King und seinen Traum von einem Land der Freiheit und einer Welt, die sich als gemeinsames Haus begreift:

> „Wie Martin Luther King träumen wir von einem Land der Freiheit und von einer Welt, die sich als gemeinsames Haus begreift, in dem weder Nationen noch Religionen sich übereinander erheben oder Menschen unterdrücken, sondern alle ihren Platz finden, einander achten und in Würde und Frieden frei miteinander leben können."

Berlin, im August 2019

Martin Rothkegel und *Reinhard Assmann*

Ein spannungsreiches Verhältnis
Täufer und Politik im 16. Jahrhundert

Astrid von Schlachta

Im Januar 1533 fand ein Gespräch zwischen reformierten Predigern und Täufern im Schloss Aarwangen im Kanton Bern statt. Die Täufer hatten sich für ihren Glauben zu rechtfertigen. Im Verlauf des Gesprächs wurde auch die Frage diskutiert, ob man Menschen zum Glauben zwingen könne. Während die täuferische Antwort nicht überrascht – man soll einem jeden den Glauben freistellen –, ist die Antwort der Prädikanten äußerst interessant. Sie unterscheidet zwischen einem „innerlichen glouben deß hertzens unnd der ußerlichen uebung der religion" – eine begriffliche Unterscheidung, die später in der frühen Aufklärung zur allgemeinen Aussage werden wird. Den innerlichen Glauben, so heißt es im Gespräch in Aarwangen weiter, könne keine Obrigkeit festlegen, da er eine „frye gab gottes" sei und durch den Geist Gottes über die Predigt in die Herzen gelange. Dagegen stehe es einer Obrigkeit zu, die äußerliche Ausübung der Religion zu kontrollieren und „falsche irrige lehren" zu verbieten. Aufschlussreich ist die Schlussfolgerung, die die Prädikanten aus der noch einmal nachgeschobenen Feststellung der Täufer, man könne niemanden zum Glauben zwingen, ziehen. Zwar könne wirklich niemand zum Glauben gezwungen werden, doch man könne jemanden zu solchen Orten „halten", wo er nach und nach die „rechte erkanntnuß" erlange und zu „beßrem glouben" gebracht würde.[1]

Erst im 19. Jahrhundert wird Gewissensfreiheit ein Grund- und Menschenrecht, auf das sich jeder Staatsbürger berufen kann. Erst dann sind Minderheiten auch rechtlich geschützt. Vorher unterlag es der Definitionsmacht der Mehrheit, wann Gewissensfreiheit gewährt werden kann beziehungsweise ab wann ein Glaube als Stö-

---

[1] *Martin Haas* (Hg.), Quellen zur Geschichte der Täufer in der Schweiz, Bd. 3, Zürich 2008, 285.

rung der allgemeinen Ordnung aufgefasst werden musste. Die Tolerierung anderskonfessioneller Minderheiten war bis ins frühe 19. Jahrhundert lediglich ein Gnadenakt, den territorialstaatliche oder lokale Obrigkeiten aussprechen konnten. Dass Wehrlosigkeit und Eidesverweigerung sowie die Bildung unabhängiger konfessioneller Gemeinwesen sehr rasch als Störung der Ordnung, oder wie es zeitgenössisch hieß, der „policey" aufgefasst werden konnten, zeigt das täuferische Beispiel.

Die „Täufer" als erste Freikirchen?

Täufer und Politik, da entstehen in den Köpfen kirchengeschichtlich und zeithistorisch Interessierter sehr rasch Stereotype. Die Täufer seien die „erste Freikirche" gewesen, heißt es. Immerhin praktizierten sie in ihren Gemeinden eine strikte Absonderung von der „Welt", auch in politischer Hinsicht. Ihre Unabhängigkeit vom frühneuzeitlichen „Staat" und ihre Prämisse, den Obrigkeiten alle Kompetenz abzusprechen, in Glaubensdingen Normen festzulegen, werden zur näheren Beschreibung angeführt. Zudem werden die Täufer gerne als frühe Verfechter des Toleranzgedankens bezeichnet, da sie als verfolgte Gemeinschaft für die Freiheit des Gewissens kämpften.

Doch ganz so einfach ist es nicht – weder mit der „Freikirche" noch mit der „Toleranz". Denn allein die Verwendung beider Begriffe ist bereits ahistorisch, wenn sie sich auf die Situation im 16. Jahrhundert beziehen sollen. Zudem suggerieren sie, den Täufern sei in diesem Jahrhundert, das unter anderem durch eine gehörige Portion konfessioneller Polemik und Ausgrenzung gekennzeichnet war und in dem die territorialen Obrigkeiten mit der von ihnen favorisierten Konfession eine neue, enge Bindung eingingen, ein Freiraum bereitgestellt worden, um das Licht von Freiheit und Toleranz hochzuhalten. Diesen Freiraum gab es auf der politisch-gesellschaftlichen Ebene jedoch nicht.[2] Eine „freie" Kirche in einer „freien" Gesellschaft konnte es damals noch nicht geben, weil es gar keine „freie" Gesellschaft nach unseren heutigen Maßstäben

---

2 Zum Hintergrund: *Heinrich Richard Schmidt*, Konfessionalisierung im 16. Jahrhundert (Enzyklopädie deutscher Geschichte 12), München 1992.

oder auch nach jenen des 19. Jahrhunderts gab. Die einzige im Sinne reichrechtlicher Normen legale Form des Christentums war bis zum Augsburger Religionsfrieden (1555) der Katholizimus. 1555 wurde dann das Augsburger Bekenntnis anerkannt. Andere konfessionelle Gruppen, insbesondere die Täufer, hatten im Alten Reich zunächst keine Existenzberechtigung beziehungsweise fanden nur durch Privilegien städtischer oder territorialstaatlicher Obrigkeiten Duldung, die stets zeitlich begrenzt und labil war.[3]

Schwierig ist der Begriff „Freikirche" also insofern, als er auf das 19. Jahrhundert verweist, als die Gleichheit aller Staatsbürger und die Ausrufung der Religionsfreiheit als Grund- und Menschenrecht die Existenz von Minderheitskirchen möglich machten, die unabhängig von den drei großen Konfessionen waren. Ähnliches gilt für den Begriff „Toleranz". Er kam im 16. Jahrhundert zwar vor, jedoch selten und mit einer anderen Bedeutung. Er bezog sich insbesondere auf ein mit Geduld ertragenes Leiden beziehungsweise wurde er im Sinne von „Erlaubnis" verwendet. Als Schlagwort lässt er sich erst im 18. Jahrhundert nachweisen. Dann umfasste er jene Bedeutung, die sich bis heute erhalten hat – die Duldung Andersdenkender und Andershandelnder im moralisch-philosophischen und politischen Bereich.[4] Auch das Verb „tolerirn" hat im 16. Jahrhundert noch eine andere Bedeutung und wird ebenfalls vor allem im Sinne von „leyden", „gedulden" und „zulassen" verwendet. Häu-

---

3 *Astrid von Schlachta*, Gefahr oder Segen. Die Täufer in der politischen Kommunikation (Schriften zur politischen Kommunikation 5), Göttingen 2009; *dies.*, Erzählungen von Devianz. Die *wiedertauffer* zwischen interner Absonderung und äußerer Exklusion, in: *Eric Piltz/Gerd Schwerhoff* (Hg.), Gottlosigkeit und Eigensinn. Religiöse Devianz im konfessionellen Zeitalter (Zeitschrift für historische Forschung, Beiheft 51), Berlin 2015, 311–332; *Eike Wolgast*, Stellung der Obrigkeit zum Täufertum und Obrigkeitsverständnis der Täufer in der ersten Hälfte des 16. Jahrhunderts, in: *Hans-Jürgen Goertz/ James M. Stayer* (Hg.), Radikalität und Dissent im 16. Jahrhundert (Zeitschrift für historische Forschung, Beiheft 27), Berlin 2002, 89–120; *Horst W. Schraepler*, Die rechtliche Behandlung der Täufer in der deutschen Schweiz, Südwestdeutschland und Hessen 1525–1618 (Schriften zur Kirchen- und Rechtsgeschichte 4), Tübingen 1957.

4 *Klaus Schreiner*, „Toleranz", in: *Otto Brunner/Werner Conze/Reinhart Koselleck* (Hg.), Geschichtliche Grundbegriffe, Bd. 6, Stuttgart 1990, 524–604, hier 447, 495 f.

figer ist die Forderung nach der „Freiheit des Gewissens", die jedoch keine vollständige Akzeptanz umfasste, sondern die Duldung von Untertanen, die ihrem Gewissen entsprechend leben durften, wenn sie sich ruhig verhielten und die allgemeine Ordnung, also die „policey", nicht störten.[5] Dies entspricht der Definition im anfangs zitierten Gespräch der Täufer mit den Obrigkeiten im Aargau.

Zwar gab es für die Täufer in einigen Territorien nach einer frühen Phase der harten Verfolgung insofern Freiräume, als sie stillschweigend toleriert wurden beziehungsweise Ausweisungsbefehle manchmal nur zögerlich oder gar nicht exekutiert wurden. Doch war dies stets eine prekäre Situation, da sie durch das Reichsrecht nicht gedeckt war. 1529 wurde im Mandat von Speyer, das alle Reichsstände auf dem Reichstag unterzeichnet hatten, ein hartes Vorgehen gegen die Täufer festgelegt, das Verfolgung und Todesstrafe mit sich brachte.[6] Eine etwas stabilere Konstellation ist lediglich für Mähren festzustellen, wo die täuferischen Gemeinden, insbesondere die Hutterer, durch den Schutz der Landstände geduldet waren. Wie gefährdet die Lage der Täufer dennoch war, zeigte sich in den Jahren 1534/35, als die Hutterer alle Niederlassungen in Mähren aufgeben mussten, da die Landstände sich den strikten Befehlen des habsburgischen Landesherrn, die Täufer aus der Markgrafschaft auszuweisen, vorübergehend fügen mussten.[7]

Doch auch bei einem Blick auf die täuferische Seite gilt es, einige Zurückhaltung an den Tag zu legen, wenn Identitätsmerkmale von Gemeinden auf der Basis theologisch-gesellschaftlich relevanter Schlagwörter festgelegt werden sollen. Denn gerade im Hin-

---

5   *Joseph Lecler*, Gewissensfreiheit. Anfänge und verschiedene Auslegungen des Begriffs, in: *Heinrich Lutz* (Hg.), Zur Geschichte der Toleranz und Religionsfreiheit (Wege der Forschung 246), Darmstadt 1977, 331–371, hier 335–341; generell auch: *Arnold Angenendt*, Toleranz und Gewalt. Das Christentum zwischen Bibel und Schwert, Münster 2014.

6   *Astrid von Schlachta*, Der Reichsabschied von Speyer 1529. Von den Schwierigkeiten antitäuferische Normen durchzusetzen, in: *Ulrich A. Wien/Volker Leppin* (Hg.), Kirche und Politik am Oberrhein im 16. Jahrhundert (Spätmittelalter, Humanismus, Reformation, 89), Tübingen 2015, 415–432.

7   *Rudolf Wolkan* (Hg.), Das große Geschichtbuch der Hutterischen Brüder, hg. von den Hutterischen Brüdern in Amerika, Falher, Alberta, 1990, 108-114; *Frantisek Hrubý*, Die Wiedertäufer in Mähren (Sonderdruck aus dem Archiv für Reformationsgeschichte 30-32), Leipzig 1935, 37-52.

blick auf die politische Theologie und das „täuferische" Verhältnis zur Politik ist es nicht so einfach, umfassende, alle täuferischen Gruppierungen verbindende Grundlinien festzulegen. Die Täufer des 16. Jahrhunderts bildeten keine homogene Gruppe, sondern unterschieden sich in ihrer Attitude zum politischen Handeln.

Der generalisierende Begriff „Täufer" verschleiert, dass es sich um ein recht buntes Spektrum von unterschiedlich geprägten Personen und Gruppen handelte, die lediglich durch obrigkeitliche Begriffsbestimmung unter der Bezeichnung „Wiedertäufer" zusammengefasst wurden. Zwar verband alle täuferischen Gruppen die Praxis der Erwachsenen- oder Glaubenstaufe, die den Täufern auch ihren Namen gab. Und oft werden mindestens in der historiographischen Forschung die 1527 beschlossenen „Artikel von Schleitheim" allen täuferischen Gemeinden als gemeinsame Glaubensüberzeugung zugrunde gelegt.[8] Doch dabei wird außer Acht gelassen, dass Norm und Praxis stets zwei Seiten einer Medaille sind und die konkrete Auslegung der Glaubenspunkte sehr vielfältig sein konnte. Den praktischen Konsequenzen, die sich im Alltag ergaben, lagen unterschiedliche Interpretationen der biblischen Texte zugrunde – so auch im Hinblick auf die Integration der Täufer in die Gesellschaft, mit all ihren politischen Rechten und Pflichten.

Es lässt sich zwar vereinfachend festhalten, dass die Täufer alle davon überzeugt waren, ein Christ dürfte keinen Eid und Kriegsdienst leisten, keine Steuern für Kriege zahlen und müsste sich von der Gesellschaft absondern. Doch wie weit die Absonderung gehen sollte und ob die Ablehnung des Waffendienstes auch bedeutete, sich in persönlichen Streitigkeiten nicht zu wehren, die Waffe zur Verteidigung nicht in die Hand zu nehmen oder keine Ämter in der Obrigkeit zu übernehmen – darüber waren sich die verschiedenen täuferischen Protagonisten nicht einig. Eine noch differenziertere Sichtweise ergibt sich, wenn es um die generellen, normativ ausgerichteten Erwartungen der Täufer an die Obrigkeiten geht. Es gebietet die Wahrhaftigkeit im Umgang mit der Geschichte, in diesen Punkten die Heterogenität der Täufer sowie

---

8   Edition der „Artikel von Schleitheim": *Urs B. Leu/Christian Scheidegger* (Hg.), Das Schleitheimer Bekenntnis 1527, Zug 2004.

die jeweils unterschiedlichen Rahmenbedingungen, denen sie als Untertanen im 16. Jahrhundert begegneten, wahrzunehmen und einer Analyse zugrunde zu legen.

Bereits ein sehr oberflächlicher Blick auf die verschiedenen täuferischen Existenzmöglichkeiten verdeutlicht dies. So war die Absonderung von der übrigen Gesellschaft am markantesten bei den Hutterern in Mähren ausgeprägt. Sie führten diese durch ihre abgesonderte Lebensweise auf den gütergemeinschaftlich organisierten und eine weitgehend autarke Wirtschaftsweise verfolgenden Höfen auch sichtbar vor Augen, indem sie räumlich eine eigene Einheit in den Dörfern bildeten. Andere Täufer lebten dagegen wesentlich stärker integriert in die dörfliche und städtische Gesellschaft, und es ergaben sich naturgemäß viel mehr Interaktionen und Kooperationen.

Fassen lassen sich die täuferischen Positionen zu Politik und Gesellschaft, wenn man sich den theologischen Positionen zuwendet, die die Täufer zu ihrer Gemeinde und Obrigkeit entwickelten. Damit geraten die Beziehungen der Täufer zur Gesellschaft und die Erwartungen an den jeweils anderen in den Blick. Dabei stellt sich die Frage, welche Aufgaben und Kompetenzen die Täufer den territorialstaatlichen oder städtischen Obrigkeiten zubilligten. Und es stand zur Debatte, wie man die eigene Gemeinde in Bezug auf ihre Integration in territorialstaatliche oder städtische Strukturen sah und mit welchen Argumenten die Absonderung beziehungsweise die Integration legitimiert wurden. Um sich diesen Fragen anzunähern, soll der Blick zunächst auf die täuferischen Gemeinden und ihr Selbstverständnis fallen.

Die täuferische Gemeinde als Manifestation von Devianz

Die Taufvorstellung machte aus den täuferischen Gemeinden des 16. Jahrhunderts eine Gemeinde von Freiwilligen, die überkommene Relationen im „Corpus Christianum", das politisch und geistlich gedacht wurde, infrage stellten. Die Glaubens- oder Erwachsenentaufe, die ein dezidiertes Bekenntnis zum Glauben erforderte, war der Eintritt in die Gemeinde. John Howard Yoder stellte in seiner Untersuchung zu den Gesprächen der sich später als Täufer absondernden Züricher mit Zwingli fest, bereits im Brief des Kreises um Konrad Grebel an Thomas Müntzer zeige sich ein neues Gemeindeverständnis, da sich mit der Taufe die Verpflichtung zur Heiligung und damit die Unterstellung des Täuflings unter die Gemeindezucht ergebe.[9] Die politische Obrigkeit blieb hier außen vor.

Von Anfang an verfolgten die Täufer ein sehr exklusives Gemeindeverständnis, für das die Absonderung von der übrigen – nicht-täuferischen – Gesellschaft konstituierend wirkte. Bereits in den Gesprächen mit Ulrich Zwingli und den Vertretern des Rates der Stadt Zürich hatten Felix Mantz, Konrad Grebel und Simon Stumpf ihre Überzeugungen, die auf den Aufbau einer eigenen Gemeinde zielten, dargelegt.[10] Durch die erste täuferische Glaubens- oder Erwachsenentaufe im Januar 1525 in Zürich wurden die Absonderung und Abgrenzung vollzogen und auch gesellschaftlich sichtbar. Die Taufe war zwar eine religiöse Zeremonie, unterstrich jedoch die Ernsthaftigkeit, mit der die frühtäuferischen Konventikel ihre Trennung von den Reformatoren in theologischer, sozialer und politischer Hinsicht leben wollten. In den Augen der Täufer bedeutete ihr Verständnis, eine Taufe könne nur auf das Bekenntnis hin erfolgen, die Distanzierung von allen übrigen Reformüberlegungen beziehungsweise deren konsequente Fortsetzung und Vollendung.

Nach außen bildete die Taufe einen institutionellen Bruch mit der alten Kirche sowie mit der Einheit von Kirche und „Staat" im „Corpus Christianum". Mit anderen Worten ausgedrückt standen die Täufer insofern für eine frühe Forderung nach der Trennung von Staat und Kirche. Von der ersten „Freikirche" zu sprechen erscheint jedoch, wie bereits erwähnt, als Anachronismus hinsichtlich der begrifflichen Assoziationen, denn „Freikirche" war kein zeitgenössischer Begriff des 16. Jahrhunderts. Der Begriff bezieht sich auf das liberale, zunehmend individualistischere politisch-gesellschaftliche Klima des 19. Jahrhunderts, denn erst dann stellte die Gesellschaft auch rechtlich garantierte Freiräume zur Verfü-

---

9 *John Yoder*, Täufertum und Reformation in der Schweiz. Die Gespräche zwischen Täufern und Reformatoren 1523–1538, Karlsruhe 1962, 33.

10 *Andrea Strübind*, Eifriger als Zwingli. Die frühe Täuferbewegung in der Schweiz, Berlin 2003, 166–193; *Yoder*, Täufertum, 13–33.

gung, um von den großen Konfessionen unabhängige Gemeinden zu bilden.

Im 16. Jahrhundert konnten weder die territorialstaatlichen noch die geistlichen Obrigkeiten Devianz dulden, zumal gleichzeitig die reformatorischen Aufbrüche in Wittenberg und Zürich für Unruhe sorgten. Somit intensivierte sich die Verfolgung der Täufer sehr rasch. Felix Mantz, der in die Diskussionen mit Zwingli involviert und bei der ersten Taufe dabei war, verlor 1527 als erster Märtyrer der Täufer auf Züricher Gebiet sein Leben um des Glaubens willen. Doch trotz aller Bedeutung der Taufe, was die Sichtbarkeit der täuferischen Glaubensvorstellungen angeht, ist es wichtig zu betonen, dass es vornehmlich die politisch relevanten Elemente des täuferischen Glaubens waren, die lange Zeit die Argumente für die Verfolgung der Täufer und für die Anwendung der Todesstrafe zur Verfügung stellten. Die angestrebte Unabhängigkeit vom Territorialstaat beziehungsweise von städtischen Obrigkeiten sowie die Wehrlosigkeit und Eidesverweigerung wurden bis ins 18. Jahrhundert als Begründung angeführt, um das „Rebellionspotential" der Täufer herauszustreichen.[11] Die täuferischen, im Verlauf der Frühen Neuzeit dann vor allem die mennonitischen und hutterischen Gemeinden wurden als Manifestation einer Devianz angesehen, die politisch und gesellschaftlich, im Hinblick auf die „policey", zum Tragen kam.

Dass die Täufer mit ihrer politischen Theologie in der sich allmählich konfessionalisierenden Gesellschaft der Frühen Neuzeit nicht geduldet werden konnten, lag auch an einer Ambivalenz, die dieser politischen Theologie innewohnte. Denn einerseits akzeptierten die Täufer die Obrigkeiten als von Gott gegebene Ordnungsmacht, doch andererseits hielten sie den Gewissensvorbehalt hoch und stellten das Gewissen stets über Macht und Gewalt der Obrigkeiten. Diese der politischen Theologie innewohnende Ambivalenz sorgte dafür, dass die Täufer über die gesamte Frühe Neuzeit in dem einen Fall als die „Stillen im Lande" geduldet, in dem anderen Fall bei einer Verschärfung des politischen Klimas mit ihrem Wunsch, nur dem Gewissen zu folgen, als „Rebellen" oder „Aufrührer" dif-

---

11 Vgl. *von Schlachta*, Gefahr oder Segen.

famiert werden konnten. Die Obrigkeiten fanden für beide Reaktionen genügend Legitimation in den täuferischen Schriften.

Die Absonderung und Devianz der täuferischen Gemeinden verbanden sich mit einem exklusiven Gemeindeverständnis, das in verschiedenen Gemeindeordnungen festgeschrieben wurde. So forderten beispielsweise „Artikel von Schleitheim", auf die sich Vertreter schweizerischer und südwestdeutscher Täufergemeinden 1527 verständigten, eine ganz klare Trennung der „Guten" von den „Bösen" sowie die „Absonderung vom Argen", das in der „Welt" sei. Die biblische Verweisstelle ist 2.Kor. 6,17: „Darum ‚geht aus von ihnen und sondert euch ab, spricht der Herr, und rührt nichts Unreines an." Das „Böse" oder „Unreine" wird noch etwas näher definiert als alle „päpstlichen und widerpäpstlichen Werke und Gottesdienste, Versammlungen, Kirchbesuche, Weinhäuser, Bündnisse, Verträge des Unglaubens und anderes dergleichen mehr, was die Welt hoch hält und was doch stracks wider den Befehl Gottes durchgeführt wird, gemäss all der Ungerechtigkeit, die in der Welt ist".[12] Dabei wurde in den „Artikeln von Schleitheim" trotz aller prononcierter Forderung nach Absonderung eine wesentlich schwächere Distanz zur „Welt" formuliert als bei den Hutterern, die mit ihren Haushaben in Mähren auch eine sichtbare Absonderung schufen. Die „Artikel" definierten eher eine Distanz zum „Weltlichen" als dass sie zur Bildung einer Enklave aufriefen.

Wie weit darf Beteiligung gehen? – Die Sicht der Täufer auf die Obrigkeiten

Zeigt sich im täuferischen „Gemeinde"-Begriff also ein starkes Schwarz-Weiß-Denken, das die Gemeinden von ihrer Umwelt mehr oder weniger separierte, so sollen im Folgenden die Ideen der Täufer von der ideellen Ausrichtung der Obrigkeiten und dem Grad ihrer Christlichkeit sowie zur Beteiligung der Täufer im Mittelpunkt stehen.[13] Ins Blickfeld geraten dabei die Erwartungen der

---

12 *Leu/Scheidegger* (Hg.), Schleitheimer Bekenntnis, 67 f.
13 *Franklin H. Littell*, Das Selbstverständnis der Täufer, Kassel 1966; *Hans J. Hillerbrand*, Die politische Ethik des oberdeutschen Täufertums. Eine Untersuchung zur Religions- und Geistesgeschichte des Reformationszeitalters (Beihefte der Zeitschrift für Religions- und Geistesgeschichte 7), Leiden/Köln 1962.

Täufer an die politischen Stellen sowie die Zuschreibungen an deren Identität. Es erschließt sich hierbei ein Feld, das ebenfalls die Nuancen der täuferischen Theologie offenbart. Die Diversitäten und Nuancierungen sollen anhand von drei täuferischen Protagonisten verdeutlicht werden, nämlich Balthasar Hubmaier, Menno Simons und Peter Riedemann.

1. Balthasar Hubmaier

Balthasar Hubmaier war eigentlich katholischer Priester und hatte das Amt des Dompredigers in Regensburg inne. Im Zuge dieser Tätigkeit war er 1519 wesentlich daran beteiligt, die jüdische Gemeinde zu verfolgen und aus der Stadt zu vertreiben. Hubmaier ging kurze Zeit später nach Waldshut, wo er sich den reformatorischen Ideen öffnete und schließlich zum wesentlichen Akteur der dortigen Reformation wurde. In Waldshut beziehungsweise in Zürich kam Hubmaier schließlich in Kontakt mit Täufern; Ostern 1525 ließ er sich von Wilhelm Reublin taufen. Unter den täuferischen Predigern und Theologen war Hubmaier insofern herausragend, als er es schaffte, seit dem Sommer 1526 in Nikolsburg eine lokale Reformation nach täuferischem Muster durchzuführen.[14] Allerdings konnten ihm die Herren von Liechtenstein, die Hubmaier wohlwollend aufgenommen hatten, nur kurzzeitig Schutz geben, da die Habsburger immer massiver seine Auslieferung verlangten. 1527 wurde Balthasar Hubmaier nach Wien überführt, wo er im März des darauffolgenden Jahres hingerichtet wurde.

Aufgrund seiner Verbindungen zu den Grundherren, der adligen Familie von Liechtenstein, war Hubmaier wesentlich „realpolitischer" eingestellt als andere Täufer.[15] Insofern gestand er den Obrigkeiten auch mehr Rechte innerhalb der täuferischen Gemeinde zu und hob die strikte Trennung zwischen der täuferischen Gemeinde auf der einen Seite und den Obrigkeiten auf der anderen Seite

---

14 Zu seiner Biographie: *Torsten Bergsten*, Balthasar Hubmaier. Seine Stellung zu Reformation und Täufertum 1521–1528 (Acta Universitatis Upsaliensis 3), Kassel 1961; *Martin Rothkegel*, Von der schönen Madonna zum Scheiterhaufen, in: Jahrbuch für die Geschichte des Protestantismus in Österreich 120 (2004), 49–73.

15 Vgl. *James M. Stayer*, Anabaptists and the Sword, Lawrence, Kn., 21976, 167.

auf. Möglicherweise machte sein Kontakt zur Familie Liechtenstein diese sogar unmöglich, da er jene, die sein Projekt förderten,
nicht zu sehr in ihren Rechten beschneiden konnte.

Kurz vor seiner Auslieferung an die Habsburger im Sommer 1527
verfasste Hubmaier eine Schrift mit dem Titel „Von dem Schwert",
in der er seine politische Theologie entfaltet. Hubmaiers Bemerkungen machen deutlich, dass er das Leben der „Christen" als keineswegs so getrennt von der „Welt" ansieht wie in anderen täuferischen Kreisen. Er greift mit seinen Überlegungen, so schreibt er,
in inner-täuferische Debatten ein. Es „sagen etlich Brüder, das ein
Christ nit müg das schwert fieren, wann der Cristen reich sey nit
von dieser welt. Antwurt. So solch leüt die augen recht auff thetten,
wurden und müstent sy vil anders sagen. Namlich das unser reych
nit von dieser welt sein sollte. Aber laider, Gott sey es klag. Es seye
von dieser welt." Balthasar Hubmaier begründet dies mit einer
Passage aus dem Vaterunser, denn da würde man beten: „Vater,
Dein Reich komme", wobei er die Betonung auf „komme" legt. Dies
würde nämlich im Umkehrschluss bedeuten, dass man momentan
noch im „Reich der Welt" sei.[16]

Die zitierte Stelle aus der Schrift von Hubmaier ist nicht nur ein
Beispiel deutlicher innertäuferischer Kritik und Polemik, sondern
auch ein Hinweis darauf, dass einige Täufer nicht eine abgesonderte Enklave christlich-täuferisch normativ geleiteten Lebens als
Ziel im Sinn hatten, sondern ihren Platz „in der Welt" sahen. Damit
verbindet sich bei Hubmaier der Anspruch, mit den eigenen Normen in die Welt hineinzuwirken. Dies kann beispielsweise durch
Beteiligung an der politischen Arbeit geschehen, denn für Hubmaier war es denkbar, dass ein Christ ein Amt in der Obrigkeit
übernimmt, was andere Täufer völlig ausschlossen. Seiner Meinung
nach gibt es nämlich sowohl christliche als auch nicht-christliche
Obrigkeiten. Zudem argumentierte Hubmaier ganz grundsätzlich:
Weil es eine Obrigkeit geben muss, sei es doch am besten, wenn
diese eine christliche sei. Schließlich würde sich eine christliche

---

16 *Balthasar Hubmaier*, Von dem Schwert (1527), in: *Gunnar Westin / Torsten Bergsten* (Hg.), Quellen zur Geschichte der Täufer, Bd. 9: Balthasar Hubmaier, Schriften, Gütersloh 1962, 434–457, hier 436.

Obrigkeit auch bestimmten Normen verpflichtet fühlen. Es sei betont, dass das Wort „christlich" implizierte, dass es sich um christlich-täuferische Normen zu handeln habe.

Ebenso aufschlussreich und differenziert sind Hubmaiers Ausführungen zum Gebrauch des Schwertes, also zur Frage, wie Recht und Ordnung durchgesetzt werden sollen. Hubmaier führt aus, die Obrigkeit, auch eine christliche Obrigkeit, müsse Ordnung und Gerechtigkeit herstellen, weshalb für sie der Gebrauch des Schwertes unerlässlich sei. Das Schwert, so Hubmaier, sei eine „gutte rutten vnd gaisel Gottes". Jedoch seien die Motive entscheidend. Eine christliche Obrigkeit zeichne sich nämlich dadurch aus, dass sie auf Befehl Gottes handle und das Schwert gebrauche, um Gerechtigkeit herzustellen. Sie tue dies aber nicht aus „Zorn, Spottworten oder aus Verachtung", und eine solcherart bestimmte Obrigkeit solle auch „nicht zanken, kriegen und fechten". Expansionsdrang mit dem Schwert, also die Eroberung anderer Länder, ist, so Hubmaier, nicht die Aufgabe der Obrigkeit.[17]

Hubmaier geht mit seinen Auffassungen zum Gebrauch des Schwertes sehr weit.[18] Seine offene und positive Haltung sieht täuferische Glaubensüberzeugungen als kompatibel mit den Aufgaben der Obrigkeiten, und diese seien auch in der Lage, täuferische Glaubensüberzeugungen umzusetzen. Hubmaiers Position wird verständlich vor dem Hintergrund des zunächst erfolgreich und vielversprechend verlaufenden täuferischen Reformationsversuchs in Nikolsburg, an dem Hubmaier maßgeblich beteiligt war.

2. Menno Simons

Menno Simons, zunächst ebenfalls katholischer Priester und schließlich ebenso wie Hubmaier zum täuferischen Glauben konvertierter Prediger, wurde zum Namensgeber der Mennoniten.[19] Sein Haupt-

---

17 Ebd, 448.
18 *Stayer*, Anabaptists, 144 f.
19 Zur Biographie: *Christoph Bornhäuser*, Leben und Lehre Menno Simons'. Ein Kampf um das Fundament des Glaubens (etwa 1496–1561) (Beiträge zur Geschichte und Lehre der Reformierten Kirche 35), Neukirchen-Vluyn 1973; *Abraham Friesen*, Menno Simons. Dutch Reformer between Luther, Erasmus, and the Holy Spirit. A Study in the Problem Areas of Menno Scholarship, Fresno, CA., 2015.

werk ist das „Fundamentum" oder „Fundamentbuch", 1540 das erste Mal in holländischer Sprache erschienen. Menno Simons publizierte das Buch einige Jahre nach den Ereignissen in Münster, wo Täufer versucht hatten, die Regierung in der Stadt nach alttestamentlichem Muster und unter eschatologischen Vorzeichen umzugestalten, sich jedoch den Truppen des Bischofs von Münster geschlagen geben mussten. 1534/35 schienen sich in Münster die Ängste und Befürchtungen sämtlicher territorialer Obrigkeiten im Alten Reich zu bestätigen, dass die Täufer letztendlich doch stets nach der politischen Herrschaft streben und die alte Ordnung infrage stellen würden.[20] Die Niederlage der Münsteraner Täufer gegen die bischöflichen Truppen führte zu einer reichsweiten Intensivierung der Verfolgung.

Die Auswirkungen der Ereignisse in Münster auf das Schicksal aller anderen täuferischen Gruppierungen und Gemeinden lieferten die Begründung, warum sich die Distanzierung von den Ideen der Münsteraner Täufer im Werk von Menno Simons wie ein roter Faden durchzieht. Es bildete eine wesentliche Verteidigungslinie des täuferischen Predigers aus Friesland, die Täufer seiner Zeit von allen Vorwürfen reinzuwaschen, die sie mit den Ereignissen von Münster in Verbindung brachten.

Im „Fundamentbuch" von Menno Simons wird seine Einstellung zum politischen Handeln und zum politischen Amt besonders deutlich in einer Rede „an die Obrigkeit". Die Erwartungen und Ansprüche von Menno Simons sind in der Grundausrichtung jenen von Hubmaier gar nicht so weit entfernt, zeigen aber doch Nuancierungen, die die Vielfalt ausmachen. Sie können kurz in drei Begriffen zusammengefasst werden: Egalität – Gottesfurcht – Redlichkeit. Menno Simons stellt zunächst die geburtsständische Ordnung und die dadurch konstituierte Überlegenheit eines Standes, eben des Adels, infrage. Stattdessen hebt er die Egalität aller Menschen vor

---

20 Vgl. *Ralf Klötzer*, Die Täuferherrschaft von Münster. Stadtreformation und Welterneuerung (Reformationsgeschichtliche Studien und Texte 131), Münster 1992; *Günter Vogler*, Die Täuferherrschaft in Münster und die Reichsstände. Die politische, religiöse und militärische Dimension eines Konfliktes in den Jahren 1534 bis 1536 (Quellen und Forschungen zur Reformationsgeschichte 88), Gütersloh 2014.

Gott hervor. Alle, egal, ob Regenten, Könige und Kaiser oder „Arme und Ungeachtete" wie die Täufer und die übrigen Untertanen, seien „einem Samen entsprossen" und in ihrer Stellung Gott gegenüber gleich. Regenten seien ebenso wie der einfache Untertan „verschwindender Rauch", „verfallendes Fleisch" und eine „verwelkende Blume" und damit Asche und Erde gleich.[21] Es folgt ein Satz, der in seiner auf Egalität zielenden Aussage Herrschaftskritik pur ist: „Heute seid ihr Könige und triumphiert in großen und hohen Ehren, morgen liegt ihr danieder und müsst den Schlangen und Würmern Speise sein."[22]

Diese Egalität schließt auch ein, dass sich alle an die gleichen Normen zu halten haben. Dementsprechend definiert Menno Simons, wie Vertreter der Obrigkeiten zu handeln haben. Die Obrigkeit solle in „reiner Gottesfurcht" Übeltäter züchtigen und strafen und Unterdrückte aus der Hand ihrer Unterdrücker lösen.[23] Strafe und Züchtigung sollen geschehen „mit redlichen Mitteln", was für Menno Simons bedeutet, „ohne Tyrannei und Blutvergießen". Regieren heiße, „ohne alle Gewalt, ohne alles Blut oder Schwert" zu herrschen, also lediglich durch „gnädige Bewilligung oder Zulassung", durch „weisen Rat" und durch das „Beispiel eines frommen, unsträflichen Lebens in aller Liebe und mit Ernst".[24]

Diese Ausführungen veranschaulichen die Überzeugungen von Menno Simons, denen zufolge es gute und schlechte Obrigkeiten geben kann.[25] Somit sind auch für ihn die Obrigkeiten nicht per se schlecht, denn Obrigkeiten können gottesfürchtig regieren. Es wäre einem Inhaber eines obrigkeitlichen Amtes also möglich, Normen eines christlich-täuferischen Lebens zu erfüllen. Menno Simons fasst dies in einer Aufforderung an die Regierenden und Herrschenden zusammen: „Darum liebe Herren, sehe für euch, mit aller Weisheit, daß ihr euer hohes und gefährliches Amt recht mö-

---

21 Die Schriften des Menno Simons. Gesamtausgabe, Weierhof/Steinhagen 2013, 350.
22 Ebd.
23 Ebd., 349.
24 Ebd., 349.
25 Ebd., 222.

get ausführen nach dem Willen Gottes, da eurer viel (fürchte ich) bisher, und noch, leider, sehr wenig auf gedacht haben."[26]

1539 schreibt Menno Simons in „Die Ursache, warum ich, Menno Simons, nicht ablasse zu lehren und zu schreiben", er hoffe, dass „alle Obrigkeit", vom Kaiser bis zum Bürgermeister, durch Gottes Wort „so gelehrt und gezogen werden möge, dass sie Christus Jesus, das rechte Haupt aller Fürsten und Gewaltigen (Kol. 2,10), von ganzem Herzen suchen, ehren, fürchten, ihm dienen, ihr Amt auf rechte Weise verwalten und das Schwert, welches ihnen von Gott gegeben ist, mit Gerechtigkeit, Gottesfurcht und wahrer brüderlicher Liebe zu Gottes Preis führen".[27] Er verweist auf die alttestamentlichen Führer des Volkes Israel und auf Dtr. 17, wo „in großer Klarheit" stehe, „was Gott aller Obrigkeit befohlen hat".

Wenn also das Schwert in der Scheide bleibt und wenn beim Strafvollzug kein Blut vergossen wird, dann kann ein Christ in Menno Simons' Augen ein obrigkeitliches Amt bekleiden. Es gibt mindestens einen Fall eines Täufers, der eine solche Differenzierung auch in der Umsetzung im praktischen Leben dokumentiert. Als 1631 der nach der Gründung der Stadt Friedrichstadt zunächst provisorisch eingerichtete Stadtrat in ein ordentliches Gremium umgewandelt wurde, übernahmen auch einige Mennoniten ein Amt. Manche von ihnen äußerten jedoch dezidiert, dass sie in Fällen der Zivil- und Strafgerichtsbarkeit aus Gewissensgründen nicht am Rat teilnehmen könnten.[28]

3. Peter Riedemann

Die hutterische Position zu politischem Handeln und politischem Amt unterschied sich von jener Balthasar Hubmaiers und Menno Simons' fundamental. Sie soll nun noch kurz umrissen werden. In den 1540er Jahren verfasste der hutterische Täufer Peter Riedemann seine „Rechenschaft unsrer Religion, Lehre und Glaubens",

---

26 Zum Hintergrund: *Bornhäuser*, Menno Simons, 124–132.
27 Schriften des Menno Simons, 228.
28 Vgl. *Willi Friedrich Schnoor*, Die rechtliche Organisation der religiösen Toleranz in Friedrichstadt in der Zeit von 1621–1727, Diss. Kiel 1976, 130–132; *Sem C. Sutter*, Friedrichstadt. An Early German Example of Mennonite Magistrates, in: Mennonite Quarterly Review 53 (1979), 299–305, hier: 302.

die eigentlich den Obrigkeiten zur Information über den hutterischen Glauben dienen sollte. Zu der Zeit hatten die Hutterer bereits im für das 16. Jahrhundert sehr toleranten Mähren zahlreiche Gemeinden gegründet, die sich durch eine umfassende Gütergemeinschaft auszeichneten. Es waren Exilgemeinden von Glaubensflüchtlingen, die sich in ihren Heimatregionen, beispielsweise in Tirol oder in Bayern, nur in Untergrundkirchen hätten versammeln können. Die „Rechenschaft" bildet also die schon etwas gefestigte und strukturierte Gemeindesituation in Mähren ab.[29]

Kennzeichen der Theologie Peter Riedemanns ist eine scharfe Trennung der täuferisch-hutterischen Gemeinde von der politischen Sphäre. Zunächst beschäftigt sich Riedemann mit der grundsätzlichen Legitimität der Obrigkeit. Er stellt fest, dass die Obrigkeit nach Römer 13 von Gott verordnet und eingesetzt sei, um Übeltäter zu bestrafen. Soweit hätten alle Täufer zustimmen können. Auch Riedemanns Aussage, der Mensch habe dieser Obrigkeit untertan zu sein und Widerstand gegen die Obrigkeit sei Widerstand gegen Gott, hätten die meisten Täufer unterschrieben. Riedemann vertritt zudem den Gewissensvorbehalt. Wenn die Obrigkeit gegen Gott handle und das Gewissen belaste, müsse ein Christ Gott mehr gehorchen als den Menschen. Aber selbst wenn eine Obrigkeit fortgesetzt gegen Gebote Gottes handle, bleibe doch ihr Amt bestehen; das Amt müsse geehrt werden und sei nicht aufgehoben.[30]

Für die Frage nach der obrigkeitlichen Gewalt ist bei Peter Riedemann dann jedoch zentral, dass er zwei Reiche definiert, die klar voneinander getrennt sind. Das erste ist das jüdische Reich, das im Alten Testament grundgelegt ist. Dort seien geistliche und weltliche Obrigkeiten eins gewesen, weshalb es rechtens war, dass die Juden auch die „Gewalt des weltlichen Schwertes" innehatten. Die-

---

29 *Werner O. Packull*, Die Hutterer in Tirol. Frühes Täufertum in der Schweiz, Tirol und Mähren (Schlern-Schriften 312), Innsbruck 2000; *Andrea Chudaska*, Peter Riedemann. Konfessionsbildendes Täufertum im 16. Jahrhundert (Quellen und Forschungen zur Reformationsgeschichte 76), Gütersloh 2003, 240–243.
30 *Peter Riedemann*, Rechenschaft unsrer Religion, Lehre und Glaubens. Von den Brüdern, die man die Huterischen nennt, Falher, Alberta, 1988, 100.

ses Reich sei jedoch vergangen, als mit dem Kommen Jesu das „neue Regiment" anfing, von dem das Neue Testament handelt. Belegstelle ist für Riedemann 1. Mose 49, 10: „Es wird das Zepter von Juda nicht weichen noch der Stab des Herrschers von seinen Füßen, bis dass der Held komme, und ihm werden die Völker anhangen."[31] Dies sei also geschehen, und nun sitze Jesus Christus auf dem Stuhl Davids; mit ihm habe das neue Regiment begonnen, das nicht mit dem weltlichen Schwert geführt wird. Weil den Juden das Schwert genommen sei, soll Gottes Volk, das nun die Christen sind, das weltliche Schwert nicht mehr führen.

Gottes Volk, so Riedemann, solle allein durch den Geist Christi regiert werden. Die Folge davon ist, dass die Obrigkeit ihren Platz außerhalb der christlichen Gemeinde habe – die Obrigkeit habe „außer Christo ihren Bestand, aber nicht in Christus", so die Formulierung in der „Rechenschaft".[32] In der weiteren Konsequenz bedeutet dies, dass kein Christ ein obrigkeitliches Amt innehaben kann. Riedemann teilte mit den Reformatoren die Vorstellung, die Obrigkeit sei eine durch den Sündenfall notwendig gewordene Not- oder Sündenordnung, von Gott „im Zorn gegeben". Er zog daraus jedoch die Konsequenz, dass das Christsein und die Ausübung obrigkeitlicher Ämter unvereinbar sei: „Also ist ein Christ keine Obrigkeit und eine Obrigkeit kein Christ, denn des Segens Kind kann der Rache Diener nicht sein."[33]

Täufer und Politik – ein Gedankenspiel

Täufer und Politik – das war eine manchmal recht ambivalente Beziehung, die schnell in Diffamierungen münden konnte. Eine Ethik der Wehrlosigkeit, Distanzierung und Absonderung umzusetzen, führte zum Vorwurf der Rebellion. Die Tatsache, dass sich abgrenzende Minderheiten in der Frühen Neuzeit stets nur durch obrigkeitliche Gnadenakte und damit zeitlich und räumlich begrenzte, labile Freiräume finden konnten, mag zum Schluss noch ein Gedankenspiel erlauben. Denn das Verhältnis der Täufer zur Obrig-

---

31 Ebd., 102 f.
32 Ebd., 103.
33 Ebd., 104.

keit und ihre Stellung innerhalb der politischen Landschaft der Frühen Neuzeit lädt ein, darüber nachzudenken, was wohl aus den Täufern geworden wäre, wenn sie nicht Minderheit, sondern Mehrheitsgesellschaft geworden wären, wenn sie also zwangsläufig viel stärker in das politische System und damit in territorialstaatliche oder städtische Konflikte hineingezogen worden wären und keine Chance gehabt hätten, abgesonderte Gemeinden zu bilden, in denen sie ihren Überzeugungen gemäß leben konnten. Eine Antwort auf diese spekulative Frage ist nicht leicht.

Ein wenig helfen kann bei solchen Überlegungen jedoch das historische Beispiel einer täuferischen Gruppe, die die Mehrheit in einer Gesellschaft wurde – nämlich die Täufer in Münster. Diese wurden, da sie den Stadtrat und den Bürgermeisterposten besetzten, sofort in einen politischen Konflikt mit dem Bischof von Münster involviert. Sie mussten deshalb zur Frage der Gewalt und zur Beteiligung am politischen Handeln ganz andere Antworten finden als eine Täufergemeinde, die im Untergrund existierte. Die Täufer in Münster beantworteten die Frage nach der Anwendung von Gewalt sehr schnell positiv, denn nur dies gab ihnen Spielraum, ihre politisch-gesellschaftliche Macht auch zu erhalten.

Es war vermutlich die Folge dieser politischen Entwicklungen, dass in Münster andere biblische Vorbilder in den Vordergrund gerieten als in den meisten übrigen täuferischen Gruppen und Gemeinden. Und so ist es nicht überraschend, dass das Alte Testament für die Täufer in Münster eine zentrale Rolle einnahm und wesentliche Parameter zur Ausgestaltung von Gesellschaft und Politik zur Verfügung stellte. Die Münsteraner Täufer bauten eine theokratische Herrschaft auf, in der Glauben und Politik, legitimiert durch alttestamentliche Vorbilder, in die Praxis umgesetzt wurden. Dass deshalb auch die Gewaltfrage anders beantwortet wurde und die Täufer zu den Waffen griffen, um ihre Stellung in der Stadt zu sichern, erscheint nahezu logisch.

Münster muss nicht erklären, was mit einer täuferischen Gruppe passiert, die auf einmal Mehrheitsgesellschaft ist. Woanders hätte sich die Lage anders entwickeln können, was das Beispiel von Balthasar Hubmaier verdeutlicht, der im Einverständnis mit den Grundherren seine religiösen Überzeugungen in die Praxis umsetzte. Doch Münster zeigt einen Weg, wie das täuferische Experiment hätte verlaufen können. Die komplette Herrschaft zu übernehmen wie in Münster oder im Einverständnis mit den Stadtherren eine städtische täuferische Reformation durchzuführen wie in Nikolsburg – diese Beispiele addieren sich zur Vielfalt der Täufer.

Literatur:

Angenendt, Arnold: Toleranz und Gewalt. Das Christentum zwischen Bibel und Schwert, Münster 2014.

Bergsten, Torsten: Balthasar Hubmaier. Seine Stellung zu Reformation und Täufertum 1521–1528 (Acta Universitatis Upsaliensis 3), Kassel 1961.

Bornhäuser, Christoph: Leben und Lehre Menno Simons'. Ein Kampf um das Fundament des Glaubens (etwa 1496–1561) (Beiträge zur Geschichte und Lehre der Reformierten Kirche 35), Neukirchen-Vluyn 1973.

Chudaska, Andrea: Peter Riedemann. Konfessionsbildendes Täufertum im 16. Jahrhundert (Quellen und Forschungen zur Reformationsgeschichte 76), Gütersloh 2003.

Die Schriften des Menno Simons. Gesamtausgabe, Weierhof/Steinhagen 2013, 350.

Driedger, Michael: Anabaptists and the Early Modern State: A Long-term View, in: *Roth, John D./Stayer, James M.* (Hg.), A Companion to Anabaptism and Spiritualism, 1521-1700, Leiden 2007, 507-538.

Friesen, Abraham: Menno Simons. Dutch Reformer between Luther, Erasmus, and the Holy Spirit. A Study in the Problem Areas of Menno Scholarship, Fresno, CA., 2015.

Haas, Martin (Hg.): Quellen zur Geschichte der Täufer in der Schweiz, Bd. 3, Zürich 2008.

Hillerbrand, Hans J.: Die politische Ethik des oberdeutschen Täufertums. Eine Untersuchung zur Religions- und Geistesgeschichte des Reformationszeitalters (Beihefte der Zeitschrift für Religions- und Geistesgeschichte 7), Leiden/Köln 1962.

Hrubý, František: Die Wiedertäufer in Mähren (Sonderdruck aus dem Archiv für Reformationsgeschichte 30-32), Leipzig 1935.

Klötzer, Ralf: Die Täuferherrschaft von Münster. Stadtreformation und Welterneuerung (Reformationsgeschichtliche Studien und Texte 131), Münster 1992.

Lecler, Joseph: Gewissensfreiheit. Anfänge und verschiedene Auslegungen des Begriffs, in: Lutz, Heinrich (Hg.): Zur Geschichte der Toleranz und Religionsfreiheit (Wege der Forschung 246), Darmstadt 1977, 331–371.

Leu, Urs B./Scheidegger, Christian (Hg.): Das Schleitheimer Bekenntnis 1527, Zug 2004.

Littell, Franklin H.: Das Selbstverständnis der Täufer, Kassel 1966.

Packull, Werner O.: Die Hutterer in Tirol. Frühes Täufertum in der Schweiz, Tirol und Mähren (Schlern-Schriften, 312), Innsbruck 2000.

Riedemann, Peter: Rechenschaft unsrer Religion, Lehre und Glaubens, von den Brüdern, die man die Huterischen nennt, Falher, Alberta, 1988.

Rothkegel, Martin: Von der schönen Madonna zum Scheiterhaufen, in: Jahrbuch für die Geschichte des Protestantismus in Österreich 120 (2004), 49–73.

Schlachta, Astrid von: Gefahr oder Segen. Die Täufer in der politischen Kommunikation (Schriften zur politischen Kommunikation 5), Göttingen 2009.

Schlachta, Astrid von: Der Reichsabschied von Speyer 1529. Von den Schwierigkeiten antitäuferische Normen durchzusetzen, in: *Wien, Ulrich A./Leppin, Volker* (Hg.): Kirche und Politik am Oberrhein im 16. Jahrhundert (Spätmittelalter, Humanismus, Reformation 89), Tübingen 2015, 415–432.

Schlachta, Astrid von: Erzählungen von Devianz. Die *wiedertauffer* zwischen interner Absonderung und äußerer Exklusion, in: *Piltz, Eric/ Schwerhoff, Gerd* (Hg.): Gottlosigkeit und Eigensinn. Religiöse Devianz im konfessionellen Zeitalter (Zeitschrift für historische Forschung, Beiheft 51), Berlin 2015, 311–332.

Schmidt, Heinrich Richard: Konfessionalisierung im 16. Jahrhundert (Enzyklopädie deutscher Geschichte 12), München 1992.

Schnoor, Willi Friedrich: Die rechtliche Organisation der religiösen Toleranz in Friedrichstadt in der Zeit von 1621–1727, Diss. Kiel 1976.

Schraepler, Horst W.: Die rechtliche Behandlung der Täufer in der deutschen Schweiz, Südwestdeutschland und Hessen 1525–1618 (Schriften zur Kirchen- und Rechtsgeschichte 4), Tübingen 1957.

Schreiner, Klaus: Art. Toleranz, in: *Brunner, Otto/Conze, Werner/ Koselleck, Reinhart* (Hg.): Geschichtliche Grundbegriffe, Bd. 6, Stuttgart 1990, 524–604.

Stayer, James M.: Anabaptists and the Sword, Lawrence, Kn., [2]1976.

Strübind, Andrea: Eifriger als Zwingli. Die frühe Täuferbewegung in der Schweiz, Berlin 2003.

Sutter, Sem C.: Friedrichstadt. An Early German Example of Mennonite Magistrates, in: The Mennonite Quarterly Review 53 (1979), 299–305.

Vogler, Günter: Die Täuferherrschaft in Münster und die Reichsstände. Die politische, religiöse und militärische Dimension eines Konfliktes in den Jahren 1534 bis 1536 (Quellen und Forschungen zur Reformationsgeschichte 88), Gütersloh 2014.

Westin, Gunnar / Bergsten, Torsten (Hg.): Quellen zur Geschichte der Täufer, Bd. 9: Balthasar Hubmaier, Schriften, Gütersloh 1962.

Wolgast, Eike: Stellung der Obrigkeit zum Täufertum und Obrigkeitsverständnis der Täufer in der ersten Hälfte des 16. Jahrhunderts, in: *Goertz, Hans-Jürgen/Stayer, James M.* (Hg.): Radikalität und Dissent im 16. Jahrhundert (Zeitschrift für historische Forschung, Beiheft 27), Berlin 2002, 89–120.

Wolkan, Rudolf (Hg.): Das große Geschichtbuch der Hutterischen Brüder, hg. von den Hutterischen Brüdern in Amerika, Falher, Alberta, 1990.

Yoder, John: Täufertum und Reformation in der Schweiz. Die Gespräche zwischen Täufern und Reformatoren 1523–1538, Karlsruhe 1962.

Zwischen radikaler Reformation und Frühaufklärung
Religion und Staat aus Sicht der Polnischen Brüder und Sozinianer

Sascha Salatowsky

Die komplexe historische Situation des 16. und auch 17. Jahrhunderts in Europa verdeutlicht, dass nicht allein die religiöse Frage nach der Erlösung des Menschen, sondern auch die politisch-soziale Frage nach dem Verhältnis von Kirche und Staat – sowie in abgestufter Form nach dem Verhältnis des Einzelnen zu beiden – ein Kernproblem der frühneuzeitlichen christlichen Gesellschaft markierte. Für die zweite Frage, die hier allein im Mittelpunkt des Interesses stehen soll, gab es mehrere Möglichkeiten der Beantwortung: Sie konnte entweder von „unten" her gelöst werden, wie es die deutschen Bauernaufstände mit ihrem gewaltsamen Umsturz der bestehenden Verhältnisse in den 1520er Jahren versuchten, oder von „oben" her in einem Prozess fortlaufender *Reformationen*, wie ihn die protestantischen Kirchen für sich beanspruchten, seit dem Tridentiner Konzil auch die katholische Kirche.

Im Protestantismus, um hier nur von ihm zu reden, bildeten sich für dieses letztgenannte Modell – stark schematisiert – zwei Varianten aus: Die Wittenberger Reformatoren Martin Luther (1483–1546) und Philipp Melanchthon (1497–1560) sprachen sich gegen umstürzlerisch-revolutionäre Tendenzen à la Thomas Müntzer (1489–1525) aus, suchten vielmehr im Einvernehmen mit der weltlichen Obrigkeit, den sächsischen Kurfürsten, die Gesellschaft kirchlich und politisch-sozial zu reformieren. Dies lief letztlich auf eine Beibehaltung der seit dem frühen Mittelalter bestehenden Drei-Stände-Lehre hinaus, die genauso wenig angezweifelt wurde wie die Zwei-Reiche-Lehre, die eine Vermischung von weltlichem und göttlichem Reich verhindern sollte. Schließlich hielten die Reformatoren auch an der Vorstellung eines weltlichen und geistlichen

Regiments fest, die beide zusammen für das Leben in *dieser* Welt notwendig waren.[1] Obgleich Luther in diesem Zusammenhang klar die Grenzen der weltlichen Obrigkeit bestimmte, die nicht auf das geistliche Reich und Regiment ausgreifen dürfe, da die Seele sich nicht zwingen lasse und der Glaube frei sei, gelang es dem Luthertum nachfolgend nicht, eine strikte Trennung von Kirche und weltlicher Macht zu erreichen.[2]

Das landesherrliche Kirchenregiment des späten 16. und vor allem des 17. Jahrhunderts bedeutete einen starken Einfluss der Obrigkeit auf die Kirche, repräsentiert zunächst in der Formel des Herrschers als *custos utriusque tabulae*, dem auch die *cura religionis* zukam. Später differenzierte sich diese Begrifflichkeit vor allem in den juristischen Kreisen weiter aus in das *ius in sacra* und *ius circa sacra*, ehe sich dann im Verlaufe des Dreißigjährigen Krieges der Begriff des *ius reformandi* als *terminus technicus* für die Verhältnisbestimmung von Staat und Religion herausbildete.[3] Immer

---

[1] Paradigmatisch für diesen ganzen Zusammenhang ist *Martin Luther*, Von welltlicher uberkeytt, wie weyt man yhr gehorsam schuldig sey (1523), in: WA 11, 246–281, hier: 252: „Darumb muß man beyde regiment mitvleyß scheyden und beydes bleyben lassen: Eyns das frum macht, Das ander das eusserlich frid schaffe und bösen wercken weret. Keyns ist on das ader gnüg ynn der welt. Denn on Christus geystlich regiment kan niemant frum werden fur got durchs welltlich regiment." Gleiches gilt auch umgekehrt: Gäbe es nur das geistliche Regiment, würde die Bosheit um sich greifen. Vgl. *Bernhard Lohse*, Luthers Theologie in ihrer historischen Entwicklung und in ihrem systematischen Zusammenhang, Göttingen 1995, 168–177; *Volker Mantey*, Zwei Schwerter – Zwei Reiche. Martin Luthers Zwei-Reiche-Lehre vor ihrem spätmittelalterlichen Hintergrund (Spätmittelalter und Reformation 26), Tübingen 2005.

[2] Vgl. *Rolf Bernhard Huschke*, Melanchthons Lehre vom Ordo politicus. Ein Beitrag zum Verhältnis von Glauben und politischem Handeln bei Melanchthon (Studien zur evangelischen Ethik 4), Gütersloh 1968, 106–124; *Peter Unruh*, Reformation – Staat – Religion. Zur Grundlegung und Aktualität der reformatorischen Unterscheidung von Geistlichem und Weltlichem, Tübingen 2017, 7–102; *Eike Wolgast*, Melanchthon und die Täufer/Spiritualisten, in: *Günter Frank* (Hg.), Philipp Melanchthon. Der Reformator zwischen Glauben und Wissen. Ein Handbuch, Berlin/Boston 2017, 193–203.

[3] Vgl. *Martin Heckel*, Staat und Kirche nach den Lehren der evangelischen Juristen Deutschlands in der ersten Hälfte des 17. Jahrhunderts (Jus ecclesiasticum 6), München 1968; *ders.*, Autonomia und Pacis Compositio. Der Augsburger Religionsfriede in der Deutung der Gegenreformation, in: Zeitschrift der Savigny-Stiftung für Rechtsgeschichte 45 (1959), 141–248; *Bernd Christian Schneider*, Ius Reformandi. Die Entwicklung eines Staatskirchenrechts von

ging es hierbei um die Frage, welche Rechte den Herrschenden im Zusammenhang mit dem landesherrlichen Kirchenregiment zukommen sollen, wie die Bestellung geeigneter und Entlassung ungeeigneter Kirchendiener, die Regelung der Pfarrversorgung, die Schaffung kirchlicher Aufsichtsämter (Konsistorien), der Erlass von Kirchengesetzen, die Verwaltung des Kirchengutes, die Durchführung von Visitationen und die Einberufung von Synoden.

Für den Jenaer Theologen Johann Gerhard (1582–1637) sollte mit der Übertragung der cura religionis zum einen das eine Extrem des „zu wenig" vermieden werden, wonach die Obrigkeit im Sinne der Täufer und Sozianer überhaupt von jeglicher Sorge um die Religion ausgeschlossen sein solle, und zum andern das andere Extrem des „zu viel", wonach dem Magistrat im Sinne des Caesaropapismus eine *potestas autokratike* zukäme.[4] Freilich hat der berühmte Kardinal und Jesuit Robert Bellarmin (1542–1621) wiederum dem Luthertum, namentlich Melanchthon und Johannes Brenz (1499–1570), vorgeworfen, mit dem Prinzip der *cura religionis* der Obrigkeit zu viel Macht in kirchlichen Angelegenheiten zuzugestehen.[5]

Cum grano salis finden wir einen ähnlichen Konservatismus im frühen Calvinismus bzw. Reformiertentum, wenn er auch anders gestaltet wurde. Die von Johannes Calvin in Genf entwickelte Theo-

---

seinen Anfängen bis zum Ende des Alten Reiches (Jus ecclesiasticum 68), Tübingen 2001; *Robert von Friedeburg*, Luther's Legacy. The Thirty Years War and the Modern Notion of 'State' in the Empire 1530s to 1790s, Cambridge 2016.

[4] Vgl. *Johann Gerhard*, Loci theologici cum pro adstruenda veritate tum pro destruena quorumvis contradicentium falsitate, 9 Bde., Jena 1611–1622; zitiert nach der Ausgabe: *Johann Gerhard,* Loci theologici, hg. v. *Eduard Preuß*, 9 Bde., Berlin (Bd. 9: Leipzig) 1863–1875, hier: Bd. 6 (1868), 279-301, locus XXIV (De magistratu politico), caput 3, § 33-82. Zum Zusammenhang von Kirche und Obrigkeit bei Gerhard vgl. *Martin Honecker*, Cura religionis Magistratus Christiani. Studien zum Kirchenrecht im Luthertum des 17. Jahrhunderts, insbesondere bei Johann Gerhard (Jus ecclesiasticum 7), München 1968; *Schneider*, Ius reformandi, 174–176, 179–181.

[5] Vgl. *Robert Bellarmin*, Disputationes de controversiis Christianae fidei adversus hujus temporis haereticos, 3 Bde., Ingolstadt 1586–1593, hier: Bd. 1, 671-672, liber III, caput 17 (Ad magistratum non pertinere iudicium de religione). Zum daraus resultierenden unterschiedlichen Toleranzverständnis bei Katholiken und Lutheranern vgl. *Sascha Salatowsky*, Zwischen Hinrichtung und Duldung. Toleranzdebatten im konfessionellen Zeitalter, 1580–1650, in: Deutsche Zeitschrift für Philosophie 63 (2015), 22–57.

kratie ging von einer engen Verbindung von Kirche, Gesellschaft und Obrigkeit aus, wobei Calvin der Kirche, darin dem Katholizismus gar nicht unähnlich, einen direkten und bestimmenden Einfluss auf die politisch-gesellschaftliche Ordnung sichern wollte.[6] Anders als im Luthertum, wo die Theologen auf das gute Regiment der Obrigkeit vertrauten, zielte man in der Schweiz auf einen direkten Einfluss der Theologen auf die Stadträte ab. Immer wieder kam es daher zu Konflikten zwischen Rat, Bevölkerung und Kirche, was die Frage von Kirchenzwang und Freiheit betraf.

Wie Luther, so hielt auch Calvin an der Ständegesellschaft mit einer starken Obrigkeit fest, und auch er beanspruchte für das Verhältnis von Kirche und Obrigkeit die mittlere Position zwischen den Extremen der Anabaptisten und Machiavellisten.[7] Genauso sah er in der Zwei-Reiche-Lehre (das *regnum spirituale* auf der einen und das *regnum politicum* auf der anderen Seite) ein geeignetes Instrument, die irdische von der himmlischen Sphäre, die auf das ewige und geistliche Reich Christi abziele, zu trennen, ohne freilich deren Widerspruch zu postulieren;[8] dies umso mehr, als sich die Amtspflicht des Magistrats auf beide Gesetzestafeln beziehe.[9] Stärker jedoch als Luther band Calvin sein gesellschaftliches Verständnis an die biblische, genauer alttestamentliche Vorlage, die vom Gläubigen strikten Gehorsam forderte und zugleich die Obrigkeit für die auch körperliche Verfolgung Andersdenkender in Anspruch nahm.[10] Die Hinrichtung von Michael Servet 1553 in Genf, die Theodor Beza (1519–1605) in seinem Buch „De haereticis a civili magistratu

---

[6] Vgl. *Unruh*, Reformation, 103–161.

[7] Vgl. *Johannes Calvin*, Institutio Christianae religionis 1559, in: Joannis Calvini Opera selecta, hg. v. *Peter Barth* und *Wilhelm Niesel*, Bd. 3–5, München ²1957–1962, hier: Bd. 5 (1962), 471, liber IV, caput 20, § 1: „[...] imo necessitate me impelli ut id faciam: praesertim quoniam ab una parte amentes et barbari homines ordinem hunc divinitus sancitum furiose evertere conantur, principum vero adulatores eorum potentiam sine modo extollentes Dei ipsius imperio opponere non dubitant. Utrique malo nisi obviam eatur, peribit fidei sinceritas."

[8] Vgl. ebd., 473, IV 20, § 2: „Verum ut distinctum istud regiminis genus a spirituali illo et interno Christi regno nuper monuimus: ita nec quicquam pugnare sciendum est." Zur Zwei-Reiche-Lehre vgl. auch ebd., 294f., III 19, § 15.

[9] Vgl. ebd., 479, IV 20, § 9.

[10] Ich komme hierauf unten in Abschn. 2 zurück.

puniendis" von 1554 rechtfertigte, ist hierfür ein trauriges Beispiel.[11]

Ich möchte nachfolgend einen dritten Weg innerhalb des Protestantismus zur Klärung des Verhältnisses von Religion und Obrigkeit vorstellen, wie er sich im späten 16. und frühen 17. Jahrhundert vor allem in Polen entwickelt hat. Es handelt sich um den Antitrinitarismus bzw. Sozinianismus, der sich selbst als Vollendung der Wittenberger und Genfer Reformationen verstand. Prägnant ausgedrückt ist dieses Selbstverständnis in dem häufig zitierten Doppelhexameter auf Fausto Sozzini (1539–1604), den Namensgeber der Bewegung:

„Tota ruit Babylon: Disiecit tecta Lutherus,
Calvinus muros, sed fundamenta Socinus."[12]

(„Babylon ist ganz eingestürzt: Luther riss die Dächer ein, Calvin die Wände, Sozzini jedoch die Fundamente").

Die Bedeutung der nonkonformistischen religiösen Gemeinschaften der Frühen Neuzeit liegt nicht zuletzt darin, dass sich in ihren Milieus – anders als in den etablierten Konfessionen – eine bemerkenswerte Bandbreite radikaler politisch-sozialer Ideen entfalten konnte. Die Täuferbewegungen der frühen Reformationsjahre, die Hutterer bzw. „Mährischen Brüder" in Mähren, die Mennoniten im niederländisch-niederdeutschen Raum oder eben die Antitrinitarier in Polen bildeten überschaubare Freiwilligkeitsgemeinden, die teilweise egalitäre Strukturen aufwiesen und innerhalb der jeweiligen Gemeinschaft die Überwindung von Standesunterschieden und sozialen Gegensätzen anstrebten. Zu den besonderen Anliegen der Polnischen Brüder, aber auch anderer religiöser Dissidenten, gehörten die Forderungen nach religiöser und geistiger Freiheit und nach einer echten Trennung zwischen dem religiösen Bereich und

---

[11] Vgl. *Hans Guggisberg*, Sebastian Castellio (1515–1563). Humanist und Verteidiger der religiösen Toleranz im konfessionellen Zeitalter, Göttingen 1997; *Uwe Plath*, Der Fall Servet und die Kontroverse um die Freiheit des Glaubens und des Gewissens. Castellio, Calvin und Basel 1552–1556, Essen 2014 [urspr. Diss. Basel 1972].

[12] Zitiert nach: *Johannes Amos Comenius*, De Irenico Irenicorum, hoc est, conditionibus pacis à Socini secta reliquo Christiano orbi oblatis, Amsterdam 1660, 191.

obrigkeitlichen Machtstrukturen, wie sie vom Neuen Testament her vorgegeben sei. Stanislaw Kot hat zu Recht betont, dass nur bei den Dissidenten „a critical consideration not only of the supremacy of the State, but also of its essential, generally recognized functions"[13] stattfand. Nur außerhalb der etablierten Konfessionen boten sich Freiräume zur Entfaltung und Erprobung der Ideen des Pazifismus, Kommunismus, Egalitarismus und der umfassenden Toleranz – die im Fall der Polnischen Brüder sogar die Bereitschaft einschloss, den eigenen Wahrheitsanspruch zu relativieren. Es ist inzwischen unbestritten, dass diese radikalen Diskurse dazu beitrugen, den Weg zur Aufklärung des 17. und 18. Jahrhunderts zu ebnen. Es lässt sich sogar ohne Übertreibung sagen, dass der Sozinianismus mit seiner radikalen Dogmenkritik und seinem politisch-sozialen Programm bereits eine Aufklärung eigener Art markierte und Entwicklungen vorwegnahm, die im Bereich des etablierten Protestantismus erst gute einhundert bis zweihundert Jahre später realisiert wurden.

Im Folgenden soll die Entwicklungen der politisch-religiösen Ideen des Sozinianismus in drei Schritten von Fausto Sozzini über Christoph Ostorodt (ca. 1560–1611) bis hin zu Samuel Przypkowski (1592–1670) nachgezeichnet werden, also vom späten 16. bis in die Mitte des 17. Jahrhunderts. Dabei wird erkennbar werden, dass die dritte Generation der Sozinianer sich in der Frage nach dem Verhältnis von Religion und Obrigkeit deutlich deradikalisierte und zu einer gemäßigten Beschreibung zurückkehrte. Die bestimmende Frage lautet: Wie lässt sich der Prozess der fortschreitenden Deradikalisierung der politischen Konzepte des Sozinianismus erklären? Für eine angemessene Antwort sind nicht nur die innersozinianischen Debatten, sondern auch die Ansichten der etablierten Konfessionen zu berücksichtigen. Für Przypkowski dürfte gerade die Erfahrung, dass die katholische und protestantische antisozinianische Polemik überhaupt nicht zwischen den Positionen der „Anabaptisten" (bzw. den Ansichten, die die konfessionel-

---

13 *Stanislas Kot*, Socinianism in Poland. The Social and Political Ideas of the Polish Antitrinitarians in the Sixteenth and Seventeenth Centuries, Boston 1957, 1f.

len Gegner den Täufern zuschrieben) und denen der Antitrinitarier unterschieden, ein weiterer Anstoß für seine Neubeschreibung des Verhältnisses von Staat und Kirche gewesen sein. Dies soll hier in einem vierten und abschließenden Schritt an den Schriften von Bellarmin und Gerhard gezeigt werden.

1. Fausto Sozzini: Die Bergpredigt als Gesetz des Neuen Bundes

Fausto Sozzini, 1539 in Siena als Kind einer angesehenen Patrizier- und Juristenfamilie geboren,[14] wurde schon früh durch seinen Onkel Lelio Sozzini (1525–1562)[15] mit protestantischem, aber auch antitrinitarischem Gedankengut vertraut gemacht. 1561 verließ er aufgrund von Verfolgungen seiner Familie durch die Inquisition sein Heimatland und ging nach Lyon, wo er seine juristischen Studien fortsetzte. Nach dem Tod seines Onkels nahm er dessen Nachlass an sich, verfasste in dieser Zeit wohl seine kleine Schrift zum Johannesprolog, die zum ersten Mal seine antitrinitarischen Neigungen zum Ausdruck brachte,[16] verbrachte die fol-

---

14   Zu Leben und Werk vgl. *Samuel Przypkowski*, Vita authoris, in: *Fausto Sozzini*, Opera omnia in duos tomos distincta, 2 Bde. [Bibliotheca Fratrum Polonorum], Irenopoli [=Amsterdam] 1656 [=1668], Bl. **1r–**4v; *Joshua Toulmin*, Memoirs of the Life, Character, Sentiment and Writings of Faustus Socinus, London 1777; *Friedrich Samuel Bock*, Historia Antitrinitariorum, maxime Socinianorum, Bd. 2, Königsberg/Leipzig 1784 (Nachdruck Leipzig 1978), 654–850; *Otto Fock*, Der Socinianismus nach seiner Stellung in der Gesammtentwicklung des christlichen Geistes, nach seinem historischen Verlauf und nach seinem Lehrbegriff, Kiel 1847 (Nachdruck Aalen 1970), 159–183; *Kęstutis Daugirdas*, Die Anfänge des Sozinianismus. Genese und Eindringen des historisch-ethischen Religionsmodells in den universitären Diskurs der Evangelischen in Europa (Veröffentlichungen des Instituts für Europäische Geschichte Mainz, Abteilung für Abendländische Religionsgeschichte 240), Göttingen 2016, 53–164.

15   Zu Leben und Werk vgl. *Bock*, Historia, Bd. 2, 577–654; *Lelio Sozzini*, Opere, hg. v. *Antonio Rotondò* (Studi e testi per la storia del Cinquecento 1), Firenze 1986.

16   Vgl. *Fausto Sozzini*, Explicatio primae partis capitis Evangelistae Johannis, in: *Ders.*, Opera, Bd. 1, 77–85. Laut *Daugirdas*, Anfänge, 53, wagte Sozzini mit dieser Schrift „den Vorstoß, die herausragende Bedeutung der Person Christi mit ihrem geschichtlichen Wirken und ihrer Botschaft und nicht, wie bisher üblich, mit der die zeitliche und räumliche Dimension transzendierenden

genden zwölf Jahre allerdings am Florentiner Hof als Jurist. 1574 ging er nach Basel, wo er seine theologischen Studien wieder aufnahm. 1578 weilte er in Siebenbürgen, um in dem zwischen Franciscus Davidis (Dávid Ferenc, 1510–1579) und Giorgio Biandrata (1515–1590) ausgebrochenen Streit über die Anbetung Christi als Vermittler zu fungieren.

Ein Jahr später ging Sozzini nach Polen, wo er zunächst längere Zeit in Krakau und später bis zu seinem Tod 1604 in Lusławice lebte. In den 1560er Jahren hatte sich vom reformierten Synodalverband Polens eine täuferisch-antitrinitarische Bewegung abgespalten, die in Kleinpolen und in einigen anderen Regionen der Adelsrepublik ein synodal verfasstes Gemeindenetzwerk bildete, die *ecclesia minor* (die „kleine Kirche" im Gegensatz zur „großen" Gemeinschaft der Reformierten) oder Polnischen Brüder. Sie waren in ihrer Anfangszeit stark vom radikalen Pazifismus und Egalitarismus der deutschsprachigen Täufergemeinden in Mähren beeinflusst. Obwohl Sozzini nie die Mündigentaufe empfing und daher nicht in die Gemeinde der *ecclesia minor* aufgenommen wurde, übte seine Theologie einen maßgeblichen Einfluss auf die antitrinitarischen Gemeinden in Polen aus und setzte sich um die Wende zum 17. Jahrhundert unter den Polnischen Brüdern weitgehend durch.

Für unseren Zusammenhang ist die Schrift „Ad Jacobi Palaeologi librum, cui titulus est Defensio verae sententiae de magistratu politico, pro Racoviensibus responsio" (1581) wichtig, die Sozzini, wie der Titel anzeigt, als Verteidigung der wahren Ansicht über die weltliche Obrigkeit gegen ein Werk des unitarischen Theologen Jacobus Palaeologus aus Chios (ca. 1520–1585) verfasste.[17] Palaeologus[18] war ein ehemaliger Dominikaner, der sich in den 1550er

---

ontologischen Beschaffenheit der göttlichen Komponente seines gott-menschlichen Wesens zu begründen."

[17] Vgl. [*Fausto Sozzini*], Ad Jacobi Palaeologi librum, cui titulus est Defensio verae sententiae de *magistratu politico* etc., pro Racoviensibus responsio, [Raków] 1581, ²1627; auch in: *Ders.*, Opera, Bd. 2, 5–114 (nach dieser dritten und letzten Ausgabe wird nachfolgend zitiert). Zu der Schrift vgl. *Bock*, Historia, Bd. 2, 799–804.

[18] Zu Leben und Werk vgl. *Bock*, Historia, Bd. 1, Teil 2, 583–587; *Antal Pirnát*, Jacobus Palaeologus, in: *Ludwik Chmaj* (Hg.), Studia nad arianizmem, Warszawa 1959, 73–130.

Jahren mit der katholischen Kirche überworfen hatte und seitdem von der Inquisition verfolgt wurde. Seit 1562 lebte er im Exil in Prag, von wo aus er Kontakte mit polnischen und siebenbürgischen Antitrinitariern knüpfte. 1571 siedelte er nach Krakau und 1572 nach Siebenbürgen über, wo er maßgeblich zur Entstehung eines non-adorantistischen, die Gottheit Christi ausdrücklich verneinenden Flügels innerhalb des siebenbürgischen Antitrinitarismus beitrug. Im Dezember 1581 wurde Palaeologus in Mähren, wohin er sich einige Jahre zuvor zurückgezogen hatte, verhaftet und an die Römische Inquisition ausgeliefert. Obwohl er während des anschließenden Häresieprozesses seinen Ansichten abgeschworen hatte, wurde er am 25. Mai 1585 in Rom hingerichtet.[19]

Palaeologus griff seit Beginn der 1570er Jahre in mehreren Schriften den pazifistischen Flügel der Polnischen Brüder an, dessen Zentrum sich in Raków nordöstlich von Krakau befand, wo in den folgenden Jahrzehnten auch die Druckerei und die Hochschule der sozinianischen Minderheitskirche ihren Sitz hatten.[20] Bereits in sei-

---

[19] Wie fern Palaeologus der Lehre der Polnischen Brüder stand, wird deutlich an dem ablehnenden Urteil bei *Fausto Sozzini*, Responsio ad libellum Jacobi Wuieki Jesuitae Polonice editum De divinitate filii Die et Spiritus sancti (Erstdruck polnisch 1593), in: *Ders.*, Opera, Bd. 2, 529–624, hier: 538: „At de Palaeologo, quem similiter ex nostro numero fuisse, sine dubio arbitrantur, jam respondeo, nullo pacto Dei beneficium erga ipsum istud fuisse, quod Ecclesiae Romanae reconciliatus fuerit, sed debitam ipsius impietati poenam. Nam praeterquam quod nostros homines simplicissimos licet atque innocentissimos edito adversus eos libro, cum interim tamen eos fratres appellare illum non puderet, tanquam pessimos nebulones traducere non est veritus; unus etiam, atque adeo, ni fallor praecipuus fuit ex antesignanis illorum, qui Christum nec adorandum nec invocandum esse hodie affirmant, et interim tamen se Christianos esse impudenter profitentur, quo vix quidquam scelestius in religione nostra depravanda excogitari posse existimo. Merito igitur talis homo talem finem est sortitus [...]." Die Härte dieser Ausführungen irritierte bereits Zeitgenossen, so den im Exil lebenden italienischen Antitrinitarier Marcello Squarcialupi (1538–1592), der Sozzini vorwarf, über Palaeologus „horrenda maledicta" verbreitet zu haben, vgl. *Bock*, Historia, Bd. 2, 804.

[20] Die von Palaeologus vertretene Position wird von *Bock*, Historia, Bd. 1, Teil 2, 583 f., folgendermaßen zusammengefasst: „Defendebat nempe ille adversus Socinianos et Anabaptistas, cum quibus alias contra mysterium S. Trinitatis communem caussam fecit, Christum non abrogasse magistratum politicum, bellum quoque legitimum et arma Christi civibus esse permissa, quo ipso asserto semet Sociniano coetui parum commendavit, cuius tamen favorem ipse parvi aestimabat." Zum Verlauf der Kontroverse vgl. *Kot*, Socinianism, 50–97; *Earl*

ner Schrift „De bello sententia" (1572) hatte Palaeologus einen Verteidigungskrieg, *nicht* aber einen Angriffskrieg als mit dem göttlichen Gesetz übereinstimmend gerechtfertigt, einen bedingungslosen Pazifismus daher verworfen. Als Antwort auf den Biblizismus seiner Gegner legte er dar, dass sich das biblische Gewaltverbot nur auf persönliche Selbstjustiz und willkürliche Handlungen beziehe, nicht aber auf den Kriegsdienst zur Abwehr von Landesfeinden durch die Obrigkeit. Es sei einem Christen erlaubt, Waffen zu tragen und die Landesgrenzen aus Gründen des Selbstschutzes oder zur Bekämpfung des Feindes zu verteidigen. Wer anderes fordere und in solchen Fällen auch anders handle, der sei niederträchtig und unwürdig, den Namen eines Christen zu führen.

Gegen die Abhandlung des Palaeologus, die Kot als „clear, logical, acute"[21] beschrieb, erschien noch im selben Jahr 1572 eine Gegenschrift von Grzegorz Paweł z Brzezin (Gregorius Pauli, 1525–1591), dem führenden Vertreter des pazifistischen Flügels der polnischen Antitrinitarier.[22] Ein Jahr später, 1573, veröffentlichte Palaeologus eine Replik auf diese strikt pazifistische Schrift unter dem Titel „Ad scriptum fratrum Racoviensium de bello et judiciis forensibus responsio",[23] in der er auch die Übernahme von politischen Ämtern und das *ius gladii* der weltlichen Obrigkeit, also das Recht, die Todesstrafe zu verhängen, rechtfertigte. Das sechste Gebot „Du sollst nicht töten" binde nur Privatperson, nicht aber die Obrigkeit, die nicht aus Rache handle, sondern der Verpflichtung,

---

Morse Wilbur, A History of Unitarianism. Socinianism and its Antecedents, Cambridge, Ma., 1946, 375–383, 396–399; *Peter Brock*, Pacifism in Europe to 1914, Princeton, NJ, 1972, 120–142; *Stefan Fleischmann*, Szymon Budny. Ein theologisches Porträt des polnisch-weißrussischen Humanisten und Unitariers (ca. 1530–1593) (Bausteine zur slavischen Philologie und Kulturgeschichte, Neue Folge, Reihe A: Slavistische Forschungen 53), Köln/Weimar/Wien 2006, 45–47.

[21] *Kot*, Socinianism, 55.

[22] Vgl. *Grzegorz Paweł*, Adversus Jacobi Palaeologi de bello sententiam responsio, Raków 1572; Zusammenfassung des Inhalts bei *Kot*, Socinianism, 56–60; vgl. ferner: *Brock*, Pacifism, 121–123; *ders.*, Gregorius Pauli against the Sword. A Polish Anabaptist on Nonresistance, in: Mennonite Quarterly Review 65 (1991), 427–436. Zu Leben und Werk des Grzegorz Paweł vgl. *Bock*, Historia, Bd. 1, Teil 2, 597–628.

[23] Vgl. *Kot*, Socinianism, 62–66; *Brock*, Pacifism, 123 f.

die Gesellschaft zu schützen und dem Bösen zu wehren, nachkomme. Das *ius gladii* habe bereits vor der Zeit Christi existiert und sei von ihm nicht aufgehoben worden. Ebenso wenig könne es verboten sein, Gesetzesübertretungen der Obrigkeit anzuzeigen oder einen Eid zu leisten, um der Wahrheit förderlich zu sein. Sollte jemand nicht sein Recht suchen dürfen, wenn er überfallen wird oder sein Eigentum geraubt wird? Wenn Christus die durch allgemeines Recht sanktionierte Gewaltanwendung durch die Obrigkeit aufgehoben hätte, dann hätte er die Grundlagen des Staates beseitigt, was niemand wollen könne. In diesem Sinne interpretierte Palaeologus die Bergpredigt „im Lichte seiner sozial konservativen Ansichten",[24] geißelte den Rigorismus der Polnischen Brüder in Raków und warf ihnen vor, durch ihre religiöse Sturheit Missstände im Land und unter den Brüdern herbeigeführt zu haben.

Doch damit nicht genug: Gegen zahlreiche Angriffe führender Vertreter der polnischen Antitrinitarier[25] veröffentlichte Palaeologus schließlich seine „Defensio verae sententiae de magistratu politico in ecclesiis Christianis retinendo contra quosvis eius impugnatores, nominatim vero contra Racoviensium scriptum" (Łosk 1580), auf die Fausto Sozzini weitschweifig mit der oben genannten Schrift „Ad Jacobi Palaeologi librum, cui titulus est Defensio verae sententiae de magistratu politico, pro Racoviensibus responsio" (1581) reagierte. Aus der Vorrede, die sich direkt an Palaeologus, den berühmten Mann voller Bildung und Eloquenz, wendet, ergeben sich die Gründe, die den damals noch weitgehend unbekannten Sozzini zu seiner Gegenschrift bewegten: Mit seinem Titel „De magistratu politico" habe Palaeologus den Eindruck erweckt, als gehe es in der Schrift allgemein um das Verhältnis von Obrigkeit und Religion, während Pauli doch allein die Frage des Kriegsdienstes behandelt habe. Sozzini erboste besonders, dass Palaeologus die Vertreter der Gegenposition namentlich genannt

---

[24] *Fleischmann*, Budny, 47.
[25] Es handelte sich hierbei um Grzegorz Pawel (1525–1591), Marcin Czechowic (1532–1613), Georg Schoman (1530–1591) und Jan Niemojewski (gest. 1598). Vgl. *Henryk Gmiterek*, Antitrinitaires Polonais III: Marcin Czechowic, Jan Niemojewski, Christoph Ostorodt (Bibliotheca Dissidentium. Répertoire des non-conformistes religieux du seizième et dix-septième siècles, hg. v. *André Séguenny*, 14), Baden-Baden/Bouxwiller 1992.

und damit den Blick der Herrschenden, die über dergleichen vermeintlich obrigkeitskritische Äußerungen aufgebracht sein mussten, direkt auf die Gemeinde der Polnischen Brüder in Raków ge-
lenkt hatte. Daher stelle sich die Frage, ob Palaeologus die Gemeinde
der Gefahr einer Verfolgung habe aussetzen wollen.[26]

Zu Beginn seiner Schrift verteidigte Sozzini die pazifistische Position der Rakower Antitrinitarier, die er vor allem mit einer prak-
tisch-ethischen Auslegung der Bergpredigt begründete. Für die
Rakower beanspruchte Sozzini, dass sie die Worte Christi auf die
rechte, nämlich geistliche Weise (2Kor 5,16) verstehen. Die argu-
mentativen Voraussetzungen des Palaeologus seien falsch, nämlich zum einen dessen Unterscheidung zwischen Obrigkeit und
Privatperson im Zusammenhang mit der Frage nach einer möglichen Gewaltanwendung, zum andern dessen Ansicht, dass ein gerechter Krieg möglich sei. Es wäre ein vollkommen falsches Verständnis der Bergpredigt, wenn man wie Palaeologus lehre, dass
Jesus Christus seine Jünger nur als Privatleute anspreche, so dass
eine Amtsperson durch die Gebote der Bergpredigt nicht gebunden sei. Vielmehr sei klar formuliert, dass Christus zu einer großen Menschenmenge gesprochen habe. Daher seien seine Gebote
für alle bindend.[27]

Entschieden weist Sozzini den Gedanken zurück, eine Obrigkeit
könne sich für die Lehre vom gerechten Krieg auf Christus berufen. Dies ist schon allein deswegen falsch, weil Christus und die
Obrigkeit so verschieden sind wie Himmel und Erde: Wenn Christus einen Krieg führen würde – was er selbstverständlich nicht tut –,
wäre dieser in der Tat gerecht, denn Christus kann nicht irren, da in

---

[26] Vgl. *Fausto Sozzini*, Opera, Bd. 2, A2v: „Decrevi enim, quemadmodum in ipsa
caussa a te quam maxime dissideo, sic in hac re tui quam dissimillimus esse,
qui non Gregorium modo Paulum [...] contumeliis oneras, sed in Racovienses
illos omnes identidem acerbissime inveheris, et tantum non debaccharis. Non
est hoc Palaeologe (mihi crede) dignum gravitate tua, non eruditione, non
rerum usu, non denique Christiani nominis professione."

[27] Vgl. ebd., 9: „Quod deinde satis ostendit, quamvis, Matthaeo attestante, Christus
discipulos suos docere instituisset, voluisse tamen, contra quam tu [sc. Palaeo-
logus] sentias, ut reliquus etiam populus, qui circumstans omnia ejus verba
audiebat, ex illis doctrinam sibi salutarem haurire posset, quippe quae ad
omnes, qui ipsum sequi vellent, ex aequo pertineret."

ihm weder Unwissenheit noch Bosheit vorhanden sind. Eine menschliche Obrigkeit dagegen ist fehlbar, und auch wenn sie meint, einen gerechten Krieg zu führen, kann sie von Unwissenheit oder Bosheit fehlgeleitet sein, so dass es sich in Wahrheit um einen ungerechten Krieg handelt. Wenn zwei Könige einen Krieg gegeneinander führen, und beide halten ihre Sache für gerecht, dann täuscht sich mindestens einer.[28]

Palaeologus hatte behauptet, Christus habe nach seiner Auferstehung als himmlische Obrigkeit durch den Jüdischen Krieg (in dessen Verlauf 70 n. Chr. der Tempel von Jerusalem zerstört wurde) an seinen Feinden, den Juden, gerechte Rache genommen; daher könne auch eine christliche Obrigkeit gerechte Kriege gegen ihre Feinde führen. Sozzini hält dem entgegen, dass der Jüdische Krieg von Götzendienern geführt wurde, nicht von Christen. Die Argumentation des Palaeologus scheinbar aufnehmend, führt Sozzini sie folgermaßen *ad absurdum*: Wenn Christus sich also selbst für den allergerechtesten Krieg nicht der Christen, sondern der Götzendiener bediente, folgt daraus, dass kein Krieg so gerecht sein kann, dass Christen sich daran beteiligen dürfen. Selbst für den gerechtesten Krieg müsste eine christliche Obrigkeit, wenn sie Christus als die himmlische Obrigkeit nachahmen will, ein Heer aus Heiden aufstellen und dürfte keine Christen zum Waffendienst verpflichten.[29]

---

28 Vgl. ebd., 8: „Deinde considerandum est, Christum in gladio exercendo errare non posse, quippe in quem nulla nec ignorantia, nec malitia cadere possit, et cui nemo, nisi summa cum injuria, hostis, contumax esse queat. At vero civilis magistratus vel ob ignorantiam, vel ob malitiam injuria aliquem gladio ferire potest, et injuste bella aut suscipere, aut defendere, cum fieri possit, ut quis jure optimo illi hostis, aut contumax sit. Alioquin cum [...] duo reges bellum invicem gererent, neuter ipsorum errare posset, et modo alter alterius hostis esset, utriusque alterum tanquam hostem suum Christi exemplo ulcisci, ac perdere liceret. Quo nihil absurdius excogitari potest."

29 Ebd., 8 f.: „Cum igitur in omnium ipsis Christianis convenientissima et justissima belligerandi caussa, non Christianorum, sed idololatrarum opera uti Christus voluerit, concludendum est, nullum esse tam justum bellum, quod Christianum populum deceat, et debere civilem magistratum, si hac in re Christum imitari velit, non ex veris Christianis, sed ex aliis hominibus sibi exercitum comparare, tantum abest, ut Christi exemplo Christianos homines ad bellum gerendum adigere aut possit, aut debeat."

Der entscheidende Einwand Sozzinis gegen die Haltung des Palaeologus rührt daher, dass dessen Verständnis der Bergpredigt völlig verfehlt sei. Christus, so Sozzini, richtete sich in der Bergpredigt *nicht* gegen falsche Auslegungen des mosaischen Gesetzes durch die Schriftgelehrten und Pharisäer, sondern wandte sich gegen das mosaische Gesetz selbst, das er durch neue Gebote ersetzte. Deutlich heißt es in Mt 5,39: „Ihr habt gehört, dass gesagt ist [Ex 21,24]: Auge um Auge, Zahn um Zahn. *Ich* aber sage euch, dass ihr nicht widerstreben sollt dem Übel, sondern: wenn dich jemand auf deine rechte Backe schlägt, dann biete die andere auch dar." Indem Christus als neuer Gesetzgeber das mosaische Gesetz durch neue, erhabenere Gebote ersetzt, wird der alttestamentliche Grundsatz der gerechten Strafe und Vergeltung aufgegeben zugunsten eines radikalen Pazifismus. Folglich heißt es im Blick auf das „ich aber sage euch": „Diese Worte [...] machen sehr klar, dass Christus seine Gebote nicht den Hirngespinsten der Schriftgelehrten und Pharisäer, sondern dem Gesetz selbst entgegensetzt."[30]

Sozzini beschrieb hier einen fundamentalen Wandel zwischen dem Alten Testament und dem Neuen Testament, der genau den Unterschied zwischen dem Alten und dem Neuen Bund plausibel macht: Christus ist der Friedensbringer, nicht nur zwischen Gott und Mensch, sondern auch zwischen den Menschen selbst, die sich der Rache und Bestrafung konsequent enthalten sollen. Durch Christi Gebote werde jedoch, so betonte Sozzini nochmals, *nicht* das Amt der Obrigkeit und deren *ius gladii* aufgehoben. Zugleich sei ein Christ auch im obrigkeitlichen Amt an die Bergpredigt gebunden und müsse sich jeglicher Ungerechtigkeit enthalten. Hier liegt offensichtlich ein Dilemma vor. Auch wenn somit offen bleibt, ob Sozzini das Ideal

---

[30] Ebd., 16: „Quae illico, postquam ipsa legis verba recitavit, ab ipso adjuncta, planissimum faciunt, Christum praecepta sua non quidem scribarum, et Pharisaeorum commentis, sed ipsi legi opponere. [...] Respondeo [...] Christi verba non istas interpretationes tantum, sed sententiam ipsius legis reformare"; vgl. ferner ebd., 84, wo Sozzini noch einmal in aller Deutlichkeit gegen Palaeologus festhielt: „Quid tu nos Christo exaequas, immo vero anteponis, et eandem auctoritatem, quam ille in Mosaicis legibus habuit, nobis in ipsius legibus tribuis? An nescis, Christum tanto Mose praestantiorem esse, quanto praestantior est is, qui domum aliquam extruxit, quam ipsa domus, et filius, quam servus, et is, qui domui praepositus est, quam is, qui in ipsa domo famulatur Hebr. 3.3. etc."

einer gewaltfreien Gesellschaft überhaupt für realisierbar hielt, so bleibt doch die Kernforderung an jeden Christen und an alle christlichen Kirchen: Seid Pazifisten!

Die Position der Rakower Polnischen Brüder zur Ausübung obrigkeitlicher Ämter umriss Sozzni folgendermaßen: Keinesfalls würden sie verneinen, dass es einem Christen freistehe, ein öffentliches Amt zu bekleiden, er auch ein König oder Monarch sein könne. Zwei Dinge verneinten sie jedoch zu Recht: 1. Dass es neben Christus noch einen anderen König der christlichen Kirche geben könne. 2. Dass ein Christ menschliches Blut vergießen könne, sei es als Privatmann, sei es in Ausübung eines Amtes.[31] Das erste sei zu betonen notwendig, damit zum einen klar sei, dass Christus nicht nur im Himmel, sondern auch auf Erden der König sei, dem sich alle zu unterwerfen haben. Ansonsten würde sich der falsche Eindruck einstellen, dass man sich um die irdischen Verhältnisse der christlichen Kirche nicht kümmern müsse, da ihr wahrer Besitz und ihre wahren Güter ja himmlisch seien. Zum andern ergebe sich aus dem alleinigen Königtum Christi, dass es keiner irdischen Macht zustehe, zu erlauben, was Christus verboten habe, oder umgekehrt zu verbieten, was er geboten habe.

Dies hat die gravierende Konsequenz, dass es einem Christen letztlich *nicht* freisteht, ein König zu sein, sofern damit in dieser Welt unausweichlich ein Blutvergießen verbunden ist. Denn ein christlicher König, auch wenn er selbst ein Schaf ist, ist in der Welt von Wölfen umgeben und wird die Erfahrung machen, dass er ohne die Missachtung der Gebote Christi nicht regieren kann. „Nicht jedoch", so betonte Sozzini, „verneinen die Rakower, dass ein Christ, der sein Amt ohne Verletzung der Gebote Christi auszuüben vermag, mit Recht die Welt regieren kann. Denn sie verdammen keineswegs das Regieren an sich."[32] Es sind also die innerweltlichen Umstände – genauer die Bosheit der Welt (*malitia mundi*), nicht das Wesen der Herrschaft an sich (*natura regiminis*) –, die hier den Ausschlag für oder gegen die Ausübung obrigkeitlicher Ämter geben.

---

[31] Vgl. ebd., 73.
[32] Vgl. ebd., 74: „Non tamen negant Racoviensis, si quis Christianus inventus fuerit, qui citra violationem mandatorum Christi id praestare queat, quin iste iure mundum regere possit. Nec enim ipsum regimen per se ullo modo vituperant."

Anschließend widmete sich Sozzini ausführlich der aus seiner Sicht falschen Auffassung des Palaeologus, wonach es dem Christen freistehe, sein erlittenes Unrecht durch die Obrigkeit im Sinne des „Auge um Auge, Zahn um Zahn" vergelten zu lassen. Für Sozzini zeichnet sich die christliche Tugend (*Christiana virtus*) dagegen vor allem dadurch aus, Unrecht geduldig zu ertragen statt Rache zu suchen.[33] Der neue Mensch, wie er z.B. in Eph. 4,24 beschrieben werde, lasse die irdische Klugheit hinter sich, die im Sinne des mosaischen Gesetzes Böses durch Böse vergelte, und schreite stattdessen zur himmlischen Weisheit und Gerechtigkeit fort, die Gott verheißen habe. Gegen alle Widrigkeiten folge der Christ im äußersten Gehorsam den Geboten Christi, bereit, nicht nur seinen Besitz, sondern selbst das eigene Leben aufzugeben. Was aber die Gebote Christi am meisten von jenen des Mose unterscheide, das sei die Forderung, auch den Feinden Gutes zu tun, ja, sie zu lieben (Mt 5,44). Wenn nun Palaeologus, so Sozzini weiter, fordere, dass die christliche Liebe (*charitas*) frei von Heuchelei sein müsse und daraus den Schluss ziehe, dass ein Christ auch die Vaterlandsliebe (*patriae charitas*) nicht simulieren dürfe, dann erkenne er nicht, dass die Loyalität zum Vaterland dort ihre Grenzen finde, wo sie in Widerspruch zu den Geboten Christi gerate. Während ein *homo politicus* über das irdische Vaterland hinaus nichts Höheres kenne, richte sich der *homo Christianus* am Himmel als der eigentlichen Heimat der christlichen Liebe aus.[34]

Sozzini setzte sich in diesem Zusammenhang mit dem naheliegenden, auch von Palaeologus vorgebrachten Einwand gegen den Grundsatz der Gewaltlosigkeit auseinander: Wie will man gegen einen Feind vorgehen, der vor der Haustür steht, der Frau und Kinder mit dem Tode bedroht? Wie will man ihn vom Bösen abhalten? Will man ihn nur mit Worten zurechtweisen oder auch zu den Waffen greifen? Wie will man überhaupt dem Bösen widerstehen? Sozzini antwortete hierauf nicht anders als zuvor: Der Feind ist von uns *nicht* zu töten, weil wir erstens dem Bösen gemäß Mt 5,39

---

[33] Vgl. ebd., 75: „[...] breviter Christiana virtus est, iniuriam patienter ferre potius, quam sese ulla ratione ulcisci."
[34] Vgl. ebd., 82.

nicht widerstreben und zweitens Böses gemäß Röm 12,17 und 1Thess 5,15 nicht mit Bösem vergelten sollen.[35] Wer gegen das Unrecht zu den Waffen greift, der vergrößert das Böse, da er zur Vermeidung des Bösen selbst böse wird. Wer jedoch alles unternimmt, um den Feind vom Bösen abzuhalten, ohne selbst zu kämpfen oder andere für sich kämpfen zu lassen, der überwindet den alttestamentlichen Grundsatz des *malum pro malo.*

Die Frage, inwiefern die radikale Friedensethik Sozzinis mit den Erfordernissen des politischen Lebens in der Polnischen Adelsrepublik (an dem auch viele der adeligen Mitglieder der Polnischen Brüder aktiv teilnahmen bzw. teilnehmen mussten) zu vereinbaren sei, blieb den nachfolgenden Generationen der Antitrinitarier bzw. Sozianer zur Beantwortung aufgegeben. Sozzini setzte mit seinem Traktat einen starken pazifistischen Anfangston, dessen Praktikabilität sich in der zunehmend konfessionell aufgeheizten politischen Stimmung erst noch erweisen musste. Klar ist jedoch, dass Sozzini die sozialethischen Anliegen der täuferisch-pazifistischen Polnischen Brüder grundsätzlich teilte.[36] Er entwickelte hierbei erste Überlegungen zu einer konsequenten Trennung von Kirche und Staat, die freilich die Gefahr eines radikalen Sektierertums in sich bargen. Es dauerte auch gar nicht lange, bis es innerhalb des Sozinianismus zu kontroversen Debatten über das Verhältnis von Gemeinde und Obrigkeit kam. Dies lässt sich in einem zweiten Schritt an Christoph Ostorodt zeigen.

2. Christoph Ostorodt: Leben nach den Geboten Christi

Christoph Ostorodt,[37] um 1560 in Goslar als Sohn eines lutherischen Pfarrers geboren, studierte seit 1581 an der Königsberger Universität, ehe er anschließend als Schulrektor in Schlochau (Człuchów in Pommern) wirkte. Dort lernte er den Danziger Stadtschreiber Matthäus Radecke (1540–1612) kennen, der ihn mit den unitarischen Lehren vertraut machte. Bereits im September

---

35 Vgl. ebd., 83.
36 Vgl. *Kot*, Socinianism, 91.
37 Zu Leben und Werk vgl. *Bock*, Historia, Bd. 1, Teil 2, 558–580; *Fock*, Socinianismus, 190–192; *Gmiterek*, Antitrinitaires Polonais III, 103–134; *Daugirdas*, Anfänge, 239–261.

1585 trat Ostorodt der *ecclesia minor* bei. 1588 wurde er nach einer kurzen Tätigkeit als Lehrer an der Schule in Chmielnik (nahe Kielce in Kleipolen) zum Pfarrer im großpolnischen Schmiegel (Śmigiel) ernannt, wo er seine ersten antitrinitarischen Schriften verfasste.[38] 1598 reiste er zusammen mit Andreas Wojdowski (um 1565–1622) zur klandestinen Verbreitung der neuen Lehre nach Holland, wo er u.a. Ernst Soner (1572–1612) für den Unitarismus gewinnen konnte. Nach seiner Rückkehr wirkte er weiter in Schmiegel, ehe er 1605 als Pfarrer nach Buskow bei Danzig ging, wo er 1611 verstarb.

1604, im Todesjahr Sozzinis, veröffentlichte Ostorodt sein Hauptwerk, die „Unterrichtung von den vornehmsten Hauptpuncten der Christlichen Religion", das den folgenden Ausführungen zugrunde liegt.[39] In der „Unterrichtung" stand Ostorodt noch ganz auf dem von

---

[38] Eine frühe Frucht seines Wirkens findet sich in einem Sendschreiben an die Straßburger Täufergemeinde von 1591, vgl. *Theodor Wotschke* (Hg.), Ein dogmatisches Sendschreiben des Unitariers Ostorod, in: Archiv für Reformationsgeschichte 12 (1915), 137–154. In dem Schreiben warb Ostorodt für eine Kirchenunion zwischen den Polnischen Brüdern und den Schweizer Brüdern, d. h. den Täufergemeinden des südwestdeutschen Raums. Er kritisierte allerdings die Vereinigung der letzteren mit den niederländischen Mennoniten, die „selbst nicht wollen hoffertig werden, und machen doch anderen hoffertige Kleider, malen die Bilder, machen Büchsen und dergleichen Dinge mehr, die die Welt zur Wollust und Hoffart ires Lebens haben will" (ebd., 152). Ostorodt wandte sich gegen die Zerspaltungen unter den Gläubigen und forderte, einander trotz abweichender Auffassungen in nicht wesentlichen Lehrfragen zu dulden und als Brüder anzunehmen. Die Unterscheide zwischen den Polnischen Brüdern und den Schweizer Brüdern seien insgesamt geringer als die zwischen diesen und den Mennoniten: „Wolt Gott, daß ir und sie auch weret so fürsichtig gewescn, in dem, eh ir euch zu den Mennoniten geschlagen habet, bei welchen noch viel grober Mengel sein [...] als Hülff zur Hoffart, Geitz, Wucher, ein wunderliche Verwirrung des vilen Bannens und Scheidens undt daß sie auch getrunken haben vom Geist des Antichrists, daß, so bald man etwas so nicht verstehet wie ire Lehrer, so muß er gebannen sein, wie daß denn etzliche unserer lieben Brüder, die zuvor bei inen sein gewesen, wol sein inne geworden." (ebd., 154).

[39] Vgl. *Christoph Ostorodt*, Unterrichtung von den vornemsten Hauptpuncten der Christlichen Religion, in welcher begriffen ist fast die gantze Confession oder Bekentnis, Rackau 1604. Drei weitere Auflagen folgten 1612, 1625 und 1629. Zum Inhalt vgl. *Kot*, Socinianism, 123–126. Zum Werk und seiner Rezeption vgl. *Bock*, Historia, Bd. 1, Teil 2, 572–575. Gegenschriften erschienen u.a. von den lutherischen Theologen Justus Feuerborn (1587–1656) aus Gießen und Johann Paul Felwinger (1606–1681) aus Altdorf sowie von dem re-

Sozzini vorgezeichneten Boden. Wenig später radikalisierte er sich jedoch zunehmend, indem er rigoristische Ansichten über den Krieg, den Magistrat, die Ämterfrage, den Besitz von Reichtum und die Kirchenzucht vertrat.[40] Dies bewirkte einen offenen Konflikt mit gemäßigteren Sozinianern rund um den aus Gotha gebürtigen Valentin Schmalz (1572–1622), der sich vor allem an der Frage entzündete, ob alle Gebote Christi Heilsrelevanz besäßen, was Ostorodt bejahte, Schmalz jedoch verneinte.[41] Dieser Konflikt konnte 1610 nur mit Mühe auf einer Synode in Raków gelöst werden; jedoch fehlen über die Beilegung der Kontroverse direkte Zeugnisse aus Ostorodts Hand.

In ähnlicher Weise wie Sozzini beschrieb auch Ostorodt die Lehre Christi als eine *Vervollkommnung* und Überbietung der mosaischen Gesetze, angezeigt durch die Worte Christi: „Ich aber sage euch": Während Moses nicht den Eid an sich, sondern allein den Meineid verboten habe, habe Christus gemäß Mt 5,34 jeglichen Eid untersagt. Freilich relativierte Ostorodt diese Aussage dahingehend, dass Christus sein Verbot hier nicht allen Eiden, sondern „nur den voluntariis iuramentis, das ist, gutwilligen [d. h. freiwilligen, vermeidbaren] eyden opponiret, entgegen gesetzet hat".[42] Ostorodt verwies hierfür auf den Apostel Paulus, der wiederholt Gott zum Zeugen angerufen habe (vgl. Röm 1,9 und 2Kor 1,23). Warum sollten wir nicht frei sein, gleiches zu tun? Gleichwohl sei hier Zurückhaltung angebracht, um Gott nicht leichtfertig im Munde zu führen.

Auch bei der Frage nach der Gewaltanwendung zur Vergeltung für Verbrechen vertrat Ostorodt die Ansicht, dass Christus das mosaische Gesetz durch ein vollkommeneres Gebot ersetzt habe: Während Mose allein die private Rache verboten, die Bestrafung von Verbrechern durch die Obrigkeit jedoch gebilligt habe, habe

---

formierten Theologe Jakob Amport (Jacobus ad Portum, 1580–1636) aus Lausanne.

[40] Vgl. *Friedrich Samuel Bock*, Historia Socinianismi Prussici maximam partem ex documentis manuscriptis, Königsberg 1754, 19: „De bellis, magistratu gerendo, de actionibus forensibus, iureiurando, divitiarum possessione multo cum rigore disputavit, quo etiam in administranda disciplina ecclesiastica et proscriptione sacra ita usus est, ut Sociniani coetus sui distractionem inde verentur."

[41] Vgl. *Kot*, Socinianism, 15 f.; *Daugirdas*, Anfänge, 259 f.

[42] Vgl. *Ostorodt*, Unterrichtung, 163.

Christus gemäß Mt 5,38 f. jegliche gewaltsame Vergeltung verboten.[43] Dies bedeute jedoch *nicht*, dass ein Christ nicht die Obrigkeit um Hilfe anrufen dürfe; gerate hierbei jedoch der Übeltäter in Gefahr für Leib und Leben, so solle man lieber Unrecht leiden statt eine Bestrafung zu fordern. Ostorodt billigte ebenso das Recht auf Selbstverteidigung, jedoch auch hier mit Einschränkungen: „Sich zu wehren ist nicht verboten: denn wehren ist keine rach. Aber in der wehr fur sich nehmen dem widersacher ein grossen und gefehrlichen schaden zuzufügen, ist nach der lere Christi nicht frey: und derhalben viel weniger zu tödten."[44] Entsprechend hielt Ostorodt auch den zivilen Rechtsweg grundsätzlich für zulässig, um Hilfe oder Schutz zu erhalten. Dies gelte jedoch *nicht* im Blick auf die eigenen Brüder oder Glaubensgenossen; hier zieme sich keine Klage vor weltlichen Gerichten.

Eine ähnliche Überbietung des mosaischen Gesetzes durch Christi Gebote erkannte Ostorodt bei der Liebe: Während Mose nur die Nächstenliebe verlangt habe, habe Christus gemäß Mt 5,43 f auch die Feindesliebe gefordert.[45] Jeglicher Hass und Rachegedanke solle im Christentum abgelegt werden. Die Forderung bestehe stattdessen darin, dem Feind auch noch Gutes zu tun. Ostorodt erkannte an diesem Punkt die wahre Differenz zwischen den Konfessionen, sei es im Blick auf die katholische Kirche, die diese Forderung nicht für ein Gebot, sondern bloß für einen Rat hielt, sei es im Blick auf die Lutheraner und Reformierten, die sich lieber streiten statt den Frieden im gemeinsamen Glauben zu suchen: „Denn woher komt so viel hasses, neides, haders, zorns, unfriedes, kriegs und blutvergiessens unter denen, die sich Christliches namens rhümen, als nur aus unwissenheit Göttliches willens, nemlich was die gebot betrift?"[46]

---

[43] Vgl. ebd., 164: „Was die Rach betrift, sagen wir, das uns Christus alle Rache verboten hab: das ist, Es ist uns nicht frey, nicht allein durch uns selber, sondern auch durch die Obrigkeit uns zu rechen."

[44] Ebd., 166.

[45] Vgl. ebd., 170 f.: „Wer sihet hie nicht, das Christus dem alten Gesetz etwas hinzugetan, und seine permission und zulassung einen andern zu hassen, corrigiret und gebessert hab: Sintemal im alten Gesetz frey war den feind zu hassen: hie aber wird uns denselben lieb zuhaben geboten."

[46] Ebd., 175.

Gott wolle durch seine Gebote eine Besserung der Zustände erwirken; sie sollten klar den rechten Weg zum Leben anzeigen.

Ostorodt thematisierte in diesem Zusammenhang zwei ebenso naheliegende wie grundlegende Fragen: Zum einen, ob es einem Christen erlaubt sei, einen Räuber zu verletzten oder einen Mörder zu erschlagen, um sein eigenes Leben zu retten. Zum anderen, ob ein Christ an einem Krieg teilnehmen dürfe. Die erste Frage beantwortete Ostorodt dahingehend, dass eine Selbstverteidigung erlaubt sei, aber keine Tötung des Angreifers. Selbst das Waffentragen sei gestattet, um potentielle Mörder von ihren Taten abzuhalten.[47] Die zweite Frage, so Ostorodt, sei schwer zu beantworten; sie habe seit den Anfängen des Christentums vielen gottesfürchtigen und gelehrten Leuten zu schaffen gemacht, mit Befürwortern und Gegnern auf beiden Seiten. Ostorodt ließ keinen Zweifel, welche Ansicht er für die richtige hielt: „Zu unsern zeiten sind viel tausent, die den krieg fur unchristlich halten." Er wisse freilich, dass die Gelehrten meistens anders dachten und die *idiotae* und ungelehrten Leute (gemeint sind die pazifistischen Täufer) als Schwärmer verlachten, mögen auch Gelehrte wie Erasmus von Rotterdam und Juan Luis Vives auf ihrer Seite gestanden haben. Doch aus Gewissensgründen gilt: „Wir geben denen beyfal, so den krieg improbiren, nicht für gut halten: ob wir wol wissen, wie viele dis fur den kopff stossen wird, die wol umb dieser unserer einigen meynung willen, die gantze confession selbst [d.h. die Lehre der Polnischen Brüder] leichtlich verwerffen sollten."[48] Für Ostorodt kann allein die Enthaltung vom Kriegsdienst dem christlichen Gebot der Nächsten- und Feindesliebe gerecht werden. In Übereinstimmung mit Sozzini sah Ostorodt den Grundsatz, lieber Unrecht zu leiden als Rache zu üben, als Summe der christlichen Tugend an. Allerdings ermangele die Welt zur gegenwärtigen Zeit noch der Einsicht in diese wahre Tugend.

Auch in dem Kapitel „Von der Obrigkeit, und ob es einem Christen frey sey dasselbe ampt zu verwalten"[49] finden wir eine be-

---

47 Vgl. ebd., 175 f.
48 Ebd., 176.
49 Ebd., c. XXIIX, 181.

dachtsame, pazifistische, streng an den Geboten des Neuen Testaments orientierte Haltung, die durch Gehorsam gegenüber der Obrigkeit und die Ablehnung von Rebellion und aktivem Widerstand gekennzeichnet ist. Stattdessen empfiehlt Ostorodt das stille Erdulden von Unrecht oder die Flucht ins Exil. Steuern sind zu zahlen, auch wenn die Obrigkeit damit Kriege finanziert. Ein Christ kann obrigkeitliche Ämter ausüben, kann sogar König sein, sofern das Amt ohne Krieg und Blutvergießen ausgeübt werden kann. Auch eine christliche Obrigkeit ist verpflichtet, Verbrechen zu bestrafen. Allerdings dürfe dabei nicht die Todesstrafe zur Anwendung kommen, sondern nur Strafen, die das Ziel der Besserung des Verbrechers haben wie Geldstrafen, Gefängnis, Zwangsarbeit, Ehrverlust oder sogar körperliche Züchtigung, „nur das sie dem Menschen am leben nicht schaden, noch ihn zur arbeit untüchtig machen".[50] Alle obrigkeitlichen Maßnahmen finden also am Tötungsverbot ihre Grenzen.

Ostorodt kritisierte in diesem Zusammenhang die Position von Calvin als widersprüchlich. Dieser habe in seiner „Institutio Christianae religionis" (deren Titel Ostorodt mit seiner „Unterrichtung" nachahmte) zwar wiederholt betont, dass den Christen das Gesetz des Mose nichts mehr angehe, stattdessen die Liebe das bestimmende Gesetz der Christen sei. Zugleich habe er aber die Todesstrafe für Diebe und Mörder verteidigt.[51] Für Ostorodt zeigt sich hier „nicht der sanftmütige geist Christi, sondern der geist der welt, welcher ist rach, blutgierig, und ein geist der heucheley".[52] Heuchelei ist es, weil Calvin und seine Anhänger vorgeben, aus göttlichem Eifer und Liebe zur Gerechtigkeit zu handeln, obgleich hier nichts anderes als Grausamkeit sichtbar wird, die eines Christen unwürdig ist. Ostorodt plädierte für Frieden, für Verträge und Bündnisse, um kriegerischen Auseinandersetzungen den Boden zu entziehen und um alle daran zu erinnern, dass Krieg eine große Sünde sei.

---

[50] Ebd., 185.
[51] Vgl. *Calvin*, Institutio, hg. v. *Barth* und *Niesel*, Bd. 5, 486–489, IV 20, § 14–16; ebd., 481–483, IV 20, § 10.
[52] *Ostorodt*, Unterrichtung, 190.

Mit seinen – im Vergleich mit dem rigoros pazifistischen Täufertum – moderaten Äußerungen stand Ostorodt ganz in der Tradition Sozzinis. Ostorodts späterer Rigorismus – der nicht mehr nach dem mittleren Weg suchte, den er zunächst für die Polnischen Brüder in Anspruch genommen hatte,[53] sondern der nunmehr jeglichen Eid, jede Selbstverteidigung, jeden Verteidigungskrieg und jede Art von Privateigentum verwarf – wurde von bedeutenden sozinianischen Theologen wie Johannes Völkel (1565–1618) und Johannes Crell (1590–1633) zurückgewiesen.[54]

Auch in der zweiten und dritten Generation der Sozianer wurden gelegentlich noch rigoristische Positionen vertreten, so insbesondere von dem Danziger Arzt Daniel Zwicker (1612–1678), der sich seit den 1650 Jahren einerseits zur sozinianischen Theologie, andererseits zum radikalen Pazifismus und zur kommunistischen Lebensweise der Hutterer bekannte.[55] Die Kontroverse zwischen Zwicker und dem sozinianischen Prediger und Gelehrten Martin Ruar (1588/90–1657), der gegen Zwickers Rigorismus eine moderate Sozialethik verteidigte, war ein letzter Nachklang der

---

[53] Vgl. ebd., 179.
[54] Vgl. *Johannes Völkel*, De vera religione libri quinque. Quibus praefixus est Iohannis Crellii Franci liber de Deo et ejus attributis, Raków 1630, 287–295 zur Eigentumsfrage, hier 295: „Interea tamen nos veram ac laudabilem terrenarum opum communionem nequaquam reiicimus, nimirum eam, quae facit, ut, quae proprietate nostra sunt, usu quodammodo fiant communia, dum nostra aliis hilari animo impertimus, et in pauperes sublevandos atque alendos liberaliter impendimus." Diesen Gedanken wird Samuel Przypkowski später wiederaufnehmen. Ferner vgl. *Johannes Crell*, Commentarius in magnam partem Actorum Apostolicorum, in: *Ders.*, Opera omnia exegetica [Bibliotheca Fratrum Polonorum], Irenopoli [=Amsterdam] 1656 [=1665], Teil 3, 123–167 zur Eigentumsfrage, hier 146 (zu Apg 4,32): „Apud homines cordatos et communi saltem sensu praeditos vix est necesse commemorare haec verba non de rebus quibusvis, sed tantum de facultatibus, seu rebus, quae nummo aestimari solent, accipienda esse. Deinde istud etiam unicuique facile patet usu potius quam proprietate res, quae ad facultates pertinent, fidelibus fuisse communes: quia nimirum ii, quorum erat proprietas, earum usum aliis quoque liberaliter indulgebant." Zum Zusammenhang vgl. *Kot*, Socinianism, 154–156.
[55] Vgl. *Peter G. Bietenholz*, Daniel Zwicker, 1612–1678. Peace, Tolerance and God the One and Only (Studi e testi per la storia della tolleranza in Europa nei secoli XVI-XVIII 1), Firenze 1997, 133–163, ferner ebd., 142–150 zur Auseinandersetzung zwischen Zwicker und Przypkowski.

innersozinianischen Auseinandersetzung mit den radikalen täuferischen Impulsen, die die Entstehungsphase der Polnischen Brüder bestimmt hatten.[56]

3. Samuel Przypkowski: Rückkehr zur bitteren Realität

Im Kontext der zunehmenden Unterdrückung der Polnischen Brüder durch die Gegenreformation, die 1638 zur Zerstörung von Raków führte und zwei Jahrzehnte später mit der endgültigen Zerschlagung der sozinianischen Gemeinden in der Adelsrepublik endete, erreichte das staatstheoretische Denken der Sozinianer einen Höhepunkt im Werk des Samuel Przypkowski. Sein Lebenslauf steht für eine Erfahrung, die sich an den nackten politischen Realitäten zu orientieren hatte. Radikale Ansichten waren hier fehl am Platze.

Samuel Przypkowski wurde 1592 in der kleinpolnischen Stadt Gnojnik (in der Nähe von Tarnów) als Sohn einer Adelsfamilie geboren.[57] Er studierte von 1614 bis 1618 in Altdorf, wo er in dem krypto-sozinianischen Zirkel um Ernst Soner auch Johannes Crell und Martin Ruar kennenlernte. Nach der Enttarnung des Zirkels ging er nach Leiden, wo er längere Zeit lebte und Zeuge der zunehmenden Zerwürfnisse innerhalb des niederländischen Calvinismus wurde. In den Niederlanden verfasste er seine „Dissertatio de pace et concordia ecclesiae" (1628), in der er sich für die weitgehende Tolerierung abweichender Glaubensüberzeugungen innerhalb eines christlichen Gemeinwesens aussprach.[58] Später kehrte er nach Polen zurück, wo er 1633 am Russisch-Polnischen Krieg teilnahm. 1648 verlor er im Kosakenkrieg durch die Verwüstung seiner Besitzungen einen Großteil seines Vermögens. Nachdem die Sozinianer 1658 gezwungen wurden, entweder zum Katholizismus zu konvertieren oder ins Exil zu gehen, floh Przypkowski nach Preußen, wo er an verschiedenen Orten lebte und auch am kur-

---

[56] Vgl. hierzu *Kot*, Socinianism, 157–163.
[57] Zu Leben und Werk vgl. *Bock*, Historia, Bd. 1, Teil 2, 667–700.
[58] Zu dieser Schrift vgl. *Sascha Salatowsky*, Die drohende Gefahr des Atheismus. Die Sozinianer Przypkowski und Crell über die möglichen Folgen von Intoleranz, in: *Sascha Salatowsky / Winfried Schröder* (Hg.), Duldung religiöser Vielfalt – Sorge um die wahre Religion. Toleranzdebatten in der Frühen Neuzeit (Friedenstein-Forschungen 10), Stuttgart 2016, 99–127, hier: 104–115.

fürstlichen Hof tätig war. Er starb 1670 in Königsberg. Bekannt ist er auch als Verfasser der ersten Lebensbeschreibung Fausto Sozzinis.

Für unseren Zusammenhang interessieren zwei Schriften, in denen Przypkowski zum einen die Obrigkeit und das staatliche Gefüge und zum andern das Recht, Krieg zu führen, verteidigte. Der Titel der ersten Schrift lautet: „Animadversiones in libellum, cui titulus De qualitate regni Domini nostri Jesu Christi". Der Text wurde bereits um 1650 verfasst, erschien jedoch erst 1692 in Amsterdam in der postumen Gesamtausgabe der Werke Przypkowskis im Druck.[59] Für Stanisław Kot ist dieses Werk „one of the most acute philosophico-theological treatises that came out of the Antitriniarian camp" und zugleich „the most original and exhaustive Polish work on the mutual relations of Church and State".[60] Es handelt sich um eine Antwort auf die Schrift „De qualitate regni Domini Jesu Christi" (1647) des Daniel de Breen (Brenius, 1594–1664), eines Millenaristen und Anhängers der Rijnsburger Kollegianten, der eine radikale Trennung von Kirche und Welt vertrat und die völlige Enthaltung des Christen von obrigkeitlichen Ämtern forderte.[61]

---

[59] Vgl. *Samuel Przypkowski*, Animadversiones in libellum, cui titulus De qualitate regni Domini nostri Jesu Christi, ubi inquiritur, an Christiano, sive regni eius subdito, terrenae dominationes conveniant, in: *Ders.*, Cogitationes sacrae ad initium Evangelii Matthaei et omnes epistolas Apostolicas. Nec non tractatus varii argumenti, praecipue de jure Christiani magistratus [Bibliotheca Fratrum Polonorum], Eleutheropoli [=Amsterdam] 1692, 621–681.

[60] *Kot*, Socinianism, 184. Ähnlich das Urteil von *Bietenholz*, Zwicker, 147: „With Przypkowski the political thought of Polish Socinianism found its most balanced and mature expression."

[61] Zu de Breen, der zunächst einen engen Umgang mit dem remonstrantischen Theologen Simon Episcopius (1583–1643) pflegte, 1618/19 auf Seiten der Remonstranten an der Synode von Dordrecht teilnahm und sich später den radikalen Ideen der Anabaptisten und Sozinianer öffnete, vgl. Johannes Trapman, Art. Breen, Daniel de, in: Biografisch lexicon voor de geschiedenis van het Nederlands protestantisme 4 (1998), 55 f. Zu seinen millenaristischen Ansichten vgl. *Andrew Fix*, Dutch Millenarianism and the Role of Reason. Daniel de Breen and Joachim Oudaan, in: *John Christian Laursen/Richard H. Popkin* (Hg.), Millenarianism and Messianism in Early Modern European Culture, Bd. 4: Continental Millenarians: Protestants, Catholics, Herectis (Archives internationales d'histoire des idées 176), Dordrecht 2001, 49–55.

De Breens Ausgangspunkt war die Frage, inwiefern das geistliche Reich Christi mit seinen geistlichen Gesetzen, geistlichen Urteilen, geistlichen Strafen und geistlichen Waffen mit den Prinzipien der irdischen Herrschaft, wie sie Paulus in Röm 13 beschrieben hatte, vereinbar sei.[62] De Breen ging bei seiner Argumentation von Mt 20,25 f aus: „Ihr wisst, dass die Herrscher ihre Völker niederhalten und die Mächtigen ihnen Gewalt antun. So soll es nicht sein unter euch; sondern wer unter euch groß sein will, der sei euer Diener." Der geistliche Dienst (*ministerium*) der Kirche unterscheide sich in seinem Wesen grundsätzlich von weltlicher Herrschaft unterschieden. Die geistliche „Herrschaft" im Reich Christi sei von Demut (*humilitas*) und Liebe (*caritas*) gekennzeichnet. Für de Breen bedeutete dies keine Verdammung der irdischen Herrschaft, aber eine unaufhebbare Spannung zwischen beiden Reichen: „Hieraus wird deutlich, dass unser Erlöser die weltlichen Mächte nicht schlechthin verwirft, sondern nur anzeigt, dass sie nicht zu den Untertanen seines Reiches gehören können, die er zu einer anderen Art von Größe berief."[63] Auch wenn die Berechtigung und Notwendigkeit der weltlichen Obrigkeit nicht in Frage gestellt werden, können die Christen sich nicht an der Ausübung irdischer Herrschaft beteiligen, keine öffentlichen Ämter übernehmen oder Waffendienst leisten. Wie die Täufer des 16. Jahrhunderts forderte de Breen also, dass die Christen in apolitischer Passivität wie Fremde im eigenen Land leben und auf die Wiederkunft des Herrn warten.

Dass diese Gedanken innerhalb des Sozinianismus intensiv diskutiert wurden, belegt die Kontroverse zwischen Jonas Schlichting

---

[62] Vgl. *Daniel de Breen*, De qualitate regni domini Jesu Christi quodque illud totum in spirituali dominio consistat (1647), erneut abgedruckt in: *Ders.*, Opera theologica, Amsterdam 1666, 51–62 (separate Paginierung), hier 51: „Regnum magni servatoris nostri Iesu Christi, eoque et dominatum leges, iudicia, poenas, arma, bella aliaque huc pertinentia, natura sua esse spiritualia, omnium fere Christiani generis hominum consentiens opinio est. Verum hoc controvertitur, an cum tali principatu terrenae potestates, cuiusmodi Paulus describit Rom. 13, in Christi ecclesia possint consistere." Für eine knappe Zusammenfassung vgl. *Kot*, Socinianism, 165 f.

[63] *De Breen*, Opera theologica, 53: „Hinc patet Servatorem nostrum mundanas potestates non damnare simpliciter, sed tantum indicare locum eis non fore inter subditos regni sui, quos ad aliud genus magnitudinis vocabat […]."

(1592–1661) und Johann Ludwig von Wolzogen (1600–1661), die einige Schriften hierüber austauschten und damit anzeigten, dass die Frage des Verhältnisses zwischen Kirche und Staat einer erneuten Verhandlung bedurfte.[64] Dieser innersozinianische Konflikt bildete folglich den weiteren Hintergrund für die oben genannte Gegenschrift von Przypkowski. Die kirchliche Einheit des Sozinianismus stand hier auf dem Spiel.

Gerade angesichts der kriegerischen Auseinandersetzungen in Polen mit den Kosaken und Moskowitern und angesichts der Schwedischen Invasion war es für Przypkowski vollkommen inakzeptabel, aus religiösen Gründen der eigenen Obrigkeit das Recht zur Selbstverteidigung gegen äußere Angriffe abzusprechen. Überzeugt davon, dass die Kirche keine zeitliche Herrschaft ausüben sollte, gab es für ihn in der Bibel keine Hinweise darauf, dass Christus seinen Jüngern jegliche Mitwirkung an der Obrigkeit und an politischem Handeln untersagt hätte. Das Staatswesen sei unverzichtbar für den Bestand gesellschaftlicher Ordnung. Dazu gehöre eben auch die Selbstverteidigung, notfalls mit Gewalt, sei es gegen Verbrecher im Inneren oder gegen Angriffe von außen. Christen, die als Privatperson in der Tat der Feindesliebe verpflichtet seien,

---

64 Wolzogen übersetzte zunächst Breens Schrift aus dem Holländischen ins Deutsche (das Manuskript ist verloren). Beide kannten einander persönlich und standen in einem brieflichen Austausch. Sie planten zusammen die Edition einer Schrift „Die triumphierende Kirche unsers Herrn hier auf Erden". Vgl. *Johann Ludwig von Wolzogen*, Praeparatio ad utilem ss. literarum lectionem, in qua de natura & proprietatibus regni Christi disseritur, in: Ders., Opera omnia, exegetica, didactica, & polemica, 2 Bde. [Bibliotheca Fratrum Polonorum], Irenopoli [=Amsterdam] 1656 [=1668], Bd. 2, 239–356; *ders.*, Annotationes ad quaestiones Jonae Schlichtingii a Bucowic de magistratu, bello, defensione, in: ebd., 65–78 (separate Paginierung); *ders.*, Responsio ad Jonae Slichtingii a Bucowietz Annotationes in Annotationes de bello, magistratu, & privata defensione, in: ebd., 93–132. Schlichting hatte bereits in den 1630er Jahren in mehreren Schriften gegen den lutherischen Theologen Balthasar Meisner (1587–1626) politisch-religiöse Fragen zum Verhältnis von Kirche und Staat behandelt, vgl.: *Jonas Schlichting*, Quaestio num ad regnum Dei possidendum necesse sit in nullo peccato Evangelicae doctrinae adverso manere? contra Balthasarem Meisnerum, [Raków] 1635; *ders.*, Quaestiones duae: Una, Num in Evangelicorum religione dogmata habeantur, quae vix ullo modo permittant, ut qui eas amplectatur, nullo in peccato perseveret? Altera, Num in eadem religione quaedam concedantur Christi legibus inconcessa? Contra Balthasarem Meisnerum, Racoviae 1636.

müssten daher in ihrer Funktion als Bürger den Staat notfalls mit dem Schwert verteidigen.

Als *status controversiae* seiner gegen de Breen gerichteten „Animadversiones" benannte Przypkowski exakt jene Frage, die dieser in seinem Werk als Ausgangspunkt gewählt hatte, nämlich ob das geistliche Reich Christi mit dem irdischen, mit Zwang regierten Reich vereinbar sei, „was wir", so Przypkowski, „bejahen, dieser aber verneint".[65] De Breen lege seiner Argumentation einen angeblichen Gegensatz zwischen Reich Christi und irdischer Herrschaft zugrunde, der in in den Worten Mt 20,25 f. gar nicht intendiert sei. Christus sage gerade *nicht*, dass beide Reiche nicht zusammen bestehen könnten, sondern nur, dass sein geistliches Reich sich grundsätzlich von irdischer Herrschaft unterscheide. Christus spreche der weltlichen Obrigkeit nicht das Recht ab, Zwangsmittel und gegebenenfalls Gewalt einzusetzen. Lediglich im Bereich der Kirche gelte der Grundsatz der Freiwilligkeit, des demütigen Dienens und der Enthaltung von Zwang und Gewaltanwendung.

Przypkowski gab damit dem Ausgangspunkt der Debatte ein ganz anderes Gewicht: Der christlichen Haltung entspricht nicht eine bequeme Weltflucht, die mit Hochmut auf die Gefahren und Mühseligkeiten des Lebens blickt, sondern eine Weltzugewandtheit, die es einem Christen möglich macht, mit all seinen irdischen Rechten und Pflichten *in* der Welt zu leben, ohne in einen Widerspruch zu seinen geistlichen Pflichten im Bereich der Kirche, dem geistlichen Reich Christi, zu geraten. Eine schroffer Gegensatz zwischen beiden Reichen, bei dem die Loyalität gegenüber der Herrschaft Christi die Loyalität gegenüber dem *regimen politicum* ausschlösse, gründe auf einer falschen Interpretation des von Christus

---

[65] Vgl. *Przypkowski*, Animadversiones, in: *Ders.*, Cogitationes sacrae, 621: „Iudicium auctoris huius scripti in formando controversiae statu mirifice nobis probatur, quod in ipso disceptationis limine animadvertit, non de eo quaeri, utrum regimen regni Christi natura sua spirituale sit, hoc est, precarium et quale Christus Matth. XX depingit, quod ipsius confessione omnes fatentur; sed an cum terreno, hoc est, coactivo regimine, quod Paulus Rom. XIII describit, in eodem populo Christi (quod ad regnantium ius attinet) consistere possit; quod nos asserimus, ille vero negat." Zum Zeitpunkt der Niederschrift war Przypkowski der Verfasser des Werks „De qualitate regni Domini Jesu Christi" namentlich nicht bekannt.

beschriebenen *regimen spirituale*. Das Gegenteil sei richtig: Es steht fest, dass die politische Herrschaft auch für die Christen äußerst nützlich und notwendig ist. Die Geschichte beweise, dass Menschen, die im politischen Bereich der göttlichen Ordnung gemäß Zwangsmittel anwenden, sich zugleich im geistlichen Bereich der Kirche der neuen Ordnung Christi gemäß verhalten können. Christus selbst habe angezeigt, dass das Gebot, Gott zu geben, was Gottes ist, nicht das Gebot, dem König zu geben, was des Königs ist, aufhebt. Daher könne niemand behaupten, dass dort, wo das Christentum eingeführt wird, die staatliche Ordnung abgeschafft werden müsse.[66]

Przypkowski legte besonderen Nachdruck auf die Feststellung, dass die christliche Religion, die nach *innen*, im Bereich der Kirche, die Gleichheit aller Menschen vorschreibt, nach *außen*, also im politischen Bereich, weder jeden Unterschied in Rang und sozialem Status zwischen den Menschen noch jegliches positive Recht aufhebt. Die Tatsache, dass alle Menschen von Natur aus frei und gleich sind, widerspricht nicht der Notwendigkeit von Standesunterschieden, Recht und Herrschaft.[67] Ebenso wenig widerspricht die Tatsache, dass alle Menschen ohne Besitztümer geboren werden, dem Privatbesitz. Przypkowski betonte unter Hinweis auf 1Kor 7,17–24, dass es nicht das Anliegen der christlichen Religion sei, die Menschheit in einen Naturzustand der Freiheit und Gleich-

---

[66] Vgl. *Przypkowski*, Animadversiones, in: *Ders.*, Cogitationes sacrae, 628: „Cum igitur aliunde constet regimen politicum populo Christi in hac vita esse admodum utile ac necessarium; deinde cum natura sua non sit absurdum ordinationem Dei in potestate coactiva ab eodem populo in republica servari, a quo nova ac recens instituta circa precariam potestatem ordinatio Christi observatur in ecclesia, quod tot seculorum experientia probavit: idque et ipse Christus merito ac licite fieri posse innuat, dum ostendit officium reddendi Deo quae Dei sunt, non tollere officium reddendi Caesari, quae sunt Caesaris; nemo mortalium potest ex eo solo, quia ecclesiasticum regimen in populum Christi introductum est, diducere politicum regimen a populo Christi [Druck: „Christum"] exclusum esse."

[67] Vgl. ebd., 629: „Religio Christiana, si non tollit omne ordinum ac statuum inter hominem discrimen, non tollit eorum omnia iura: si ea non tollit, nec eorum usum tollit, sive sit spiritualis, sive sit carnalis aut potius terrenus. Nam ius, cuius usus plane prohibitus sit, nullum est. Discrimen autem ordinum aut statuum inter homines, praecipue extra ecclesiastica negotia, non secundum spirituales, sed secundum carnales ac terrenos usus censetur."

heit zurückzuführen, sondern dass die christliche Lehre die vorfindlichen Unterschiede von Stand und Berufung billigt und bestätigt: „Hieraus ist deutlich, dass es im Volk Christi gleichzeitig zwei verschiedene und offensichtlich entgegengesetzte Systeme nicht nur geben kann, sondern tatsächlich gibt. In dem einen gibt es kein Ansehen der Person, in dem anderen schon; in dem einen ist niemand einer Zwangsgewalt unterworfen, in dem anderen sind es alle. Kurzum, das eine System ist das der Kirche, das andere das des Staates. Doch die Kirche hebt den Staat nicht auf, sondern bestätigt ihn."[68] Für Przypkowski ist klar, dass es weder eine Vermischung beider Systeme geben darf noch die Rückführung des einen auf das andere. Beide haben in dieser Welt ihre Berechtigung.

Hierzu gehört auch das Eingeständnis, dass es in dieser Welt schon immer eine Pluralität gibt, dass Dinge nebeneinander existieren, die sich zu widersprechen scheinen, ja, dass selbst in einem Individuum und noch viel mehr in einem Volk eine Vielfalt gefunden wird, die sich wegen der entgegenstehenden Qualitäten wie Freiheit und Knechtschaft, Gleichheit und Ungleichheit, Elend und Glück, innerer und äußerer Mensch, Geist und Fleisch etc. selbst aufzuheben scheint. Folglich ist es nicht verwunderlich, wenn der Christ in dieser Welt zur gleichen Zeit zwei verschiedenen Herrschaften, nämlich der geistigen und der irdischen angehört. Przypkowski ging sogar so weit zu behaupten, dass das *regimen spirituale* nicht nur mit dem *regimen politicum* kompatibel ist, sondern dass das Reich Christi ohne die politische Ordnung weder bestehen noch wachsen könnte.[69]

---

[68] Ebd.: „Ex quo ipso apparet [...] in eodem populo Christi duplicem eumque diversum et quasi contrarium statum non modo esse posse, sed reipsa reperiri. Alterum in quo personarum delectus locum non habet; alterum in quo habet: alterum in quo omnes coactivae potestati subiacere non possunt; alterum in quo possint. Breviter: Alterum in ecclesia; alterum in eepublica. Ecclesia enim Rempublicam non sustulit, sed confirmavit."

[69] Vgl. ebd., 634: „Tantum igitur abest, ut spirituale atque improprie dictum populi Christi regnum in societatem unius eiusdemque populi regendi, politicam ac proprie dictam potestatem admittere nequeat; ut absque eius societate nec plane consistere; nec certe, nisi forte miraculis aut eorum recenti memoria subnixum sit, insigniter crescere aut propagari posse videatur."

In dem zweiten Werk, das den Titel „De iure Christiani magistratus et privatorum in belli pacisque negotiis" trägt und ebenfalls erst postum veröffentlicht wurde,[70] hat Przypkowski die Frage nach dem Verhältnis von Religion und Staat wieder aufgenommen und zugleich um das virulente Problem ergänzt, wie sich Christen im Kriegsfalle verhalten sollen. Der konkrete Anlass für die Niederschrift dieser Schrift mag Przypkowskis Unzufriedenheit darüber gewesen sein, dass über diese sozialethischen Grundsatzfragen innerhalb der sozinianischen Kirche immer noch kein Konsens erreicht worden war, ja, dass im Gegenteil radikale Kräfte wie Joachim Stegmann jun. (†1678) und Daniel Zwicker wieder an Einfluss gewannen. Diese Vermutung wird durch eine ungewöhnliche Aussage gestützt, die Przypkowski an den Anfang seiner Schrift stellte: Die Mehrheit seiner Glaubensgenossen habe sich angesichts gewisser Missstände zu fanatischen Meinungen hinreißen lassen und hätten damit den mittleren Weg zwischen Gottlosigkeit und Aberglauben – den Weg einer rational reflektierten Frömmigkeit – verlassen. „Selbst Sozzini", so lautet die bemerkenswerte Aussage, „ansonsten ein unvergleichlicher Mann, war in dieser Frage schwankend und unsicher; aber doch so, dass er eher zu der Mehrheitsmeinung, die damals in der Kirche [der Polnischen Brüder] vorherrschte, zu neigen schien."[71]

Es ist bezeichnend für den Ansatz Przypkowskis, dass er zur Beantwortung der Grundsatzfrage nach dem Verhältnis des Christen zum Staat auf jenes Vermögen rekurrierte, das in der sozinianischen Lehrtradition als Entscheidungsinstanz in Fragen der Bibel-

---

[70] Vgl. *Przypkowski*, De jure Christiani magistratus et privatorum in belli pacisque negotiis, in: *Ders.*, Cogitationes sacrae, 685–736. Angehängt ist noch die „Apologia prolixior tractatus de jure Christiani magistratus" (739–851) sowie die „Vindiciae tractatus de magistratu contra objectiones Danielis Zwickeri" (855–880). Eine knappe Zusammenfassung der Schrift bei *Fock*, Socinianismus, 711–713.

[71] Ebd., 685: „Ipse Socinus, caetera vir incomparabilis, in ea controversia varius et anceps fuit: sed tamen ita, ut in vulgares, quae tunc in ecclesia regnabant opiniones, proniorem credas." Przypkowski führte weiter aus, dass Sozzini in seiner Schrift gegen Palaeologus kaum etwas zur Klärung der schwierigen Frage über Krieg und Frieden beigetragen habe. Statt sich mit den Gründen und Argumenten des Gegners auseinanderzusetzen, habe er den Gegner persönlich diffamiert.

interpretation und der Dogmatik allgemein akzeptiert war: die gesunde Vernunft (*ratio sana*).[72] Przypkowski ging davon aus, dass der Mensch durch das Zusammenwirken der Vernunft mit dem in der Bibel geoffenbarten Wort Gottes zu ungetrübter theologischer Urteilsfähigkeit gelangen kann. Wo jedoch dem Glauben etwas zugemutet wird, das der Vernunft oder dem Gewissen widerspricht, ist Vorsicht geboten und eine genauere Untersuchung nicht nur erlaubt, sondern Pflicht. Der Sozinianer wandte sich gegen die Forderung nach einem blinden Glaubensgehorsam, der rational nicht nachvollziehbare Aussagen ungeprüft als wahr akzeptiert.[73]

Angewandt auf die Frage nach dem Verhältnis von Staat und Kirche ergibt sich für Przypkowski aus dem Vorrang der Vernunft, dass die Annahme eines unaufhebbaren Widerspruchs zwischen Bürgerpflicht und Christenpflicht vernunftwidrig sei. Wer jedes Recht auf Verteidigung aufhebt, untergräbt das Fundament des Privat- und Gemeinwohls, hebt jeden Frieden, jede Ordnung, jede Gerechtigkeit und jede Autorität unter den Menschen auf.[74] Für Przypkowski darf sich die Kirche überhaupt nicht das Recht oder die Macht anmaßen, das Recht der Obrigkeit zu vermindern oder gar aufzuheben bzw. staatliches Handeln religiösen Geboten oder Institutionen zu unterwerfen. Vernunftgemäß sei vielmehr eine Verhältnisbestimmung, bei der Staat und Kirche zum einen nicht mit-

---

[72] Vgl. hierzu *Sascha Salatowsky*, Fides cum ratione? Lutheraner, Calvinisten u. Sozini-aner im Streit um das Prinzip der Theologie, in: *Hubertus Busche* (Hg.), Departure for Modern Europe. A Handbook of Early Modern Philosophy (1400–1700), Hamburg 2011, 577–596; *ders.*, Die Philosophie der Sozinianer. Transformationen zwischen Renaissance-Aristotelismus und Frühaufklärung (Quaestiones 18), Stuttgart-Bad Cannstatt 2015, 130–163. – Nach sozianischer Auffassung – die sich hier insbesondere gegen Luthers Anthropolgie richtete – war die menschliche Vernunft nicht durch den Sündenfall Adams getrübt oder entstellt.

[73] Vgl. *Przypkowski*, De iure Christiani magistratus et privatorum in belli pacisque negotiis, in: *Ders.*, Cogitationes sacrae, 686: „Non Christi, sed suam causam agunt, qui in dogmatibus aut actionibus ad eius religionem pertinentibus coecam ab hominibus requirunt obedientiam, quasi doctrina Christi aliquid contineat, quod non ipsius rationis approbetur suffragio. Sed homines absurdarum interpretationum aut sententiarum, quae defendi non possunt, sibi conscii, cum eas rationum scuto protegere nequeant, callide auctoritatis, et quidem a Christo ipso, dolo malo, mutuatae, clypeum opponunt."

[74] Vgl. ebd., 687 und 705.

einander vermischt werden und zum andern nicht miteinander in Konflikt geraten.

Letzteres trete jedoch dann ein, wenn man der Argumentation jener Christen (gemeint sind vor allem Sozzini und Ostorodt) folge, die unter Berufung auf die Bergpredigt das Recht des Staates zur Kriegführung und zur Anwendung der Todesstrafe, die beide zum Wesen des Staats gehören, bestreiten. So werde der Staat, dessen Aufgabe doch der Schutz der Religion sei, von der Religion zerrüttet und umgekehrt die Religion von politischen Streitigkeiten infiziert.

Auch ersteres, die Vermischung der staatlichen und der kirchlichen Sphäre, tritt ein, wenn man das geistliche Gesetz Christi und der Apostel als politisches Gesetz zur Anwendung bringen wollte. Sowohl die Religion als auch die staatliche Ordnung seien von Gott zum Nutzen der Menschen eingesetzt worden, diese im Hinblick auf die weltlichen Güter, jene im Hinblick auf die ewigen, so dass auch hier gilt: Die Religion hebt die weltlichen Verhältnisse nicht auf, sondern vervollkommnet sie.[75] Es gibt also zwar keinen Konflikt zwischen beiden, aber gleichwohl ist ihre Differenz sorgfältig zu beachten, gerade weil die christliche Kirche von Krieg und Gewalt vollkommen frei ist, die Obrigkeit jedoch nicht. Diese Differenz ist aber wiederum *nicht* so zu verstehen, als ob es keine *christliche* Obrigkeit gebe bzw. geben könnte.

Ist das Verhältnis beider auf diese Weise grundsätzlich geklärt, stellt sich nun die konkrete Frage nach Krieg und Frieden. Genauer lautet die schwierige Frage: Kann ein Christ obrigkeitliche Ämter

---

75 Vgl. ebd., 689: „Religio et, quae ad religionem pertinent, cum republica et iis, quae ad illam spectant, quemadmodum invicem non confundenda: ita neque mutuo committenda sunt. [...] Committunt rempublicam cum religione, qui contendunt bellum et potestatem vitae necisque religione Christiana prohiberi, quorum utrumque est de essentia reipublicae, in qua ipsa religio continetur. [...] Confundunt autem rempublicam cum religione, qui legem Christi spiritualem in locum Mosaicae legis forensis successisse nec in terrena gubernatio reipublicae vere Christianae alias leges admittendas esse, quam a Christo et Apostolis latas asserunt. [...] Neque igitur collidenda neque confundenda cum republica religio est. Tam enim haec quam illa ab ordinatione Dei proficiscitur in usum hominum: haec quoad bona temporalia, illa quoad aeterna. [...] Quippe cum sine illis quandoque acquiri vix possint, ideoque illa non tollant, sed perficiant."

ausüben und stehen einem christlichen Magistrat oder Herrscher das Recht zur Blutgerichtsbarkeit über die Untertanen sowie das Recht zur Kriegsführung gegenüber Feinden und Nachbarstaaten zu? Przypkowski richtet sich bei der Beantwortung dieser Frage gegen zwei Positionen, von denen die eine von den Täufern, die andere von den Sozinianern der ersten Generation vertreten worden war. Bei der ersteren handelt es sich um den apolitischen Pazifismus, wonach ein Christ sich aller obrigkeitlichen Ämter zu enthalten habe, *gerade weil* der Obrigkeit nach Röm 13 das *ius gladii* und das *ius in bellum* zustehe, wonach also die Obrigkeit notwendig nichtchristlich sein müsse. Nach der zweiten Ansicht dürfe sich ein Christ zwar aktiv an weltlicher Herrschaft beteiligen, der Staat habe aber nicht das Recht, die Todesstrafe zu verhängen oder Kriege zu führen.[76] Gegen diese beiden, von ihm klar unterschiedenen Positionen verteidigte Przypkowski sorgfältig abwägend das Recht des Christen, sich in Streitsachen an weltliche Gerichte zu wenden, obgleich die Privatrache verboten bleibt; er verteidigte das Recht der Obrigkeit, die Todesstrafe unter genau definierten Bedingungen zu verhängen; er verteidigte das Recht auf Selbstverteidigung und Kriegführung, wenn sie in der Notwehr begründet sind und ohne Grausamkeit ausgeübt werden; und er verteidigte schließlich das Recht des Christen, ein öffentliches Amt zu bekleiden.

Es lässt sich darüber diskutieren, ob Przypkowskis Auffassung des Verhältnisses von Kirche und Staat „in letzter Instanz auf die mechanische Trennung des Göttlichen und Menschlichen, des Himmlischen und Irdischen" zurückführt, „welche recht eigentlich der katholischen Grundanschauung angehörig"[77] ist, wie Otto Fock urteilte. Dabei ist jedoch zu beachten, dass Przypkowski sich mit großem Realitätssinn einer Wirklichkeit stellte, die er sich möglicherweise anders erhoffte, die pazifistische Träume aber immer wieder zerschellen ließ. Eher kann man daher mit Stanisław Kot folgern, dass Przypkowski „cleared the way for the modern conception of the relation between State and Church",[78] nämlich in

---

[76] Vgl. ebd., 690.
[77] *Fock*, Socinianismus, 713.
[78] *Kot*, Socinianism, 187.

dem Sinne einer klaren Trennung dessen, was Aufgabe des Staates und was Aufgabe der Kirche bzw. Religion ist. Auch wenn Przypkowski an der Möglichkeit eines christlichen Gemeinwesens festhielt, also nicht bis zur Forderung nach einer konsequenten Säkularität des Staates gelangte, präzisierte er das Konzept einer vom Staat getrennten Freiwilligkeitskirche und trat für die religiöse Toleranz im Sinne der friedlichen Koexistenz mehrerer christlicher Konfessionen innerhalb eines Staatswesens ein. Aus Przypkowskis Sicht ist die ablehnende Distanz der Täufer und frühen Sozianer gegenüber dem Staat ebenso zu vermeiden wie die katholische und reformierte Instrumentalisierung der Obrigkeit für kirchliche Zwecke. Das Staatswesen hat für Przypkowski seine letzte Berechtigung als Garant der geistigen und körperlichen Freiheit des Menschen. Diesen modernen Gedanken muss man Przypkowski in schwierigen Zeiten hoch anrechnen, blieben die Sozianer doch eine von vielen Staaten und Regierungen verfolgte religiöse Bewegung.

4. Ein früher Blick auf die Antitrinitarier: Bellarmin und Gerhard

Wie nahmen die anderen Konfessionen die Haltung der Antitrinitarier wahr? Mit diesem Perspektivwechsel soll auf zwei interessante Phänomene hingewiesen werden, die ohne diesen Standortwechsel gar nicht in den Blick kämen: Da wäre zum einen die Tatsache, dass protestantische wie katholische antisozinianische Polemiker im Hinblick auf das Verhältnis zwischen Kirche und Obrigkeit, Religion und Staat, keinen Unterschied zwischen den Positionen der Täufer und der Sozianer erkannten, sondern beide einander gleichsetzen. Dies soll nachfolgend ein kurzer Blick auf zwei paradigmatische Vertreter des Katholizismus und Luthertums verdeutlichen, die sich bei der Behandlung des Locus *de magistratu politico* eben auch mit der Haltung der Anabaptisten und Antitrinitarier ihrer Zeit auseinandergesetzt haben, nämlich Robert Bellarmin und Johann Gerhard. Zum anderen ergibt sich aus dem Blick auf die antisozinianische Polemik, dass Przypkowski mit seiner Neuformulierung des Verhältnisses von Religion und Staat dem Standpunkt der etablierten Konfessionen weitgehend entgegenkam, auch wenn an einigen Stellen doch entscheidende Differenzen blieben. Die Fremdwahrnehmung des sozinianischen Standpunktes verstärkte anscheinend Przypkowskis kritische Sicht auf die eigene Tradition, die ihn bewog, die Position der Sozinianer deradikalisierend zu revidieren.

Robert Bellarmin behandelte die Frage nach der weltlichen Obrigkeit in der Abteilung der „Disputationes de controversiis Christianae fidei", die den Pflichten und Rechten des Laienstandes gewidmet ist. Dabei ging er auch auf die „eigentümlichen Häresien der Anabaptisten und Trinitarier" ein, um sie auf der Grundlage der Heiligen Schrift und der kirchlichen Tradition zu widerlegen. Die gegnerische Position fasste er knapp in die beiden Sätze zusammen: es sei Christen nicht erlaubt, obrigkeitliche Ämter auszuüben, und: unter Christen dürfe es keine Obrigkeit, Gerichte, Prozesse und Todesurteile geben.[79] Bei der Analyse der zu widerlegenden These benennt Bellarmin die von den Täufern angeführten Argumente aus der Bibel (insbesondere Mt 17,26, Lk 22,25 f. und Röm 13,8), ferner die Argumente von der Zweckursache der Obrigkeit her (die im Neuen Bund mit der Freiheit vom Gesetz weggefallen sei), von der Wirkursache der Obrigkeit her (die nicht von Gott direkt, sondern durch tyrannischen Menschen entstanden sei) und schließlich vom Ursprung des Menschen her (der ursprünglich frei geschaffen sei). Bellarmin hebt hervor, dass diese Häresie nicht nur von allen Katholiken, vor allem von Thomas von Aquin, und allen Philosophen verdammt werde, sondern auch von Melanchthon, Calvin und Luther, auch wenn letzterer an der Entstehung der Täufer mitschuldig sei.[80]

---

[79] *Bellarmin*, Disputationes, Bd. 1, 629 f., liber III, caput 2, An politica potestas sit bona et Christianis licita: „Est una ex praecipuis haeresibus Anabaptistarum et Trinitariorum huius temporis non licere Christianis gerere magistratus nec debere esse ullo modo inter Christianos praetoria, tribunalia, iudicia, ius gladii etc."

[80] Ebd., 631 f., III 3: „Hanc haeresim non solum Catholici omnes execrantur, ac praecipue beatus Thomas in opusculo 20. et omnes philosophi, sed etiam Philippus Melanchthon [...] et Ioannes Calvinus [...] acerrime et fusissime oppugnant, et Lutherus ipse in Visitatione Saxonica, etsi ab ipsius verbis in Babylonica captivitate, capitulo de baptismo, occasionem sumpserunt Anabaptistae."

Wenn Bellarmin nun nachfolgend die gegnerischen Argumente der Reihe nach widerlegt, so zeigt sich, dass er hierbei in vielen – wenn auch nicht in allen – Punkten mit Przypkowski übereinstimmt, eine Übereinstimmung, die beide vielleicht nicht begrüßt hätten, die aber deutlich macht, dass man sehr genau hinschauen muss, um die Differenzen wahrzunehmen. Wenn Bellarmin z. B. die Notwendigkeit eines *politicus magistratus* nicht nur aus der Heiligen Schrift, sondern auch rational aus der Natur des Menschen als *animal sociale* begründete, dann lag dies ganz auf der Linie Przypkowskis.[81] Gleiches gilt, wenn man sich die fünf Kernsätze anschaut, die Bellarmin nachfolgend als die richtige Haltung billigte:[82] 1. Dem christlichen Herrscher ist es erlaubt, Gesetze zu erlassen. 2. Das Zivilgesetz verpflichtet nicht weniger im Gewissen als das göttliche Gesetz, mag es auch weniger sicher und fest sein. 3. Das Richteramt ist dem Christen nicht verboten. 4. Es ist dem christlichen Magistrat erlaubt, Verbrecher mit dem Tod zu bestrafen. 5. Den Christen ist es erlaubt, gerechte Kriege zu führen, für die allerdings besondere Bedingungen gelten.

Die Differenz zwischen Bellarmin und Przypkowski zeigt sich erst dort, wo der Umgang mit den Andersgläubigen in Frage steht. Für den Jesuiten Bellarmin galt grundsätzlich, dass ein Ausgleich zwischen Katholiken und Häretikern, und zu diesen zählte er die Lutheraner und Reformierten, nicht möglich sei.[83] Stattdessen forderte er, die Bücher der Häretiker zu vernichten, und verteidigte die Ansicht, dass die von der Kirche verurteilten Häretiker von der Obrigkeit mit zeitlichen Strafen und sogar mit dem Tod zu bestra-

---

[81] Vgl. ebd., 636f., III 5.
[82] Für das Nachfolgende vgl. ebd., 646–668, III 10–15.
[83] Vgl. ebd., 675–678, III 19. Bellarmins Argumentation richtete sich hier gegen den katholischen Ireniker Georg Cassander (1513–1566), der in seiner Schrift „De officio pii ac publicae tranquillitatis vere amantis viri in hoc religionis dissidio" (Basel 1561) die Ansicht vertreten hatte, dass – bis zur zukünftigen Beilegung der durch die Reformation eingetretenen Lehrdifferenzen Katholiken, Lutheraner und Reformierte einander auf der gemeinsamen Grundlage der Bibel und des Apostolischen Glaubensbekenntnisses tolerieren sollen. Bellarmin stellte hierzu fest: „Potest autem facile refelli haec sententia primum enim, non possunt Catholici, Lutherani, et Calvinistae eo modo conciliari, nam in ipso Symbolo non convenimus."

fen seien, eine Ansicht, die auch Calvin und Theodor Beza geteilt hätten.[84] Hier ergibt sich eine bemerkenswerte Übereinstimmung zwischen der katholischen und reformierten Kirche im Blick auf die Bestrafung von Ketzern.

Für Bellarmin galt: Auch wenn der Obrigkeit kein Urteil über die Religion zusteht, so muss sie doch die *defensio religonis* übernehmen.[85] Die *cura religionis*, d. h. die Sorge um die wahre katholische Religion, lasse sich nicht mit der Forderung nach einer *libertas credendi* aushebeln, die, so Bellarmin, äußerst gefährlich sei und nur zu Irrtum und Häresie führe. Im Katholizismus steht der Staat damit zum einen *außerhalb* der Kirche, sofern ihm kein Zugriffsrecht zukommt, zum andern jedoch *innerhalb* der Kirche, sofern er den wahren Glauben zu sichern hat.[86] Diese Spannung hatte Przypkowski, wie gesehen, durch die Gewährung einer unbeschränkten Glaubensfreiheit aufzulösen versucht.

Wie stellte sich nun Gerhard im umfangreichen Locus *de magistratu politico* seiner „Loci theologici" zu den Täufern und Sozinianern? In der Widmung zum ersten Band von 1610 hatte Gerhard die neuen Photinianer oder Arianer noch scharf polemisch als „Krankheit", „Virus", „Pest" und „Krebsgeschwür" bezeichnet, die eine scharfe Verfolgung verdienten.[87] Weitaus sachlicher ist Ger-

---

84 Gegen Jan Hus und Luther, die die Hinrichtung von Ketzern abgelehnt hatten, betonte Bellarmin: „Contrarium docent omnes Catholici, et aliqui etiam ex haereticis. Nam Calvinus posteaquam Michaelem Servetum tanquam haereticum publice supplicio extremo affecisset, et ab aliis sectariis argueretur, libellum edidit, in quo demonstrat, licitum esse in haereticos gladio animadvertere", ebd., 683-688, III 21.

85 Vgl. ebd., 672-675, III 18.

86 Dass diese Haltung für die katholische Kirche insgesamt typisch ist, betont *Schneider*, Ius reformandi, 182: „Die katholische Lehrmeinung zu Laienrechten in der Kirche und damit auch zu Kirchenrechten der weltlichen Obrigkeit ist seit der Verfestigung des kanonischen Rechts und seiner grundsätzlichen Ablehnung laikaler Einflussnahme auf die Kirche, zumal ihrer Lehre, ganz eindeutig: Der weltliche Fürst hat von sich aus keinerlei Befugnisse in der Kirche und über die Kirche. Er hat sie aber sehr wohl, wenn und soweit sie ihm von der Kirche als ihrem weltlichen Arm übertragen worden sind. Hierbei kann es nicht um eigenständige Entscheidungen gehen, sondern nur um die Verteidigung der römischen Kirche und die Reinhaltung ihres Glaubens durch die Abwehr der Ketzereien."

87 Vgl. *Gerhard*, Loci theologici, Bd. 1 (1863), IX: „Nimirum gravi olim cum variarum haeresium morbo colluctatum est mysticum Christi corpus; ecclesia,

hards Tonfall allerdings in den Abschnitten seines Werks, die der Widerlegung konkreter täuferischer und sozinianischer Lehren gewidmet sind. Hier vermied er die Bezeichnung als Ketzer und Häretiker. Auffallend ist ferner, wie viel Raum die Darstellung der gegnerischen Argumente und ihre Widerlegung einnehmen. Anders als das katholische Rom war das lutherische Jena nicht weit entfernt von den polnischen Zentren des Sozinianismus, die gerade auf lutherische Theologiestudenten eine nicht zu unterschätzende Anziehungskraft ausübten. Dieser Umstand erforderte eine sorgfältige, möglichst unpolemische Auseinandersetzung, und Gerhard war klug genug, zu erkennen, dass die Argumente der Gegner durchaus einen Resonanzboden in der Bibel hatten.

Gerhards Auseinandersetzung mit den Täufern hat zwei Hauptpunkte: zum einen ihre grundsätzliche Ablehnung der Verbindung von Kirche und Staat, formuliert in der Ansicht, dass der weltlichen Obrigkeit nur *außerhalb* der Kirche eine Berechtigung zukomme, nicht aber *innerhalb* der Kirche;[88] zum andern die Verneinung der biblischen Aussage (Röm 13), dass die Obrigkeit zur Aufrechterhaltung des Gemeinwohls von Gott eingesetzt sei.[89] Zur Widerlegung dieser beiden Artikel geht Gerhard zunächst der Reihe nach die jeweils relevanten Bibelstellen durch.

Zunächst zum ersten Punkt: Aus dem Vergleich von Röm 13,4, wonach die Obrigkeit ein Diener Gottes zur Bestrafung der Bösen

---

inquam, ab Arianis, Photinianis, Nestorianis, Eutychianis, aliisve eiusmodi monstris oppugnata est superioribus seculis acerrime [...]. Verum enim vero idem ille morbus resurgit hodie, idem virus pestilens infernalis draco e suis hodieque exhalat faucibus. Ut enim silentiis nube involvam varias, eas tamen omnes erroneas opiniones, quibus plurimi ipsissimum Nestorianismum et Eutychianismum postliminio in ecclesiam reducere annituntur, an non ingentem minantur pestem recentiores illi sive Samosateniani sive Photiniani, quos vulgos Neo-Arianos vocat, quibus tamen illi longe peiores sunt et pestilentiores!" Zur antisozinianischen Polemik vgl. *Sascha Salatowsky*, Teufel, Pest und Cholera. Die Polemiken rund um den Sozinianismus, in: Zeitsprünge 19 (2015), 35–56, hier: 46.

[88] Vgl. *Gerhard*, Loci theologici, Bd. 6 (1868), 277, XXIV 2, § 28: „Anabaptistae rei evidentia convicti agnoscunt magistratus necessitatem extra ecclesiam, sed apud Christianos et in ecclesia officium illius ese necessarium negant.

[89] Vgl. ebd., 285, XXIV 3, § 48: „Discedunt ab hac ὀρθοδοξίᾳ 1. Anabaptistae, qui negant, magistratus officium esse Dei ordinationem."

ist, mit Ps 110,3, Röm 8,14 und 1Tim 1,9, wonach den Gerechten kein Gesetz gegeben sei, folgerten die Anabaptisten (angeblich), dass sie weder der Obrigkeit noch des Gesetzes bedürfen. Für Gerhard liegt hier der eigentliche Kardinalfehler der Täufer vor, da sie sich eine ideale Kirche von guten Christen imaginierten, die von jeder Gemeinschaft mit den Bösen getrennt sei, was der realen Situation der Kirche widerspreche. Bereits Christus habe in Mt 13 durch verschiedene Gleichnisse angezeigt, dass auf dem Feld des Herrn sowohl Weizen als auch Unkraut wachse.[90] Es sei daher falsch zu meinen, dass alle, die der sichtbaren Kirche angehören, mit dem Geist Christi begabt seien; ja, auch jene, die im Geist Christi wandeln, tragen immer noch das „alte Fleisch", sind nicht vollkommen und stehen weiterhin in der Gefahr des Sündigens, so dass das *officium magistratus* auch für sie notwendig bleibt bleibt. Dies wird von Gerhard durch Bibelstellen wie Röm 13,4 und 1Tim 2,2 belegt.

Dieser Sichtweise stehen auch nicht Loci wie Mt 10,29 f. und Lk 12,7 entgegen, aus denen die Täufer – so behauptete jedenfalls Gerhard – folgerten, ein wahrer Christ lebe *sub cura et defensione Christi* und bedürfe des Schutzes durch die Obrigkeit nicht. Der Jenenser antwortete kurz und knapp: „Der Schutz durch Gott und der Schutz durch die Obrigkeit sind nicht einander entgegengesetzt, sondern untergeordnet."[91] Die Obrigkeit sei ein Diener Gottes, der die Rechtschaffenen vor den Bösen schützt, jene belohnt, diese aber bestraft. Wenn allerdings die Obrigkeit ihrem von Gott gegebenen Auftrag nicht nachkomme, was durchaus geschehe, seien die Gläubigen in der Tat auf Gottes unmittelbares rettendes Handeln angewiesen.

Gerhard wandte sich hier zum einen gegen die Täufer, die (angeblich) das göttliche Mandat der Obrigkeit bestritten, zum andern

---

[90] Vgl. ebd., 277, XXIV 2, § 28: „Respondemus: πρῶτον ψεῦδος huius erroris est, quod Anabaptistae sibi fingunt ecclesiam solis bonis constantem et ab omni malorum consortio plane liberam; iam vero Christus contrarium docet Matth. 13. ubi variis parabolis ostendit, in agro Domini coniuncta esse triticum et zizania, in sagena praedictionis verbi concludi pisces bonos ac putres etc."

[91] Ebd., 278, XXIV 2, § 29: „Respondemus: 1. defensio Dei et defensio magistratus non sunt opposita, sed subordinata [...]."

aber auch gegen die, das göttliche Mandat überschreitende, Entschränkung der staatlichen Macht seitens der „Machiavellisten" (ohne dass er letztere so bezeichnete). Gerhard war durchaus der Auffassung, dass es zur Aufrechterhaltung des wahren Gottesdienstes nicht unumgänglich notwendig sei, dass die Obrigkeit christlich sei und den Kultus durch staatliche Gesetze fördere. Zwar sei der Schutz und die Förderung der Kirche die vornehmste Aufgabe der Obrigkeit, aber Gott regiere die Kirche durch sein Wort und seinen Geist und könne sie gegen ihre Bedränger auch durch unmittelbares göttliches Wirken erhalten. Als Ergebnis seiner Überlegungen zählte Gerhard als Hauptaufgaben der von Gott eingesetzten Obrigkeit in einem christlichen Gemeinwesen auf: 1. Bewahrung der äußeren Zucht und Ordnung sowie des öffentlichen Friedens, ohne den die Kirche nicht gefördert und bewahrt werden kann; 2. Ausübung des Wächteramts beider Tafeln, 3. die materielle Unterstützung der Kirche sowie 4. die Verteidigung der „Herde des Herrn" vor den „Wölfen", d. h. die Bekämpfung von Irrlehre unter Einsatz staatlicher Zwangsmittel.[92]

Zum zweiten Punkt: Die zweite Irrlehre im Hinblick auf den Staat, die Gerhard den Täufern zuschrieb, war die Ansicht, dass die Obrigkeit – entgegen dem ausdrücklichen Zeugnis der Heiligen Schrift (Gen 10,10; 1Sam 8,7; Joh 12, 31; Mt 4,8; Lk 4,6; 1Petr 2,13 usw.) – keine gute und von Gott eingesetzte Ordnung sei; der Ursprung weltlicher Herrschaft sei vielmehr die gewaltsame Unterdrückung der ursprünglich freien Menschen durch Tyrannen wie Nimrod (vgl. 1Chr 1,10: „Nimrod, der war der erste, der Macht gewann auf Erden"). Zur Widerlegung dieser grundsätzlichen Bestreitung der Legitimität staatlicher Macht betonte Gerhard, dass man zwischen guten und schlechten Herrschaftsformen, zwischen guten und schlechten Regierungen unterscheiden müsse, so wie grundsätzlich der rechte Gebrauch (*usus*) einer Sache vom Missbrauch (*abusus*) zu unterscheiden sei. Aus dem Vorhandensein schlechter

---

[92] Vgl. ebd., 278, XXIV 2, § 31: „Interim manet verissimum ac certissimum, quod instituerit Deus magistratus hoc fine, ut conservetur externa disciplina et pax publica, absque qua ecclesia non ita commode propagatur et conservatur, ut magistratus sit custos utriusque tabulae, ut sit nutritius ecclesiae, ut lupos arceat a Dominico ovili [...]."

Regierungen darf man also keinesfalls folgern, dass alle Herrschaft überhaupt aufzuheben ist, wo sie doch an sich gut und nützlich ist.[93]

Interessant für den vorliegenden Zusammenhang ist nun, dass Gerhard die Lehraussagen über die Obrigkeit, die er – einer bis in die 1520er Jahre zurückreichenden und in CA XVI kodifizierten Tradition der antitäuferischen Polemik folgend – den Täufern zuschrieb, in verschleierter Form auch bei den Sozinianer oder „modernen Photinianern"[94] wahrnahm, von denen er Sozzini, Schmalz und Ostorodt namentlich zitierte. Er fasste hierbei deren Ansicht auf eine Weise zusammen, die für Przypkowski ein weiterer Anlass gewesen sein mag, die Position der Sozinianer zu revidieren: Laut Gerhard verneinen diese, dass es dem Magistrat erlaubt sei, 1. Verbrecher gemäß den Gesetzen mit dem Schwert zu bestrafen, 2. Krieg gegen Feinde des Staates zu führen, denen durch Rechtsmittel kein Einhalt geboten werden kann, 3. bei Streitigkeiten unter Christen weltliche Gerichte anzurufen und 4. als Obrigkeit für das von einer anderen Obrigkeit erlittene Unrecht deren Untertanen zu bestrafen.[95] Daran schloss Gerhard die Behauptung an, dass der „Schwärmer und Schwenckfelder" Valentin Weigel (1533–1588) mit seiner vehementen Kritik an Kriegsdienst und Todesstrafe den Fußspuren der Sozinianer folge – eine Behauptung, die Przypkowski besonders irritiert haben dürfte, da zwischen dem mystischen Spiritualismus Weigels und dem nüchternen evangelischen Rationalismus der Sozinianer keinerlei theologische Verbindungslinien bestehen.

Mit der Revision des Lehrartikels *de magistratu politico* bezog Przypkowski demnach nicht nur Stellung in einem innersozinianischen Diskurs, sondern war durch die Annäherung an die Positio-

---

[93] Vgl. ebd., 287, XXIV 3, § 48: „Denique multo minus sequitur, imperia omnia esse abolenda et tollenda. Non enim omnia, quae ex malo principio orta, sunt tollenda, si ipsa sunt per se bona ac utilia."

[94] Vgl. ebd., 296, XXIV 3, § 75: „Anabaptistis admodum affines sunt recentiores Photiniani [...] qui verbis quidem profitentur, se honorifice de magistratu sentire."

[95] Vgl. ebd., 296, XIV 3, § 75: „[...] negant enim magistratui licere 1. sontes et maleficos gladio punire iuxta leges, 2. bello vindictam exercere adverus publicos hostes, qui legibus et iudiciis sese coerceri non patiuntur, 3. officium iudicandi exercere in fratres sive fidei consortes, 4. iniuriam alteri ab altero illatam in subditis vendicare."

nen der etablierten Konfessionen offenbar auch um eine Neuverortung des Sozinianismus im konfessionellen Spektrum seiner Zeit bemüht. Für den Sozinianismus als kirchliche Gemeinschaft erlangten seine Schriften keine nennenswerte Bedeutung mehr, da sie erst zu einem Zeitpunkt veröffentlicht wurden, als die Gemeinden der Polnischen Brüder in Polen nicht mehr existierten. In den Niederlanden und in England fanden Przypkowskis Werke jedoch eine neue Leserschaft, durch die Impulse aus der sozinianischen Tradition in die Toleranzdiskurse, die Staatslehre und die Religionsphilosophie der Frühaufklärung vermittelt wurden.

Literatur:

Bellarmin, Robert: Disputationes de controversiis Christianae fidei adversus hujus temporis haereticos, 3 Bde., Ingolstadt 1586–1593.

Bietenholz, Peter G.: Daniel Zwicker, 1612–1678. Peace, Tolerance and God the One and Only (Studi e testi per la storia della tolleranza in Europa nei secoli XVI-XVIII 1), Firenze 1997.

Bock, Friedrich Samuel: Historia Socinianismi Prussici maximam partem ex documentis manuscriptis, Königsberg 1754.

Bock, Friedrich Samuel: Historia Antitrinitariorum, maxime Socinianorum, 2 Bde., Königsberg/Leipzig 1774–1784 (Nachdruck Leipzig 1978).

de Breen, Daniel: Opera theologica, Amsterdam 1666.

Brock, Peter: Gregorius Pauli against the Sword. A Polish Anabaptist on Nonresistance, in: Mennonite Quarterly Review 65 (1991), 427–436.

Brock, Peter: Pacifism in Europe to 1914, Princeton, NJ, 1972.

Brożek, Mieczysław/Ogonowski, Zbigniew (Hg.): Samuelis Prizipcovii Dissertatio de pace et concordia ecclesiae (Biblioteka pisarzy reformacyjnych, 13), Varsoviae 1981.

Calvin, Johannes: Institutio Christianae religionis 1559, in : Joannis Calvini Opera selecta, hg. v. *Peter Barth* und *Wilhelm Niesel*, Bd. 3–5, München ²1957–1962.

Crell, Johann: Opera omnia exegetica [Bibliotheca Fratrum Polonorum], Irenopoli [=Amsterdam] 1656 [=1665].

Daugirdas, Kęstutis: Die Anfänge des Sozinianismus. Genese und Eindringen des historisch-ethischen Religionsmodells in den universitären Diskurs der Evangelischen in Europa (Veröffentlichungen des Instituts für Europäische Geschichte Mainz, Abteilung für Abendländische Religionsgeschichte 240), Göttingen 2016.

De Michelis Pintacuda, Fiorella: Il De pace et concordia ecclesiae di Samuel Przypkowski, in: *Méchoulan, Henry* (Hg.): La formazione storica della alterità. Studi di storia della tolleranza nell'età moderna offerti a Antonio Rotondò (Studi e testi per la storia della tolleranza in Europa nei secoli XVI - XVIII 5), Firenze 2001, 447-472.

Fix, Andrew: Dutch Millenarianism and the Role of Reason. Daniel de Breen and Joachim Oudaan, in: *Laursen, John Christian/Popkin, Richard H.* (Hg.): Millenarianism and Messianism in Early Modern European Culture, Bd. 4: Continental Millenarians: Protestants, Catholics, Herectis (Archives internationales d'histoire des idées 176), Dordrecht 2001, 49–55.

Fleischmann, Stefan: Szymon Budny. Ein theologisches Porträt des polnisch-weißrussischen Humanisten und Unitariers (ca. 1530–1593) (Bausteine zur slavischen Philologie und Kulturgeschichte, Neue Folge, Reihe A: Slavistische Forschungen 53), Köln/Weimar/Wien 2006.

Fock, Otto: Der Socinianismus nach seiner Stellung in der Gesammtentwicklung des christlichen Geistes, nach seinem historischen Verlauf und nach seinem Lehrbegriff, Kiel 1847 (Nachdruck Aalen 1970).

Friedeburg, Robert von: Luther's Legacy. The Thirty Years War and the Modern Notion of 'State' in the Empire 1530s to 1790s, Cambridge 2016.

Gerhard, Johann: Loci theologici cum pro adstruenda veritate tum pro destruena quorumvis contradicentium falsitate, 9 Bde., Jena 1611–1622.

Gerhard, Johann: Loci theologici, hg. v. *Eduard Preuß*, 9 Bde. (Bibliothek classischer Theologie in wohlfeilen Ausgaben), Berlin (Bd. 9: Leipzig) 1863–1875.

Gmiterek, Henryk: Antitrinitaires Polonais III: Marcin Czechowic, Jan Niemojewski, Christoph Ostorodt (Bibliotheca Dissidentium. Répertoire des non-conformistes religieux des seizième et dix-septième siècles, hg. v. *André Séguenny*, 14), Baden-Baden/Bouxwiller 1992.

Guggisberg, Hans: Sebastian Castellio (1515–1563). Humanist und Verteidiger der religiösen Toleranz im konfessionellen Zeitalter, Göttingen 1997.

Heckel, Martin: Autonomia und Pacis Compositio. Der Augsburger Religionsfriede in der Deutung der Gegenreformation, in: Zeitschrift der Savigny-Stiftung für Rechtsgeschichte 45 (1959), 141–248 (erneut abgedruckt in: *Ders.*, Gesammelte Schriften. Staat, Kirche, Recht, Geschichte, Bd. 1, hg. v. *Klaus Schlaich*, Tübingen 1989, 1–82).

Heckel, Martin: Staat und Kirche nach den Lehren der evangelischen Juristen Deutschlands in der ersten Hälfte des 17. Jahrhunderts (Jus ecclesiasticum 6), München 1968.

Honecker, Martin: Cura religionis Magistratus Christiani. Studien zum Kirchenrecht im Luthertum des 17. Jahrhunderts, insbesondere bei Johann Gerhard (Jus ecclesiasticum 7), München 1968.

Huschke, Rolf Bernhard: Melanchthons Lehre vom Ordo politicus. Ein Beitrag zum Verhältnis von Glauben und politischem Handeln bei Melanchthon (Studien zur evangelischen Ethik 4), Gütersloh 1968.

Kaczyński, Grzegorz J.: La libertà religiosa nel pensiero dei Fratelli Polacchi (Classici sulla libertà religiosa), Torino 1995.

Knijff, Philip/Visser, Sibbe Jan: Bibliographia Sociniana. A Bibliographical Reference Tool for the Study of Dutch Socinianism and Antitrinitarianism., hg. v. *Piet Visser*, Hilversum 2004.

Kot, Stanislas: Socinianism in Poland. The Social and Political Ideas of the Polish Antitrinitarians in the Sixteenth and Seventeenth Centuries, Boston 1957.

Lohse, Bernhard: Luthers Theologie in ihrer historischen Entwicklung und in ihrem systematischen Zusammenhang, Göttingen 1995.

Mantey, Volker: Zwei Schwerter – Zwei Reiche. Martin Luthers Zwei-Reiche-Lehre vor ihrem spätmittelalterlichen Hintergrund (Spätmittelalter und Reformation 26), Tübingen 2005.

Mulsow, Martin/Rohls, Jan (Hg.): Socinianism and Arminianism. Antitrinitarians, Calvinists and Cultural Exchange in Seventeenth-Century Europe, Leiden / Boston 2005 (Brill's Studies in Intellectual History, 134).

Ogonowski, Zbigniew: Socynianizm. Dzieje – poglądy – oddziaływanie, Warszawa 2015.

Ostorodt, Christoph: Unterrichtung von den vornemsten Hauptpuncten der Christlichen Religion, in welcher begriffen ist fast die gantze Confession oder Bekentnis, Rackau 1604.

Pirnát, Antal: Jacobus Palaeologus, in: *Chmaj, Ludwik* (Hg.), Studia nad arianizmem, Warszawa 1959, 73–130.

Plath, Uwe: Der Fall Servet und die Kontroverse um die Freiheit des Glaubens und des Gewissens. Castellio, Calvin und Basel 1552–1556, Essen 2014 [urspr. Diss. Basel 1972].

Priarolo, Mariangela/Scribano, Emanuela (Hg.): Fausto Sozzini e la filosofia in Europa, Siena 2005.

Przypkowski, Samuel: Cogitationes sacrae ad initium Evangelii Matthaei et omnes epistolas Apostolicas. Nec non tractatus varii argumenti, praecipue de jure Christiani magistratus [Bibliotheca Fratrum Polonorum], Eleutheropoli [=Amsterdam] 1692.

Salatowsky, Sascha: Fides cum ratione? Lutheraner, Calvinisten u. Sozinianer im Streit um das Prinzip der Theologie, in: *Busche, Hubertus* (Hg.): Departure for Modern Europe. A Handbook of Early Modern Philosophy (1400–1700), Hamburg 2011, 577–596.

Salatowsky, Sascha: Teufel, Pest und Cholera. Die Polemiken rund um den Sozinianismus, in: Zeitsprünge. Forschungen zur Frühen Neuzeit 19 (2015), 35–56.

Salatowsky, Sascha: Zwischen Hinrichtung und Duldung. Toleranzdebatten im konfessionellen Zeitalter, 1580–1650, in: Deutsche Zeitschrift für Philosophie 63 (2015), 22–57.

Salatowsky, Sascha: Die Philosophie der Sozinianer. Transformationen zwischen Renaissance-Aristotelismus und Frühaufklärung (Quaestiones 18), Stuttgart-Bad Cannstatt 2015.

Salatowsky, Sascha: Die drohende Gefahr des Atheismus. Die Sozinianer Przypkowski und Crell über die möglichen Folgen von Intoleranz, in: *Salatowsky, Sascha / Schröder, Winfried* (Hg.): Duldung religiöser Vielfalt – Sorge um die wahre Religion. Toleranzdebatten in der Frühen Neuzeit (Friedenstein-Forschungen 10), Stuttgart 2016, 99–127.

Schlichting, Jonas: Quaestio num ad regnum Dei possidendum necesse sit in nullo peccato evangelicae doctrinae adverso manere? contra Balthasarem Meisnerum, [Raków] 1635.

Schlichting, Jonas: Quaestiones duae: Una, num in evangelicorum religione dogmata habeantur, quae vix ullo modo permittant, ut qui eas amplectatur, nullo in peccato perseveret? Altera, num in eadem religione quaedam concedantur Christi legibus inconcessa? Contra Balthasarem Meisnerum, Racoviae 1636.

Schneider, Bernd Christian: Ius Reformandi. Die Entwicklung eines Staatskirchenrechts von seinen Anfängen bis zum Ende des Alten Reiches (Jus ecclesiasticum 68), Tübingen 2001.

Sozzini, Fausto: Opera omnia in duos tomos distincta, 2 Bde. [Bibliotheca Fratrum Polonorum], Irenopoli [=Amsterdam] 1656 [=1668].

Sozzini, Lelio: Opere, hg. v. *Antonio Rotondò* (Studi e testi per la storia del Cinquecento 1), Firenze 1986.

Szczucki, Lech (Hg.): Faustus Socinus and his Heritage, Warszawa 2005.

Toulmin, Joshua: Memoirs of the Life, Character, Sentiment and Writings of Faustus Socinus, London 1777.

Trapman, Johannes: Art. Breen, Daniel de, in: Biografisch lexicon voor de geschiedenis van het Nederlands protestantisme 4 (1998), 55 f.

Unruh, Peter: Reformation – Staat – Religion. Zur Grundlegung und Aktualität der reformatorischen Unterscheidung von Geistlichem und Weltlichem, Tübingen 2017.

Völkel, Johannes: De vera religione libri quinque, quibus praefixus est Iohannis Crellii Franci liber de Deo et ejus attributis, Racoviae 1630.

Wilbur, Earl Morse: A History of Unitarianism. Socinianism and its Antecedents, Cambridge, MA, 1946.

Williams, George Huntston (Übs., Hg.): The Polish Brethren. Documentation of the History and Thought of Unitarianism in the Polish-Lithuanian Commonwealth and in the Diaspora, 1601-1685 (Harvard Theological Studies 30), 2 Bde., Missoula, MT, 1980.

Wolgast, Eike: Melanchthon und die Täufer/Spiritualisten, in: *Frank, Günter* (Hg.): Philipp Melanchthon. Der Reformator zwischen Glauben und Wissen. Ein Handbuch, Berlin/Boston 2017, 193–203.

Wolzogen, Johann Ludwig von: Opera omnia, exegetica, didactica, & polemica, 2 Bde. [Bibliotheca Fratrum Polonorum], Irenopoli [=Amsterdam] 1656 [=1668].

Wotschke, Theodor (Hg.): Ein dogmatisches Sendschreiben des Unitariers Ostorod, in: Archiv für Reformationsgeschichte 12 (1915), 137–154.

Rejections of Christendom in the English Revolution (1640–1660)

The Radical Protestant Critique of State Religion

John Coffey

In 1821, the American Founding Father (and former President), James Madison, declared that "the genius and courage of Luther led the way" toward a political system that makes "a due distinction [...] between what is due to Caesar and what is due to God".[1] Madison did not elaborate, but his point seems clear enough: Luther's *genius* had developed the doctrine of the two kingdoms, limiting the jurisdiction of the magistrate to secular matters, thus preparing the way for the separation of church and state; Luther's *courage* had empowered him to defy the institutional authority of the Papacy and the Holy Roman Empire at the Diet of Worms: "I cannot and I will not recant anything, for to go against conscience is neither right nor safe".

There was, however, no straight line from 1521 to 1791, when the First Amendment of the US Constitution stipulated that there should be no "establishment of religion" and "free exercise of religion". Unlike the American Founding Fathers, the Protestant Reformers had not separated church and state. In his 1523 work "Von weltlicher Obrigkeit" (On Secular Authority), written in the year when the first Lutherans were burned for heresy by Catholic authorities in Brussels, Luther had warned against "the folly of trying to compel belief", or "trespassing" on God's domain. Magistrates governed over bodies and goods, not over consciences and souls.[2] But as the Reformation progressed, Lutherans established state churches and prosecuted dissent. Indeed, all the magisterial

---

1 Madison to F. L. Schaeffer, 3 December 1821, in *Robert S. Alley* (ed.), James Madison on Religious Liberty, Amherst, NY, 1985, 82.
2 *Harro Höpfl* (ed.), Luther and Calvin on Secular Authority (Cambridge Texts in the History of Political Thought), Cambridge 1991, 23.

Reformers taught that rulers are nursing fathers to the church with a solemn duty to enforce both tables of the Decalogue. Magistrates had coercive powers in matters of religion. Zwingli's Zurich drowned Anabaptists; Calvin's Geneva burned Servetus.[3]

As for Protestant England, its authorities beheaded scores of Catholic priests, and burned no fewer than ten heretics at the stake for preaching against the doctrine of the Trinity.[4] A minority of radical Reformers protested. In Basel, the humanist scholar Sebastian Castellio condemned the killing of Servetus, and he did so by reprinting extracts from Luther's tract on secular authority. Anabaptists and Socinians also denounced heresy burnings as a sign of a corrupt Christendom.[5] But in the sixteenth century, few mainstream Reformers ruled out the use of force in matters of religion, and none championed the separation of church and state.

I

In England, the union between church and state was especially strong. The English Reformation had been an act of state, carried out first under Henry VIII, and then under his son Edward VI and his daughter Elizabeth I. Monarchs appointed bishops, and the Church answered to the state. Moreover, the Church of England embraced almost the entire population, in contrast to the Reformed public church in the pluralistic Dutch republic. The theologian Richard Hooker could write: "there is not [...] any man a member of the Commonwealth, which is not also of the Church of England".[6] Infant baptism was the ceremony that initiated every new-born child into the church, but also into the community of the parish and the nation.

---

3 See *Joseph Lecler*, Toleration and the Reformation, transl. by *T. L. Westow*, 2 vols., New York/London 1960; *Ole Grell/Robert Scribner* (eds.), Tolerance and Intolerance in the European Reformation, Cambridge 1996.

4 See *John Coffey*, Persecution and Toleration in Protestant England, 1558–1689 (Studies in Modern History), Harlow 2000.

5 On the critical role of radical and heterodox Protestants see *Perez Zagorin*, How the Idea of Toleration Came to the West, Princeton, NJ, 2003.

6 *Richard Hooker*, Of the Laws of Ecclesiastical Polity. A Critical Edition with Modern Spelling, ed. by *Arthur Stephen McGrade*, vol. 3: Books VI to VIII, Oxford 2013, 190 (VIII 1, §2).

It is not surprising then, that the first English calls for the separation of church and state originated among Baptists, who rejected infant baptism. In 1612, Thomas Helwys returned from Dutch exile (where he had been exposed to Mennonite influence) to found England's first Baptist church, a clandestine congregation in London. In March and April of that year, the authorities had burned two anti-Trinitarians at the stake for "blasphemous heresy".[7] Helwys launched a fierce attack on the persecuting state church. He repudiated both the Church of Rome and the Church of England: endorsing the standard Protestant claim that the Papal Church was the Beast or Antichrist of the Book of Revelation, he went on to assert that the Church of England was the second Beast ("the cruell, ruling Prelacy"). The use of force in religion was identified as the mark of the Beast. Kings and Bishops, he declared, "cannot serve the Lambe and the Beast".[8]

The tract was addressed to King James I, and it faced the king with a stark choice: either he could empower the Beast (and the system of persecution), or he could disarm the Beast by renouncing the power to persecute. James should recognise that he had no right to punish blasphemy or idolatry. His authority was over bodies and goods and "earthly causes"; God alone was lord over conscience and "men's religion to God is betwixt God and themselves". Each individual was directly answerable to their Creator, and should enjoy "freedome of religion" to "chuse their religion themselves". "Let them be heretikes, Turcks, Jewes, or whatsever, it appertains not to the earthly power to punish them in the least measure".[9] This, the first printed demand in English for the toler-

---

7   See *Ian Atherton/David Como*, The Burning of Edward Wightman. Puritanism, Prelacy and the Politics of Heresy in Early Modern England, in: English Historical Review 120 (2005), 1215–1250. On Helwys see *James Robert Coggins*, John Smyth's Congregation. English Separatism, Mennonite Influence, and the Elect Nation (Studies in Anabaptist and Mennonite History 32), Waterloo, Ontario, 1991.

8   *Thomas Helwys*, A Shorte Declaration of the Mistery of Iniquity, [Amsterdam] 1612, 38–39.

9   *Helwys*, A Short Declaration, 46, 69; *id.*, Obiections, Answered by Way of Dialogue, Wherein is Proved by the Law of God, by the Law of our Land, and by his Maties Many Testimonies that no Man Ought to be Persecuted for his Religion, s. l. 1615, 30.

ation of all religions, drew a sharp line between two realms: the earthly and the heavenly, the outward and the inward, the kingdom of the secular magistrate with coercive authority over bodies and goods, and the kingdom of God ruling spiritually over souls and consciences. Rulers who crossed that line were *interfering* in the spiritual realm, or *usurping* authority that belonged to God alone.

Although Helwys' arguments were developed by other early Baptist writers, they gained little traction until the English Revolution of the mid-seventeenth century.[10] In 1642, Civil War broke out between Royalists and Parliamentarians. The Parliamentarians believed that Charles I was implicated in a 'popish plot' against Protestant religion. Some historians see the English Civil War as a 'war of religion', perhaps the last of the European wars of religion – at its heart was a struggle to redefine England's religious settlement.[11] It was preceded by a massive controversy over bishops, and by 1646, the victorious Parliamentarians had abolished episcopacy. The Revolution also witnessed a dramatic upsurge of new religious movements – 'sects and heresies'.

In revolutionary England, as in sixteenth century Europe, Protestantism splintered. Anabaptists, Spiritualists, and anti-Trinitarians resurfaced. Radicals attacked infant baptism, clerical authority, church taxes (known as 'tithes'), confessions of faith, and external forms. Lay preachers and prophets proliferated, and the revolutionary decades witnessed a wave of women visionaries. *Levellers* – drawing much of their support from Baptist and separatist congregations – campaigned for a new constitution that would re-establish government on the basis of popular consent and recognise the rights of the people. *Diggers* (inspired by the former Baptist Gerrard Winstanley) preached and practised a primitive Christian communism. *Ranters* were accused of practicing community of wives. *Fifth Monarchy Men* sought to establish the rule of the saints in preparation for the millennium. Last but

---

10 See *John Coffey*, Puritanism and Liberty Revisited. The Case for Toleration in the English Revolution, in: Historical Journal 41 (1998), 961–985.

11 *John Morrill*, The Religious Context of the English Civil War, in: Transactions of the Royal Historical Society 34 (1984), 155–178.

not least, the 1650s witnessed the birth of the *Quakers*, a sect that grew within a decade to some 50,000 adherents.[12]

The English Revolution has been called "the last and greatest triumph of the European radical Reformation".[13] The rise of radical religion divided the Puritan cause into two principal camps. The Presbyterians wished to re-establish a system of religious uniformity. Church and State would work hand in hand to suppress heresy and schism, and everyone would be required to worship in England's national Church. The Independents, by contrast, rejected the idea of a national church. For them, the only true churches were congregational churches, comprised of godly people who bound themselves together in a voluntary covenant. Independents argued for toleration and 'liberty of conscience' for these 'gathered churches'.

The Independents were the minority group, but they had one huge advantage: the support of the New Model Army, commanded by Sir Thomas Fairfax and Oliver Cromwell, a passionate advocate of toleration for religious sects. The Independents themselves, however, were divided into radical and conservative factions. The conservative Independents, including the theologian John Owen who became Vice-Chancellor of Oxford University in the 1650s, wanted strict limits on religious toleration. Like Luther and Melanchthon, Calvin and Beza, Owen believed that Christian magistrates could punish heretics – especially those who attacked the doctrine of the Trinity and the authority of the Scriptures.[14] But there was a more radical faction among the Independents who

---

12 For concise overviews, see *Andrew Bradstock*, Radical Religion in Cromwell's England. A Concise History from the English Civil War to the End of the Commonwealth (International Library of Historical Studies 58), London 2011; *John Coffey*, Religion, in: *Laura Lunger Knoppers* (ed.), The Oxford Handbook of Literature and the English Revolution, Oxford 2012, 98–117.

13 The phrase is Jonathan Scott's. See *John Coffey*, "The Last and Greatest Triumph of the European Radical Reformation"? Anabaptism, Spiritualism, and Anti-Trinitarianism in the English Revolution, in: *Bridget Heal / Anorthe Kremers* (eds.), Radicalism and Dissent in the World of Protestant Reform, Göttingen 2017, 201–224.

14 See *John Coffey*, John Owen on toleration in the Puritan Revolution, in: *Kelly Kapic / Mark Jones* (eds.), The Ashgate Research Companion to John Owen's Theology, Farnham 2012, 227–248.

disagreed. This faction included John Milton, the greatest writer of the English Revolution, author of a powerful critique of censorship, "Areopagitica", and (eventually) of the greatest epic poem in the English language, "Paradise Lost". Milton was a friend and admirer of Sir Henry Vane the younger, one of the Revolution's most powerful statesmen, himself a lay preacher and a robust defender of religious liberty.[15]

Milton and Vane were friends of Roger Williams, a maverick Puritan minister who had been expelled from Massachusetts Bay, and went into exile in Rhode Island, the colony he founded in 1636 as a refuge for the persecuted. His book, "The Bloudy Tenent of Persecution" (1644), was notorious for demanding the toleration of all religions.[16] The radical Independents also looked to leadership to John Goodwin, pastor of one of London's most influential gathered churches.[17] Finally, there were the Levellers, led by the Baptist pamphleteers John Lilburne and Richard Overton and the tolerationist William Walwyn.[18]

In December 1648, on the eve of the trial and execution of King Charles I, these two factions faced each other in a remarkable debate before the army council at Whitehall, then (as now) the heart of the British state. They debated a single question: "Whether the magistrate have, or ought to have, any *compulsive* or *restrictive* power in matters of religion?" Was it right, for example, for godly magistrates to *compel* citizens to attend church, or to *restrain* heretics from publishing their ideas? Cromwell's son-in-law, the army commander Henry Ireton, answered "Yes". His view was in line with the magisterial Reformation. Ireton was opposed

15 The best modern biography of Milton is *Gordon Campbell/Thomas N. Corns*, John Milton. Life, Work, and Thought, Oxford 2008.
16 Williams can be approached via *Teresa M. Bejan*, Mere Civility. Disagreement and the Limits of Toleration, Cambridge 2017, ch. 2.
17 See *John Coffey*, John Goodwin and the Puritan Revolution. Religion and Intellectual Change in Seventeenth-Century England, Woodbridge 2006.
18 See *Rachel Foxley*, The Levellers. Radical Political Thought in the English Revolution (Politics, Culture and Society in Early Modern Britain), Manchester 2013; *Gary S. De Krey*, Following the Levellers, vol. 1: Political and Religious Radicals in the English Civil War and Revolution, 1645–1649, London 2017; vol. 2: English Political and Religious Radicals from the Commonwealth to the Glorious Revolution, 1649–1688, London 2018.

by the Levellers, and by radical preachers like John Goodwin. Their position was simple, but far-reaching in its implications. Christian magistrates, they asserted, acquired no extra power by virtue of being Christian. There should be the same rule for all states – whether Protestant, Catholic, Muslim, or heathen – religion was not something to be imposed or policed by civil authorities, it was to be freely chosen by individuals. This called into question the very idea of Christendom.[19]

II

By what logic did these radical Protestants reach such *radical* conclusions? They began by denying the analogy between Old Testament Israel and Christian states. Ever since Augustine, Christendom's defenders had appealed to the example of the Kings of Israel and Judah who had suppressed idolatry and blasphemy by force. Roger Williams devoted much of his famous book to arguing that this appeal to Old Testament Israel was a basic error of interpretation. Israel was a fleshly shadow, or type, of the spiritual reality of the Church. It was "no patterne nor precedent" for any later political state. Calvinists had called their nations "new Israels", but Williams said that there was only one new Israel – the Christian Church. There was no "national Church" or "State Church", for "all Nations are meerly civill".[20] Defenders of Christendom had made a basic category mistake. They had acted as if the Incarnation had changed little, as if nations could still be in covenant with God, as if godly rulers had the authority to enforce religious uniformity. Yet the age of Israel was over.

Williams and other radical Protestants took their stand on the New Testament. Where, they asked, did Christ or his apostles authorise civil magistrates to use their power to advance the

---

19 The Whitehall Debates, December 1648, in: *Arthur S. P. Woodhouse* (ed.), Puritanism and Liberty. Being the Army Debates (1647–9) from the Clarke Manuscripts with Supplementary Documents, London [3]1992, 125–178.

20 [*Roger Williams*], The Bloudy Tenent, of Persecution, for Cause of Conscience, Discussed, in a Conference Betweene Truth and Peace, [London] 1644, a2v, 80, 104, 184–185.

Church? Protestant "persecutors" needed to produce a "warrant" or "commission" from Christ himself to justify their use of force in matters of religion.[21] No such commission could be produced. Christ had empowered his Church with the sword of the Spirit (the Word of God), and sent them out to preach, not to mobilise civil power against heretics, idolaters and blasphemers. Heresy could be fought by persuasion, not by coercion; blasphemers were not to be executed, but simply excommunicated. The New Testament Church was a company of volunteers, not an army of conscripts.

This New Testament argument was reinforced by a distinctive account of church history. Primitive Christianity (in its first three centuries) had spread across the Roman Empire without any state support. Moreover, when the empire adopted Christianity, the church had been corrupted. As Williams explained: "*Christianitie fell asleep in Constantine's bosom*".[22] Since the Reformation, however, God had been restoring the Church to its primitive form. In Christendom, Church and State had each acquired powers for which there was no warrant in the Gospel. In the latter days, clerical hierarchy would be abolished, along with the power of the state over matters of religion.

In order to define the limits of the state's jurisdiction, radical English Protestants turned to natural law contract theory.[23] All rulers, they argued, whether Christian or not, had no more power than that which was given them by God through the law of nature and by the people through consent. Since rulers were as fallible as

21 *Williams*, Bloudy Tenent, 122; [*Henry Robinson*], Liberty of Conscience: or, The Sole Means to Obtaine Peace and Truth, [London] 1643 [=1644], passim; [*Henry Robinson*], John the Baptist, Forerunner of Christ Iesvs: or, A Necessity for Liberty of Conscience, as the Only Meanes under Heaven to Strengthen Children Weake in Faith; to Convince Hereticks Mis-led in Faith; to Discover the Gospel to all Such as yet Never Heard thereof; and Establish Peace Betweene all States and People throughout the World, [London] 1644, passim.
22 *Williams*, Bloudy Tenent, 95.
23 See The Whitehall Debates, December 1648, in: *Woodhouse* (ed.), Puritanism and Liberty, 125–178, especially the contributions of John Goodwin and the Leveller John Wildman. See *Rainer Forst*, Toleration in Conflict. Past and Present, transl. by *Ciaran Cronin* (Ideas in Context 103), Cambridge 2013, ch. 5: "Natural Law, Toleration, and Revolution".

their subjects, God could not have given them authority to impose religious uniformity; and subjects would be foolish to entrust them with any such power. Under the law of nature, the task of the state was strictly limited. It was to protect goods and bodies, lives and liberties; over souls and consciences the state had no authority. The early English Baptists and Roger Williams cited Luther to prove the point. Throughout the seventeenth century, a radicalised version of two kingdoms doctrine would be used against state-enforced religion. Magistrates had responsibility for the Second Table of the Decalogue (concerning crimes against other people), not for the First Table (concerning sins against God). They could prevent evils "contrary to the light of nature", but they could not punish people who contradicted the truths of revealed religion.

This move – to define the limits of state power by reference to natural law theory – anticipated similar moves made by early Enlightenment philosophers like John Locke in England and Christian Thomasius in the Holy Roman Empire.[24] As Locke put it in his "Letter concerning Toleration" (1698): "the care of Souls cannot belong to the Civil Magistrate".[25] His responsibilities were limited to merely secular ends. In revolutionary England, the Levellers sought to codify the limits of state authority in a written constitution, "The Agreement of the People", a text widely debated in the late 1640s, within the army and in London. It identified natural rights or powers "reserved" by the people from their governors, above all the right to freedom of conscience:

> "[...] we do not empower or entrust our said Representatives [...] to compel by penalties or otherwise any person to anything in or about matters of faith, religion or God's worship; or to restrain any person from the profession of his faith, or exercise of religion according to his conscience."[26]

---

24 See *Jon Parkin/Timothy Stanton*, Natural Law and Toleration in the Early Enlightenment (Proceedings of the British Academy 186), Oxford 2013.

25 [*John Locke*], A Letter concerning Toleration, transl. by *William Popple*, London 1689, 7.

26 *John Lilburne/William Walwyn/Thomas Prince/Richard Overton*, An Agreement of the Free People of England (1649), in: *Andrew Sharp* (ed.), The English Levellers (Cambridge Texts in the History of Political Thought), Cambridge 1998, 173.

During the 1650s, English Protestants came to express this idea in the language of natural rights. This was a dramatic development. The notion of individual, subjective rights originated among medieval canon lawyers and scholastic theologians, but it did not include 'religious rights'. In the seventeenth century, however, some Protestants began to declare that "Liberty of conscience is a natural right".[27] That very phrase was used by Oliver Cromwell himself in a speech to Parliament in 1654.[28] His statement was repeatedly cited by the Quakers, including William Penn, the founder of Pennsylvania.[29] In 1660 we find the Cambridge Platonist, Henry More, arguing at length that "Liberty of Religion is the natural right of mankind".[30] It was, in other words, something that individuals possessed simply by virtue of their humanity, not by virtue of their Christianity or their orthodoxy.

This period also witnessed the emergence in English of the language of 'religious liberty'. In 1640, Parliamentarians and Royalists had been advocating rival programmes of religious uniformity. By the 1650s, English republicans had coined the phrase 'civil and religious liberty', a slogan that would reverberate through the eighteenth and nineteenth centuries.[31] They had also begun to express hostility to what they termed 'State Religion'.[32] Milton de-

---

27 See the important essay of *Brian Tierney*, Religious Rights. A Historical Perspective, in: *Noel B. Reynolds/W. Cole Durham, Jr.* (eds.), Religious Liberty in Western Thought (Emory University Studies in Law and Religion), Grand Rapids 2003, 29–57.

28 [*Oliver Cromwell*]: His Highnesse The Lord Protector's Speeches to the Parliament in the Painted Chamber, the one on Munday the 4th of September, the other Tuesday the 12. of September 1654, London 1654, 30.

29 *George Bishop*, Mene tekel, or, The council of officers of the Army, against the declarations, &c. of the Army, London 1659, 31; *William Penn*, The Great Case of Liberty of Conscience Once more Briefly Debated & Defended, [London] 1670, 42.

30 *Henry More*, An Explanation of the Grand Mystery of Godliness (1660), in: *David George Mullan* (ed.), Religious Pluralism in the West. An Anthology, Oxford 1998, 159–65.

31 See *Blair Worden*, God's Instruments. Political Conduct in the England of Oliver Cromwell, Oxford 2012, ch. 8: "Civil and Religious Liberty".

32 See the frequent denigration of 'State Religion' in the writings of the radical Independent pastor *John Goodwin*, M. S. to A. S. with a Plea for Libertie of Conscience in a Church Way, against the Cavils of A. S., London 1644, 55–56;

clared that in the New Testament dispensation, God had "severd" church and state.[33] This was the same verb used in the death warrant of King Charles I: he was "to be put to death by the severing of his head from his body".[34] Milton, who had defended the regicide in Latin before a European audience, wished to be equally emphatic about the separation of church and state. Although the phrase itself would only take hold in the nineteenth century, the idea was already powerfully articulated.[35]

As the political philosopher Rainer Forst has observed, in his major work on the history of toleration, the English Revolution marks a significant turning point. Roger Williams suggested "a more radical separation between Church and State than is to be found in any author before him". He provided "the *religious* justification of a purely *secular* state":

> "Therefore, with Williams the debate concerning toleration reaches a point in the middle of the seventeenth century at which, at the interface between traditional religious arguments mainly stemming from Protestant thought and the modern, individualistic doctrine of natural law, a theory of the separation of church and state and of freedom of conscience emerges which is far more radical as regards the limits of toleration than its predecessors and many of its successors. Only Bayle would venture similar theses towards the end of the century."[36]

At the same time, as Forst notes, the arguments "remain firmly rooted in Christian soil", and could not be readily shared with

---

id., Thirty Queries, Modestly Propounded in Order to a Discovery of the Truth, and Mind of God, in that Question, or Case of Conscience; Whether the Civil Magistrate Stands Bound by Way of Duty to Interpose his Power or Authority in Matters of Religion, or Worship of God, London 1653, 15; *id.,* The Apologist Condemned, or, A Vindication of the Thirty Queries (together with their Author) Concerning the Power of the Civil Magistrate in Matters of Religion, London 1653, 34; *id.,* A Fresh Discovery of the High-Presbyterian Spirit, or, The Quenching of the Second Beacon Fired, London 1654 [=1655], 6, 54.

33 *John Milton,* A Treatise of Civil Power in Ecclesiastical Causes, Shewing that it is not Lawfull for any Power on Earth to Compell in Matters of Religion, London 1659, 49.

34 *Samuel Rawson Gardiner* (ed.), Constitutional Documents of the Puritan Revolution, 1625–1660, Oxford 1889, 380.

35 See *Philip Hamburger,* Separation of Church and State, Cambridge, MA/London 2002, 38–53.

36 *Forst,* Toleration in Conflict, 183, 184–85.

non-Protestants. They relied on a particular interpretation of the relationship between the Old and the New Testament, a radical Reformation reading of Church history as a story of fall and restoration, and an individualistic conception of faith, what Forst calls "the *unfree free conscience*" (because the individual conscience was bound to obey God, it must be free from the impositions of human authorities). Unlike modern secular liberals, radical Protestants did not seek "the complete ethical autonomy to discover and live in accordance with one's own 'conception of the good life'". Nevertheless, in Williams and the Levellers, one does see the emergence of "early liberalism", "according to which individual rights exist prior to the state and political authority is established through a contract subject to conditions".[37]

III

Over the course of the English Revolution, radical Protestants worked through the implications of their argument. In making the case for 'religious liberty', and for liberty of conscience as a natural right, they ended up assailing some of the key practices and institutions of Christendom.

Firstly, the logic of their argument ruled out civil penalties against false religion. Since the powers of the magistrate were bounded by natural law, he could only punish offences against natural religion not against revealed religion. And since the magistrate was as fallible as his subjects, it was difficult for him to determine what beliefs were 'against the light of nature'. Atheism might well be punishable (though Walwyn argued that even atheists should be tolerated), but heresy, idolatry and even blasphemy were not clearly discernible by natural reason (without the aid of divine revelation). As such, there were not within the jurisdiction of the civil law.[38] In the Church Age, Christians had to counter false religion

---

37 *Forst*, Toleration in Conflict, 185, 178, 170–71. For similar observations see *David Wootton*, Leveller Democracy and the Puritan Revolution, in: *James Henderson Burns* (ed.), The Cambridge History of Political Thought, 1450–1700, Cambridge 1991, 412–442; and *Zagorin*, Religious Toleration, 237.
38 See the contributions of John Goodwin and John Wildman in the Whitehall Debates, December 1648, in: *Woodhouse* (ed.), Puritanism and Liberty, 125–

through spiritual weapons like prayer and preaching; they could not call on the civil sword. As Roger Williams put it, in a notorious statement:

> "It is the will and command of *God* that (since the coming of his Son the *Lord Jesus*), a permission of the most *Paganish, Jewish, Turkish,* or *Antichristian consciences* and worships be granted to all men in all Nations and Countries, and that they are only to be *fought* against with that *Sword* which is only (in *Soule matters*) able to *conquer*, the *Sword* of *God's Spirit*, the *Word* of *God*."[39]

Second, the radical position meant opposition to state censorship (at least pre-publication censorship) of theological texts. Milton had set out the case in his pamphlet "Areopagitica": "Who kills a man kills a reasonable creature, God's image; but he who destroys a good book, kills reason itself, kills the image of God, as it were, in the eye." "Give me", he demanded, "the liberty to know, to utter, and to argue freely according to conscience, above all liberties".[40] Milton himself licensed the Socinians' Catechism for publication, and the revolutionary era saw the appearance of numerous heterodox works – including an English translation of the Koran.[41]

Third, the radicals opposed the creation of a national confession of faith. According Heinz Schilling, confessionalisation was a major project of the early modern state – statesmen and clergy worked together to define the political community in religious terms via confessions of faith.[42] John Owen attempted to draw up such a

---

178. On the question of atheism and the limits of toleration, see: The Writings of William Walwyn, ed. by *Jack R. McMichael* and *Barbara Taft*, Athens, GA, 1989, 164; *Coffey*, Puritanism and Liberty, 976–977.

39 *Williams*, Bloudy Tenent, a2r.

40 *John Milton*, Areopagitica; a Speech of Mr. John Milton for the Liberty of Unlicenc'd Printing, to the Parlament of England, London 1644, 4, 35. For another critique of press censorship see *John Goodwin*, Fresh Discovery.

41 For the complexities of Milton's position on censorship and toleration see *Sharon Achinstein/Elizabeth Sauer* (eds.), Milton and Toleration, Oxford 2007. On an early German response to Areopagitica see *Leigh Penman*, Areopagitica, Freedom of the Press, and Heterodox Religion in the Holy Roman Empire, in: The Seventeenth Century 33 (2018), 45–61.

42 *Heinz Schilling*, Confessional Europe, in: *Brady, Thomas/Oberman, Heiko/Tracy, James* (eds.): Handbook of European History, 1400–1600. Late Middle Ages, Renaissance and Reformation, vol. 2:Visions, Programs and Outcomes, Leiden/New York/Köln 1995, 641–681.

doctrinal confession in the 1650s, with the aim of tightening the limits of toleration. He was fiercely opposed by Milton, Vane and Williams, who argued that it was none of the state's business to legislate authoritative confessions of faith for their citizens.[43]

Fourth, the denial of the magistrate's coercive power in religion entailed a rejection of tithes, or church taxes. The English clergy were paid from these tithes, amounting to a tenth of income, profits or agricultural produce of the laity. Milton deplored this 'decimal arithmetic', and the Revolution witnessed a concerted assault on tithes by a host of radical groups – Levellers, Fifth Monarchists and Quakers. This campaign was a logical extension of the radical Protestant argument against forced religion. "Ministers of the gospel are not priests", Milton asserted – unlike Old Testament priests, Christian pastors should be supported by voluntary contributions; compulsory church taxes were unacceptable. Clergy dependent on "state-hire" had lost their independence.[44]

Fifth, the radical argument ruled out the very possibility of a 'state church'. Independents generally denied that there could be such a thing as 'a national church', but this left open the possibility that there could still be some kind of official 'state religion' or 'public profession' – a religious establishment that governed England's network of 9000 parishes and that informed civic ritual. The 1647 Agreement of the People allowed for the possibility of a national "public profession" (i.e. an official religion) so long as it was not compulsory,[45] but this was in tension with the claim that the magistrates authority was bounded by natural law, and did not extend to matters of revealed religion. The logic of the radicals' position pointed towards a minimal civil religion – one that

---

43 *Carolyn Polizzotto*, The Campaign against the Humble Proposals of 1652, in: Journal of Ecclesiastical History 38 (1987), 569–81.

44 *John Milton*, Considerations Touching the Likeliest Means to Remove Hirelings out of the Church. Wherein is also Discourc'd of Tithes, Church-fees, Church-revenues; and Whether any Maintenance of Ministers can be Settl'd by Law, London 1659, 119, 142–43. See *Margaret James*, The Political Importance of the Tithes Controversy in the English Revolution, 1640–1660, in: History 26 (1941), 1–18; *Barry Reay*, Quaker Opposition to Tithes, 1652–60, in: Past and Present 86 (1980), 98–120.

45 An Agreement of the People (1647), in: *Sharp* (ed.), English Levellers, 94.

acknowledged the authority of God (whose existence was thought to be evident from natural reason) but left churches to govern themselves. This was the eventual outcome in the United States, where the colonial state churches were all disestablished over a period of decades.

Finally, the radical argument against the magistrates' power in religion even undermined the idea that it was in the magistrate's gift to grant 'toleration'. The traditional notion of toleration depended on the idea that the state had the power to withhold or concede toleration for those who dissented from the established religion. But in a personal audience with Oliver Cromwell, John Goodwin "plainly expressed" the belief "that it was not in the magistrate's power to grant any [Toleration]".[46] Religious liberty was a natural right, not a permission or indulgence graciously granted by the state.[47] Here again, radical English Protestants were pioneering a viewpoint that would eventually become normative; as President George Washington told the Hebrew Congregation of Newport – in Roger Williams' Rhode Island – in 1790: "It is now no more that toleration is spoken of, as if it was by the indulgence of one class of people, that another enjoyed the exercise of their inherent natural rights".[48]

IV

The English Revolution may have seen rejections of Christendom, but the impact was limited. Radical tolerationists were a motley crew, and not entirely consistent in their own positions. They were, moreover, a small minority, even among the Independents who dominated the New Model Army and the Cromwellian regime. Most Independents, like Cromwell's son-in-law Henry Ireton and the theologian John Owen, strongly supported state religion. In Cromwellian England, anti-Trinitarians were still prosecuted,

---

46 *Coffey*, John Goodwin, 255.
47 See *Forst*, Toleration in Conflict, 170, 185–86.
48 *Daniel L.Dreisbach/Mark David Hall* (eds.), The Sacred Rights of Conscience. Selected Readings on Religious Liberty and Church-State Relations in the American Founding, Indianapolis 2009, 464.

books were still censored, tithes were still exacted, confession-alization projects were still launched, and a national religious establishment was maintained. The Cromwellian regime itself was divided between conservative and radical factions. Many of its supporters believed that godly magistrates still had coercive powers in matters of religion. In 1656, there was a 10-day debate in Parliament over the Quaker James Nayler, who had ridden into Bristol on a horse with women shouting "Hosanna to the Son of David" – a conscious imitation of Christ's entry into Jerusalem. A few MPs argued that Nayler ought not to be punished, since this would violate "liberty of conscience" and permit the magistrate to use force in matters of religion. But most declared that he was a blasphemer – and many called for the death penalty. In the event, Nayler was brutally whipped through the streets, had a tongue bored through with a hot iron, and was branded on the forehead with the letter 'B' for 'Blasphemer'.[49] The punishment of Nayler revealed that most Puritan politicians had not been persuaded by the arguments of Roger Williams and the Levellers.

At the Restoration in 1660, bishops were restored along with the monarchy. The Act of Uniformity in 1662 re-imposed a single authorised faith for the whole nation, based on the Book of Common Prayer and the Thirty Nine Articles. Two thousand puritan ministers were ejected from their parishes, and Dissenters were subjected to persecution on a grand scale – thousands were gaoled, hundreds died in prison, and many more were subjected to fines and intimidation. Nowhere else in seventeenth-century Europe was there a persecution of Protestants by Protestants on this scale. Even after 1688, when the Dutch prince William of Orange invaded and became king, England still retained an established church. There was a Toleration Act, an indulgence granted by the state which permitted freedom of worship to dissenters, but they remained second class citizens, barred from public office (unless they took Anglican communion). Moreover, the Act did not cover anti-Trinitarians or Roman Catholics. Even in the twenty-first century, England has an

---

49 *Leo Damrosch*, The Sorrows of the Quaker Jesus. James Nayler and the Puritan Crackdown on the Free Spirit, Cambridge, MA, 1996.

established church, bishops sit in the House of Lords, and the rules of succession require the monarch to be a Protestant.

Yet the arguments made during the English Revolution left a legacy. In Rotterdam in the 1680s, the English Quaker Benjamin Furly hosted a discussion group that included John Locke and the Huguenot philosopher Pierre Bayle – figures at "the epicentre of the early Enlightenment".[50] Furly's personal library contained over four thousand books, including a remarkable range of tolerationist works, among them Williams' "Bloudy Tenent of Persecution" and Milton's "Treatise of Civil Power".[51] The arguments of Milton and Williams' generation resurfaced in the writings of Locke and William Penn, seminal authors in the history of religious liberty.[52] Penn's Pennsylvania had strict morals legislation and required its citizens to acknowledge God (both justifiable by reference to natural law). It had no state church, however, and it guaranteed religious liberty for all peaceable believers in God:

> "[... they] shall in no ways, be molested or prejudiced for their religious persuasion, or practice, in matters of faith and worship, nor shall they be compelled, at any time, to frequent or maintain any religious worship, place or ministry whatsoever."[53]

Pennsylvania's religious liberty was praised by Voltaire and it became a model of a flourishing non-confessional state with a minimal civil religion.[54] During the era of the American Revolution, James Madison and Thomas Jefferson allied with the Baptists and

---

50 *John Marshall*, John Locke, Toleration and Early Enlightenment Culture. Religious Intolerance and Arguments for Religious Toleration in Early Modern and 'Early Enlightenment' Europe (Cambridge Studies in Early Modern British History), Cambridge 2006, 493.

51 Bibliotheca Furliana, sive Catalogus librorum honoratiss. & doctiss. viri Benjamin Furly, inter quos excellant bibliorum editiones, mystici, libri proprii cujuscumque sectae Christianae, & manuscripti membranei, Roterodami 1714.

52 For a comparison of these two generations of tolerationists, see *John Coffey*, Scripture and Toleration between Reformation and Enlightenment, in: *Glaser, Eliane* (ed.): Religious Tolerance in the Atlantic World. Early Modern and Contemporary Perspectives, Houndmills 2014, 14–40.

53 *Dreisbach/Hall* (ed.), Sacred Rights, 118. See *Andrew R. Murphy*, Liberty, Conscience and Toleration. The Political Thought of William Penn, New York 2016.

54 *Voltaire*, Letters concerning the English Nation, London 1733, letter 4, esp.: 31.

other Protestant dissenters to disestablish the Church of England in Virginia, using the arguments forged during the English Revolution more than a century earlier.[55] The Baptist Isaac Backus rediscovered Roger Williams. The first amendment of the US Constitution, which declared that there should be "no establishment" in religion and "free exercise of religion", marks the culmination of a trajectory that (within English-speaking Protestantism) begins with radical puritan dissenters in the seventeenth century. It is no coincidence that Jefferson consulted the writings of Milton (as well as Locke) when composing the Virginia Statute on Religious Freedom.[56]

Even in England, the radical critique of Christendom would revive in the nineteenth century, inspired in part by the American model. Dissenters in 1844 founded the Anti-State Church Society, later renamed the Liberation Society. They championed "the Voluntary Principle", and campaigned for the disestablishment of the Church of England, and the abolition of church taxes (or rates). They fought for religious equality under the law, arguing that Dissenters, Jews, and Catholics should enjoy the same religious and civil rights as Anglicans. And they campaigned against a national education system controlled by the Church of England, arguing instead for either a pluralist system of school choice or a system of non-sectarian state schools. Radical Dissenters in Victorian England saw themselves as the heirs of the radical Protestants of Cromwellian England – especially Milton and Roger Williams. Campaigning for a free church in a free state they sought a future for Christianity beyond Christendom.[57]

---

55 See *John A. Ragosta*, Wellspring of Liberty. How Virginia's Religious Dissenters Helped Win the American Revolution and Secured Religious Liberty, Oxford/New York 2010.

56 See *George F. Sensabaugh*, Milton in Early America, Princeton, NJ, 1964, 137–46.

57 See *Timothy Larsen*, Friends of Religious Equality. Nonconformist Politics in Mid-Victorian England (Studies in Modern British Religious History 1), Woodbridge 1999; *Jacob P. Ellens*, Religious Roots to Gladstonian Liberalism. The Church Rate Conflict in England and Wales, 1832–1868, University Park, PA, 1994.

Bibliography:

Achinstein, Sharon/Sauer, Elizabeth (eds.): Milton and Toleration, Oxford 2007.

Alley, Robert S. (ed.): James Madison on Religious Liberty, Amherst, NY, 1985.

Atherton, Ian/Como, David: The Burning of Edward Wightman. Puritanism, Prelacy and the Politics of Heresy in Early Modern England, in: English Historical Review 120 (2005), 1215–1250.

Bejan, Teresa M.: Mere Civility. Disagreement and the Limits of Toleration, Cambridge 2017.

Bibliotheca Furliana, sive Catalogus librorum honoratiss. & doctiss. viri Benjamin Furly, inter quos excellant bibliorum editiones, mystici, libri proprii cujuscumque sectae Christianae, & manuscripti membranei, Roterodami 1714.

Bishop, George: Mene tekel, or, The council of officers of the Army, against the declarations, &c. of the Army, London 1659.

Bradstock, Andrew: Radical Religion in Cromwell's England. A Concise History from the English Civil War to the End of the Commonwealth (International Library of Historical Studies 58), London 2011.

Campbell, Gordon/Corns, Thomas N.: John Milton. Life, Work, and Thought, Oxford 2008.

Coffey, John: Puritanism and Liberty Revisited. The Case for Toleration in the English Revolution, in: Historical Journal 41 (1998), 961–985.

Coffey, John: Persecution and Toleration in Protestant England, 1558–1689 (Studies in Modern History), Harlow 2000.

Coffey, John: John Goodwin and the Puritan Revolution. Religion and Intellectual Change in Seventeenth-Century England, Woodbridge 2006.

Coffey, John: John Owen on Toleration in the Puritan Revolution, in: *Kapic Kelly/Jones, Mark* (eds.): The Ashgate Research Companion to John Owen's Theology, Farnham 2012, 227–248.

Coffey, John: Religion, in: *Knoppers, Laura Lunger* (ed.): The Oxford Handbook of Literature and the English Revolution, Oxford 2012, 98–117.

Coffey, John: Scripture and Toleration between Reformation and Enlightenment, in: *Glaser, Eliane* (ed.): Religious Tolerance in the Atlantic World. Early Modern and Contemporary Perspectives, Houndmills 2014, 14–40.

Coffey, John: "The Last and Greatest Triumph of the European Radical Reformation"? Anabaptism, Spiritualism, and Anti-Trinitarianism in the English Revolution, in: *Heal, Bridget/Kremers, Anorthe* (eds.): Radicalism and Dissent in the World of Protestant Reform, Göttingen 2017, 201–224.

Coggins, James Robert: John Smyth's Congregation. English Separatism, Mennonite Influence, and the Elect Nation (Studies in Anabaptist and Mennonite History 32), Waterloo, Ontario, 1991.

[*Cromwell, Oliver*]: His Highnesse The Lord Protector's Speeches To The Parliament In The Painted Chamber, The one on Munday the 4th of September, The other Tuesday the 12. of September 1654, London 1654.

Damrosch, Leo: The Sorrows of the Quaker Jesus. James Nayler and the Puritan Crackdown on the Free Spirit, Cambridge, MA, 1996.

De Krey, Gary S.: Following the Levellers, vol. 1: Political and Religious Radicals in the English Civil War and Revolution, 1645–1649, London 2017; vol. 2: English Political and Religious Radicals from the Commonwealth to the Glorious Revolution, 1649–1688, London 2018.

Dreisbach, Daniel L./Hall, Mark David (eds.): The Sacred Rights of Conscience. Selected Readings on Religious Liberty and Church-State Relations in the American Founding, Indianapolis 2009.

Ellens, Jacob P.: Religious Roots to Gladstonian Liberalism. The Church Rate Conflict in England and Wales, 1832–1868, University Park, PA, 1994.

Forst, Rainer: Toleration in Conflict. Past and Present, transl. by *Ciaran Cronin* (Ideas in Context 103), Cambridge 2013.

Foxley, Rachel: The Levellers. Radical Political Thought in the English Revolution (Politics, Culture and Society in Early Modern Britain), Manchester 2013.

Gardiner, Samuel Rawson (ed.): Constitutional Documents of the Puritan Revolution, 1625–1660, Oxford 1889.

Goodwin, John: M. S. to A. S. with a Plea for Libertie of Conscience in a Church Way, against the Cavils of A. S., London 1644.

Goodwin, John: Thirty Queries, Modestly Propounded in Order to a Discovery of the Truth, and Mind of God, in that Question, or Case of Conscience; Whether the Civil Magistrate Stands Bound by Way of Duty to Interpose his Power or Authority in Matters of Religion, or Worship of God, London 1653.

Goodwin, John: The Apologist Condemned, or, A Vindication of the Thirty Queries (together with their Author) Concerning the Power of the Civil Magistrate in Matters of Religion, London 1653.

Goodwin, John: A Fresh Discovery of the High-Presbyterian Spirit, or, The Quenching of the Second Beacon Fired, London 1654 [=1655].

Grell, Ole Peter/Scribner, Robert (eds.): Tolerance and Intolerance in the European Reformation, Cambridge 1996.

Hamburger, Philip: Separation of Church and State, Cambridge, MA/London 2002.

Helwys, Thomas: A Shorte Declaration of the Mistery of Iniquity, [Amsterdam] 1612.

[Helwys, Thomas]: Obiections, Answered by Way of Dialogue, Wherein is Proved by the Law of God, by the Law of our Land, and by his Maties Many Testimonies that no Man Ought to be Persecuted for his Religion, s. l. 1615.

Höpfl, Harro (ed.): Luther and Calvin on Secular Authority (Cambridge Texts in the History of Political Thought), Cambridge 1991.

Hooker, Richard: Of the Laws of Ecclesiastical Polity. A Critical Edition with Modern Spelling, ed. by Arthur Stephen McGrade, vol. 3: Books VI to VIII, Oxford 2013.

James, Margaret: The Political Importance of the Tithes Controversy in the English Revolution, 1640–1660, in: History 26 (1941), 1–18.

Larsen, Timothy: Friends of Religious Equality. Nonconformist Politics in Mid-Victorian England (Studies in Modern British Religious History 1), Woodbridge 1999.

Lecler, Joseph: Toleration and the Reformation, transl. by *T. L. Westow*, 2 vols., New York/London 1960.

[Locke, John]: A Letter concerning Toleration, transl. by *William Popple*, London 1689.

Marshall, John: John Locke, Toleration and Early Enlightenment Culture. Religious Intolerance and Arguments for Religious Toleration in Early Modern and 'Early Enlightenment' Europe (Cambridge Studies in Early Modern British History), Cambridge 2006.

Milton, John: Areopagitica; a Speech of Mr. John Milton for the Liberty of Unlicenc'd Printing, to the Parlament of England, London 1644.

Milton, John: Considerations Touching the Likeliest Means to Remove Hirelings out of the Church. Wherein is also Discourc'd of Tithes, Church-fees, Church-revenues; and Whether any Maintenance of Ministers can be Settl'd by Law, London 1659.

Milton, John: A Treatise of Civil Power in Ecclesiastical Causes, Shewing that it is not Lawfull for any Power on Earth to Compell in Matters of Religion, London 1659.

Morrill, John: The Religious Context of the English Civil War, in: Transactions of the Royal Historical Society 34 (1984), 155–178.

Mullan, David George (ed.): Religious Pluralism in the West. An Anthology, Oxford 1998.

Murphy, Andrew R.: Liberty, Conscience and Toleration. The Political Thought of William Penn, New York 2016.

Parkin, Jon/Stanton, Timothy: Natural Law and Toleration in the Early Enlightenment (Proceedings of the British Academy 186), Oxford 2013.

Penman, Leigh: Areopagitica, Freedom of the Press, and Heterodox Religion in the Holy Roman Empire, in: The Seventeenth Century 33 (2018), 45–61.

Penn, William: The Great Case of Liberty of Conscience Once more Briefly Debated & Defended, [London] 1670.

Polizzotto, Carolyn: The Campaign against the Humble Proposals of 1652, in: Journal of Ecclesiastical History 38 (1987), 569–581.

Ragosta, John A.: Wellspring of Liberty. How Virginia's Religious Dissenters Helped Win the American Revolution and Secured Religious Liberty, Oxford/New York 2010.

Reay, Barry: Quaker Opposition to Tithes, 1652–60, in: Past and Present 86 (1980), 98–120.

[*Robinson, Henry*]: John the Baptist, Forerunner of Christ Iesvs: or, A Necessity for Liberty of Conscience, as the Only Meanes under Heaven to Strengthen Children Weake in Faith; to Convince Hereticks Mis-led in Faith; to Discover the Gospel to all Such as yet Never Heard thereof; and Establish Peace Betweene all States and People throughout the World, [London] 1644.

[*Robinson, Henry*]: Liberty of Conscience: or, The Sole Means to Obtaine Peace and Truth, [London] 1643 [=1644].

Schilling, Heinz: Confessional Europe, in: *Brady, Thomas/Oberman, Heiko/ Tracy, James* (eds.): Handbook of European History, 1400–1600. Late Middle Ages, Renaissance and Reformation, vol. 2: Visions, Programs and Outcomes , Leiden/New York/Köln 1995, 641–681.

Sensabaugh, George F.: Milton in Early America, Princeton, NJ, 1964.

Sharp, Andrew (ed.): The English Levellers (Cambridge Texts in the History of Political Thought), Cambridge 1998.

Tierney, Brian: Religious Rights. A Historical Perspective, in: *Reynolds, Noel B./Durham, Jr., W. Cole* (eds.): Religious Liberty in Western Thought (Emory University Studies in Law and Religion), Grand Rapids 2003, 29–57.

Voltaire: Letters concerning the English Nation, London 1733.

Walwyn, William: The Writings of William Walwyn, ed. by *Jack R. McMichael* and *Barbara Taft*, Athens, GA, 1989.

[*Williams, Roger*]: The Bloudy Tenent, of Persecution, for Cause of Conscience, Discussed, in a Conference Betweene Truth and Peace, [London] 1644.

Woodhouse, Arthur S. P. (ed.): Puritanism and Liberty. Being the Army Debates (1647–9) from the Clarke Manuscripts with Supplementary Documents, London ³1992.

Wootton, David: Leveller Democracy and the Puritan Revolution, in: *Burns, James Henderson* (ed.): The Cambridge History of Political Thought, 1450–1700, Cambridge 1991, 412–442.

Worden, Blair: God's Instruments. Political Conduct in the England of Oliver Cromwell, Oxford 2012.

Zagorin, Perez: How the Idea of Toleration Came to the West, Princeton, NJ, 2003.

The Wall of Separation

Church and State in the United States of America

Curtis W. Freeman

1. Thomas Jefferson and the Danbury Baptists

On January 1, 1802, U.S. President Thomas Jefferson wrote a letter to the Danbury Baptist Association. Jefferson was responding to a letter sent to him on October 7 of the previous year, by a committee of six messengers from the Association.[1] For more than a year the Danbury Baptists had been actively engaged in a petition campaign aimed at repealing laws in Connecticut that privileged the state's established Congregationalist majority. "The Dissenters' Petition," as it became known, demanded that the state Legislature abolish all regulations that interfered with "the natural rights of freemen" or "the sacred rights of conscience."[2] They appealed to the President for support, declaring "That Religion is at all times and places a Matter between God and Individuals – That no man aught to suffer in Name, person or effects on account of his religious Opinions." They recognized that in his role as President, Jeffer-

---

[1] For unknown reasons, the letter from the Danbury Baptists did not reach Jefferson until December 30. It has been suggested that John Leland might have been asked to hand deliver it to Jefferson, which may explain why it took nearly three months for the letter to reach the President, but there is no historical or textual evidence to substantiate the explanation. Leland delivered a "Mammoth Cheese" as a gift from the people of Cheshire, Massachusetts on New Year's Day, 1802. The huge mound of cheese measured over four feet in diameter and weighed an estimated 1,235 pounds. See the editorial note on Jefferson's reply to the Danbury Association, in: The Papers of Thomas Jefferson, vol. 36: 1 December 1801 to 3 March 1802, ed. by *Barbara B. Oberg*, Princeton, NJ, 2009, 253–258.

[2] The Dissenters' Petition (originally printed in: Connecticut Courant, June 7, 1802; also in: *John Leland*, The Connecticut Dissenters Strongbox, New London 1802), cited in: *William G. McLoughlin*, New England Dissent, 1630–1833: The Baptists and the Separation of Church and State, (Center for the Study of the History of Liberty in America), Cambridge, MA, 1971, 989.

113

son could not "destroy the Laws of each State," but they declared their strong hope that his sentiments "like the radiant beams of the Sun, will shine & prevail through all these States and all the world till Hierarchy and tyranny be destroyed from the Earth."[3]

It is important to note that even through the Bill of Rights to the U.S. Constitution had been in effect for a decade at the time the Danbury Baptists wrote to Jefferson, the First Amendment's prohibition of religious establishment was understood and applied only to the Federal Government. It thus prevented Congress from establishing a national church, but it had no legal bearing on Connecticut's establishment of churches of the standing order, that is, Congregationalists. Without appearing overtly political, the Danbury Baptists, who were then cautiously inclined toward Jeffersonian Republicanism, quietly reached out to the President for support and advocacy in their struggle against the Federalist supermajority in the Connecticut Legislature, which overwhelmingly endorsed continued legal establishment of the standing order. The Baptists deeply objected to paying taxes to support the ministry and worship of Congregationalist churches. They reminded the President that the few religious privileges they enjoyed, such as acquiring certifycates to avoid paying the church tax, were regarded as "favors granted" by the state government, not as a recognition of "inalienable rights" as they and Jefferson maintained.[4] Their religious convictions were merely tolerated by the majority. They were not free to exercise the religious liberty that was theirs by divine right.

In his response, Jefferson affirmed his agreement with the Baptist's belief, stating "that religion is a matter which lies solely between man & his god, that he owes account to none other for his faith or his worship, that the legitimate powers of government reach actions only and not opinions."[5] It was a familiar argument he had made earlier in his "Virginia Statute of Religious Freedom,"

---

3   Danbury Baptist Association to Jefferson (after October 7, 1801), in: The Papers of Thomas Jefferson, vol. 35: 1 August to 30 November 1801, ed. by *Barbara B. Oberg*, Princeton, NJ, 2008, 407–409.

4   Ibid.

5   Jefferson to the Danbury Baptist Association, draft (on or before December 31, 1801), in: The Papers of Thomas Jefferson, vol. 36, 254–246; Jefferson to the Danbury Baptists (January 1, 1802), ibid., 258.

which declares that "our civil rights have no dependence on our religious opinions, any more than our opinions in physics or geometry."[6] Jefferson went on to reference the First Amendment to the U.S. Constitution that Congress "should 'make no law respecting an establishment of religion, or prohibiting the free exercise thereof;'" which, he explained, built "a wall of separation between Church & State."[7] Jefferson saw the letter from the Danbury Baptist as an opportunity to underscore his strong condemnation of any alliance between church and state, but he also wanted to explain why he did not proclaim fasts and thanksgiving days as his predecessors in office had done and his Federalist opponents favored, which he thought chipped away at the wall of separation. After consulting with two Republican members of his cabinet, Jefferson deleted the paragraph on the proclamation of national days of prayer and fasting, which the Danbury Baptists had not raised and most New Englanders approved.[8] He also struck out the word "eternal" in his sentence that the First Amendment built "a wall of *eternal* separation between Church & State." It was thought that the word might have an antireligious ring. And given that the closing of the Danbury Association letter prayed that he would be brought safely to the Heavenly Kingdom through Jesus Christ, perhaps the President and his Republican advisors realized that not even the Baptists believed that the separation of church and state would continue throughout eternity.[9]

---

6 *Thomas Jefferson*, A Bill for Establishing Religious Freedom (June 18, 1779), in: The Papers of Thomas Jefferson, vol. 2: 1777 to 18 June 1779, Including the Revisal of the Laws, 1776–1786, ed. by *Julian P. Boyd*, Princeton, NJ, 1950, 545–553.
7 Jefferson to the Danbury Baptists (January 1, 1802), in: The Papers of Thomas Jefferson, vol. 36, 258. For a detailed treatment of the political, constitutional, and religious implications of the exchange between the Danbury Baptists and President Jefferson, see *Daniel L. Dreisbach*, Thomas Jefferson and the Wall of Separation between Church and State (Critical America), New York 2002.
8 Gideon Granger to Jefferson (December 31, 1801), in: The Papers of Thomas Jefferson, vol. 36, 256; Jefferson to Levi Lincoln (January 1, 1802), ibid., 256–257; Levi Lincoln to Jefferson (January 1, 1802), ibid., 257.
9 Jefferson to the Danbury Baptists (January 1, 1802), ibid., 258. See *James H. Hutson*, A Wall of Separation." FBI Helps Restore Jefferson's Obliterated Draft, in: Library of Congress Information Bulletin 57/6 (June 1998).

Noticeably absent from the minutes of the Danbury Baptist Association in October 1802 was any mention of Jefferson's reply to their address.[10] Perhaps it was an effort not to foster a spirit of political partisanship. In any event their appeal for executive advocacy seems to have had no immediate impact on "the Dissenters' Petition," which was met with overwhelming opposition in May 1802 when it was presented to Connecticut's General Assembly. It is reported that Governor Oliver Ellsworth, who chaired the committee appointed to consider the matter, threw the petition on the floor and put his foot on it, saying, "This is where it belongs."[11] The committee rejected the claims of the petition, but that was not the end of Baptist efforts to overturn the Congregationalist-Federalist oligarchy. Connecticut narrowly adopted a new constitution in 1818 that began with a declaration of rights, which affirmed "that the exercise and enjoyment of religious profession and worship, without discrimination, shall forever be free to all persons in this State."[12] Though the Baptists of Connecticut never adopted Jefferson's phrase about "the wall of separation" between church and state, their arguments for religious disestablishment took on a decidedly Jeffersonian tone, and after the failure of the first petition campaign they looked on Jefferson's Republican party as the best means for defending the line of separation between church and state.[13]

This exchange of letters between Jefferson and the Baptists illustrates the uneasy alliance that existed (and still exists) between Evangelical/Baptist Free Churches and their elected representatives. And while this partnership indicates a collaboration around shared concerns and commitments, it also exposes important differences in understandings about how and why "the wall of sepa-

---

10 Minutes of the Danbury Baptist Association, Held at Wallingford, October 6 and 7, 1802, Together with Their Circular and Corresponding Letters [New Haven, CT, 1802].

11 *Ellen D. Larned*, History of Windham County, Connecticut, Worcester, MA, 1880, vol. 2, 296; cited in: *McLoughlin*, New England Dissent, 989.

12 *Benjamin Perley Poore*, (ed.): Federal and State Constitutions, Colonial Charters, and Other Organic Laws of the United States, Washington, DC, ²1878, vol. 1, 258.

13 *McLoughlin*, New England Dissent, 1004f.

ration" between church and state is (and should remain) an important image for understanding both the vitality of the church's witness in the world and the viability of political democracy among free people.

2. Roger Williams and the English Dissenter Tradition

The Baptist position on church-state relations did not arise in America, but is a result of a long tradition of religious dissent growing out of English Free Church Protestantism.[14] The term "dissenter" in the English context includes a wide range of groups from Presbyterians on the right flank to Quakers on the left with Baptists and Independents in the middle.[15] Dissenters diverged widely in theological outlook, often within the same group, though they all shared a common bond as minorities who were first persecuted and later tolerated by the dominant majority in the established church. Baptists and other dissenting groups in England were committed to the repeal of the Test and Corporation Acts, which restricted government offices to members of the Church of England. Their efforts were ultimately successful in 1828, followed by the disestablishment of the Church of England in 1830. The basic principles of religious dissent were transmitted "to the ends of the earth."[16] It is a message that was welcomed in societies around the world, but it was particularly well suited for the emergent democracy of America, which became a kind of Beulah Land for dissenters, not heaven, but the land "next door to heaven," from which the saints might catch a glimpse of the city of God. In that new and fragile democratic project, the convictions of dissent found expression and continued to exert influence on its development throughout history, calling for the inclusion of all to share in its liberties and privileges.

---

14 I am describing dissent as a tradition in the sense that Alasdair MacIntyre defined it as a lively argument extended over time about how the goods and values of the tradition are best understood and defended. *Alasdair C. MacIntyre*, After Virtue. A Study in Moral Theory, Notre Dame, IN, 1981, 175.

15 *Geoffrey F. Nuttall*, The Holy Spirit in Puritan Faith and Experience, Oxford 1946, 1–19.

16 *Curtis W. Freeman*, Undomesticated Dissent. Democracy and the Public Virtue of Religious Nonconformity, Waco, TX, 2017.

The first generation of English Baptists were strong defenders of religious liberty. Leonard Busher addressed his tract *Religion's Peace* (1614) to King James I, which made a full-throated plea for full and free liberty of conscience for all, beginning with the declaration that "Christ hath not commanded any king, bishop, or minister to persecute the people for difference of judgment in matters of religion."[17] Thomas Helwys and John Murton defended freedom conscience in matters of religion in "Persecution for Religion Judg'd and Condemn'd" (1615) and "A Humble Supplication to the King's Majesty Against Persecution of Any of the King's Subjects for Differences in Religion" (1620).[18] Others followed suit. In March of 1661, after the restoration of the monarchy, John Sturgion published a tract addressed to King Charles II in which he made an impassioned plea for toleration on behalf of "the Baptized People" (i.e., the Baptists) "that we may serve the Lord without molestation in that Faith and Order which we have Learned in the Holy Scriptures."[19] Two months later Thomas Monck and six other Baptists issued a petition entitled "Sions Groans for her Distressed," which asserted that because God made the conscience free "no Magistrate, although a Christian, hath power to be a Lord over anothers faith, or by outward force to impose any thing in the worship of God."[20] The appeal of the Baptists and other dissenters was simply to be left alone to worship in their own way.

Some religious dissenters left England in search of freedom of worship. One of these immigrants to America was Roger Williams. He arrived in Boston on February 5, 1631, and was banished four years

---

17 *Leonard Busher*, Religions Peace or A Reconciliation, Between Princes & Peoples, & Nations (Amsterdam, 1614), in: *Edward Bean Underhill* (ed.), Tracts on Liberty of Conscience and Persecution, 1614–1661, London 1846 (reprint: New York 1966), 27.

18 *Thomas Helwys*, Persecution for Religion Judg'd and Condemn'd (1615), and *John Murton*, A Humble Supplication to the King's Majesty Against Persecution of Any of the King's Subjects for Differences in Religion (1620); in: *Underhill* (ed.), Tracts, 86–231.

19 *John Sturgion*, A Plea for Tolleration of Opinions and Perswasions in Matters of Religion (1661), in: *Underhill* (ed.), Tracts, 311–41.

20 *Thomas Monck / Joseph Wright / George Hammon / William Jeffery / Francis Stanley / William Reynolds / Francis Smith*, Sions Groans for her Distressed (1661), in: *Underhill* (ed.), Tracts, 343–82.

later by the General Court of Massachusetts for having "broached and divulged diverse new and dangerous opinions."[21] Boston minister, and fellow dissenting English immigrant, John Cotton defended the banishment, contending that society must be protected from the contamination of undomesticated dissenters like Williams, whose "errors be fundamental, or seditiously and turbulently promoted."[22] Williams argued that compelling the conscience of those who differ amounts to "soul-rape,"[23] and he declared that any religion "which needs such instruments of violence to uphold it" cannot be true.[24] After being exiled from Massachusetts, Williams set out to establish a colony at Providence as "a shelter for persons distressed of conscience."[25] He acquired land by customary law, agreeing to a fair purchase price with the local tribal leaders. Williams finally obtained a Royal Charter for Rhode Island and Providence Plantation in 1663, which ensured religious liberty for all its residents, proclaiming "that noe person within the sayd colonye, at any tyme hereafter, shall bee anywise molested, punished, disquieted, or called in question for any differences in opinione in matters of religion." It further declared "that all and everye person and persons may, from tyme to tyme, and at all tymes hereafter, freelye and fullye have and enjoye his and theire owne judgments and consciences, in matters of religious concernments."[26]

Williams submitted to believer baptism in 1638 and subsequently gathered the First Baptist Church in America.[27] In his most

---

21 *Nathaniel E. Shurtleff* (ed.): Records of the Governor and Company of Massachusetts Bay in New England, vol. 1: 1628–1641, Boston 1853, 160–61.

22 *John Cotton*, The Bloudy Tenent, Washed, and Made White in the Bloud of the Lambe, London 1647, 2f.

23 *Roger Williams*, The Bloudy Tenent of Persecution (1644), in: The Complete Writings of Roger Williams, vol. 3, ed. by *Samuel L. Caldwell*, Providence, RI, 1867, 182, 219.

24 Ibid., 139.

25 Confirmatory Deed of Roger Williams and his wife, of the lands transferred by him to his associates in the year 1638, in: *John Russell Bartlett* (ed.), Records of the Colony of Rhode Island and Providence Plantations, in New England, vol. 1, Providence, RI, 1856, 22–25.

26 The Charter of Rhode Island and Providence Plantation, in: *Poore*, Federal and State Constitutions, vol. 2, 1594–1603, here 1596-1597.

27 *J. Stanley Lemons*, First. The First Baptist Church in America, Providence, RI, 2001. Though Williams soon left the Baptists and held membership with no

famous book, "The Bloody Tenent of Persecution" (1644), Williams drew on the Baptist tradition of dissent, especially a letter written by Murton from which he quoted extensively. No one has come to embody the Baptist tradition of religious dissent in America better than Roger Williams, but some have suggested that Williams also personifies something quintessentially American.[28] As sociologist Robert Bellah proposed, the fact that in America people can "do almost anything within reason and still not raise an eyebrow [...] is all ultimately thanks to [Roger Williams and] the Baptists, even though some Baptists today find it rather upsetting!"[29] Yet the valuation of Williams as a proto-Jeffersonian liberal democrat who anticipated the civil libertarianism of Locke and the natural rights school, is surely overblown.[30] Williams was a Calvinist, not a pro-

---

church or religious society, he nevertheless remained a Baptist in conviction. A decade after his own baptism, Williams stated that the Baptist practice of believer baptism by immersion "comes nearer the first practice of our great Founder Christ Jesus than other practices of religion do." Letter to John Winthrop, Jr. (December 10, 1649), in: The Complete Writings of Roger Williams, vol. 6, ed. by *John Russell Bartlett*, Providence, RI, 1874 (enlarged reprint: New York 1963), 188. Near the end of his life, Williams defended the Baptist practice of believer baptism in an essay written in encrypted code. See *Linford D. Fisher/J. Stanley Lemons/Lucas Mason-Brown*, Decoding Roger Williams: The Lost Essay of Rhode Island's Founding Father, Waco, TX, 2014.

28 *Robert N. Bellah*, Religion and the Shape of National Culture, in: America 181/3 (July 31, 1999), 9–14, here 10; *Martha C. Nussbaum*, Liberty of Conscience. In Defense of America's Tradition of Religious Equality, New York 2008, 34–71; and *John M. Barry*, Roger Williams and the Creation of the American Soul. Church, State, and the Birth of Liberty, New York 2012.

29 *Robert N. Bellah*, Is There a Common American Culture?, in: Journal of the American Academy of Religion 66 (1998), 613–625, here 620.

30 *Vernon Louis Parrington*, Main Currents in American Thought. An Interpretation of American Literature from the Beginnings to 1920, 3 vols., New York 1927, vol. 1, 62–75. Parrington presented Williams as a seminal thinker, describing him as an individualistic mystic and forebear of Transcendentalism, as a speculative seeker and precursor of Unitarianism, but most of all as a political philosopher and forerunner of democratic liberalism. Baptist historian Winthrop S. Hudson argued that "such a valuation casts a false light on a deeply religious spirit and misinterprets the place of the Christian faith in our American heritage," *Winthrop S. Hudson*, Roger Williams No Secularist, in: The Christian Century 68 (1951), 963–964, here 963. James Emanuel Ernst and Samuel Hugh Brockunier continued the progressivist interpretation, celebrating Williams as a heroic figure in American history and a defender of inalienable rights. *James Emanuel Ernst*, The Political Thought of Roger Williams, Seattle, WA,

gressivist. His interest was "theological not political."[31] He argued that the soul is free, not because the human will is supreme, but because Jesus Christ is king. As he explained:

> „God's people since the comming of the King of Israel, the Lord Jesus, have openly and constantly profest, that no Civill magistrate, no King nor Caesar have any power over the Soules or Consciences of their Subjects, in the matters of God and the Crowne of Jesus, but the Civill Magistrates themselves; yea Kings and Keisars are bound to subject their owne soules to the Ministery and Church, the Power and Government of this Lord Jesus, the King of Kings."[32]

Roger Williams was not a champion of religious liberty in the same way as Thomas Jefferson, James Madison, or Hugo Black. Williams nevertheless indicates how the theological interests of the Baptists and the political interests of civil libertarians have converged to form an uneasy alliance.[33]

In 1643 a letter written to Williams by John Cotton mysteriously appeared in print. Cotton denied that it was necessary to repent for maintaining communion with the Church of England.[34] Williams would have none of this middle-walking. He contended that joining together with the unregenerate is to participate in false worship which, as he famously intoned, "stincks in God's nostrils."[35] Williams argued that because false worship separates one from Christ, radical action must be taken: "the people of God must separate."[36] Near the end of his reply to Cotton's letter, Williams proposed that there must be a "wall of Separation between the Garden of the Church and the Wildernes of the world." Initially he thought this could be achieved

---

1929; *id.,* Roger Williams. New England Firebrand, New York 1932; and *Samuel Hugh Brockunier,* The Irrepressible Democrat Roger Williams, New York 1940.

31 *Perry Miller,* Roger Williams. An Essay in Interpretation, in: The Complete Writings of Roger Williams, vol. 7, ed. by *Perry Miller,* New York 1963, 5–25, here 10.

32 *Roger Williams,* The Bloudy Tenent of Persecution (1644), in: The Complete Writings of Roger Williams, vol. 3, 76.

33 *William Lee Miller,* The First Liberty. Religion and the American Republic, New York 1986, 170.

34 *John Cotton,* A Letter of Mr. John Cottons, in: The Complete Writings of Roger Williams, vol. 1, ed. by *Reuben Alridge Guild* and *James Hammond Trumbull,* Providence, RI, 1866 (reprint: New York 1963), 300.

35 *Roger Williams,* Mr. Cottons Letter Lately Printed, ibid., 350.

36 Ibid., 374.

by weeding the garden, first according to the Congregationalists and later the Baptists. But his hopes of a pure church faded. He lamented that God had caused the wall to be broken down and the worldly vines had choked out the garden. The only hope was to await the coming of Christ, the heavenly gardener, who would prune back the weeds, so that the roses might again bloom.[37] Williams invoked the metaphor of "the wall of separation" long before Jefferson. Yet there are differences in the way they employed the image. For Williams, the "wall of separation" protected the church from the world, while for Jefferson, the "wall" protected the state from the church.[38] As Perry Miller observed, unlike Jefferson, Williams was interested in building a wall of separation, "not to prevent the state from becoming an instrument of 'priestcraft,' but in order to keep the holy and pure religion of Jesus Christ from contamination by the slightest taint of earthly support."[39]

Though the primary interest of Williams was in the freedom of the church, he was not disinclined altogether from thinking about the freedom of the state. In his "Ship of State" letter, written to the town of Providence in January 1655, at a time when some citizens of the colony were resisting the attempt to establish a militia, Williams admitted that the liberty of conscience was not infinite, and was subject to the judgment of civil authorities.[40] He compared the commonwealth to a ship at sea, in which "Papists, Protestants, Jews, and Turks" were all on board.[41] Every passenger was to be regarded

---

37 Ibid., 392. Thus Perry Miller aptly described Williams as "a churchless man seeking the pure fellowship," *Perry Miller*, Roger Williams. His Contribution to the American Tradition, Indianapolis, IN, 1953, 52. Clark Gilpin argues that millennialism was not only the basis of Williams' separating ecclesiology but was "the axis of his religious thought," *Clark Gilpin*, The Millenarian Piety of Roger Williams, Chicago 1979, 51, 174.

38 *LeRoy Moore*, Religious Liberty. Roger Williams and the Revolutionary Era, in: Church History 34 (1965), 57–76, here 61.

39 *Perry Miller*, Roger Williams. An Essay in Interpretation, in: The Complete Writings of Roger Williams, vol. 7, 6.

40 *Roger Williams*, Ship of State Letter (January 1655), in: The Correspondence of Roger Williams, ed. by *Glenn W. LaFantasie*, 2 vols., Hanover, NH, 1988, vol. 2, 423–424.

41 Williams' reference to a "commonwealth" in 1655 is understandable given that his native England had thrown off the yoke of monarchy and established a

liberty of conscience, which, he explained, has only two requirements: that none be forced to attend the worship not of their choice
and that none be compelled from participating in the worship of their
choosing. Here Williams declared his core conviction to be that every
person must be permitted to believe and practice their faith both in
the way they choose and everyone must be protected from compul-
sion against their basic beliefs and practices. This provision is what
Jefferson called the "free exercise" of religion. But he added, the ship's
commander also is at liberty "to command the Ship's Course," and
any who resist or refuse or disobey the common law of the ship
should be punished as "Transgressors, according to their Deserts and
Merits." In other words, there are limits to the liberty of conscience,
and the state may determine those limits. The expression of liberty
must be congruent with civil peace and must not threaten the "Common Peace and Preservation." Williams thus recognized that the
claims of individual conscience are subject at points to the judgments
of the common good.

3. Isaac Backus, John Leland, and the American Baptist Tradition

The New England colonies had little interest in promoting religious liberty. The majority Congregationalists were "deliberately,
vigorously, and consistently intolerant" of any and all whose views
on church or state differed from theirs.[42] Their Standing Order in-
structed civil authorities to restrain and punish "idolatry, blasphemy, heresy, venting corrupt and pernicious opinions that destroy the foundation, open contempt of the word preached, profa-
nation of the Lord's day, disturbing the peaceable administration
and exercise of the worship and holy things of God, and the like."
They also advised magistrates to apply coercive power "as the
matter shall require" to control schismatical churches that "walk
incorrigibly or obstinately in any corrupt way of their own."[43] The

---

    commonwealth (or republic) under the leadership of Oliver Cromwell as Lord
    Protector, with whom Williams was closely associated.

42 *Perry Miller*, Errand Into the Wilderness, Cambridge, MA, 1956, 5.

43 The Cambridge Platform of Church Discipline [Synod of Congregational Churches,
    Cambridge, MA, 1649], XVII 8–9, in: *Williston Walker* (ed.), The Creeds and
    Platforms of Congregationalism, New York 1893, 237.

notable exception was Rhode Island, which continued in the legacy established by Roger Williams, pledging "to hold forth a lively experiment that a flourishing civil state may stand and be best maintained with full liberty in religious concernments."[44] But among the other colonies, the Rhode Island experiment was held in contempt, and Williams was essentially forgotten even among his fellow Baptists.[45] The memory of Roger Williams was retrieved in the late eighteenth century by Isaac Backus and the Baptists in Massachusetts, who drew on his example to support their cause of religious disestablishment.[46]

In his "History of the Baptists in New England," Backus recounts much of the life and controversies of Roger Williams, extolling his Rhode Island experiment as "the best form of civil government that the world had seen in sixteen hundred years."[47] And in the tracts Backus wrote advocating for religious liberty, he appealed to the heroic character of Williams, who "boldly stood his ground" against the ministers and magistrates in Boston.[48] Yet Backus and the Separate Baptists were not nearly as radical as Williams in their application of church-state separation. When Backus drafted a petition to the Massachusetts General Court on June 7, 1749, which argued that every person has a God-given "unalienable right" to act according to their conscience, like John Locke and unlike Roger Williams, the rights of conscience did not extend to Catholics.[49] The greatest contribution of Backus to church-state relations came through his leadership of the Grievance Committee of the Warren Association.

---

44 The Constitution of Rhode Island, in: *Poore*, Federal and State Constitutions, vol. 2, 1604.

45 *McLoughlin*, New England Dissent, 8.

46 For a broader treatment of the Backus-Leland tradition, see *Edwin S. Gaustad*, The Backus-Leland Tradition, in: Foundations 2 (1959), 131–52.

47 *Isaac Backus*, A History of New England With Particular Reference to the Denomination of Christians Called Baptists, ed. by *David Weston*, 2 vols., Newton, MA, 1871, vol. 1, 408–9.

48 *Isaac Backus*, Government and Liberty Described (1778), in: *William G. McLoughlin* (ed.), Isaac Backus on Church, State, and Calvinism. Pamphlets 1754–1789 (The John Harvard Library), Cambridge, MA, 1968, 355–356. But as McLoughlin reports, Backus did not rediscover the works of Roger Williams until the early 1770's, ibid., 17.

49 *Isaac Backus*, Petition of the Separates of Massachusetts to the General Court (June 7, 1749), ibid., 485–486.

The Committee presented a series of petitions, remonstrances, and memorials to the Massachusetts General Assembly. In 1774 they submitted a memorial to the Continental Congress, which John Adams dismissed, suggesting it would be more likely to expect a change in the solar system than for Massachusetts to give up its established church.[50] But give it up they ultimately did, when in 1833 the state's Constitution was amended to abolish compulsory religious taxation.[51]

Though Backus admired Jefferson and drew from Locke, he was too much of a Calvinist to fully integrate the language of natural rights into his account of religious liberty. For Backus, true liberty was "to know, obey, and enjoy [the] Creator and to do all the good unto, and enjoy all the happiness with and in, [our] fellow creatures that [we] are capable of."[52] The gradual Arminianization of Calvinism that gained momentum in the late eighteenth century made it easier for Baptists to adopt rights language as their own.[53] In contrast to the highly theocentric account of Backus, John Leland defined the liberty of conscience in anthropocentric terms as "the inalienable right that each individual has, of worshipping his God according to the dictates of his conscience, without being prohibited, directed, or controlled therein by human law, either in time, place, or manner."[54] It resonated with the idioms of Madison's "Memorial and Remonstrance," which asserted that "the religion of every man must be left to the conscience of every man."[55]

---

50 Ibid., 12.

51 *Poore*, The Federal and State Constitutions, vol. 1, 973.

52 *Isaac Backus*, An Appeal to the Public for Religious Liberty (1773), in: *McLoughlin* (ed.), Isaac Backus, 309.

53 The Arminianization of Calvinism is evident in John Leland's quip that "the preaching that has been most blessed of God, and most profitable to men, is the doctrine of sovereign grace in the salvation of souls, mixed with a little of what is called Arminianism." *John Leland*, Letter of Valediction on Leaving Virginia in 1791, in: The Writings of the Late Elder John Leland, Including some Events in His Life, ed. by *Louise F. Greene*, New York 1845 (reprint: New York 1969), 172.

54 *John Leland*, A Blow at the Root, ibid., 239. See also *id.*, The Rights of Conscience Inalienable, ibid., 179–92.

55 *James Madison*, Memorial and Remonstrance Against Religious Assessment, in: The Papers of James Madison [1st Series, ed. by *William T. Hutchinson* et

It has been suggested, then, that if historians were to ask who was responsible for separation of church and state in America, their answer would be "James Madison," but if the question were to have been put to Madison, he might very likely have replied "John Leland and the Baptists."[56] In colonial Virginia, it was not uncommon for Baptists and other religious dissenters to be fined, beaten, or imprisoned.[57] Between 1770 and 1775, the Baptists presented a succession of petitions the General Assembly of Virginia. The undisputed leader of the Baptist battle for the disestablishment of the Episcopal Church in Virginia, which finally occurred in 1776, was John Leland. Yet even when the U.S. Constitution prohibited any religious test for public office, Leland and the Baptists were still not convinced that religious liberty was secure.[58] For Leland, true

---

al.], vol. 8: March 10, 1784 to March 28, 1786, ed. by *Robert A. Rutland* and *William M. E. Rachal*, Chicago 1973, 295–306. See also *Thomas Jefferson*, A Bill for Establishing Religious Freedom, in: The Papers of Thomas Jefferson, vol. 2: 1777 to June 18, 1779, ed. by *Julian P. Boyd* Princeton, NJ, 1950, 545–547; *Thomas Jefferson*, Notes on the State of Virginia, ed. by *Thomas Perkins Abernethy*, New York 1964, Q 17, 150–54; and *John Locke*, A Letter Concerning Toleration, ed. by *Patrick Romanell*, New York 1950.

56 *Joseph Martin Dawson*, Baptists and the American Republic, Nashville, TN, 1956, 117.

57 For example, on June 4, 1768, John Waller, Lewis Craig, James Childs, and others, were arrested and brought before the magistrates in Spotsylvania County. They were arraigned as "disturbers of the peace." On refusing to refrain from preaching, they were bound in shackles and marched from the court house to the jail. *Robert B. Semple*, A History of the Rise and Progress of the Baptists of Virginia, revised and extended by *George William Beale*, Richmond, VA, 1894, 29–30.

58 Letter from the Committee of the United Baptist Churches in Virginia (August 8, 1789), ibid., 484–487, and 102. Leland laid out his objections to the Constitution on the grounds that religious liberty "is not sufficiently secured" because a majority of Congress and the president "may oblige all others to pay to the support of their System as much as they please." *John Leland*, Objections to the Constitution Without a Bill of Right, sent to James Madison by Joseph Spencer (28 February 1788), in: Documentary History of the Constitution of the United States of America, 1786–1870. Derived from the Records, Manuscripts, and Rolls Deposited in the Bureau of Rolls and Library of the Department of State, 5 vols., Washington, DC, 1894–1905, vol. 4, 526–529; and *Lyman H. Butterfield*, Elder John Leland, Jeffersonian Itinerant, in: Proceedings of the American Antiquarian Society, 62 (1952), 155–242, here 187–188.

liberty was more than toleration, which presupposes the preeminence of one and the indulgence of others. Genuine liberty, he argued, must apply equally to "Jews, Turks, Pagans and Christians."[59] Liberty must be *for all* or it is not liberty *at all*.

To secure this liberty, Leland met with James Madison, who was preparing to run for the Constitutional Congress of 1788 as a representative of Orange County, Virginia. Leland protested that the Constitution had no provision for religious liberty. Madison agreed, but he reminded Leland of his efforts to secure religious liberty in the Virginia Legislature and assured him he would do the same if elected to the Constitutional Convention. At the end of their conversation Leland and the Baptists agreed to support Madison, who was elected by a large margin. Virginia passed the Constitution in June 1789, and Madison went on to write the Bill of Rights, which was approved in 1791. The First Amendment made good on his promise to religious dissenters, leaving no room for a nationally established church, for it declared that "Congress shall make no law respecting an establishment of religion, or prohibiting the free exercise thereof."[60]

4. The U.S. Constitution, the Wall of Separation, and the Baptists

There is no evidence that Thomas Jefferson or James Madison drew from the writings of Roger Williams or any other Baptists in producing the basic documents of American democracy.[61] But when they introduced state and federal legislation protecting religious liberty for all, there was strong support among Baptists and other

---

59 *John Leland*, The Virginia Chronicle, in: The Writings of the Late Elder John Leland, 118.

60 Amendments to the Constitution of the United States of America, Amendment 1. The meeting between Leland and Madison occurred somewhere between Fredericksburg and Orange, Virginia in March 1788. Although there is no historical record of the encounter it certainly must have taken place. *Butterfield*, Elder John Leland, 188–190. A very embellished account is related by *William Pope Dabney*, President Madison and the Baptist Preacher, in: Harpers New Monthly Magazine 63 (1881), 446–448.

61 *Perry Miller*, Roger Williams. An Essay in Interpretation, in: The Complete Writings of Roger Williams, vol. 7, 10; and *McLoughlin*, New England Dissent, 8.

dissenters, who were thriving without state support, but who also desired the disestablishment of state churches.[62] It would be an overstatement, however, to suggest that Baptists have been of one mind in their understanding of how strictly or loosely to apply the Constitutional doctrine of the wall of church-state separation. Isaac Backus and many of the Baptists in New England were satisfied that the exclusion of religious tests by Article VI ensured the freedom of the churches, and they saw no need to press further for a Bill of Rights with explicit protection of religious liberty. John Leland and the Baptists of Virginia campaigned strenuously for a constitutional guarantee that the rights of conscience, and specifically religious rights, would be secured. To be sure, the enthusiasm for Jeffersonian Republicanism was stronger in Virginia than in New England, and the growing Republican-Baptist alliance reinforced the "wall of separation" between church and state. But apparently maintaining the wall of separation did not prevent Leland from accepting the President's invitation to preach in the Hall of the House of Representatives, nor Jefferson from attending the service, on January 3, 1802, two days after sending the letter to the Danbury Baptists with its declaration of the "wall of separation" between church and state.[63]

Still, Baptists historically have looked favorably on the First Amendment as drawing a line that protects both the freedom of the church and the freedom of the state, though some have held firm on a strict separationism that restrains government from meddling in the internal affairs of religious institutions, while others have tended toward some degree of accommodationism that permits government to promote religious symbols and activeties without supporting specific religious groups or denominations.

---

62 *Thomas Jefferson*, A Bill for Establishing Religious Freedom, in: The Papers of Thomas Jefferson, vol. 2, 545–547; and *James Madison*, The Bill of Rights, Amendments 1–10 of the U. S. Constitution, ratified in 1791. For Madison's thinking on religious liberty see *James Madison*, Memorial and Remonstrance against Religious Assessment (June 20, 1785), in: The Papers of James Madison, vol. 8, 295–306. Jefferson stated that by the beginning of the Revolution "two-thirds of the people [in Virginia] had become dissenters," *Jefferson*, Notes on the State of Virginia, Q. 17, 150.

63 *Butterfield*, Elder John Leland, 225–226.

But there appears to be an erosion of support for the Constitutional guarantees of religious liberty among all Americans, and even Baptists, who were once the strongest defenders of the strict separation of church and state. A recent survey found that only fifteen percent of Americans could name religious freedom as a right guaranteed by the First Amendment. Another opinionnaire revealed that only two percent of evangelical Christians, a demographic which includes a large number of Baptists in the U.S., indicated that the Bill of Rights made America great, although more than half said they highly value the freedom of religion and just under half said they appreciate America's Christian roots.[64] This lack of enthusiasm stands in sharp contrast to earlier generations. The overwhelming number of evangelical Protestants during the formative period of U.S. constitutional democracy would surely have regarded the freedoms enshrined in the Bill of Rights to be essential for making America great. The Constitution and the Bill of Rights created the environment for the United States to become a nation where religious dissenters of all sorts flourished because it ensured that liberty was for all. When Alexis de Tocqueville visited the U.S. in 1831, he reported that most all the Americans he encountered "attributed the peaceful dominion of religion in their country mainly to the separation of church and state."[65]

---

64 See *Annenberg Public Policy Center*: Americans Are Poorly Informed About Basic Constitutional Provisions (September 12, 2017). The Annenberg survey also reported that 37% of those questioned could not name any right included in the First Amendment; and *Barna Group*: What Makes America Great? (July 3, 2017). The narrative of the Barna poll explains that evangelical Christians have a high regard for religious freedom, but a low regard for the Bill of Rights, which provides constitutional guarantees of religious freedom, along with other rights including free speech and a free press. "Evangelicals have a low view of the Bill of Rights (2%) and freedom of speech / freedom of the press (6%), but they do esteem freedom of religion (53% compared to 20% average) and America's Christian roots (40% compared to 11% average) at a significantly higher rate than any other group. Practicing Christians similarly value religious freedom (34%) and Christian heritage (23%), but share more in the rest of the country's level of pride about the Bill of Rights (10%) and freedom of speech / free press (13%)."
65 *Alexis de Tocqueville*, Democracy in America, ed. by *Phillips Bradley*, 2 vols., New York 1945, vol. 1, 319.

The waning in support for the constitutional protection of religious liberty is in part rooted in the sense of many Baptists and other evangelical Protestants that a series of rulings by the U.S. Supreme Court (SCOTUS), appealing to Jefferson's "wall of separation," has shifted public policy from government neutrality toward religion to a stance of antipathy that discriminates against religion and secularizes society. The first time that the SCOTUS invoked Jefferson's image was in 1878, in *Reynolds v. US*, in which the Court rendered a unanimous opinion upholding the Congressional prohibition of polygamy. Writing for the court, Chief Justice Morrison Waite stated that a "wall of separation between church and state … may be accepted almost as an authoritative declaration of the scope and effect of the [first] amendment thus secured." [66] The Reynolds decision set the Court on a trajectory of strict separation, but the pivotal case was *Everson v. Board of Education* in 1947, which first ruled that the establishment clause of the First Amendment applied to state and federal government alike. Writing for the majority, Justice Hugo L. Black argued that the First Amendment prohibition against "against establishment of religion by law was intended to erect 'a wall of separation between church and State.'" "That wall must be kept high and impregnable," Black argued, and the court cannot "approve the slightest breach." [67] This line of strict separation has been continued by subsequent rulings of the SCOTUS, though individual justices have criticized the continued invocation of the "wall of separation" metaphor as an interpretive key to the First Amendment. [68]

Especially problematic for conservative Baptists and other evangelical Protestants have been rulings by the Supreme Court that

---

66 Reynolds v. US, 98 U.S. 145 (October 1878).
67 Everson v. Board of Education, 330 U.S. 1 (1947).
68 McCollum v. Board of Education, 333 U.S. 203 (1948); Everson v. Board of Education, 330 U.S. 1 (1947). Writing for the dissent Wallace v. Jaffree, Chief Justice William H. Rehnquist lamented that "unfortunately the Establishment Clause has been expressly freighted with Jefferson's misleading metaphor for nearly 40 years." Wallace v. Jaffree, 472 U.S. 38 (1985). See *Robert T. Miller/ Ronald B. Flowers*, Toward Benevolent Neutrality. Church, State, and the Supreme Court, Waco, TX, 1977, ⁵1996; and *Ronald B. Flowers/Steven K. Green/Melissa Rogers*, Religious Freedom and the Supreme Court, Waco, TX, 2009.

restricted prayers, Bible reading, and other religious activities in public schools as violations of the establishment clause.[69] Critics have often accused the Court of stifling the free exercise of religion, which is also guaranteed by the First Amendment. As the culture wars of the 1980's gained energy, religious conservative increaseingly began to question the validity of the "wall of separation" between church and state. Speaking during the Republican National Convention in 1984, W. A. Criswell, pastor of the First Baptist Church of Dallas, Texas declared: "I believe this notion of the separation of church and state was the figment of some infidel's imagination."[70] Criswell appeared at the Republican National Convention, as President Ronald Reagan was promoting a new amendment to the U.S. Constitution, which asserted that "nothing in this Constitution shall be construed to prohibit individual or group prayer in public schools or other public institutions." The amendment failed, but the battle continued. *Separationists* have maintained that though the First Amendment permits voluntary prayer in schools, when prayers are prescribed and written by local school boards they are not voluntary, and thus they violate the establishment clause. *Accommodationists* have contended prayer in public schools represents a free exercise right, not an establishment problem.

A case currently on appeal from a U.S. District Court illustrates the divide between accommodationists and separationists. In 1969 a civic group erected a thirty-four foot cross in Bayview Park owned by the city of Pensacola, Florida. The cross serves as the focal point for an amphitheater, which is used on Easter for Christian services. The plaintiffs claimed that the cross is not simply a monument, but is recognized as the preeminent symbol of Christianity. They contended that in refusing to remove it, the city of Pensacola violated the establishment clause of the First Amendment, which prohibits government from acting with a religious purpose or effect, or from communicating the endorsement of religion or any

---

69 *Miller/Flowers*, Toward Benevolent Neutrality, 262–530.
70 W. A. Criswell, quoted in: *Richard V. Pierard*, Religion and the 1984 Election Campaign, in: Review of Religious Research 27 (1985), 98–114, here 104 f.

particular faith. On June 14, 2017, the judge ruled that the Bayview cross was unconstitutional and ordered it to be removed, though he expressed disagreement with the Supreme Court's earlier ruling. He asserted that the intent of the establishment clause was not to ban crosses and other religious symbols from public property, but only "to prevent Congress from establishing a national religion." He further suggested that the Founders never intended to treat religions like Islam or Judaism the same as Christianity. The Baptist Joint Committee for Religious Liberty, which advocates strict separationism in the tradition of Roger Williams and John Leland, rejected the accommodationism and preferentialism of the judge's remarks, but affirmed his decision and urged the federal appeals court to uphold a lower court ruling.[71]

The public debates between separationists (like the Baptist Joint Committee on Religious Liberty) and accommodationists (like the Ethics and Religious Liberty Commission of the Southern Baptist Convention) are rooted in an ideological divide about the role that government should play in promoting religious symbols, sponsoring religious activities, and financing religious organizations. Accommodationists maintain that reasonable accommodations should be made by government to allow free religious speech and practice. Separationists typically maintain that government support of religion results in preference for one group over others and discriminates against those who belong to no religious group.[72] The separationist-accommodationist divide is also grounded in different

---

71 Kondrat'yev v. City of Pensacola, 3:16cv195-RV/CJK US District Court (June 14, 2017); Judge Roger Vinson disagreed with the ruling of the SCOTUS in Lemon v. Kurtzman, 403 US 602 (1971), which established a three-pronged test for to avoid violating the establishment clause: "The statute must have a secular legislative purpose, its principal or primary effect must be one that neither promotes nor inhibits religion, and it must not foster 'excessive government entanglement with religion.'" Vinson was particularly disagreeing with the secular purpose aspect of the Lemon test. The 7-2 SCOTUS ruling in favor of allowing a 40-foot Latin cross honoring World War I soldiers to remain on state property in Bladensburg, Md. in Am. Legion v. Am. Humanist Ass'n, No. 17-1717 (U.S. Jun. 20, 2019) has increased the possibility of a reversal by the SCOTUS of the lower court ruling on the Pensacola cross case.
72 *T. Jeremy Gunn/John Witte* (ed.), No Establishment of Religion. America's Original Contribution to Religious Liberty, Oxford 2012, 19.

interpretations of history related to First Amendment. Accommodationists have asserted that Jefferson "had no intention of allowing the government to limit, restrict, regulate, or interfere with public religious practices."[73] But in fact as the Jeffersonian-Madisonian doctrine gets parsed out, religion pertains ostensively to ideas, which are not subject to regulation, but actions are. Civil magistrates cannot compel worship nor require support for churches. They held that everyone is entitled to an opinion about religion, and the right to this opinion is "unalienable," entitling each individual to follow the dictates of conscience. Churches, or "voluntary societies" as Jefferson and Madison called them, are free to determine the criteria for membership and fellowship, but these requirements are binding on members only. Every person has a constitutionally protected right to hold *private* religious ideas and beliefs, but *public* expression of those ideas and beliefs, particularly when expressed in association with others, is limited and subject to regulation. As Jefferson put it pointedly, "it does me no injury for my neighbor to say there are twenty gods, or no god. It neither picks my pocket nor breaks my leg."[74]

Most of the controversial church-state rulings by the SCOTUS have involved interpretations of the establishment clause. However, the new cases coming before the Court are increasingly pressing the limits of the free exercise clause. In the 2014 case *Burwell v. Hobby Lobby*, the Court struck down aspects of the contraceptive mandate in the Affordable Care Act (a.k.a. "Obamacare"), ruling that the mandate violated the U.S. Religious Freedom Restoration Act, but they refused to consider Hobby Lobby's claims of free exercise under the First Amendment.[75] On December 5, 2017 the SCOTUS heard oral arguments in The *Masterpiece Cakeshop v. Col-*

---

73 *David Barton*, Original Intent. The Courts, the Constitution, and Religion, Aledo, TX, [5]2011, chap. 3. Barton is a popular speaker, but not an academically trained historian, and all his books and materials are self-published without editorial or peer review. Philip Hamburger is an academic historian, who has written an accommodatist account, *Philip Hamburger* Separation of Church and State, Cambridge, MA/London 2002. His work has been critiqued by T. Jeremy Gunn, in: *Gunn/Witte* (ed.), No Establishment of Religion, 21–39.
74 *Jefferson*, Notes on the State of Virginia, Q. 17, 152.
75 Burwell v. Hobby Lobby, 573 U.S. (2014).

orado Civil Rights Commission case, which presses the right of free exercise to new horizons. The case involves a Denver baker, who refused to design a custom wedding cake for a gay couple, and was found to be in violation of a Colorado nondiscrimination law that requires businesses selling to the public to provide their services to customers regardless of race, gender, or sexual orientation. The baker claimed that providing the couple with a cake would be a speech act approving a marriage that his faith forbids. The Southern Baptist Ethics and Religious Liberty Commission filed a brief agreeing with the baker's claim that his refusal is an act of the free exercise of religion. The Baptist Joint Committee on Religious Liberty has taken the side of the Colorado law, stating that decorating a cake to celebrate a civil marriage is a non-religious act and thus does not constitute the free exercise of religion.[76] More cases are currently working their way through the lower courts, and it is likely that at some point in the future the SCOTUS may directly address these free exercise claims.

It is not mere coincidence that these new legal claims to free exercise come at a time when the cultural disestablishment of religious groups in the U.S. is in full swing.[77] Baptists, who at one time

---

76 *Amy Howe*, Wedding cakes v. religious beliefs?, online:
    http://www.scotusblog.com/2017/09/wedding-cakes-v-religious-beliefs-
    plain-english/; Petitioners Reply brief, online:
    https://www.supremecourt.gov/DocketPDF/16/16-
    111/21265/20171122130523511_Petitioners%20Reply%20Brief.pdf
    (accessed November 29, 2017);
    SBC Religious Liberty Commission brief, online:
    http://www.scotusblog.com/wp-content/uploads/2017/09/16-
    111_tsac_ethics_religious_liberty_commission_of_the_southern_baptist_conve
    ntion.pdf (accessed November 29, 2017);
    Baptist Joint Committee on Religious Liberty brief, online:
    http://bjconline.org/wp-content/uploads/2017/10/Masterpiece-Cakeshop-
    brief-General-Synod-of-UCC-BJC-Episcopal-Church-ELCA-CTS.pdf   (accessed
    November 29, 2017).
    On June 4, 2018 the SCOTUS rendered a narrow decision in favor of the
    baker, but it left open the larger question of sexual discrimination based on
    the First Amendment freedoms. Masterpiece Cakeshop, Ltd. v. Colorado Civil
    Rights Commission, 584 U.S. (2018).
77 Protestant affiliation has dropped to about half of the U.S. population while
    the number of Americans claiming no religious affiliation has risen to just

were comfortable in American culture, have now become uncomfortable. Once "at ease in Zion," they have become "uneasy in Babylon."[78] The answer to the loss of majority status, however, is not to assert claims of free exercise in an attempt to regain a position of privilege over other minorities, but rather to come to terms with the new realities of religious pluralism. And here again, the Baptist tradition is four hundred years ahead in recognizing full religious liberty for all: "Papists, Protestants, Jews, and Turks," for those who believe in one God, twenty gods, or no god.[79]

The wall of separation protects them all from the establishment of one over others, and allows each the free exercise of their beliefs and convictions without undue intrusion. The wall of separation has ensured the vitality of a free church in a free state. Both have flourished in America under the protection of the First Amendment to the U.S. Constitution. It is a policy that deserves vigilant protection against all encroachments – large and small. One of the

---

under one-fifth of the public. *Mark Chaves/Shawna Anderson*, Continuity and Change in American Religion, 1972-2006, in: *Peter V. Marsden* (ed.), Social Trends in American Life. Findings from the General Social Survey since 1972, Princeton, NJ, 2012, 212–239; *Claude S. Fisher/Michael Hout*, Century of Difference. How America Changed in the Last One Hundred Years, New York 2006, 186–211; and *Pew Research Center*, America's Changing Religious Landscape (May 12, 2015). The Pew study reports that "the number of religiously unaffiliated adults has increased by roughly 19 million since 2007. There are now approximately 56 million religiously unaffiliated adults in the U.S., and this group—sometimes called religious "nones"—is more numerous than either Catholics or mainline Protestants, according to the new survey. Indeed, the unaffiliated are now second in size only to evangelical Protestants among major religious groups in the U.S."

78 *Rufus B. Spain*, At Ease in Zion. A Social History of Southern Baptists, 1865–1900, Nashville, TN, 1967; and *Barry Hankins*, Uneasy in Babylon. Southern Baptist Conservatives and American Culture (Religion and American Culture), Tuscaloosa, AL, 2002.

79 *Williams*, Ship of State Letter (1655), in: The Correspondence of Roger Williams, vol. 2, 423–424. Thomas Helwys made a similar claim: "For men's religion to God is between God and themselves. The king shall not answer for it. Neither may the king be judge between God and man. Let them be heretics, Turks, Jews, or whatsoever, it appertains not to the earthly power to punish them in the least measure." *Thomas Helwys*, A Short Declaration of the Mystery of Iniquity (1611/1612), ed. by *Richard Groves* (Classics of Religious Liberty 1), Macon, GA, 1998, 53.

most important ways to ensure the ongoing potency of civil and religious life is simply to tell the story. For the misremembering of history must not be allowed to change religious liberty into a presumed privilege of a religious majority (real or assumed) or to become a tool of exclusion used against religious minorities (no matter how different they may be). To do so is to turn liberty on its head so that it become a new form of tyranny. It was just such a bad idea that long ago called for the creation of the lively experiment that became the United States of America.

Bibliography:

Annenberg Public Policy Center: Americans Are Poorly Informed About Basic Constitutional Provisions (September 12, 2017), https:// www.annenbergpublicpolicycenter.org/americans-are-poorly-informed-about-basic-constitutional-provisions/ (accessed December 2, 2017).

Backus, Isaac: A History of New England With Particular Reference to the Denomination of Christians Called Baptists, ed. by *David Weston*, 2 vols., Newton, MA, 1871.

Barna Group: What Makes America Great? (July 3, 2017), https://www.barna.com/research/makes-america-great/ (accessed November 27, 2017).

Barry, John M.: Roger Williams and the Creation of the American Soul. Church, State, and the Birth of Liberty, New York 2012.

Bartlett, John Russell (ed.): Records of the Colony of Rhode Island and Providence Plantations, in New England, 10 vols., Providence, RI, 1856–1865.

Barton, David: Original Intent. The Courts, the Constitution, and Religion, Aledo, TX, [5]2011.

Bellah, Robert N.: Religion and the Shape of National Culture, in: America 181/3 (July 31, 1999), 9–14.

Bellah, Robert N.: Is There a Common American Culture?, in: Journal of the American Academy of Religion 66 (1998), 613–625.

Brockunier, Samuel Hugh: The Irrepressible Democrat Roger Williams, New York 1940.

Butterfield, Lyman H.: Elder John Leland, Jeffersonian Itinerant, in: Proceedings of the American Antiquarian Society, 62 (1952), 155–242.

Chaves, Mark/Anderson, Shawna: Continuity and Change in American Religion, 1972-2006, in: *Marsden, Peter V.* (ed.): Social Trends in American Life. Findings from the General Social Survey since 1972, Princeton, NJ, 2012, 212–239.

Cotton, John: The Bloudy Tenent, Washed, and Made White in the Bloud of the Lambe, London 1647.

Dabney, William Pope: President Madison and the Baptist Preacher, in: Harpers New Monthly Magazine 63 (1881), 446–448.

Dawson, Joseph Martin: Baptists and the American Republic, Nashville, TN, 1956.

Documentary history of the Constitution of the United States of America, 1786–1870. Derived from the Records, Manuscripts, and Rolls deposited in the Bureau of Rolls and Library of the Department of State, 5 vols., Washington, DC, 1894–1905.

Dreisbach, Daniel L.: Thomas Jefferson and the Wall of Separation between Church and State (Critical America), New York 2002.

Ernst, James Emanuel: The Political Thought of Roger Williams, Seattle, WA, 1929.

Ernst, James Emanuel: Roger Williams. New England Firebrand, New York 1932.

Fisher Claude S./Hout, Michael: Century of Difference. How America Changed in the Last One Hundred Years, New York 2006.

Fisher, Linford D./Lemons, J. Stanley/Mason-Brown, Lucas: Decoding Roger Williams: The Lost Essay of Rhode Island's Founding Father, Waco, TX, 2014.

Flowers, Ronald B./Green, Steven K./Rogers, Melissa: Religious Freedom and the Supreme Court, Waco, TX, 2009.

Freeman, Curtis W.: Undomesticated Dissent. Democracy and the Public Virtue of Religious Nonconformity, Waco, TX, 2017.

Gaustad, Edwin S.: The Backus-Leland Tradition, in: Foundations 2 (1959), 131–52.

Gilpin, Clark: The Millenarian Piety of Roger Williams, Chicago 1979.

Gunn, T. Jeremy/Witte, John (eds.): No Establishment of Religion. America's Original Contribution to Religious Liberty, Oxford 2012.

Hamburger, Philip: Separation of Church and State, Cambridge, MA/London 2002.

Hankins, Barry: Uneasy in Babylon. Southern Baptist Conservatives and American Culture (Religion and American Culture), Tuscaloosa, AL, 2002.

Helwys, Thomas: A Short Declaration of the Mystery of Iniquity (1611/1612), ed. by *Richard Groves* (Classics of Religious Liberty 1), Macon, GA, 1998.

Hudson, Winthrop S.: Roger Williams No Secularist, in: The Christian Century 68 (1951), 963–964.

Hutson, James H.: "A Wall of Separation." FBI Helps Restore Jefferson's Obliterated Draft, in: Library of Congress Information Bulletin 57/6 (June 1998), https://www.loc.gov/loc/lcib/9806/danbury.html (accessed November 14, 2017).

Jefferson, Thomas: Notes on the State of Virginia, ed. by *Thomas Perkins Abernethy*, New York 1964.

Jefferson, Thomas: The Papers of Thomas Jefferson, 44 vols., Princeton, NJ, 1950–2019.

Larned, Ellen D.: History of Windham County, Connecticut, 2 vols., Worcester, MA, 1880.

Leland, John: The Writings of the Late Elder John Leland, Including some Events in His Life, ed. by *Louise F. Greene*, New York 1845 (reprint: New York 1969).

Lemons, J. Stanley: First. The First Baptist Church in America, Providence, RI, 2001.

Locke, John: A Letter Concerning Toleration, ed. by *Patrick Romanell*, New York 1950.

MacIntyre, Alasdair C.: After Virtue. A Study in Moral Theory, Notre Dame, IN, 1981.

Madison, James: The Papers of James Madison [1st Series, ed. by *William T. Hutchinson* et al.], vol. 8: March 10, 1784 to March 28, 1786, ed. by *Robert A. Rutland* and *William M. E. Rachal*, Chicago 1973.

McLoughlin, William G. (ed.): Isaac Backus on Church, State, and Calvinism. Pamphlets 1754–1789 (The John Harvard Library), Cambridge, MA, 1968.

McLoughlin, William G.: New England Dissent, 1630–1833: The Baptists and the Separation of Church and State, 2 vols. (Center for the Study of the History of Liberty in America), Cambridge, MA, 1971.

Miller, Perry: Errand Into the Wilderness, Cambridge, MA, 1956.

Miller, Perry: Roger Williams. His Contribution to the American Tradition, Indianapolis, IN, 1953.

Miller, Robert T./Flowers, Ronald B.: Toward Benevolent Neutrality. Church, State, and the Supreme Court, Waco, TX, 1977, [5]1996.

Miller, William Lee: The First Liberty. Religion and the American Republic, New York 1986.

Minutes of the Danbury Baptist Association, Held at Wallingford, October 6 and 7, 1802, Together with Their Circular and Corresponding Letters [New Haven, CT, 1802].

Moore, LeRoy: Religious Liberty. Roger Williams and the Revolutionary Era, in: Church History 34 (1965), 57–76.

Nussbaum, Martha C.: Liberty of Conscience. In Defense of America's Tradition of Religious Equality, New York 2008.

Nuttall, Geoffrey F.: The Holy Spirit in Puritan Faith and Experience, Oxford 1946.

Parrington, Vernon Louis: Main Currents in American Thought. An Interpretation of American Literature from the Beginnings to 1920, 3 vols., New York 1927.

Pew Research Center: America's Changing Religious Landscape (May 12, 2015), http://www.pewforum.org/2015/05/12/americas-changing-religious-landscape/ (accessed July 12, 2013).

Pierard, Richard V.: Religion and the 1984 Election Campaign, in: Review of Religious Research 27 (1985), 98–114.

Poore, Benjamin Perley (ed.): Federal and State Constitutions, Colonial Charters, and Other Organic Laws of the United States, 2 vols., Washington, DC, ²1878.

Semple, Robert B.: A History of the Rise and Progress of the Baptists of Virginia, revised and extended by *George William Beale*, Richmond, VA, 1894.

Shurtleff, Nathaniel E. (ed.): Records of the Governor and Company of Massachusetts Bay in New England, vol. 1: 1628–1641, Boston 1853.

Spain, Rufus B.: At Ease in Zion. A Social History of Southern Baptists, 1865–1900, Nashville, TN, 1967.

Tocqueville, Alexis de: Democracy in America, ed. by *Phillips Bradley*, 2 vols., New York 1945.

Underhill, Edward Bean (ed.): Tracts on Liberty of Conscience and Persecution, 1614–1661, London 1846 (reprint: New York 1966).

Walker, Williston (ed.): The Creeds and Platforms of Congregationalism, New York 1893.

Williams, Roger: The Complete Writings of Roger Williams, vol. 1, ed. by *Reuben Alridge Guild* and *James Hammond Trumbull*, Providence, RI, 1866; vol. 2, ed. by *J. Lewis Diman* and *Reuben Aldridge Guild*, ibid. 1867; vol. 3, ed. by *Samuel L. Caldwell*, ibid. 1867; vol. 4, ed. *id.*, ibid. 1870; vol. 5, ed. by *J. Lewis Diman*, ibid. 1872 (reprint of vols. 1-5: New York 1963); vol. 6, ed. by *John Russell Bartlett*, Providence, RI, 1874 (enlarged reprint: New York 1963); vol. 7, ed. by *Perry Miller*, New York 1963.

Williams, Roger: The Correspondence of Roger Williams, ed. by *Glenn W. LaFantasie*, 2 vols., Hanover, NH, 1988.

Dissentertum und Liberalismus im England des 19. Jahrhunderts

Gerhard Lindemann

1. Dissenter und Liberalismus um 1800

Die Erweckungsbewegungen des 18. Jahrhunderts, vor allem verbunden mit den Brüdern John (1703–1791) und Charles Wesley (1707–1788), belebten auch das englische Dissentertum neu. „Dissenters" war die Bezeichnung für evangelische Christen außerhalb der anglikanischen Staatskirche. Häufig bevorzugten die Dissenter die Bezeichnung „Nonkonformisten", in den letzten Jahrzehnten des 19. Jahrhunderts setzte sich der Name „free churchmen" und darauf folgend auch „free churches" („Freikirchen") durch. Das hing mit der zunehmenden Erfahrung der Befreiung von staatlichen Fesseln zusammen.[1] Von Beginn an hatte den englischen Nonkonformismus der Wille nach konfessioneller und politischer Selbstbehauptung geprägt.

Seit dem Ende des 18. Jahrhunderts traten die Dissenter in öffentlichen Angelegenheiten sehr einheitlich auf.[2] Angesichts der Trennung der methodistischen Kirche von der anglikanischen Staatskirche 1795 hatten sie ideell noch an Stärke gewonnen, auch wenn die Methodisten sich zunächst weniger an einer intensiven Kooperation interessiert zeigten.[3] Auch zahlenmäßig verzeichnete man durch diesen Schritt, aber auch die Erweckungsbewegungen deutliche Zuwächse.[4]

---

1 Vgl. *Owen Chadwick*, The Victorian Church, Bd. 1: 1829–1859, London ³1971, 370.
2 Vgl. *David W. Bebbington*, Nineteenth-Century British Baptist Attitudes towards the Relations of Church and State, in: The Pacific Journal of Baptist Research 9 (2014), 8–21, hier: 10.
3 Vgl. *Gunnar Westin*, Geschichte des Freikirchentums. Der Weg der freien christlichen Gemeinden durch die Jahrhunderte, Kassel ²1958, 195.
4 Vgl. *Jörn Leonhard*, Konfession und Liberalismus im frühen 19. Jahrhundert. Eine Beziehungsanalyse im deutsch-englischen Vergleich, in: *Andreas Kubik*

Über die *Low-Church*-Bewegung gab es auch Verbindungen in die *Church of England*. Die Bewegung hatte sich Anfang des 19. Jahrhunderts innerhalb der anglikanischen Staatskirche gebildet. Sie wies im Bereich von Glaubenspraxis und Theologie Affinitäten zu den Freikirchen auf, insbesondere zum Methodismus. Christen aus verschiedenen protestantischen Kirchen entdeckten das sie Verbindende neu.[5] Ihr gemeinsames Engagement und ihre Kritik an einer von ihnen diagnostizierten volkskirchlichen Unverbindlichkeit und an der denominationellen Zersplitterung[6] führten um die Wende zum 19. Jahrhundert zur Gründung religiöser Vereinigungen bzw. „Gesellschaften" („religious societies"),[7] die sich um die Verbreitung des Evangeliums bemühten[8] und zugleich nützliche Organisations- und Kommunikationsstrukturen herstellten.[9] 1795 entstand die *London Missionary Society*,[10] 1799 die *Religious Tract*

(Hg.), Protestantismus – Aufklärung – Frömmigkeit. Historische, systematische und praktisch-theologische Zugänge (Arbeiten zur Pastoraltheologie, Liturgik und Hymnologie, 66), Göttingen 2011, 110–132, hier: 120.

5 Vgl. *Ian Randall/David Hilborn*, One Body in Christ. The History and Significance of the Evangelical Alliance, Carlisle/Waynesboro, GA, 2001, 20.

6 Vgl. *Andreas Lindt*, Die Erweckungsbewegung – Ferment der Spaltung oder Weg zur Glaubenseinheit? (Vorläufige Überlegungen), in: *Ulrich Gäbler/Peter L. Schram* (Hg.), Erweckung am Beginn des 19. Jahrhunderts. Referate einer Tagung an der Freien Universität Amsterdam 26.–29. März 1985, Amsterdam 1986, 33–43, hier: 34 f.

7 Zur Geschichte des britischen Vereinswesens vgl. *Peter Clark*, British Clubs and Societies 1580–1800. The Origins of an Associational World (Oxford Studies in Social History), Oxford/New York 2000. Vgl. ferner *Adolf M. Birke*, Voluntary Associations. Aspekte gesellschaftlicher Selbstorganisation im frühindustriellen England, in: *Ders.*, Deutschland und Großbritannien. Historische Beziehungen und Vergleiche. Britain and Germany. Historical Relations and Comparisons, hg. v. *Franz Bosbach* und *Hermann Hiery* (Prinz-Albert-Forschungen 1), München 1999, 65–75.

8 Damit entstanden auch neue Berufe mit gesellschaftlichem Einfluss. Vgl. *Hartmut Lehmann*, Horizonte pietistischer Lebenswelten, in: *Ders.*, Protestantische Weltsichten. Transformationen seit dem 17. Jahrhundert, Göttingen 1998, 11–28, hier: 21.

9 Vgl. *Leonhard*, Konfession, 125.

10 Vgl. *Richard Lovett*, The History of the London Missionary Society 1795–1895, London 1899. Zu den Missionsgesellschaften innerhalb der Erweckungsbewegung allgemein vgl. *Klauspeter Blaser*, Mission und Erweckungsbewegung, in: Pietismus und Neuzeit 7 (1981), 128–146; *Andrew F. Walls*, Missionary Societies and the Fortunate Subversion of the Church, in: *Ders.*, The Missionary

Society,[11] 1804 folgte die Gründung der *British and Foreign Bible Society*.[12]

1811 bildete sich die *Protestant Society for the Protection of Religious Liberty*. In diesem Forum waren alle nonkonformistischen Kirchen des Landes präsent. Geleitet wurde es von Persönlichkeiten, die politisch gut vernetzt waren. Auch die Organisation der *Dissenting Ministers of London* diente den Dissentern als ein politisches Sprachrohr.[13]

Seitens der Dissenter gab es deutliche Sympathien für den politischen Liberalismus, parlamentarisch repräsentiert durch die Partei der Whigs, die sich seit dem *Toleration Act* von 1689 auch als Garanten religiöser Freiheit verstanden.[14] Wie die politisch Liberalen vertraten die Nonkonformisten ein absolutes Toleranzprinzip. Die liberale Vorstellung eines möglichst wenig in die Belange der Bürger eingreifenden Staates korrespondierte mit dem traditionellen Verständnis der Kongregationalisten von dem Recht einer kirchlichen Ortsgemeinde, ihre Angelegenheiten selbst zu regeln, gewiss unter Gottes Führung, jedoch ohne Einmischung eines Bischofs, einer Synode oder des Staats. Dieses Grundverständnis kirchlicher Selbstverwaltung und Eigenständigkeit teilte ein Großteil der Baptisten wie auch weitere Dissenter-Kirchen. Hinzu kam die demokratische Verfasstheit der Gemeinden, die mit dem Grundverständnis des Konstitutionalismus, dass alle Macht vom

---

Movement in Christian History. Studies in the Transmission of Faith, Maryknoll, NY, 1996, 241–254. Zu Großbritannien vgl. *Peter Hinchliff*, Voluntary Absolutism. British Missionary Societies in the Nineteenth Century, in: *William J. Sheils/Diana Wood* (Hg.), Voluntary Religion. Papers Read at the 1985 Summer Meeting and the 1986 Winter Meeting of the Ecclesiastical History Society (Studies in Church History 23), Worcester 1986, 363–379.

11 Vgl. *Samuel G. Green*, The Story of the Religious Tract Society. For One Hundred Years, London 1899.

12 Vgl. *William Canton*, A History of the British and Foreign Bible Society, 5 Bde., London 1904–1910; *Leslie Howsam*, Cheap Bibles. Nineteenth Century Publishing and the British and Foreign Bible Society (Cambridge Studies in Publishing and Printing History), Cambridge 1991.

13 Vgl. *Leonhard*, Konfession, 124.

14 Vgl. *Raymond Gibson Cowherd*, The Politics of English Dissent, London 1959, 96. Vgl. insgesamt *Martin Rothkegel*, Reformatorischer Nonkonformismus und modernes Freiheitsverständnis, in: Mennonitische Geschichtsblätter 71 (2014), 7–34.

Volke ausgeht, konform ging.[15] Somit verbanden um die Wende zum 19. Jahrhundert führende Dissenter auch öffentlich „religious liberty" und „civil liberty" programmatisch miteinander.[16]

2. Politische Kooperationen in der ersten Jahrhunderthälfte

2.1 Anti-Sklaverei-Bewegung (Abolitionismus)

Die Kooperation mit dem politischen Liberalismus kam zunächst am deutlichsten zum Tragen in der Anti-Sklaverei-Bewegung. Ihren Ausgangspunkt hatte sie bei der Glaubensgemeinschaft der Quäker. Nach deren Auffassung widersprach die Behandlung Schwarzer als minderwertige Geschöpfe dem Prinzip der geistlichen Ebenbürtigkeit aller Menschen. Das war implizit enthalten in der Lehre der Quäker vom inneren Licht.

Die Verweigerung von Freiheit hinderte Sklaven ebenso wie Sklavenbesitzer an einem Streben nach sündloser Vollkommenheit. Zudem erinnerte das Schicksal der Sklaven die Quäker daran, dass auch Glieder ihrer Glaubensgemeinschaft unter Diskriminierungen gelitten hatten.[17] 1761 beschloss die Quäkergemeinschaft von London den Ausschluss von Sklavenhändlern.[18] 1783 richteten Quäker erstmals an das englische Parlament eine Petition mit der Bitte um eine völlige Aufgabe des Sklavenhandels.[19] Letzteres hing auch damit zusammen, dass in der britischen Quäkergemeinde sozial-

---

15 Vgl. auch *David W. Bebbington*, Religious Nonconformity and Democracy. Dissenting Politics from the Seventeenth-Century Revolution to the Rise of the Labour Party, in: Zeitschrift für Theologie und Gemeinde 21 (2016), 143–156, hier: 156.

16 *Leonhard*, Konfession, 127 f.

17 Vgl. *David Brion Davis*, The Problem of Slavery in Western Culture, Ithaca, NY, 1966, 291–308.

18 Vgl. *Birgitta Bader-Zaar*, Abolitionismus und Nonkonformismus in der Geschichtsschreibung. Zur These der Abschaffung des Sklavenhandels und der Sklaverei in Großbritannien und Nordamerika als Initiative nonkonformistischer religiöser Gemeinschaften, in: Zeitschrift für Theologie und Gemeinde 21 (2016), 200–218, hier: 207.

19 Vgl. *Roger Anstey*, The Atlantic Slave Trade and British Abolition 1760–1810, London 1975, 229.

reformerisch orientierte Christen an Einfluss gewannen.[20] 1785 weitete sich das Engagement der Quäker auf eine schrittweise Sklavenemanzipation im gesamten britischen *Empire* aus.[21] Ein Netzwerk regionaler Quäker-Vertreter entstand, das zum Rückgrat der Abolitionisten-Bewegung in Großbritannien werden sollte – hinzu kam, dass Quäker sich dort auch mit nicht unbeträchtlichen Finanzmitteln engagierten.[22]

Gemeinsam mit drei Anglikanern gründeten neun Quäker am 22. Mai 1787 das *London Committee for the Abolition of the Slave Trade*.[23] Im gleichen Jahr entstand die *Anti Trade Slavery Society*[24] bzw. *Society for Effecting the Abolition of the Slave Trade*,[25] seit 1788 unter der Führung des anglikanischen Bischofs William Wilberforce (1759–1833), der selbst mit dem evangelikalen Lager sympathisierte[26] und mit dem langjährigen Premierminister und Reformpolitiker William Pitt dem Jüngeren (1759–1806) befreundet war.[27]

Die Abolitionisten-Bewegung wurde bald zu einem Massenphänomen.[28] Sie ging kampagnenmäßig vor und verwendete da-

---

20 Vgl. *Christopher Leslie Brown*, Moral Capital. Foundations of British Abolitionism, Chapel Hill/London 2006, 412–419.
21 Vgl. *David Brion Davis*, The Quaker Ethic and the Antislavery International, in: *Thomas Bender* (Hg.), The Antislavery Debate. Capitalism and Abolitionism as a Problem in Historical Interpretation, Berkeley/Los Angeles 1992, 27–64, hier: 32.
22 Vgl. *Bader-Zaar*, Abolitionismus, 209.
23 Vgl. *Leo D'Anjou*, Social Movements and Cultural Change. The First Abolition Campaign, New York 1996, 198; *Neta Crawford*, Argument and Change in World Politics. Ethics, Decolonization, and Humanitarian Intervention, Cambridge/New York 2002, 177.
24 Vgl. *Jacques Gadille/Jean-François Zorn*, Der neue Missionseifer, in: *Jacques Gadille/Jean-Marie Mayeur* (Hg.), Liberalismus, Industrialisierung, Expansion Europas (1830–1914) (Die Geschichte des Christentums 11), 133–164, hier: 150 f.
25 Vgl. *Bader*-Zaar, Abolitionismus, 209.
26 Vgl. *Kevin Belmonte*, William Wilberforce, in: Theologische Realenzyklopädie 36 (2004), 38–42, hier: 39.
27 Vgl. *Asa Briggs*, The Age of Improvement 1783–1867, Abbingdon/New York ²2014, 65.
28 Zum Engagement von Frauen in der Bewegung vgl. *Clare Midgley*, Women Against Slavery. The British Campaigns 1780–1870, London 1992; *Julie Roy Jeffrey*, The Great Silent Army of Abolitionism. Ordinary Women in the Anti-

bei modernste Methoden, unter anderem Petitionen, Demonstrationen, Plakate, Briefe an Parlamentarier oder die Initiierung einer Bewegung zum Boykott von Rum und Zucker aus Sklaven-Plantagen in der Karibik. 1792 forderte der methodistische Geistliche Samuel Bradburn (1751–1816) in einer Predigt seine Hörer auf, sich dem Boykott anzuschließen.[29]

Den Quäkern und Evangelikalen gelang es, ein breites Bündnis aufzustellen, dem Politiker von Whigs und auch Tories angehörten, Anhänger aufklärerischen Denkens,[30] Dichter der Romantik

und Journalisten. Weiterhin bildeten die Quäker das Rückgrat der Bewegung, insgesamt erhielt sie breite Unterstützung von den Dissenter-Kirchen. Ihre Führungspersönlichkeiten waren genuin religiös motiviert.[31] Das Logo der Kampagne, abgebildet auf einem weitverbreiteten Medaillon, entworfen und auch produziert von dem englischen Unternehmer Josiah Wedgwood (1730–1795), einem Unitarier,[32] war ein Bild von einem mit Handfesseln beschwerten Sklaven, der auf Knien mit gefalteten Händen seinen Entführer (den Sklavenhändler) beschwor: „Bin ich kein Mensch und Bruder?" Damit bezog er sich auf die biblische Aussage, dass alle Menschen als Ebenbild Gottes geschaffen sind (Gen 1, 26 f.).[33]

---

slavery Movement, Chapel Hill/London 1998; *Elizabeth J. Clapp/Julie Roy Jeffrey* (Hg.), Women, Dissent, and Anti-Slavery in Britain and America 1790–1865, Oxford/New York 2011.

29 Vgl. *Samuel Bradburn*, An Address to the People Called Methodists Concerning the Evil of Encouraging the Slave Trade, London 1792, 13 f.

30 Vgl. dazu *Anthony Page*, Rational Dissent. Enlightenment, and Abolition of the British Slave Trade, in: Historical Journal 54 (2011), 741–772; vgl. auch *Margaret Abruzzo*, Polemical Pain. Slavery, Cruelty, and the Rise of Humanitarianism, Baltimore 2011.

31 Vgl. *David Brion Davis*, Slavery and Human Progress, New York/Oxford 1984, 139.

32 Vgl. *Bader-Zaar*, Abolitionismus, 211.

33 Vgl. *John Coffey*, The Abolition of the Slave Trade. Christian Conscience and Political Action, in: Cambridge Papers Towards a Biblical Mind 15/2 (2006), 2, 1–6, hier: 2.

Die biblisch verankerte Gleichheit aller Menschen bildete ein wesentliches theologisches Argument der Bewegung. Die Anglikanerin Hannah More (1745–1833) schrieb über die Sklaven: „Sie sind ebenfalls Menschen, und Menschen sollten frei sein."[34] Der Baptist Abraham Booth (1734–1806) bemerkte: „Afrikaner und Europäer, Heiden und Christen befinden sich alle auf gleicher Höhe."[35]

Das korrespondierte mit der liberalen Auffassung gleicher Rechte für alle Menschen und der Betonung des Rechts auf Freiheit. Freiheit galt den christlichen Abolitionisten als ein Geschenk des Schöpfers. Die Auffassung, Europäer hätten ein Recht auf den Besitz von indigenen Afrikanern, besaß keine Grundlage im Naturrecht. Auch Hannah More rekurrierte auf den Gedanken der Menschenrechte.[36] Bereits John Wesley hatte betont, dass niemand einem Menschen das ihm naturrechtlich verliehene Recht auf Freiheit rauben dürfe.[37]

Die Bewegung war vor allem deshalb erfolgreich, weil sie mit großer Überzeugungskraft die Grausamkeit des Sklavenhandels nachwies. Auch die Wirtschaftsliberalen stimmten dem zu. Bereits der liberale Nationalökonom Adam Smith (1723–1790) hatte 1776 die Auffassung vertreten, langfristig gesehen sei Sklavenarbeit teurer als die Arbeitsleistung sogenannter freier Menschen.[38]

Im Februar 1807 kam es zur Beseitigung des Sklavenhandels. Bei den vorangegangenen Parlamentswahlen hatten in einigen Landesteilen Dissenter Kandidaten der Whigs mit großer Begeisterung unterstützt.[39]

Der Kampf der Abolitionisten ging jedoch noch weiter, denn die Sklaverei im *British Empire* bestand fort. Seit den 1820er Jahren verstärkte sich das Engagement britischer Methodisten und Bap-

---

34 *Hannah More*, Slavery. A Poem, London 1788, 10.
35 *Abraham Booth*, Commerce in the Human Species, and the Enslaving of Innocent Persons, Inimical to the Law of Moses and the Gospel of Christ. A Sermon, Preached in Little Prescot Street, Goodman's Fields, London, Jan. 29, 1792, London 1792, 17.
36 Vgl. *More*, Slavery, 18.
37 Vgl. *John Wesley*, Thoughts upon Slavery, London 1774, 27.
38 Vgl. *Adam Smith*, Der Wohlstand der Nationen, übs. u. hg. v. *Horst Claus Recktenwald*, München [7]1996, 70, 319, 579f.
39 Vgl. *Anstey*, Atlantic Slave Trade, 391.

tisten in der Bewegung.[40] Auch der „Anti-Slavery Monthly Reporter", das 1825 erstmals erschienene publizistische Organ der Bewegung, war ein Projekt von Nonkonformisten.[41] 1833 kam es schließlich zur Aufhebung der Sklaverei im gesamten britischen *Empire (Slave Emancipation Act)*.[42]

2.2 Kampf gegen Kornzölle

Zu einer Kooperation zwischen Liberalismus und religiösem Dissent kam es auch bei dem Kampf gegen die 1815 eingeführten und 1828 erweiterten Kornzölle, die zu einem deutlichen Anstieg der Brotpreise führten, worunter insbesondere die sozial schwächeren Bevölkerungsgruppen litten. Britische Unternehmer wandten sich gegen die Zölle, denn sie waren an einer Durchsetzung der Prinzipien des Freihandels interessiert, vielleicht auch in der Erwartung, dass sich ein Wegfall der Zölle zu ihren Gunsten auf die Lohnpolitik auswirken würde.[43]

1831 bildete sich die *Anti-Corn-Law-League*, getragen von liberalen Politikern und Vertretern der Freikirchen. Sie breitete sich 1839 über das ganze Land aus und orientierte sich organisatorisch an den methodistischen Konferenzen. Die Ansprachen der Führungspersonen enthielten moralische und zugleich religiöse Argumente. Die Beteiligung der Dissenter wurde auch dadurch erleichtert, dass die von der Protestbewegung attackierten Großgrundbesitzer zumeist der anglikanischen Staatskirche angehörten.[44] 1846 erfolgte schließlich die Aufhebung der Getreidegesetze.[45] Dieser Schritt gilt als Öffnung des britischen politischen Systems hin zur Mitte und als ein wesentlicher Beitrag dazu, dass es 1848/49 in

---

40 Vgl. *Roger Anstey*, The Pattern of British Abolitionism in the Eighteenth and Nineteenth Centuries, in: *Christine Bolt/Seymour Drescher* (Hg.), Anti-Slavery, Religion and Reform. Essays in Memory of Roger Anstey, Folkestone/Hamden, Conn., 1980, 19–42, hier: 30; *Seymour Drescher*, Abolition. A History of Slavery and Antislavery, Cambridge/New York 2009, 252.

41 Vgl. *Cowherd*, Politics, 72.

42 Vgl. *Eric J. Evans*, The Shaping of Modern Britain. Identity, Industry and Empire 1780–1914, Harlow/London 2011, 226.

43 Vgl. *Michael Maurer*, Kleine Geschichte Englands, Stuttgart 2007, 337, 361f.

44 Vgl. *Martin Greschat*, Das Zeitalter der Industriellen Revolution (Christentum und Gesellschaft 11), Stuttgart/Berlin/Köln/Mainz 1980, 99–101.

45 Vgl. *Maurer*, Kleine Geschichte, 362.

England anders als auf dem europäischen Kontinent nicht zu revolutionären Entwicklungen kam.[46]

Auf der anderen Seite gehörten gleichzeitig Angehörige von Dissenter-Kirchen zum harten Kern der Bewegung, die gegen das Gesetz zur Beschränkung der Kinderarbeit von 1833 opponierte, mit der Begründung, es handle sich um eine übermäßige Beschränkung der unternehmerischen Freiheit.[47] Ohnehin gab es im Zuge der Industriellen Revolution auch Affinitäten des Nonkonformismus zu Voluntarismus und freiem Unternehmertum.

3. Für eine Trennung von Kirche(n) und Staat

In den 1830er Jahren kam es zu einer ersten Kampagne für eine Trennung von Kirche und Staat. Zuvor waren gegen Ende der 1820er Jahre Diskriminierungen von Dissentern und Katholiken aufgehoben worden.

Die *Test and Corporation Acts* verhinderten u.a. den Zugang von Dissentern zu öffentlichen Ämtern. Seit dem 18. Jahrhundert hatten sich die Nonkonformisten für die Beseitigung der diskriminierenden Bestimmungen, die sie zu Staatsbürgern zweiter Klasse machten, eingesetzt.[48] Mit Hilfe der Whigs gelang 1828 ihre Aufhebung durch das Parlament.[49] Seit den 1820er Jahren lagen die liberalen Wählerhochburgen zumeist in Gebieten mit einem überdurchschnittlich hohen nonkonformistischen Bevölkerungsanteil.[50] Führende Whig-Politiker unterstützten im Parlament die Belange der Freikirchen.[51] Einem gemeinsamen Komitee der Dissenter-Kirchen unter dem Vorsitz von William Smith (1756–1835) war es überdies gelungen, einige liberale Angehörige des Oberhauses für

---

46 Vgl. *Wolfgang J. Mommsen*, Einführung: Deutscher und britischer Liberalismus. Versuch einer Bilanz, in: *Dieter Langewiesche* (Hg.), Liberalismus im 19. Jahrhundert. Deutschland im europäischen Vergleich. Dreißig Beiträge (Kritische Studien zur Geschichtswissenschaft 79), Göttingen 1988, 211–222, hier: 215.
47 Vgl. *Greschat*, Zeitalter, 102.
48 Vgl. *Robert Hole*, Pulpits, Politics and Public Order in England 1760–1832, Cambridge/New York 1989, 229.
49 Vgl. *Bebbington*, Religious Nonconformity, 149f.
50 Vgl. *Leonhard*, Konfession, 121.
51 Vgl. ebd., 128.

die Unterstützung dieses Vorstoßes zu gewinnen.[52] Das Ergebnis war die volle politische Gleichberechtigung der Nonkonformisten. Sie waren nun keine Bürger zweiter Klasse mehr.[53] Die Whigs hatte man vor allem mit dem Hinweis gewinnen können, dass ein solcher Beschluss auch die Emanzipation der Katholiken vorbereiten könne.[54] Diese folgte 1829, Katholiken war nun ebenfalls eine Parlamentsmitgliedschaft möglich. Damit war zumindest im politischen Raum die christliche Monopolstellung der anglikanischen Kirche beseitigt.[55] Insgesamt sahen die Dissenter diese Beschlüsse jedoch lediglich als Schritte auf dem Weg zu einer völligen Entstaatlichung der Kirche.[56]

Insgesamt litt die anglikanische Staatskirche in der ersten Hälfte des 19. Jahrhunderts unter einem starken Ansehensverlust. Das hing vor allem mit der geringen Qualität der seelsorgerlichen Betreuung zusammen,[57] was auch durch mangelnde Flexibilität bedingt war. So war für jede Neugründung einer anglikanischen Kirchengemeinde ein Parlamentsbeschluss erforderlich.[58] Um 1830 war ein Drittel der Pfarrstellen mit Geistlichen besetzt, die mehrere Gemeinden versorgten, um ihr Einkommen aufzubessern.[59] Über die Hälfte des Klerus wurde von Patronen ausgewählt, zumeist Angehörige des Adels. Häufig bevorzugten sie ihre eigene Verwandtschaft, in der Regel Söhne oder Neffen.[60] Hinzu kam eine zu geringe Sensibilität für die sozialen Anliegen der Industriear-

---

52 Vgl. *Bebbington*, Religious Nonconformity, 150.
53 Vgl. *Michael R. Watts*, The Dissenters, Bd. 2: The Expansion of Evangelical Nonconformity, Oxford 1995, 418.
54 Vgl. *Reginald R. Ward*, Kirchengeschichte Großbritanniens vom 17. bis zum 20. Jahrhundert (Kirchengeschichte in Einzeldarstellungen III/7), Leipzig 2000, 88.
55 Vgl. *Hole*, Pulpits, 239.
56 Vgl. *Jacques Gadille*, Die britischen Inseln, in: *Ders./Jean-Marie Mayeur* (Hg.), Liberalismus, Industrialisierung, Expansion Europas (1830–1914) (Geschichte des Christentums 11), 221–244, hier: 223.
57 Vgl. ebd., 221f.
58 Vgl. *Norman McCord/Bill Purdue,* British History 1815–1914 (The Short Oxford History of the Modern World), Oxford ²2007, 133.
59 Vgl. *Peter Virgin*, The Church in an Age of Negligence. Ecclesiastical Structure and Problems of Church Reform 1700–1840, Cambridge 1989, 102.
60 Vgl. *Bebbington*, Nineteenth-Century British Baptist Attitudes, 10.

beiterschaft. Die finanziell gut dotierten Stellen in der Staatskirche hatten zumeist Geistliche inne, die für Forderungen nach einer Modernisierung der Gesellschaft wenig aufgeschlossen waren.

Im gleichen Zeitraum stiegen die Mitgliederzahlen der Dissenter-Kirchen deutlich an. Das galt vor allem für Methodisten, Baptisten und Kongregationalisten.[61] Damit wuchs zugleich ihr Selbstvertrauen.[62] Auch eine Reihe von Angehörigen der Mittelschicht wandte sich den Dissenter-Kirchen zu. Das hatte Auswirkungen auf den Liberalismus, der im Wesentlichen vom Bildungs- und Besitzbürgertum getragen wurde. Im Unterschied zu den meisten Ländern auf dem europäischen Kontinent war er in Großbritannien nicht säkular geprägt, sondern trug eine deutliche religiöse Einprägung, vor allem durch den Nonkonformismus.[63]

Die anglikanische Staatskirche galt nicht wenigen als hoffnungslos korrupt. Mittlerweile gab es fast ebenso viele Forderungen für eine Kirchen- wie für eine Parlamentsreform.[64] Unmittelbarer Anlass für die Trennungs-Kampagne war die Ablehnung der *Reform Bill* vom März 1831 durch das britische Oberhaus im Oktober 1831. Zu den Blockierern gehörten der Erzbischof von Canterbury, William Howley (1766–1848), und 20 weitere Bischöfe.[65] Im November 1830 hatte eine Whig-Regierung unter Lord Grey (1764–1845) das konservative Kabinett Wellington abgelöst. Die *Reform Bill* vom

---

61 Vgl. *Gadille*, Die britischen Inseln, 221f. Die Methodisten wuchsen von 143.311 im Jahr 1811 auf 288.182 in 1831, die Kongregationalisten zwischen 1800 und 1837 von 35.000 auf 127.000 und die wichtigsten baptistischen Gemeindebünde im gleichen Zeitraum von 27.000 bis auf knapp unter 100.000; vgl. *McCord/ Purdue*, British History, 134. Eine weitere Statistik besagt, dass sich in England in der ersten Jahrhunderthälfte die Bevölkerungszahl verdoppelte, während sich die Mitgliederzahl der nonkonformistischen Gemeinden verfünffachte; vgl. *Joe L. Coker*, Social Conscience and Political Power among Nineteenth-Century English Baptists, in: The Pacific Journal of Baptist Research 1 (2005), 20–38, hier: 23. 1851 gehörten 17 % der Bevölkerung Englands nonkonformistischen Gemeinden an; vgl. *Leonhard*, Konfession, 121.
62 Vgl. *Bebbington*, Nineteenth-Century British Baptist Attitudes, 12.
63 Vgl. *Hugh McLeod*, Piety and Poverty. Working-Class Religion in Berlin, London and New York 1870–1914 (Europe Past and Present Series), New York/London 1996, 92.
64 Vgl. *Bebbington*, Nineteenth-Century British Baptist Attitudes, 10.
65 Vgl. *Ward*, Kirchengeschichte, 92.

März 1831 sah unter anderem eine Verkürzung der Legislaturperiode des Parlaments von sieben auf fünf Jahre, eine Erhöhung der Zahl der Unterhausabgeordneten für größere Städte und Grafschaften sowie eine Erweiterung des Wahlrechts auf Angehörige der Mittelschichten vor, das bedeutete aber noch längst keine Einführung des allgemeinen gleichen Wahlrechts.[66] Auch die *Protestant Society* und die nonkonformistische Publizistik hatten sich für diese Reform stark gemacht.[67] Nach einem knappen Abstimmungserfolg im Unterhaus zugunsten des Gesetzespakets am 22. März 1831 hatte der Premierminister Neuwahlen eingeleitet. Diese konnten die Whigs klar für sich entscheiden. Damit verfügte ihre Reformpolitik über eine breite Basis in der Wählerschaft und eine verlässliche parlamentarische Mehrheit.[68]

Die dissentierenden Bischöfe[69] hatten das Gesetz aufgrund seiner liberalen Tendenzen abgelehnt, die nach ihrer Auffassung die Glaubenseinheit des Königreiches gefährdeten.[70] Überdies befürchteten sie, dass eine Parlamentsreform auch Forderungen nach Veränderungen im kirchlichen Bereich nach sich ziehen werde.[71] Nach der negativen Entscheidung des Oberhauses war es verbreitet zu gewaltsamen Ausschreitungen gekommen, insbesondere gegen Bischöfe.[72] Als auch im Mai 1832 eine Einigung mit dem Oberhaus nicht zustande kam, trat Grey zurück. Letztlich beugte sich der König der verbreiteten Empörung – das Land stand am Rande eines Bürgerkriegs –, indem er neue Mitglieder des *House of Lords* ernannte, so dass das Gesetz am 4. Juni 1832 das Oberhaus passieren konnte.[73]

---

66 Vgl. *Heinrich August Winkler*, Geschichte des Westens. Von den Anfängen in der Antike bis zum 20. Jahrhundert, München 2009, 531.

67 Vgl. *Raymond Gibson Cowherd*, Protestant Dissenters in English Politics 1815 to 1834, Diss. Philadelphia 1942, 38f.

68 Vgl. *Winkler*, Geschichte, 531f.

69 Zwei Bischöfe hatten für das Gesetz gestimmt, sechs hatten an der Sitzung nicht teilgenommen, drei davon aus unbekannten Gründen; vgl. *Chadwick*, Victorian Church, 25f.

70 Vgl. *Gadille*, Die britischen Inseln, 222.

71 Vgl. *Hole*, Pulpits, 244f.

72 Vgl. *Maurer*, Kleine Geschichte, 543.

73 Vgl. *Chadwick*, Victorian Church I, 31f.

In der Folge stieg der Anteil von Dissentern an der Gesamtwählerschaft auf ca. 20 Prozent.[74] Somit nahm auch ihre Zahl unter den Parlamentariern zu.[75] Vor allem Baptisten und Kongregationalisten profitierten davon und lösten in der politischen Führung des Nonkonformismus die Unitarier ab.[76] Insbesondere die Baptisten traten vehement für die Durchsetzung der Prinzipien Freiheit der Religion und des Gewissens ein.[77] Im Vorfeld der Reform hatten die Dissenter erneut diese Grundsätze mit der Forderung nach mehr „civil liberties" verbunden. 1835 erweiterte die Whig-Regierung auch die politischen Partizipationsmöglichkeiten in den Städten. In der Folge wurden viele Nonkonformisten Ratsherren, Stadträte oder gar Bürgermeister in ihren Wohnorten. Somit spielten seit 1837 Dissenter auf der lokalpolitischen Ebene eine nicht unwichtige Rolle.[78]

Bereits seit 1829 hatte der Geistliche der *United Secession Church*, Andrew Marshall, in Schottland das dortige Staatskirchensystem scharf angegriffen.[79] 1833/34 folgte eine Kampagne der englischen Dissenter. Es gab Versammlungen in den Städten, Petitionen an das Parlament sowie Memoranden.[80]

---

74 Vgl. *Roger Anstey*, Religion and British Slave Emancipation, in: *David Eltis/James Walvin* (Hg.), The Abolition of the Atlantic Slave Trade. Origins and Effects in Europe, Africa, and the Americas, Madison, Wisc./London 1981, 37–61, hier: 51–53.

75 Vgl. *Westin*, Geschichte, 197.

76 Vgl. *Richard J. Helmstadter*, Orthodox Nonconformity, in: *Denis G. Paz* (Hg.), Nineteenth-Century English Religious Traditions. Retrospect and Prospect, Westport, Ct./London 1995, 57–84, hier: 57.

77 Vgl. *Massimo Rubboli*, Religious Liberty in the English and American Nonconformist Traditions. From the Seventeenth Century to the Declaration of Human Rights of 1948, in: Zeitschrift für Theologie und Gemeinde 21 (2016), 174–199, hier: 197; vgl. insgesamt *Martin Rothkegel*, Freiheit als Kennzeichen der wahren Kirche. Zum baptistischen Grundsatz der Religionsfreiheit und seinen historischen Ursprüngen, in: *Andrea Strübind/Martin Rothkegel* (Hg.), Baptismus. Geschichte und Gegenwart, Göttingen 2012, 201–225.

78 Vgl. *Bebbington*, Religious Nonconformity, 150. Von den 102 Kongregationalisten, die im 19. Jahrhundert dem Unterhaus angehörten, waren zumindest 23 auch Stadträte und wenigstens 36 Bürgermeister; vgl. ebd.

79 Vgl. *Alexander C. Cheyne*, Studies in Scottish Church History, Edinburgh 1999, 96; *Valerie Wallace*, Scottish Presbyterianism and Settler Colonial Politics. Empire of Dissent, London/New York 2018, 150.

80 Vgl. *Bebbington*, Nineteenth-Century British Baptist Attitudes, 13.

Trotz aller Erfolge waren Dissenter und auch Liberale mit der staatlichen Kirchenreformpolitik nicht restlos zufrieden. Ihr endgültiges Ziel blieb die Entstaatlichung der *Church of England*. Nur so war eine staatliche Gleichbehandlung aller Kirchen zu erreichen, wie sie in den USA bestand. Eine Delegiertenkonferenz von Dissenter-Gemeinden mit 400 Teilnehmern in London forderte im Mai 1834 die „vollständige Trennung von Kirche und Staat". Nur dann seien gleiche Rechte aller Untertanen hergestellt. Das Modell der Freiwilligkeitskirche sollte das einzig mögliche sein.[81]

Das ließ sich zwar nicht durchsetzen, es kam jedoch in der Folge zu weiteren Reformschritten: 1836 wurden die Zivilstandsregister eingeführt,[82] 1837 erhielten Dissenter die gesetzliche Erlaubnis, Eheschließungen in ihren eigenen Kirchengebäuden vorzunehmen.[83] 1837 erhielt die University of London, eine Neugründung, das Recht zur Vergabe akademischer Grade, wovon Mitglieder der Dissenter-Kirchen profitierten.[84] Die Liberalen engagierten sich nicht nur deshalb für die Belange der Nonkonformisten, weil dies ihren politischen Prinzipien entsprach, sondern auch, weil sie seit der Wahlrechtsreform auf Stimmen aus dem Lager der Dissenter angewiesen waren.[85]

Die Trennungsforderung blieb jedoch bestehen: „Evangelikale" Nonkonformisten sahen in dem Bündnis zwischen Kirche und Staat auch ein Hindernis für die Verbreitung der biblischen Botschaft. Man verwies zum Beispiel auf das häufig geringe Engagement der von adligen Patronen eingesetzten anglikanischen Geistlichen. Zudem befürchtete man angesichts des Aufstiegs der Oxford-Bewegung eine Rekatholisierung der Staatskirche.

Unter englischen Politikern gab es zunehmend die Auffassung, dass die einseitige Privilegierung einer einzigen Kirche dem Gebot der Fairness widerspreche, zugleich aber auch zeitgenössischen öko-

---

81   Vgl. *Watts*, Dissenter, Bd. 2, 458.
82   Vgl. *Gadille*, Die britischen Inseln, 224.
83   Vgl. *Bebbington*, Nineteenth-Century British Baptist Attitudes, 16.
84   Vgl. *Maurer*, Kleine Geschichte, 348.
85   Vgl. *Rudolf Muhs*, Deutscher und britischer Liberalismus im Vergleich. Trägerschichten, Zielvorstellungen und Rahmenbedingungen (ca. 1830–1870), in: *Langewiesche* (Hg.), Liberalismus, 223–259, hier: 243.

nomischen Vorstellungen, die sich gegen staatliche Regulierungen zugunsten von Monopolen wandten. Auf dem „Markt der Religion" werde sich gute Qualität schon durchsetzen, hieß es in Richtung der Trennungsgegner.[86]

In der Folge entstand auf einer von 700 Delegierten von Dissenter-Gemeinden bzw. -Denominationen, mehrheitlich Baptisten und Kongregationalisten,[87] besuchten Konferenz in Strand (30. April bis 2. Mai 1844) die *British Anti-State-Church Association*,[88] die sogenannte Freiwilligkeitsbewegung.[89] Hauptinitiator war der kongregationalistische Geistliche Edward Miall (1809–1881),[90] die *Baptist Union* war bei der Gründungsversammlung sogar offiziell von der Partie.[91] Ermutigt wurden die Dissenter in England, Irland und Wales auch durch den Austritt eines Drittels der Pfarrerschaft aus der presbyterianischen schottischen Staatskirche. Sie gründeten 1843 eine Freikirche,[92] der 1847 700 Kirchengemeinden angehörten.[93] Allerdings war die *Association* unter Nonkonformisten nicht unumstritten. Es gab Kritik an ihrer Offenheit für Unitarier und Areligiöse und auch an der Verknüpfung der Forderung nach Trennung von Kirche und Staat mit sozialreformerischen Anliegen.[94]

1853, ein Jahr nachdem Miall in das britische Unterhaus gewählt worden war, erfolgte die Umbenennung der *Association* in *Society for the Liberation of the Church from State Patronage and Control*,[95] in Kurzform „the Liberation Society"[96]. Sie richtete sich nun auch gegen alle Formen von Benachteiligungen der Dissen-

---

86 *Bebbington*, Nineteenth-Century British Baptist Attitudes, 15f.
87 Vgl. *Watts*, Dissenters, Bd. 2, 546.
88 Vgl. *Chadwick*, Victorian Church, Bd. 1, 151.
89 Vgl. *Gadille*, Die britischen Inseln, 229.
90 Vgl. *Watts*, Dissenters, Bd. 2, 546; Bebbington, Nineteenth-Century British Baptist Attitudes, 17.
91 Vgl. *Ernest A. Payne*, The Baptist Union. A Short History, London 1959, 84; *William H. Mackintosh*, Disestablishment and Liberation. The Movement for the Separation of the Anglican Church from State Control, London 1972, 28.
92 Vgl. *Gadille*, Die britischen Inseln, 229.
93 Vgl. *McCord/Purdue*, British History, 262.
94 Vgl. *Watts*, Dissenters, Bd. 2, 546.
95 Vgl. *Bebbington*, Religious Nonconformity, 151.
96 Vgl. *Chadwick*, Victorian Church, Bd. 1, 151; Gadille, Die britischen Inseln, 229.

ter.[97] Die 1855 gegründete Zeitschrift „The Freeman" erklärte, man wolle die *Church of England* von ihrem Bündnis mit dem Staat befreien.[98] Hier erhielt die Trennungsforderung eine neue Ausrichtung. Die *Liberation Society* wurde zu einer der stärksten „pressure groups" im mittleren Viktorianischen Zeitalter, ihre Einkünfte waren größer als die der Liberalen Partei,[99] mit der sie eng kooperierte.[100]

Überhaupt lief der Kampf für die Aufhebung der Privilegien der Staatskirche parallel zu dem Streben der politisch Liberalen nach einem Ende der „feudalen" Vorrechte der alten Oberschicht. Die Nonkonformisten wandten sich gegen eine Einmischung des Staates in religiöse Belange, die Liberalen kämpften für einen freien Handel ohne Interventionen und Behinderungen durch die Regierung.[101] Die Übereinstimmung im Prinzip der staatlichen Nichteinmischung sorgte für eine gegenseitige Befruchtung im Verfolgen der jeweiligen Zielsetzungen.[102] Mit der erneuten Regierungsbeteiligung und schließlich Alleinregierung der Whigs bzw. der Liberal Party seit 1852 wurde die Kirchenreformpolitik wieder aufgenommen. Zum Beispiel wurden die Ehescheidung und eine kirchliche Trauung von Geschiedenen ermöglicht.[103] 1868 erfolgte die Aufhebung der Zwangsbesteuerungen zugunsten der Anglikanischen Kirche (auf Initiative des Vorsitzenden der Liberalen Partei Gladstone).[104] Das war ebenso wie im Folgejahr die Entprivilegierung der Anglikanischen Kirche in Irland zugleich ein Erfolg der *Liberation Society*.[105]

Bei der Wahl William Ewart Gladstones (1809–1898) zum Premierminister 1868 spielten nonkonformistische Wähler – ein Jahr

---

97 Vgl. *Bebbington*, Religious Nonconformity, 151.
98 Vgl. *ders.*, Nineteenth-Century British Baptist Attitudes, 17.
99 Vgl. *ders.*, Religious Nonconformity, 151; vgl. insgesamt *Timothy Larsen*, Friends of Religious Equality. Nonconformist Politics in Mid-Victorian England (Studies in modern British religious history 1), Woodbridge 1999.
100 Vgl. *Maurer*, Kleine Geschichte, 381.
101 Vgl. *David W. Bebbington*, The Nonconformist Conscience. Chapel and Politics 1870–1914, London 1982, 9.
102 Vgl. auch *Alan Sykes*, The Rise and Fall of British Liberalism 1776–1988, London 1997, 53.
103 Vgl. *Gadille*, Die britischen Inseln, 231 f.
104 Vgl. *Westin*, Geschichte, 199.
105 Vgl. *Maurer*, Kleine Geschichte, 381 f.

zuvor war das Wahlrecht nochmals ausgeweitet worden – eine wichtige Rolle.[106] Vor allem die Baptisten bildeten innerhalb der liberalen Wählerschaft einen starken Block.[107] Dissenter engagierten sich für die liberalen Programmpunkte Frieden, Sparpolitik mit Ausgabenkürzungen und gesellschaftliche Reform.[108] Diesbezüglich wurden sie unter Gladstone zum „Stoßtrupp" des Liberalismus.[109]

1871 gewährte der *University Tests Act* Katholiken, Dissentern und Nichtchristen den Zugang zu den renommierten Universitäten. Seit 1880 durften freikirchliche Beerdigungen auf den Friedhöfen anglikanischer Kirchengemeinden ohne Beteiligung von anglikanischen Geistlichen stattfinden.

Konform gingen die Liberalen auch mit einem wichtigen Anliegen der Nonkonformisten, als die Gladstone-Regierung 1872 erstmals feste Zeiten für den Ausschank von alkoholischen Getränken festlegte und diesen damit zu limitieren versuchte. 1893, 1895 und 1908 unterbreiteten liberale Regierungen Vorschläge zur Eingrenzung des Alkoholkonsums, was jedoch regelmäßig am britischen Oberhaus scheiterte.[110] Diese Versuche der Nonkonformisten, mit Hilfe des Parlaments die Moralität ihrer Mitbürger zu regulieren, stand im Widerspruch zu der strikten Linie einer früheren Dissenter-Generation, die Betätigungsfelder von Kirche und Staat getrennt zu halten.[111]

4. Evangelische Allianz und Liberalismus

Unter starker Beteiligung britischer Nonkonformisten gründete sich im August 1846 in London die *Evangelical Alliance*. Tagungsort der Gründungsversammlung war die Freemasons' Hall in London, eine Räumlichkeit der Freimaurerbewegung. Die Evangelische

---

106 Vgl. insgesamt auch *David W. Bebbington*, Gladstone and the Nonconformists. A Religious Affinity in Politics, in: *Backer, Derek* (Hg.): Church Society and Politics (Studies in Church History 12), Oxford 1975, 369–382.
107 Vgl. *Coker*, Social Conscience, 26f.
108 Vgl. *Bebbington*, Religious Nonconformity, 152.
109 So ebd., 155.
110 Vgl. ebd., 152 f.
111 Vgl. *Michael R. Watts*, The Dissenters, Bd. 3: The Crisis and Conscience of Nonconformity, Oxford 2015, 292 f.

Allianz verstand sich als eine internationale Verbindung von Christen. Ihre Hauptziele waren gegenseitiger Austausch, die Evangelisation der Welt und ein Beitrag zum internationalen Frieden durch eine grenzüberschreitende Kooperation.

Auf der Gründungskonferenz verhinderten heftige Auseinandersetzungen über die Sklaverei in den USA eine stärkere organisatorische Verbindlichkeit. Auf der anderen Seite trugen die Diskussionsbeiträge britischer Teilnehmer mit dazu bei, dass es langfristig unter nordamerikanischen Protestanten zu einem Bewusstseinswandel in dieser Frage kam.[112]

Zu Überschneidungen mit politisch liberalem Denken kam es auch bei dem kontinuierlichen Einsatz der Allianz für das Prinzip der Religionsfreiheit, erstmals mit dem 1847 beginnenden Engagement für die *Eglise évangélique libre* im Schweizer Waadtland (Vaud).[113] Culling Eardley Smith (1805–1863), ein politisch liberaler „evangelikaler" Anglikaner und eine der Führungspersönlichkeiten des britischen Zweigs der Allianz, kritisierte im Sommer des Jahres die Verweigerung des Rechts auf Religionsfreiheit durch die Kantonsregierung und stellte klar, man könne nicht von Freiheit sprechen, wenn das Recht auf freie Religionsausübung nicht gewährleistet sei.[114] In einer Grußbotschaft vom 8. Dezember 1847 an die Glaubensgeschwister im Waadtland erklärte das Komitee der *British Southern Division* der Evangelischen Allianz das Recht auf Gewissensfreiheit zum „heiligsten" Menschenrecht.[115] Dieser Brief und weitere Dokumente zu dem Schweizer Kantonskonflikt wurden im britischen Allianz-Organ „Evangelical Christendom" publiziert, so dass eine breitere Öffentlichkeit über die Verfolgung der Freikirche informiert war.

---

112 Vgl. *Gerhard Lindemann*, Für Frömmigkeit in Freiheit. Die Geschichte der Evangelischen Allianz im Zeitalter des Liberalismus (1846–1879) (Theologie. Forschung und Wissenschaft 24), Berlin 2011, 33–137.

113 Vgl. ebd., 141–151.

114 Vgl. *C.E. Eardley*, Continental Prospects of the Evangelical Alliance, in: Evangelical Christendom 1 (1847), 266–268, hier: 267.

115 Vgl. Address of the Committee of the Southern Division of the British Organization in Connexion with the Evangelical Alliance, to Their Brethren, the Pastors and Members of Evangelical Protestant Churches in the Canton de Vaud, Whose Religious Liberties Are Infringed by the Decree of November 24, 1847, in: Evangelical Christendom 2 (1848), 31 f.

In den 1850er Jahren weitete sich das Engagement der Allianz für Religionsfreiheit aus. Es galt jungen evangelischen Glaubensgemeinschaften in kontinentaleuropäischen Staaten mit protestantischer Mehrheitsbevölkerung, evangelischen Minderheiten in katholischen Ländern und in einigen Fällen auch von protestantischen Herrschern verfolgten Katholiken. Mit ihrem Einsatz für das Recht auf öffentliche Verbreitung der individuellen Glaubensüberzeugung und zur Neugründung von alternativen Gemeinden bzw. Kirchen überschritt die Allianz den reinen Toleranzgedanken. Dabei betrieb sie auch Öffentlichkeits- und Lobbyarbeit unter Politikern und anderen Persönlichkeiten mit gesellschaftlichem Einfluss, sie bediente sich zudem diplomatischer Kanäle und entsandte zum Teil auch Deputationen in Länder, wo die Religionsfreiheit eingeschränkt war. Diese Delegationen erhielten auch die Unterstützung britischer Diplomaten.[116]

Im August 1853 tagte in Homburg (Hessen) mit Unterstützung des britischen Allianzzweiges eine kleine internationale Konferenz zu Fragen der Religionsfreiheit. Die Initiative für diese Veranstaltung war vom englischen Baptisten Edward Steane (1798–1882) ausgegangen.[117] Es handelte sich vermutlich um den ersten Kongress, der sich in Deutschland seit der Revolution von 1848 mit Menschenrechtsfragen befasste.[118] In Großbritannien kam es mittlerweile nicht mehr zu so massiven Diskriminierungen der Freikirchen und ihrer Mitglieder wie auf dem europäischen Kontinent. Hier half die Allianz durch ihre Konferenzen, Aktionen und die Pflege gemeinsamer Spiritualität zu einem besseren Verständnis, einem respektvolleren Klima und einer intensiveren Kooperation zwischen den protestantischen Denominationen.[119]

Im November 1857 wandte sich die britische Allianz auch gegen die Unterstützung des Opiumhandels in Fernost durch die Londo-

---

116 Vgl. *Lindemann*, Für Frömmigkeit, 272.
117 Vgl. ebd., 263–267.
118 Vgl. *Karl Heinz Voigt*, Die „Homburg Conference" für Religionsfreiheit von 1853. Eine frühe Menschenrechtsinitiative, in: *Lena Lybæk/Konrad Raiser/Stefanie Schardien* (Hg.), Gemeinschaft der Kirchen und gesellschaftliche Verantwortung. Die Würde des Anderen und das Recht anders zu denken. Festschrift für Professor Dr. Erich Geldbach (Ökumenische Studien/Ecumenical Studies 30), Münster 2004, 492–503, hier: 493.
119 Vgl. *Lindemann*, Für Frömmigkeit, 938.

ner Regierung. Dieser führe zu einer Demoralisierung der Menschen in China und Indien.[120] Das Engagement gegen den Opiumhandel machte deutlich, dass nicht nur die Glaubens- und Gewissensfreiheit, sondern auch die individuelle Menschenwürde ein Anliegen der britischen Allianzchristen war.

Mit der Allianzversammlung in Amsterdam 1867 erfolgte eine positive Anknüpfung der Allianz an den Kosmopolitismus der Niederlande und an das dort herrschende Prinzip der Glaubens- und Gewissensfreiheit.[121] Die New Yorker Allianz-Konferenz 1873 verstand man als einen bewussten Gegenpart zum Ersten Vatikanischen Konzil.[122] Ohnehin boten die internationalen Allianzversammlungen durch die Orientierung der Verhandlungen am anglo-amerikanischen Modell des politischen Parlamentarismus Christen, die nicht in einer Demokratie westlichen Musters lebten, Zugänge zu für sie neuen Formen der Debattenkultur.

Das praktische Engagement für Religionsfreiheit weitete sich mit dem Einsatz für den durch päpstliche Gendarmen im Juni 1858 aus seinem Elternhaus entführten sechsjährigen Knaben Edgardo Mortara (1851–1940)[123] auch auf Juden aus. Die britische Allianzversammlung in Liverpool bezeichnete den Gewaltakt als eine Entehrung des christlichen Namens zwecks gewaltsamer Unterdrückung Andersgläubiger und sprach von einer „kirchlichen Tyrannei"[124]. Anfang März 1859 kritisierte das britische Allianzkomitee die „grobe Verletzung" des Elternrechts, zugleich auch „der Grundsätze des Evangeliums unseres Herrn". Als Verteidiger der Religionsfreiheit, so hieß es weiter, wandten sich die Allianzchristen gegen jegliche Verfolgungsmaßnahmen in diesem Feld.[125] Einige britische Politiker schlossen sich dem Protest an.[126] Im Blick auf den konkreten

---

120 Vgl. ebd., 468 f.

121 Vgl. ebd., 683–692.

122 Vgl. ebd., 693–763.

123 Vgl. insgesamt *David I. Kertzer*, Die Entführung des Edgardo Mortara. Ein Kind in der Gewalt des Vatikans, München 1998.

124 Text in: Beta., Evangelical Alliance. Twelfth Annual Conference, in: Evangelical Christendom 12 (1858), 403–435, hier: 433.

125 Committee of Council, Special Meeting. Friday March 4, 1859, in: Archiv der Evangelical Alliance, London, Evan. Alice., Committee of Council Minutes, Vol. II, Bl. 229–237, hier: 235.

126 Vgl. *Lindemann*, Für Frömmigkeit, 618 f.

Fall blieb die Allianz hier zwar erfolglos, doch sorgte die breit geführte öffentliche Kampagne für einen weiteren Sympathieverlust von Papst Pius IX. (1792/1846–1878) und des von ihm geführten Kirchenstaates.[127]

5. Nonkonformismus und Arbeiterbewegung

1893 wurde die *Independent Labour Party* gegründet, nach den Unterhauswahlen 1906 umbenannt in *Labour Party*.[128] Ihre Wurzeln lagen auch im protestantischen Nonkonformismus. Bereits für die Entstehung der englischen Gewerkschaften war das Wirken des Methodistenpredigers Hugh Price Hughes (1847–1902) eine wichtige Voraussetzung gewesen. Er hatte 1885 das Publikationsorgan „Methodist Times" gegründet, ein „Journal der religiösen und sozialen Bewegung", und war in der Folgezeit dessen Herausgeber. Zielgruppen seiner Artikel waren Arbeiter und Frauen. 1884 hatte er erklärt, es reiche nicht aus, einzelne Seelen zu retten, sondern das große Erfordernis der Zeit sei ein christlicher Sozialismus. 1889 veröffentlichte er eine Sammlung von Predigten unter dem Titel „Social Christianity". Einer der Kernsätze in dem Werk, das mehrere Auflagen erlebte, war, dass man von Menschen, die zusammengepfercht in einem einzigen Raum lebten, nicht die Herausbildung von Tugend und Moral erwarten könne. An der methodistischen Kirche kritisierte Hughes die dort mittlerweile vorherrschende Dominanz der bürgerlichen Mittelschicht.

Seine sozial ausgerichtete Theologie war auf Christus zentriert. Jesus Christus galt dem Theologen als Mann des Volkes. Christi Liebe gelte jedem Menschen, unabhängig von der Klassenzugehörigkeit oder anderen Voraussetzungen. Hughes' soziale Theologie gipfelte in der Forderung, dass staatliche Gesetze und Politik sich an den Lehren Christi orientieren sollten.[129] Hughes war überzeugt,

---

127 Vgl. *Thomas Brechenmacher*, Das Ende der doppelten Schutzherrschaft. Der Heilige Stuhl und die Juden am Übergang zur Moderne (1775–1870) (Päpste und Papsttum 32), Stuttgart 2004, 431f.

128 Vgl. *Andrew Thorpe*, A History of the British Labour Party, London/New York ⁴2015, 8.

129 Vgl. *Peter d'A. Jones*, The Christian Socialist Revival 1877–1914. Religion, Class, and Social Conscience in Late-Victorian England, Princeton, NJ, 1968, 406f.

dass die christliche Botschaft die Welt schrittweise in das Reich Gottes verwandeln werde.[130]

Insgesamt gab es eine Reihe von Verbindungen zwischen Nonkonformisten (vor allem den *Primitive Methodists*) und Gewerkschaften.[131] Viele Gewerkschafter waren zugleich treue Kirchenmitglieder, eher in nonkonformistischen Gemeinden als in solchen der Staatskirche.[132] Die Mehrheit der Gewerkschaftsführer und der Mitgliedschaft vertraten Forderungen des politischen Liberalismus unter Gladstone, darunter auch ein entkonfessionalisiertes staatliches Erziehungswesen.[133]

In der *Fabian Society*, einer weiteren Wurzel der *Labour Party*, war John Clifford (1836–1923) aktiv, Prediger der Westbourne Grove Baptist Church im Westen Londons. Die *Fabians* kämpften für stärkere staatliche Eingriffe angesichts der Sozialen Frage. Das Engagement für ein kollektives Handeln zugunsten der sozial Schwachen bezeichnete Clifford als „Social Gospel" (ein Begriff, der später von dem deutschamerikanischen Baptisten Walter Rauschenbusch aufgegriffen wurde und im weltweiten Methodismus große Bedeutung erlangte). Clifford war von der gesellschaftsverändernden Kraft des christlichen Glaubens überzeugt.[134]

In der *Independent Labour Party* waren Angehörige verschiedener christlicher Konfessionen aktiv, insbesondere aus dem Lager der Nonkonformisten. Das galt auch für die Sympathisantenszene der Partei. Noch wirksamer waren jedoch religiöse und vor allem christliche Überzeugungen in der Industriearbeiterschaft, insbesondere aus Nordengland.

Nahezu parallel und mit personellen Überschneidungen zur *Labour Party* entstand 1891 eine Arbeiterkirchenbewegung (*Labour Church*), initiiert von dem unitarischen Geistlichen John Trevor

---

130 Vgl. *Bebbington*, Religious Nonconformity, 153; vgl. insgesamt *Christopher Oldstone-Moore*, Hugh Price Hughes: Founder of a New Methodism. Conscience of a New Nonconformity, Cardiff 1999.

131 So waren mindestens die Hälfte der Teilnehmer der Konferenz der *Miners' Federation of Great Britain* 1890 nonkonformistische Prediger; vgl. ebd., 154.

132 Vgl. *McCord/Purdue*, British History, 356.

133 Vgl. *Henry Pelling/Alastair J. Reid*, A Short History of the Labour Party, Basingstoke/London/New York [11]1996, 1.

134 Vgl. *Bebbington*, Religious Nonconformity, 154.

(1855–1930) aus Manchester. Die christliche Verkündigung sollte den Menschen innerlich stützen, Geborgenheit und ein Gemeinschaftsgefühl vermitteln sowie zu ethischem und sozialem Handeln motivieren. Die Bewegung erfuhr in den 1890er Jahren einen größeren Zulauf, im Juli 1893 umfasste sie 24 Gemeinden, bald darauf über 50 mit jeweils zwischen 300 und 500 Mitgliedern. Mit dem weiteren Aufstieg der Arbeiterpartei nach 1900 (nach ihrer Lösung von der Liberalen Partei) und dem Austritt Trevors aus der *Labour Church* gingen die Beteiligungsziffern zurück.

Der Gründer der *Labour Party*, James Keir Hardie (1856–1915), der 1892 über die Liberalen in das Unterhaus einzog, war geprägt von Grundideen eines praktischen Christentums. Er hatte als christlicher Laienprediger in der *United Secession Church* erste Erfahrungen in öffentlicher Rhetorik sammeln können und gehörte der Temperenzler-Bewegung an. Religion und Politik waren für ihn nicht voneinander zu trennen.[135] Nach einem innergemeindlichen Konflikt zog er sich von kirchlichen Veranstaltungen zurück, verstand sich jedoch weiterhin als Christ.[136] Seine öffentlichen Reden und Vorträge bezogen sich immer wieder auf die in der Bergpredigt vermittelte Hoffnung für die Armen und gesellschaftlich Ausgegrenzten.[137] Hardies egalitäre Demokratievorstellungen[138] lassen sich ebenfalls auf sein Engagement in einer nonkonformistischen Gemeinde zurückführen.

Dass es in Großbritannien nicht zu einem radikalen Bruch der Arbeiterschaft mit dem Christentum kam, ist vor allem dem protestantischen Nonkonformismus zu verdanken.[139] Es gab eine deutliche Nähe zwischen dem ethischen Sozialismus der frühen *Labour Party* und der methodistischen Predigt von einer altruistischen Grundeinstellung als Christenpflicht.[140] Hardie wandte sich gegen das marxistische Konzept vom Klassenkampf, da ein solcher sich

---

135 Vgl. *Greschat*, Zeitalter, 174–176.
136 Vgl. *Watts*, Dissenters, Bd. 3, 285.
137 Vgl. *Geoffrey Foote*, The Labour Party's Political Thought. A History, Basingstoke/London ³1997, 44.
138 Vgl. ebd., 43.
139 Vgl. *Greschat*, Zeitalter, 174–176.
140 Vgl. *Bebbington*, Religious Nonconformity, 154.

auf den Gegensatz zwischen Kapital und Arbeit eher verstärkend auswirken würde. Die Auseinandersetzung müsse dem System gelten und nicht einer Klasse.[141]

Auch unter den ersten Abgeordneten der *Labour Party* (ab 1906) befanden sich eine Reihe aktiver Nonkonformisten.[142] Noch in der Zwischenkriegszeit stellten sie beinahe die Hälfte der Unterhausabgeordneten von *Labour* und über ein Drittel der Mitglieder und Beschäftigten des Exekutivkomitees der Partei. Eine ihrer Führungsfiguren in der Zeit, Arthur Henderson (1863–1935), 1924 Innenminister und 1929 bis 1931 Außenminister, mehrfach Parteivorsitzender und auch langjähriger Generalsekretär von *Labour*, war ein entschiedener Methodist. Auf einen späteren *Labour*-Generalsekretär, Morgan Phillips, geht das vielzitierte Bonmot zurück, *Labour* verdanke dem Methodismus mehr als dem Marxismus.[143]

6. Resümee

Während die britischen Nonkonformisten am Beginn des 19. Jahrhunderts noch eher religiöse und auch gesellschaftliche Außenseiter waren, so spielten sie am Ende des Jahrhunderts eine nicht unwichtige gesellschaftliche Rolle und erwiesen sich zugleich als eine starke politische Kraft.[144] Insgesamt lässt sich festhalten, dass die englischen Freikirchen im politischen Liberalismus einen Bündnispartner zur Durchsetzung ihrer kirchenpolitischen Forderungen besaßen. Die Prinzipien der staatsfreien kirchlichen Selbstverwaltung und der Freiwilligkeit hinsichtlich der Zugehörigkeit zu einer Religionsgemeinschaft deckten sich mit liberalen Grundsätzen. Hinzu kamen Kooperationen bei Fragen der Gesellschaftsreform. Das vielfältige Engagement von Dissentern in diesem Bereich macht deutlich, dass eine Trennung von Kirche und Staat keineswegs zwingend zu einem gesellschaftlichen und politischen Relevanzverlust von Religion, zum Rückzug in einen apolitischen Privatbereich, führen muss.

---

141 Vgl. *Foote*, The Labour Party's Political Thought, 42f.
142 Vgl. *Thorpe*, History, 23.
143 Vgl. *Bebbington*, Religious Nonconformity, 155.
144 Vgl. auch *Coker*, Social Conscience, 20.

Literatur:

Abruzzo, Margaret: Polemical Pain. Slavery, Cruelty, and the Rise of Humanitarianism, Baltimore, MD, 2011.

Birke, Adolf M.: Voluntary Associations. Aspekte gesellschaftlicher Selbstorganisation im frühindustriellen England, in: *Ders.*: Deutschland und Großbritannien. Historische Beziehungen und Vergleiche. Britain and Germany. Historical Relations and Comparisons, hg. v. *Franz Bosbach* und *Hermann Hiery* (Prinz-Albert-Forschungen 1), München 1999, 65–75.

Anstey, Roger: Religion and British Slave Emancipation, in: *Eltis, David/ Walvin, James* (Hg.): The Abolition of the Atlantic Slave Trade. Origins and Effects in Europe, Africa, and the Americas, Madison, WI/London 1981, 37–61.

Anstey, Roger: The Atlantic Slave Trade and British Abolition 1760–1810, London 1975.

Anstey, Roger: The Pattern of British Abolitionism in the Eighteenth and Nineteenth Centuries, in: *Bolt, Christine/Drescher, Seymour* (Hg.): Anti-Slavery, Religion and Reform. Essays in Memory of Roger Anstey, Folkestone (Kent)/Hamden, CT, 1980, 19–42.

Bader-Zaar, Birgitta: Abolitionismus und Nonkonformismus in der Geschichtsschreibung. Zur These der Abschaffung des Sklavenhandels und der Sklaverei in Großbritannien und Nordamerika als Initiative nonkonformistischer religiöser Gemeinschaften, in: Zeitschrift für Theologie und Gemeinde 21 (2016), 200–218.

Bebbington, David W.: Gladstone and the Nonconformists. A Religious Affinity in Politics, in: *Backer, Derek* (Hg.): Church Society and Politics (Studies in Church History 12), Oxford 1975, 369–382.

Bebbington, David W.: Nineteenth-Century British Baptist Attitudes towards the Relations of Church and State, in: The Pacific Journal of Baptist Research 9 (2014), 8–21.

Bebbington, David W.: Religious Nonconformity and Democracy. Dissenting Politics from the Seventeenth-Century Revolution to the Rise of the Labour Party, in: Zeitschrift für Theologie und Gemeinde 21 (2016), 143–156.

Bebbington, David W.: The Nonconformist Conscience. Chapel and Politics 1870–1914, London 1982.

Belmonte, Kevin: Art. Wilberforce, William in: Theologische Realenzyklopädie 36 (2004), 38–42.

Blaser, Klauspeter: Mission und Erweckungsbewegung, in: Pietismus und Neuzeit 7 (1981), 128–146.

Booth, Abraham: Commerce in the Human Species, and the Enslaving of Innocent Persons, Inimical to the Law of Moses and the Gospel of Christ. A Sermon, Preached in Little Prescot Street, Goodman's Fields, London, Jan. 29, 1792, London 1792.

Bradburn, Samuel: An Address to the People called Methodists concerning the Evil of Encouraging the Slave Trade, London 1792.

Brechenmacher, Thomas: Das Ende der doppelten Schutzherrschaft. Der Heilige Stuhl und die Juden am Übergang zur Moderne (1775–1870) (Päpste und Papsttum 32), Stuttgart 2004.

Briggs, Asa: The Age of Improvement 1783–1867, Abingdon/New York ²2014.

Brown, Christopher Leslie: Moral Capital. Foundations of British Abolitionism, Chapel Hill/London 2006.

Canton, William: A History of the British and Foreign Bible Society, 5 Bde., London 1904–1910.

Chadwick, Owen: The Victorian Church, Bd. 1: 1829–1859, London ³1971.

Cheyne, Alexander C.: Studies in Scottish Church History, Edinburgh 1999.

Clapp, Elizabeth J./Jeffrey, Julie Roy (Hg.): Women, Dissent, and Anti-Slavery in Britain and America 1790–1865, Oxford/New York 2011.

Clark, Peter: British Clubs and Societies 1580–1800. The Origins of an Associational World (Oxford Studies in Social History), Oxford/New York 2000.

Coffey, John: The Abolition of the Slave Trade. Christian Conscience and Political Action, in: Cambridge Papers Towards a Biblical Mind 15/2 (2006), 1–6.

Coker, Joe L.: Social Conscience and Political Power among Nineteenth-Century English Baptists, in: The Pacific Journal of Baptist Research 1 (2005), 20–38.

Cowherd, Raymond Gibson: Protestant Dissenters in English Politics 1815 to 1834, Diss. Philadelphia 1942.

Cowherd, Raymond Gibson: The Politics of English Dissent, London 1959.

Crawford, Neta: Argument and Change in World Politics. Ethics, Decolonization, and Humanitarian Intervention, Cambridge/New York 2002.

D'Anjou, Leo: Social Movements and Cultural Change. The First Abolition Campaign, New York 1996.

Davis, David Brion: Slavery and Human Progress, New York/Oxford 1984.

Davis, David Brion: The Problem of Slavery in Western Culture, Ithaca, NY, 1966.

166

Davis, David Brion: The Quaker Ethic and the Antislavery International, in: *Bender, Thomas* (Hg.): The Antislavery Debate. Capitalism and Abolitionism as a Problem in Historical Interpretation, Berkeley/Los Angeles 1992, 27–64.

Drescher, Seymour: Abolition. A History of Slavery and Antislavery, Cambridge/New York 2009.

Evans, Eric J.: The Shaping of Modern Britain. Identity, Industry and Empire 1780–1914, Harlow/London 2011.

Foote, Geoffrey: The Labour Party's Political Thought. A History, Basingstoke/London ³1997.

Gadille, Jacques/Zorn, Jean-François: Der neue Missionseifer, in: *Gadille, Jacques/Mayeur, Jean-Marie* (Hg.): Liberalismus, Industrialisierung, Expansion Europas (1830–1914) (Geschichte des Christentums 11), 133–164.

Gadille, Jacques: Die britischen Inseln, in: *Ders./Mayeur, Jean-Marie* (Hg.): Liberalismus, Industrialisierung, Expansion Europas (1830–1914) (Geschichte des Christentums 11), 221–244, hier: 223.

Green, Samuel G.: The Story of the Religious Tract Society. For One Hundred Years, London 1899.

Greschat, Martin: Das Zeitalter der Industriellen Revolution (Christentum und Gesellschaft 11), Stuttgart u.a. 1980.

Helmstadter, Richard J.: Orthodox Nonconformity, in: *Paz, Denis G.* (Hg.): Nineteenth-Century English Religious Traditions. Retrospect and Prospect (Contributions to the Study of Religion 44), Westport, CT/London 1995, 57–84.

Hinchliff, Peter: Voluntary Absolutism. British Missionary Societies in the Nineteenth Century, in: *Sheils, William J./Wood, Diana* (Hg.): Voluntary Religion. Papers Read at the 1985 Summer Meeting and the 1986 Winter Meeting of the Ecclesiastical History Society (Studies in Church History 23), Worcester 1986, 363–379.

Hole, Robert: Pulpits, Politics and Public Order in England 1760–1832, Cambridge/New York 1989.

Howsam, Leslie: Cheap Bibles. Nineteenth Century Publishing and the British and Foreign Bible Society (Cambridge Studies in Publishing and Printing History), Cambridge 1991.

Jeffrey, Julie Roy: The Great Silent Army of Abolitionism. Ordinary Women in the Antislavery Movement, Chapel Hill/London 1998.

Jones, Peter d'Alroy: The Christian Socialist Revival 1877–1914. Religion, Class, and Social Conscience in Late-Victorian England, Princeton, NJ, 1968.

Kertzer, David I.: Die Entführung des Edgardo Mortara. Ein Kind in der Gewalt des Vatikans, München 1998.

Larsen, Timothy: Friends of Religious Equality. Nonconformist Politics in Mid-Victorian England (Studies in Modern British Religious History 1), Woodbridge 1999.

Lehmann, Hartmut: Horizonte pietistischer Lebenswelten, in: *Ders.*: Protestantische Weltsichten. Transformationen seit dem 17. Jahrhundert, Göttingen 1998, 11–28.

Leonhard, Jörn: Konfession und Liberalismus im frühen 19. Jahrhundert. Eine Beziehungsanalyse im deutsch-englischen Vergleich, in: *Kubik, Andreas* (Hg.): Protestantismus – Aufklärung – Frömmigkeit. Historische, systematische und praktisch-theologische Zugänge (Arbeiten zur Pastoraltheologie, Liturgik und Hymnologie 66), Göttingen 2011, 110–132.

Lindemann, Gerhard: Für Frömmigkeit in Freiheit. Die Geschichte der Evangelischen Allianz im Zeitalter des Liberalismus (1846–1879) (Theologie. Forschung und Wissenschaft 24), Berlin 2011.

Lindt, Andreas: Die Erweckungsbewegung – Ferment der Spaltung oder Weg zur Glaubenseinheit? (Vorläufige Überlegungen), in: *Gäbler, Ulrich/Schram, Peter L.* (Hg.): Erweckung am Beginn des 19. Jahrhunderts. Referate einer Tagung an der Freien Universität Amsterdam 26.–29. März 1985, Amsterdam 1986, 33–43.

Lovett, Richard: The History of the London Missionary Society 1795–1895, London 1899.

Mackintosh, William H.: Disestablishment and Liberation. The Movement for the Separation of the Anglican Church from State Control, London 1972.

Maurer, Michael: Kleine Geschichte Englands, Stuttgart 2007.

McCord, Norman/Purdue, Bill: British History 1815–1914 (The Short Oxford History of the Modern World), Oxford [2]2007.

McLeod, Hugh: Piety and Poverty. Working-Class Religion in Berlin, London and New York 1870–1914 (Europe Past and Present Series), New York/London 1996.

Midgley, Clare: Women Against Slavery. The British Campaigns 1780–1870, London 1992.

Mommsen, Wolfgang J.: Einführung: Deutscher und britischer Liberalismus. Versuch einer Bilanz, in: *Langewiesche, Dieter* (Hg.): Liberalismus im 19. Jahrhundert. Deutschland im europäischen Vergleich. Dreißig Beiträge (Kritische Studien zur Geschichtswissenschaft 79), Göttingen 1988, 211–222.

More, Hannah: Slavery. A Poem, London 1788.

Muhs, Rudolf: Deutscher und britischer Liberalismus im Vergleich. Trägerschichten, Zielvorstellungen und Rahmenbedingungen (ca. 1830–1870), in: *Langewiesche, Dieter* (Hg.): Liberalismus im 19. Jahrhundert. Deutschland im europäischen Vergleich. Dreißig Beiträge (Kritische Studien zur Geschichtswissenschaft 79), Göttingen 1988, 223–259.

Oldstone-Moore, Christopher: Hugh Price Hughes: Founder of a New Methodism. Conscience of a New Nonconformity, Cardiff 1999.

Page, Anthony: Rational Dissent. Enlightenment, and Abolition of the British Slave Trade, in: Historical Journal 54 (2011), 741–772.

Payne, Ernest A.: The Baptist Union. A Short History, London 1959.

Pelling, Henry/Reid, Alastair J.: A Short History of the Labour Party, Basingstoke/London/New York [11]1996.

Randall, Ian/Hilborn, David: One Body in Christ. The History and Significance of the Evangelical Alliance, Carlisle (Cumbria)/Waynesboro, GA, 2001.

Rothkegel, Martin: Freiheit als Kennzeichen der wahren Kirche. Zum baptistischen Grundsatz der Religionsfreiheit und seinen historischen Ursprüngen, in: *Strübind, Andrea/Rothkegel, Martin* (Hg.): Baptismus. Geschichte und Gegenwart, Göttingen 2012, 201–225.

Rothkegel, Martin: Reformatorischer Nonkonformismus und modernes Freiheitsverständnis, in: Mennonitische Geschichtsblätter 71 (2014), 7–34.

Rubboli, Massimo: Religious Liberty in the English and American Nonconformist Traditions. From the Seventeenth Century to the Declaration of Human Rights of 1948, in: Zeitschrift für Theologie und Gemeinde 21 (2016), 174–199.

Sykes, Alan: The Rise and Fall of British Liberalism 1776–1988, London 1997, 53.

Thorpe, Andrew: A History of the British Labour Party, London/New York [4]2015.

Virgin, Peter: The Church in an Age of Negligence. Ecclesiastical Structure and Problems of Church Reform, 1700–1840, Cambridge 1989.

Voigt, Karl Heinz: Die „Homburg Conference" für Religionsfreiheit von 1853. Eine frühe Menschenrechtsinitiative, in: *Lybæk, Lena/Raiser, Konrad/Schardien, Stefanie* (Hg.): Gemeinschaft der Kirchen und gesellschaftliche Verantwortung. Die Würde des Anderen und das Recht anders zu denken. Festschrift für Professor Dr. Erich Geldbach (Ökumenische Studien 30), Münster 2004, 492–503.

Wallace, Valerie: Scottish Presbyterianism and Settler Colonial Politics. Empire of Dissent, London/New York 2018.

Walls, Andrew F.: Missionary Societies and the Fortunate Subversion of the Church, in: *Ders.*: The Missionary Movement in Christian History. Studies in the Transmission of Faith, Maryknoll, NY, 1996, 241–254.

Ward, Reginald R.: Kirchengeschichte Großbritanniens vom 17. bis zum 20. Jahrhundert (Kirchengeschichte in Einzeldarstellungen III/7), Leipzig 2000.

Watts, Michael R.: The Dissenters, Bd. 2: The Expansion of Evangelical Nonconformity, Oxford 1995.

Watts, Michael R.: The Dissenters, Bd. 3: The Crisis and Conscience of Nonconformity, hg. v. *David W. Bebbington*, Oxford 2015.

Wesley, John: Thoughts upon Slavery, London 1774.

Westin, Gunnar: Geschichte des Freikirchentums. Der Weg der freien christlichen Gemeinden durch die Jahrhunderte, Kassel ²1958.

Winkler, Heinrich August: Geschichte des Westens. Von den Anfängen in der Antike bis zum 20. Jahrhundert, München 2009.

Freie Kirchen und der Kampf um politische Freiheit

Die Rolle der *Black Church* in der Bürgerrechtsbewegung in den USA

Michael Haspel

Beim Busboykott in Montgomery, bei den studentischen Sit-ins in Nashville und bei den Demonstrationen in Birmingham und Selma waren es die Kirchen der schwarzen Gemeinden, die als Versammlungsorte dienten. Es waren ehren- und hauptamtliche Mitarbeitende, die wichtige Aufgaben übernahmen, es waren überwiegend Mitglieder der schwarzen Kirchengemeinden, welche für die Demonstrationen und Boykottmaßnahmen mobilisiert werden konnten. Im Folgenden soll deshalb untersucht werden, welche theologischen und gesellschaftlichen Faktoren dazu beigetragen haben, dass die *Black Church* eine so prominente Rolle in der Bürgerrechtsbewegung in den USA in den 1950er und 1960er Jahren eingenommen hat.

Zunächst wird die Entstehung und Entwicklung der *Black Church* (1) und ihre Haltung zu Demokratie und Rechtsstaat (2) rekonstruiert. Daran schließt eine Analyse der theologischen Konzepte an, mit denen das gesellschaftliche Engagement begründet wurde. Insbesondere der Zusammenhang von Nächstenliebe und sozialer Gerechtigkeit verdient hier besondere Aufmerksamkeit, weil er wesentlich zu einer Ekklesiologie beiträgt, die auf gesellschaftliche Verantwortung orientiert ist (3). Danach wird untersucht, welche Rolle die *Black Church* in der Protestbewegung konkret eingenommen hat und welche internen und externen Faktoren dazu beigetragen haben. Hierbei zeigt sich, dass die Unabhängigkeit des kongregationalistischen Kirchenmodells ein wesentlicher Faktor ist (4). Nach einer sehr prominenten Rolle im klassischen Bürgerrechtsjahrzehnt von 1955 bis 1965 sind die schwarzen Kirchen gesellschaftlich wieder in den Hintergrund getreten. Oft wird dies als defizitär wahrgenommen und gefordert, die Kirchen müssten heute wieder eine solche Rolle einnehmen. Hier wird argumentiert, dass man diese Entwicklung auch als normalen Verlauf eines Protestzyklus' verstehen kann, in dem politische Allianzen und Wahlen zunehmend wichtig werden (5). Deshalb, so wird im Fazit ausgeführt, ist es notwendig, dass die Kirchen jeweils kontextspezifisch ihre öffentliche Verantwortung wahrnehmen (6).

1. Die Entstehung der *Black Church*

Auf Grund der gemeinsamen historischen, politischen, sozialen und kulturellen Erfahrungen haben die Kirchen der Afro-Amerikanerinnen und Afro-Amerikaner ursprünglich vor allem im Süden der USA eine sehr ähnliche spirituelle, theologische, homiletische und musikalische Kultur entwickelt. Deshalb werden sie zusammenfassend als *Black Church* bezeichnet, auch wenn die Gemeinden unterschiedlichen Denominationen angehören. Eine überwiegende Mehrheit gehört den baptistischen und methodistischen Konfessionsfamilien an, wobei Baptisten quantitativ überwiegen. Traditionell ist die christliche Prägung ein wichtiger und dominanter Faktor der Kultur der Schwarzen in den USA.[1]

Die spezifische Ausprägung der religiösen Kultur der *Black Church* lässt sich auf die wechselseitige Durchdringung von mindestens drei kulturellen, sozialen und religiösen Prägungen zurückführen. Zum einen wurden afrikanische Traditionen durch Musik und Tanz tradiert, auch wenn die Sprachen und Symbolsysteme im Süden der USA verboten waren und in traditioneller Form spätestens mit den Erweckungsbewegungen weitgehend verloren gingen.[2] Zum an-

---

1 Vgl. *C. Eric Lincoln/Lawrence H. Mamiya*, The Black Church in the African American Experience, Durham/London ⁵1992 (1990), 1 f. Dabei ist zu beachten, dass vermutlich ein nicht unbeträchtlicher Teil der als Sklaven nach Amerika gezwungenen Afrikanerinnen und Afrikaner ursprünglich Muslime waren; vgl. *Anne H. Pinn/Anthony B. Pinn*, Fortress Introduction to Black Church History, Minneapolis 2001, 11.

2 Vgl. *E. Franklin Frazier*, The Negro Church in America, New York 1964, 1–5; *Pinn/Pinn*, Black Church, 10 f. In der Karibik und in Lateinamerika überlebten religiöse und kulturelle Praktiken in stärkerem Maße oder wirkten in transformierter Gestalt fort und sind von dort aus auch (wieder) in die USA gelangt; vgl. *Anthony B. Pinn*, Varieties of African American Religious Experience, Minneapolis 1998.

deren war die Erfahrung der erzwungenen Migration und des Leidens in der Sklaverei entscheidend. Das Leiden und die Ungerechtigkeit sowie die Hoffnung auf deren Überwindung wurden zentrale Themen der religiösen Praxis. Besonderen Ausdruck fand dies in den Gospels, Spirituals und dem Blues, die wiederum afrikanische Traditionen aufnehmen und fortführen.[3] Die dritte wesentliche Prägung ist das Christentum, mit dem die Schwarzen im Süden vor allem durch die Kirchen der Sklavenhalter und Missionare in Kontakt kamen.

Allerdings entwickelt sich im Baptismus schon sehr früh, also noch im 18. Jahrhundert, eine eigene Missionstätigkeit der entstehenden schwarzen christlichen Gemeinschaften. Durch Afro-Amerikaner, die nach dem Unabhängigkeitskrieg mit den unterlegenen britischen Truppen ziehen, entwickeln sich missionarische Aktivitäten durch schwarze baptistische Missionare in Kanada, der Karibik und sogar in West-Afrika. Die *Black Church* entfaltet sich also schon zu einem sehr frühen Zeitpunkt wesentlich eigenständig, so dass eine theologische und spirituelle Prägung entsteht, die sich deutlich von den baptistischen und methodistischen Kirchen der weißen Bevölkerung unterscheidet.[4] Anne und Anthony Pinn fassen das folgendermaßen zusammen:

> „Using their cultural memory of African practices, European notions of the Christian faith, and reflections on the hardships of their enslavement in North America, Africans produced their own unique form of Christian expression. This new version of the Christian faith spoke to spiritual and physical freedom and opposed all faiths that denied the interconnectedness of these two freedoms."[5]

---

3 Vgl. inter alia *James H. Cone*, The Spirituals and the Blues. An Interpretation, New York 1972; *Christian Broecking*, Jazz und die afroamerikanische Protestkultur, in: *Michael Haspel/Peter Reif-Spirek* (Hg.), „Hier stehe ich und kann nicht anders!" Martin Luther, Martin Luther King und die Musik, Leipzig 2017, 45–57. Zur Frage des Leidens siehe *Anthony B. Pinn*, Why, Lord? Suffering and Evil in Black Theology, New York 1995.

4 Vgl. *Sandy Dwayne Martin*, Die Entstehung und frühe Entwicklungsphase des afro-amerikanischen Baptismus im globalen Kontext (1750–1930), in: *Andrea Strübind/Martin Rothkegel* (Hg.), Baptismus. Geschichte und Gegenwart, Göttingen 2011, 109–138; *Erich Geldbach*, Zur Anfangsgeschichte schwarzer Baptisten in Nordamerika, ebd., 95–108.

5 *Pinn/Pinn*, Black Church, 11 f.

Zunächst konnten die schwarzen Sklaven sich auf den Plantagen nur heimlich zu eigenen Versammlungen treffen, da viele Plantagenbesitzer fürchteten, dass Konversionen im größeren Ausmaß die Sklaverei in Frage stellen könnten. Gleichwohl ist unter diesen Bedingungen eine *invisible church* entstanden. Allerdings war die Zahl der offiziell zum Christentum konvertierten Schwarzen zunächst nicht sehr hoch. Erst mit den großen Erweckungsbewegungen, der Aufhebung der Sklaverei und dem Ende des Bürgerkrieges wurde das Christentum zum zentralen kulturellen Faktor in der schwarzen Gemeinschaft. Jetzt konnten offiziell schwarze Kirchengemeinden in den ländlichen Gebieten entstehen. Auch wenn sie zu diesem Zeitpunkt nur über wenige Ressourcen verfügten, waren sie gleichwohl die einzigen einigermaßen funktionierenden sozialen Institutionen der Schwarzen, insbesondere im ländlichen Raum.

Mit der Urbanisierung und der *Great Migration* in den Norden veränderte sich die Lage der *Black Church*, die in den Städten zunehmend an Stärke gewann und zu der wichtigsten sozialen Institution der Schwarzen, insbesondere im segregierten Süden wurde.[6] Waren die städtischen schwarzen Gemeinden im Prozess der rasanten Urbanisierung zunächst vor allem mit der Selbstorganisation und der Bewältigung der sozialen Probleme beschäftigt, konnten sie nach ihrer Konsolidierung zunehmend die Probleme der Segregation und die Verwirklichung der Bürgerrechte für die Schwarzen in den Fokus ihrer Arbeit rücken. Viele urbane schwarze Gemeinden wurden dann zu wichtigen Zentren der Bürgerrechtsbewegung.

2. Wertschätzung der Demokratie und des Rechtsstaates

Die schwarzen Kirchen standen und stehen mit ganz überwältigender Mehrheit der liberalen Demokratie und dem Rechtsstaat positiv gegenüber, wie überhaupt die meisten christlichen Kirchen in den USA. Dies scheint aus heutiger Perspektive vielleicht nicht

---

6　Vgl. *Frazier*, Negro Church, 17–51; *Lincoln/Mamiya*, Black Church, 92–163; *Doug McAdam*, Political Process and the Development of Black Insurgency 1930–1970, Chicago/London 1982, 65–94.

überraschend. Aber wenn man bedenkt, dass die erste umfassende positive Äußerung des deutschen landeskirchlichen Protestantismus zum demokratischen Rechtsstaat nicht zufällig erst 1985 mit der Denkschrift „Evangelische Kirche und freiheitliche Demokratie. Der Staat des Grundgesetzes als Angebot und Aufgabe"[7] erfolgte, ist dies doch bemerkenswert. Diese Demokratieaffinität hat tiefe theologische und historische Wurzeln.

Ein oft übersehenes Motiv für den amerikanischen Unabhängigkeitskrieg war die Auflehnung gegen die Einsetzung von Bischöfen durch die *Church of England* in den damaligen Kolonien und die Ablehnung einer Staatskirche (*established church*) durch die Mehrheit der Kolonialbevölkerung. Diese Ablehnung war zwar unterschiedlich motiviert. Die einen, vermutlich die Mehrheit der Kolonisten, wollte sich überhaupt nicht durch eine religiöse Vereinigung vereinnahmen lassen, die anderen lehnten dies aus dezidiert theologischen Gründen ab. Es waren ja viele ursprünglich in die Kolonien ausgewandert, weil sie als Dissenter Religionsfreiheit für ihre puritanisch oder etwa baptistisch geprägten selbstverwalteten Gemeinden suchten, auch wenn dies im 18. Jh. keinesfalls die Mehrheit der Kolonialbevölkerung war.[8]

Dies war ekklesiologisch in einem bundestheologisch-kongregationalistischen Gemeindemodell begründet. Zum einen entspricht diesem die Ablehnung jeglicher staatlicher Einmischung in Angelegenheiten des Glaubens und damit der gemeindlich-kirchlichen (Selbst-)Organisation, positiv gewendet also die Forderung nach Religionsfreiheit, wie sie dann – auch durch das Engagement der Baptisten – im ersten Verfassungszusatz festgeschrieben wurde.[9]

---

7   Evangelische Kirche und freiheitliche Demokratie. Der Staat des Grundgesetzes als Angebot und Aufgabe. Eine Denkschrift der Evangelischen Kirche in Deutschland, hg. vom Kirchenamt im Auftrag des Rats der EKD, Gütersloh 1985.

8   Vgl. *Winthrop S. Hudson*, Religion in America. An Historical Account of the Development of American Religious Life, New York ²1973, 83–105.

9   Vgl. *William H. Brackney*, Die Geschichte der Baptisten in Nordamerika, in: *Strübind/Rothkegel* (Hg.), Baptismus, 47–68, hier: 62–64; *Martin Rothkegel*, Freiheit als Kennzeichen der wahren Kirche. Zum baptistischen Grundsatz der Religionsfreiheit und seinen historischen Ursprüngen, in: *Strübind/Rothkegel* (Hg.), Baptismus, 201–228.

Zum anderen entspricht dieser Abwehr der Einmischung von außen ein gemeindliches Selbstverständnis, das auf gemeinschaftlicher Selbstorganisation beruht. Dem Bund Gottes mit seinem Volk entspricht der Bund der Gläubigen untereinander, die Gemeinschaft der Glaubenden. Damit gehen die Vorstellung und Erwartung einer aktiven Mitgliedschaft und ein hohes Maß an Gleichheit einher.[10] In der äußeren Organisationsform entspricht dem die Selbstverantwortung der einzelnen Gemeinden in allen Belangen, die vereinsförmig bzw. genossenschaftlich geleistet wird. Auch wenn es durchaus hierarchische Strukturen gab und gibt, bildeten sich hier demokratische Formen der prozedural strukturierten gemeinschaftlichen Verantwortung und einer hohen Entsprechung von Partizipation und Repräsentation aus. Am signifikantesten ist dies in der souveränen Wahl des Pastors durch die Gemeinde. Es finden sich also, und zwar theologisch begründet, demokratische Strukturen in der Kirche, die in Entsprechung stehen zum US-amerikanischen Ideal der demokratischen Verfasstheit des politischen Gemeinwesens. Ja noch mehr: Die erfahrene und gelebte Demokratie in der Kirche bestärkte die Forderung nach demokratischer Teilhabe in der Gesellschaft.[11]

Grundlegend für den rechtlich-politischen Kampf gegen Ungleichheit und Rassismus war die Erfahrung, dass es die nationale Regierung – in Form von Lincolns Emanzipations-Proklamation 1863[12] – und das nationale Parlament mit der Verabschiedung der 13. bis 15. Verfassungszusätze waren, welche die Sklaverei gegen die Interessen und Politik der Staaten des Südens abgeschafft und prinzipiell die gleichen Rechte der Schwarzen etabliert haben. Die Verfassung wurde so die Grundlage für die Rechte der afro-amerikanischen Bevölkerung, auch wenn sie im Süden selbst nach dem Bürgerkrieg weiter eingeschränkt waren. Schon vor dem Bürgerkrieg war in der abolitionistischen Bewegung immer wieder auf

---

10 Vgl. *Karen E. Smith*, Kirche als Gemeinschaft der Gläubigen. Der Bundesgedanke in der frühen Ekklesiologie des Baptismus, in: *Strübind/Rothkegel* (Hg.), Baptismus, 23–46; *Pinn/Pinn*, Black Church, 63–76.
11 Vgl. *Brackney*, Geschichte, 64.
12 Vgl. *Jörg Nagler*, Abraham Lincoln. Amerikas großer Präsident, München 2009, 316–355.

die grundlegenden Aussagen der Unabhängigkeitserklärung: „We hold these truths to be self-evident, that all men are created equal, that they are endowed by their Creator with certain unalienable Rights [...]", verwiesen worden. Hier werden politisch die gleiche Würde und die gleichen Rechte aller Menschen postuliert. Da hier explizit schöpfungstheologisch argumentiert wird, sind theologische Deutungen anschlussfähig, welche die gleiche Würde der Menschen in der Gottebenbildlichkeit aller Menschen begründet sehen.[13] Lincoln selbst wurde wegen der Sklavenbefreiung beinahe als Heiliger, ja als Messias angesehen, zumindest jedoch als Moses, der die Schwarzen aus der Sklaverei geführt hat – auch wenn bei ihm nicht nur ethische Überzeugung, sondern auch politisches Kalkül eine Rolle gespielt haben.[14]

Es ist ja kein Zufall, dass die „I have a dream"-Rede Martin Luther Kings vor dem *Lincoln Memorial* in Washington, D.C. gehalten wurde und er zu Beginn der Rede an Lincoln und die Veröffentlichung der Emanzipations-Proklamation vor damals 100 Jahren erinnerte:

> „Fivescore years ago, a great American, in whose symbolic shadow we stand today, signed the Emancipation Proclamation. [...] When the architects of our republic wrote the magnificent words of the Constitution and the Declaration of Independence, they were signing a promissory note to which every American was to fall heir."[15]

Auf Grund dieser verfassungsrechtlichen Regelungen war lange Zeit im Kampf für die Bürgerrechte der juristische Weg dominant. Durch

---

13 Vgl. *Michael Haspel*, Sozialethik in der globalen Gesellschaft. Grundlagen und Orientierung in protestantischer Perspektive, Stuttgart 2010, 77–108; *ders.*: Gottebenbildlichkeit und Menschenwürde. Implikationen für Bildung und Öffentlichen Diskurs in Martin Luther King, Jr.'s Konzeption „Öffentlicher Theologie", in: Zeitschrift für Pädagogik und Theologie 64 (2012), 251–264.

14 Vgl. *Jörg Nagler/Michael Haspel* (Hg.), Abraham Lincoln und die Religion. Das Konzept der Nation unter Gott (scripturae 2), Weimar 2012.

15 *Martin Luther King, Jr.*, I Have a Dream (1963), in: *Ders.*, A Testament of Hope. The Essential Writings and Speeches of Martin Luther King, Jr., hg. v. *James M. Washington*, San Francisco 1986, 217–220, hier: 217. Der Ausdruck „fivescore" (d. h. „fünfmal zwanzig") spielt auf die Gettysburg Address von Abraham Lincoln an, die mit folgenden, im Sprachduktus der King James Bibel gehaltenen Worten beginnt: „Four score and seven years ago..." Inhaltlich zielt der Verweis auf die Unabhängigkeitserklärung; vgl. *Nagler*, Lincoln, 362–368.

Präzedenzfälle sollten Urteile von Bundesgerichten erwirkt werden, welche bestimmte diskriminierenden Regelungen und Praktiken als verfassungswidrig indizierten. Für diesen Weg stand und steht die große Bürgerrechtsorganisation *National Association for the Advancement of Colored People* (NAACP).[16] Auch wenn die von King erinnerte Verheißung vielfach nicht erfüllt wurde, so waren es doch immer wieder Urteile von Bundesgerichten, welche die Bürgerrechte der Schwarzen, wenn auch oft nur unter dem Druck der Proteste, garantierten. Deshalb hat auch Martin Luther King nie Bundesrecht oder die Anordnung eines Bundesgerichts verletzt, weil mit dem Bundesrecht die rassistischen Gesetze und Rechtspraxis in etlichen Südstaaten bekämpft werden sollten. King wäre erstmals bereit gewesen, sich in Memphis beim Müllarbeiterstreik über das Demonstrationsverbot eines Bundesgerichts hinwegzusetzen. Aber dazu kam es durch seine Ermordung nicht mehr.[17]

Diese Wertschätzung des Rechts ist auch theologisch begründet. In der Tradition der *Black Church* spielten alttestamentliche Überlieferungen, insbesondere die Sozialkritik der sogenannten kleinen Propheten, eine große Rolle. Im Alten Testament sind viele normative Vorstellungen, gerade zum Schutz der Schwachen, nicht als moralische Appelle, sondern als Rechtssätze kodifiziert. Die prophetische Kritik bezog sich immer wieder darauf, dass manche zwar kultische Vorschriften einhielten und so den Eindruck erweckten, fromm zu leben, aber die Rechte der Armen und Schwachen nicht beachteten. Dagegen argumentiert etwa auch Amos im 5. Kapitel, wo sich der von Martin Luther King immer wieder zitierte Vers findet: „Es ströme aber das Recht wie Wasser und die Gerechtigkeit wie ein nie versiegender Bach" (Amos 5, 24). Darin kommt die theologische und politische Einsicht zum Ausdruck, dass Gerechtigkeit und Recht in einem Wechselverhältnis stehen und gesellschaftliche Gerechtigkeit durch Recht verwirklicht wird. Die Schwachen müssen durch verbindliche Regeln geschützt werden, moralische

---

16 Vgl. *Manfred Berg*, The Ticket to Freedom. Die NAACP und das Wahlrecht der Afro-Amerikaner, Frankfurt am Main 2000.
17 Vgl. *James H. Cone*, The Theology of Martin Luther King, Jr, in: Union Seminary Quarterly Review 40 (1986), 21–39, hier: 25f.

Appelle und das Wohlwollen der Mächtigen reichen nicht.[18] Letztlich ist das der Kern von Martin Luther Kings Strategie der Bürgerrechtsbewegung: Der aktive gewaltfreie Widerstand zielt zwar auch auf die Gewissen und die Umkehr der einzelnen rassistischen Weißen, aber garantiert werden die Rechte erst, wenn sie einklagbar und durchsetzbar sind.[19] Gerechtigkeit und Gleichheit durch Demokratie und Recht zu verwirklichen, gehörte also zum theologischen Programm der schwarzen Kirchen.

3. Liebe und Gerechtigkeit: Zur gesellschaftlichen Verantwortung der Kirche

In der *Black Church* gab es schon vor der Bürgerrechtsbewegung der 1950er Jahre eine wichtige Traditionslinie, welche das gesellschaftliche Engagement der schwarzen Kirchen theologisch ins Zentrum rückte. Dies umfasste sowohl soziale Gemeinwesenarbeit, die besonders durch die urbanen schwarzen Gemeinden geleistet wurde, als auch gesellschaftspolitisches Engagement für Gleichheit und Gerechtigkeit. Diese Traditionslinie wird als *Black Social Gospel* bezeichnet und erfährt gerade in der jüngeren Forschung besondere Aufmerksamkeit.[20] Martin Luther King und die Gemeinden, welche die Bürgerrechtsbewegung aktiv unterstützten, standen in dieser Tradition. Bereits in der ersten improvisierten Rede zu Beginn des Busboykotts in Montgomery formuliert King den Zusammenhang von Liebe und Gerechtigkeit, der für seine Theologie und für sein Verständnis der Kirche entscheidend ist:

---

18 Vgl. *Rainer Kessler*, Der Weg zum Leben. Ethik des Alten Testaments, Gütersloh 2017, 415–441.
19 Diese Zusammenhänge finden sich schon in der ersten, improvisierten Rede, die King zu Beginn des Busboykotts in Montgomery gehalten hat; vgl. *Martin Luther King, Jr.*, Address, MIA Mass Meeting at Holt Street Baptist Church, Montgomery, Ala. 5 December 1955, in: *Ders.*, The Papers of Martin Luther King, Jr., hg. v. *Clayborn Carson* (MLKP), Bd. 1–7, Berkeley/Los Angeles/London 1992ff., hier: Bd. 3, 71–79.
20 Vgl. *Lincoln/Mamiya*, Black Church, 115–126; *Gary Dorrien*, New Abolition. W.E.B. Du Bois and the Black Social Gospel, New Haven/London 2015; *ders.*: Breaking White Supremacy. Martin Luther King, Jr. and the Black Social Gospel, New Haven 2018.

"But I want to tell you this evening that it is not enough for us to talk about love, love is one of the pivotal points of the Christian face, faith.[21] There is another side called justice. And justice is really love in calculation. (All right) Justice is love correcting that which revolts against love. [...]"[22]

Christliche Nächstenliebe zielt auf gesellschaftliche Gerechtigkeit, so kann man diese theologische Position programmatisch formulieren.[23] Dem entspricht ein Heilsverständnis, das nicht individuell verengt ist, sondern in dem persönliche und gesellschaftliche Erlösung zusammengedacht werden:

"There are some who still find the cross a stumbling block, and others consider it foolishness, but I am more convinced than ever before that it is the power of God unto social and individual salvation."[24]

Darin sind die ekklesiologischen Grundlagen für das gesellschaftliche Engagement der Schwarzen Kirche gelegt. Das gesellschaftliche Handeln ist in dieser Perspektive theologisch notwendig, wenn Kirche Kirche sein und bleiben will. Es verbindet sich darin das bundestheologische, kongregationalistische Gemeindemodell mit dem Auftrag der gesellschaftlichen Verantwortung für Gerechtigkeit.[25]

Aus dieser theologischen Orientierung folgten dann praktische ekklesiologische Schritte, wie sich exemplarisch an Kings eigener Gemeinde in Montgomery, der *Dexter Avenue Baptist Church*, erkennen lässt. Dort gab es bereits ein hohes Maß an Selbstverantwortung, Selbstorganisation, Engagement und Partizipation. Als King im Oktober 1954 in die Gemeinde kam, hat er dies noch weiterbe-

---

21 Es handelt sich um die Transkription eines Audio-Mitschnittes, so dass die Versprecher mit abgedruckt sind. In Klammern stehen Äußerungen des Publikums.

22 *King*, Address, MIA Mass Meeting at Holt Street Baptist Church, in: MLKP, Bd. 3, 73.

23 Bei King steht hier explizit seine Auseinandersetzung mit dem Social Gospel Walter Rauschenbuschs im Hintergrund; siehe dazu jetzt *Ralf Dziewas*, Martin Luther King, Jr. Ein Visionär der Liebe, in: ZThG 23 (2018), 191–212.

24 *Martin Luther King, Jr.*, Suffering and Faith (1960), in: *Ders.*, Testament of Hope, 41f.; vgl. *John C. Bennett*, Social Salvation. A Religious Approach to the Problems of Social Change, New York/London 1935.

25 Vgl. *Michael Haspel*, Martin Luther King, Jr.'s Theologie der Freiheit und Gerechtigkeit. Schwarze Kirche, Südstaatenbaptismus und Bostoner Personalismus, in: Theologisches Gespräch 49 (2019), H. 1, 3–16.

fördert. Er hat zur Vernetzung der Gemeindemitglieder etwa Gemeindekreise angeregt, die jeweils alle in einem Monat Geborenen umfassten. Darüber hinaus hat er verschiedene funktionale Ausschüsse und Arbeitsgruppen initiiert, u. a. einen diakonischen Besuchsdienst. Insbesondere aber hat er ein Komitee etabliert, das gesellschaftliche und politische Aufgaben der Gemeinde unterstützen sollte:

> "Since the gospel of Jesus is a social gospel as well as a personal gospel seeking to save the whole man, a Social and Political Action Committee shall be established for the purpose of keeping the congregation intelligently informed concerning the social, political and economic situation. [...] This committee shall keep before the congregation the importance of the N.A.A.C.P. The membership should unite with this great organization in a solid block. This committee shall also keep before the congregation the necessity of being registered voters. Every member of Dexter must be a registered voter."[26]

Es ist in diesem Abschnitt deutlich geworden, dass die Unterstützung der Bürgerrechtsbewegung durch einen wesentlichen Teil der *Black Church* in deren Theologie begründet ist. Am Beispiel Martin Luther Kings kann man sehen, wie eng Theologie und gesellschaftliches Engagement miteinander verknüpft sind. Diese Ekklesiologie wurde zur theologischen Voraussetzung für die entscheidende Rolle, welche die *Black Church* für die Bürgerrechtsbewegung übernommen hat.[27]

4. Die *Black Church* als organisatorisches Rückgrat der Bürgerrechtsbewegung

Es ist inzwischen gesicherter Forschungsstand, dass nicht nur der organisatorische Kern der Bürgerrechtsbewegung im Süden der USA von den 1950er zumindest bis zur Mitte bzw. zum Ende der 1960er Jahre durch schwarze Kirchgemeinden gebildet wurden, son-

---

26 MLKP, Bd. 2, 287–294, hier: 290; vgl. *Martin Luther King, Jr.*, Stride Toward Freedom. The Montgomery Story. New York 1958, 30.

27 Vgl. zum Gesamtzusammenhang des Abschnitts: *Lewis Baldwin*, The Voice of Conscience. The Church in the Mind of Martin Luther King, Jr., New York 2010; *Michael Haspel*, Die Quellen von Martin Luther Kings theologischer Konzeption der Menschenrechte und sozialen Gerechtigkeit, in: ZThG 21 (2016), 290–316.

dern dass die kirchlichen Netzwerke auch entscheidend für die Massenmobilisierung waren. Dabei ist allerdings zu beachten, dass dies keinesfalls die Mehrheit der schwarzen Kirchgemeinden war, aber eine kritische Anzahl vor allem städtischer Gemeinden. Dass diese eine solch entscheidende Rolle wahrnehmen konnten und auch tatsächlich wahrgenommen haben, ist weder selbstverständlich noch zufällig und hat historische, theologische, politische, ökonomische und sozialstrukturelle Gründe, deren Zusammenhang im folgenden Abschnitt erhellt werden soll.

Zunächst sollen die gesellschaftsstrukturellen und politischen Voraussetzungen in den Blick genommen werden. Durch die Segregation war die Gesellschaftsstruktur im Süden der USA durch segmentäre Differenzierung gekennzeichnet. Es entstanden zwei parallele Gesellschaftsbereiche, in denen die gleichen sozialen Funktionen doppelt wahrgenommen werden mussten. Das steht der allgemeinen Entwicklungstendenz moderner Gesellschaften entgegen, die auf funktionaler Differenzierung beruhen. Dabei wird davon ausgegangen, dass durch Spezialisierung Subsysteme in der Gesellschaft entstehen, die bestimmte Funktionen wahrnehmen und ihre eigenen Systemlogiken ausbilden, etwa das Recht, die Wirtschaft, die Politik etc. Dadurch erhöht sich die Leistungsfähigkeit von Gesellschaften.[28]

Die Segregation im Süden der USA hat nun dazu geführt, dass die Logik der *funktionalen* Differenzierung durch die Logik der *segmentären* Differenzierung begrenzt bzw. durchbrochen wurde, die eigentlich für vormoderne Gesellschaften kennzeichnend ist. Durch die Segregation wurden zwei gesellschaftliche Teile geschaffen, die nicht funktional unterschieden wurden, sondern lediglich durch die Hautfarbe der Menschen. Segmentär differenzierte Gesellschaften bestehen aus Einheiten, in denen nebeneinander dasselbe gemacht wird. Als Beispiel kann man sich die agrarische Produktion im Feudalismus vorstellen, wo sich die einzelnen gesellschaftlichen Teilbereiche sehr ähnlich sind, und nebeneinander im Prinzip das Gleiche geschieht.

---

28 Vgl. etwa *Niklas Luhmann*, Die Gesellschaft der Gesellschaft, 2 Bde., Frankfurt am Main 1997.

Da segmentär differenzierte Gesellschaften weniger effizient sind, entstand ein erheblicher, auch ökonomisch bedingter Modernisierungsdruck auf den Süden. Dies begünstigte das politische Anliegen der Bürgerrechtsbewegung. Entscheidend ist aber, dass es für bestimmte Funktionen in der Teilgesellschaft der Schwarzen aus historischen Gründen keine institutionelle Infrastruktur gab. Da Schwarze weitgehend von Dienstleistungen „weißer" Banken, Versicherungen, Wohnungsmakler, Sozialfürsorge etc. ausgeschlossen waren, wuchs der *Black Church* hier gesellschaftsstrukturell eine Aufgabe zu, die weit über die normalen Aufgaben von Kirchen hinausging. Diese gesellschaftsstrukturelle Situation ist auch nicht beliebig reproduzierbar, was den späteren Bedeutungsverlust der *Black Church* miterklären kann, da durch die Überwindung der gesetzlichen Segregation sich auch die strukturelle Rolle der Schwarzen Kirche änderte.[29] Dass sie in dieser Situation aber die Herausforderung theologisch angenommen, organisatorisch bewältigt und geistlich geprägt hat, gehört zu ihren großen Verdiensten.

Durch die große Wanderungsbewegung, die *Great Migration*, ist ein erheblicher Teil der schwarzen Bevölkerung des Südens zum einen in die Städte im Süden, aber auch in die urbanen Zentren des Nordens abgewandert. Dies hat die schwarzen Kirchengemeinden zunächst vor erhebliche Herausforderungen gestellt, sie insgesamt aber in ihrer zentralen sozialen Funktion gestärkt. So wurden sie einerseits Orte kommunikativer Verständigung im Habermas'schen Sinne innerhalb der schwarzen Lebenswelt, andererseits hatten sie auch hinsichtlich der weißen Machtstrukturen die Rolle einer intermediären Institution.[30]

Diese bereits signifikante gesellschaftliche Funktion wurde in den 1950er Jahren noch dadurch gestärkt, dass die klassischen Bürgerrechtsorganisationen in verschiedenen Staaten des Südens in ihrer Arbeit behindert bzw. ganz verboten wurden. Dadurch fiel

---

29 Siehe zum Verhältnis von Segregation und segmentärer Differenzierung: *Michael Haspel*, Politischer Protestantismus und gesellschaftliche Transformation. Ein Vergleich der Rolle der evangelischen Kirchen in der DDR und der schwarzen Kirchen in der Bürgerrechtsbewegung in den USA, Tübingen/Basel 1997, 252–254; zur theoretischen Grundlegung siehe auch 39–49.
30 Ebd., 254–257.

eine der anderen wichtigen sozialen Institutionen der Schwarzen aus und die *Black Church* wurde im Gegenzug noch wichtiger. Das Entscheidende war, dass sie theologisch, politisch sowie ökonomisch frei und unabhängig war. Dabei verfügte sie – anders etwa als die NAACP – über eine Massenbasis über alle Schichten hinweg und konnte so entsprechend zu Aktionen wie dem Busboykott in Montgomery oder den Protesten in Birmingham, Selma und vielen anderen Orten mobilisieren. Dies war möglich, weil die Kirchenglieder bestimmte Werte wie Gerechtigkeit, Solidarität, Nächstenliebe, Gewaltfreiheit, Opferbereitschaft teilten und darauf ansprechbar waren.[31] Allison Calhoun-Brown betont, wie wichtig der Aspekt der Kultur der *Black Church* für die Mobilisierung war, wobei Kultur hier in einem umfassenden Sinn zu verstehen ist, und die sozialen Beziehungen ebenso mit einschließt wie Musik, Spiritualität und eine auf Befreiung zielende Theologie:

> "The black church contributed resources to the Civil Rights Movement and also provided a context in which the movement could be embraced and understood. Much of this was contingent on the nature of black religious culture, and it was this culture that affected the operation of nonviolent social actions."[32]

Die schwarzen Kirchgemeinden verfügten nicht nur über materielle Ressourcen wie Räume, Vervielfältigungsgeräte, Telefone, Autos und Geld, sondern auch über soziale Netzwerke und Führungskräfte mit Erfahrung. Das waren zum einen die Pastoren, die von der weißen Machtstruktur unabhängig waren, aber auch die vielen Ehrenamtlichen, die Erfahrung in Organisation und Leitung hatten sowie über demokratische Kompetenzen verfügten. Insbesondere in den urbanen Zentren waren nun zunehmend jüngere, akademisch gut ausgebildete Geistliche aktiv, die eine wichtige Rolle einnahmen. Die schwarzen Kirchen konnten also einen „Apparat" zur Verfügung

---

31 Dabei spielten sowohl in der Leitung und vor allem an der Basis Frauen eine ganz besondere Rolle. Dies wird oft übersehen, weil die öffentlich sichtbaren Führungspersonen meist die Pastoren waren; vgl. *Britta Waldschmidt-Nelson*, From Protest to Politics. Schwarze Frauen in der Bürgerrechtsbewegung und im Kongreß der Vereinigten Staaten, Frankfurt am Main/New York 1998.

32 *Allison Calhaoun-Brown*, Upon This Rock. The Black Church, Nonviolence, and the Civil Rights Movement, in: Political Science & Politics 33 (2000), 2, 168–174, hier: 174.

stellen, der auch komplexe soziale, kommunikative, organisatorische und bürokratische Herausforderungen bewältigen konnte. Insofern wurde die *Black Church* zum organisatorischen Rückgrat des *Civil Rights Movements*.[33]

5. Vom Protest zur Politik

Wenn man nun – wie in den vorausgehenden Abschnitten – exponiert, warum die Kirchen eine so bedeutende Rolle für die Bürgerrechtsbewegung der Schwarzen hatten, müsste man im selben Argumentationsrahmen auch erklären können, warum spätestens ab dem Ende der 1960er Jahre diese Rolle wieder abnahm.

Ein naheliegendes Erklärungsmodell für den Bedeutungsverlust der Schwarzen Kirchen ist der Tod von Martin Luther King, Jr. Durch dessen Ermordung sei die integrierende charismatische Führungsfigur verloren gegangen. Das *Civil Rights Movement* habe sich dann radikalisiert und zersplittert. Eine weitere Argumentation ist, dass nach der Aufhebung der Segregationsgesetze sowohl die traditionellen Bürgerrechtsorganisationen (NAACP, CORE[34]) als auch die neu entstandenen, wie das *Student Nonviolent Coordinating Committee* (SNCC), wieder im Süden handlungsfähig waren und die Kirchengemeinden in dieser Funktion nicht mehr gebraucht wurden. Schließlich ist ein wichtiger Aspekt, dass in den schwarzen Ghettos des Nordens die Kirchen in der *black community* insgesamt, insbesondere aber bei den Jüngeren, nicht die zentrale soziale Funktion hatten, wie das im Süden der Fall war.

Diese drei exemplarischen Erklärungen sind wichtig, aber je für sich und auch zusammen noch keine umfassende Erklärung. Diese

---

33 Vgl. zum ganzen Abschnitt: *Aldon D. Morris*, The Origins of the Civil Rights Movement. Black Communities Organizing for Change, New York 1986; *McAdam*, Political Process; *Andrea Strübind*, Martin Luther King und die „Black Church" als Trägerin der Bürgerrechtsbewegung, in: KZG 17 (2004), 500–518; *Haspel*, Politischer Protestantismus, 232–308. In dieser knappen Rekonstruktion wird deutlich, dass man durchaus Parallelen zur Rolle der evangelischen Kirchen in der Bürgerbewegung der DDR ziehen kann: eine besondere strukturelle Rolle der Kirche, der Zugang zu Ressourcen und schließlich eine Theologie, welche die gesellschaftliche und sozialethische Verantwortung der Kirche betonte; vgl. ebd., bes. 309–331.
34 Congress of Racial Equality.

liegt vielmehr in der sich wandelnden Gestalt sozialer Bewegungen selbst. Bayard Rustin hat das schon während der Bürgerrechtsbewegung analytisch erfasst und versucht, daraus strategische Konsequenzen zu ziehen.

Rustin war bereits ein Veteran gewaltfreien Protests und erfahrener Organisator, als der Busboykott in Montgomery begann. Er war Anfang 1956 für kurze Zeit in Montgomery und hat King in der entscheidenden Phase beraten. Vor allem hat er King das Konzept des aktiven gewaltfreien Widerstandes konkret vermittelt. Rustin blieb wegen seiner Homosexualität und Verbindungen zur Kommunistischen Partei allerdings in der zweiten Reihe und konnte deshalb auch nicht dauerhaft in Montgomery bleiben. Er wurde der Vordenker und Hauptorganisator des Marsches auf Washington 1963, wo King seine berühmte „I have a dream"-Rede hielt. Rustin war aber nicht nur ein glänzender Organisator, sondern auch ein präziser Analytiker. So hat er drei voneinander unterschiedene Phasen des Protestes rekonstruiert: Protestbewegung, soziale Bewegung und politische Bewegung.

Die Anfangsphase der Bürgerrechtsbewegung mit den Kampagnen etwa in Montgomery und Birmingham sah Rustin als *Protestbewegung* an. Es ging zunächst darum, die Hindernisse abzuschaffen, welche die Schwarzen in ihren Möglichkeiten einschränken. Der Protest richtete sich konkret gegen bestimmte Gesetze und Maßnahmen. Es ging nicht primär darum, umfassend die Gesellschaft zu ändern, sondern bestimmte Missstände abzuschaffen. Man wird die Zeit von 1955 bis 1965, also das klassische Bürgerrechtsjahrzehnt, dafür als einschlägig ansehen können, wobei deutlich ist, dass sich schon in den frühen 1960er Jahren die Entwicklung von der Protestbewegung zur *sozialen Bewegung* abzeichnet.

Diese zweite Phase ist dadurch gekennzeichnet, dass das Ziel sich erweitert und die Rahmenbedingungen für umfassende Gleichheit angestrebt werden. Es ging also nicht mehr nur darum, konkrete Missstände zu ändern, sondern gesellschaftliche Voraussetzungen zu schaffen, die Gleichheit ermöglichen. Insbesondere wirtschaftliche Fragen rücken in den Fokus und ökonomische Strukturen werden hinterfragt. Es kann dann sogar sein, dass analytisch gesehen die Fragen der sogenannten „Rassenungleichheit" in den Hintergrund rücken gegenüber wirtschaftlicher Ungleichheit, die arme Weiße und arme Schwarze gleichermaßen betrifft.[35] Die großen Bürgerrechtsorganisationen (NAACP, CORE, SCLC, SNCC) bekommen dabei eine zentrale Aufgabe, um die Protestbewegung professionell zu organisieren und überregional zu koordinieren. Die Protestorganisationen werden zu den wichtigsten Organisatoren des Protestes. Die Kirchen rücken in dieser Funktion in den Hintergrund, wobei sie als lokale Basis wichtig bleiben. Diese Entwicklung lässt sich äußerlich etwa daran ablesen, dass King 1960 seine Pfarrstelle in Montgomery aufgibt und nach Atlanta übersiedelt, um seine Funktion als Präsident der SCLC (*Southern Christian Leadersphip Conference*) besser wahrnehmen zu können. Als Schlüsselereignis dieser Phase kann der Marsch auf Washington 1963 angesehen werden, der ja bezeichnender Weise *March on Washington for Jobs and Freedom* hieß. Die Themen von Freiheit und wirtschaftlicher Gerechtigkeit sind hier also zusammen im Blick.[36] Darüber hinaus war der *March on Washington* die gemeinsame Aktion der wichtigsten Organisationen der schwarzen Bevölkerung, von den Gewerkschaften bis zu den Kirchen.

Spätestens mit dem Versuch Kings und der SCLC, mit dem *Chicago Freedom Movement* ab 1965 die katastrophalen Wohn- und Lebensbedingungen der Schwarzen in den Slums der Großstädte des Nordens zu thematisieren, verschiebt sich auch die Agenda des *Civil Rights Movements* endgültig hin zu sozialen und ökonomischen Themen. Auch in Chicago werden breite Bündnisse geschmiedet, so dass hier – auch wenn weiterhin Protestformen aus der frühen Phase aufgenommen werden – deutlich von einer sozialen Bewegung zu sprechen ist.

Doch gerade bei dem Ziel, die wirtschaftliche und soziale Lage der Afro-Amerikanerinnen und Afro-Amerikaner zu verbessern, wurde zunehmend deutlich, dass auch eine soziale Bewegung hier an

---

35 Vgl. *Devon W. Carbado/Donald Weise*, Introduction, in: *Bayard Rustin*, Time on Two Crosses. The Collected Writings of Bayard Rustin, hg. von *Devon W. Carbado* und *Donald Weise*, New York 2015, IX–XLIV, XXXII.

36 Vgl. *Bayard Rustin*, Preamble to the March on Washington (1963), ebd., 112–115.

ihre Grenzen kommt und politisches Handeln im klassischen Sinn, also Einflussnahme auf den politischen Prozess durch die Bündelung von Interessen und Macht, notwendig wird. Die Durchsetzung des Wahlrechts der Schwarzen im Süden war immer schon ein Ziel der Bürgerrechtsbewegung, aber gewinnt ab Mitte der 1960er Jahre zunehmend an Bedeutung. Insofern kann der *Voting Rights Act* von 1965 als eigentlicher Beginn der politischen Phase angesehen werden. Wenn die schwarze Bevölkerung über Wahlen politische Macht ausüben kann, dann treten die Sozialgestalten des Protests und der sozialen Bewegung in den Hintergrund.

In einer politischen Analyse und der daraus abgeleiteten Strategie aus dem Jahr 1964 mit dem programmatischen Titel *From Protest to Politics* führt Bayard Rustin überzeugend aus, dass die Schwarzen weitere Erfolge nur erzielen können, wenn sie ihre politische Macht strategisch in Wahlen einsetzen.[37] Es ist erstaunlich, wie genau seine Analyse nach dem großen Wahlerfolg von Lyndon B. Johnson 1964 ist, und bedrückend, wie präzise seine Vorhersagen eintrafen. Rustin führt aus, dass die notwendigen Reformen, um die Gleichstellung der Schwarzen zu erreichen und ihre ökonomische Benachteiligung zu überwinden, so grundlegend seien, dass dafür eine klare politische Mehrheit notwendig wäre:

> "The future of the Negro struggle depends on whether the contradictions of this society can be resolved by a coalition of progressive forces which becomes the *effective* political majority in the United States."[38]

Für Rustin war klar, dass das nur geht, wenn sich die Schwarzen politisch so organisieren, dass sie Macht ausüben können. Schon die Wahl Kennedys 1960 war nur durch einen Wechsel von schwarzen Stimmen von den Republikanern zu den Demokraten möglich geworden. Dieses Bündnis der Schwarzen mit der Demokratischen Partei ist inzwischen zu einem festen Bestandteil der amerikanischen Parteienkonstellation geworden. Damals war das aber eine tektonische Verschiebung, weil die südlichen Staaten traditionell in

---

37 Vgl. *Bayard Rustin*, From Protest to Politics. The Future of the Civil Rights Movement (1964), ebd., 116–129.
38 Ebd., 125.

der Hand der „Dixiecrats" waren. Diese waren zwar Demokraten, aber unterstützten im Süden die Segregation und vertraten offen rassistische Positionen. Diese konservativen Demokraten des Südens sind in der Folge zu den Republikanern gewechselt (*realignment*), die einmal die Partei Lincolns waren und sich für die Rechte der Schwarzen eingesetzt hatten.[39] In den 1960er Jahren war dies alles im Fluss, aber Rustin sieht nur in dieser politischen Option eine Zukunft für die Anliegen der Afro-Amerikanerinnen und Afro-Amerikaner.

Begonnen hatte dieser Prozess im Oktober 1960. Das studentische SNCC hatte in Atlanta Sit-ins gegen die Segregation in Geschäften durchgeführt und King aufgefordert, daran mitzuwirken. Es war abzusehen, dass die Demonstrierenden verhaftet werden würden. King war zögerlich, aber konnte sich dem Ansinnen nicht entziehen, weil er sonst seine Glaubwürdigkeit bei den studentischen Aktivistinnen und Aktivisten verloren hätte. Am 19. Oktober fanden die Proteste statt, und King wurde mit zahlreichen anderen zusammen verhaftet.[40] Während die anderen Inhaftierten nach wenigen Tagen auf Grund einer Vereinbarung frei kamen, wurde King wieter in Haft gehalten, sogar in ein staatliches Gefängnis überführt. Begründet wurde dies damit, dass er mit der Teilnahme an dem Sit-in gegen Bewährungsauflagen verstoßen habe, die mit einer Verurteilung wegen eines Straßenverkehrsdeliktes im September verbunden gewesen seien. King war sich dieser Bewährungsauflagen nicht bewusst gewesen.[41]

---

39 Vgl. *Manfred Berg*, „What we are fighting for..." Die Bedeutung der Bürgerrechtsbewegung für die amerikanische und internationale Politik, in: *Michael Haspel/Britta Waldschmidt-Nelson* (Hg.), Martin Luther King. Leben, Werk und Vermächtnis, Weimar 2008, 55–66, bes. 60.
40 Die Datumsangabe bei Garrow ist irreführend (es wird der Eindruck erweckt, die Verhaftung habe am 12. stattgefunden); vgl. *David J. Garrow*, Bearing the Cross. Martin Luther King, Jr., and the Southern Christian Leadership Conference, New York 1988, 143; *John Lewis* (with *Michael D'Orso*), Walking with the Wind. A Memoir of the Movement, New York 1998, 120; sowie die Einleitung in MLKP, Bd. 5, 35–41. In diesen Quellen werden unterschiedliche Zahlen der Verhafteten genannt.
41 Vgl. *Garrow*, Cross, 142 f.

Das Ganze spielte sich während der heißen Phase des Präsidentschaftswahlkampfs zwischen Senator John F. Kennedy und Vize-Präsident Richard Nixon ab. Während Nixon diesen Vorgang ignorierte, obwohl die Republikaner eigentlich die traditionelle Bürgerrechtspartei waren, wurde die Kennedy-Kampagne aktiv, obwohl durchaus die Gefahr bestand, dadurch weiße demokratische Wähler im Süden zu verlieren. Senator Kennedy rief Coretta Scott King an, um ihr sein Mitgefühl auszudrücken und ihr Unterstützung zuzusagen. Robert Kennedy, der Bruder des Kandidaten und dessen Wahlkampfmanager, telefonierte mit dem zuständigen Richter, um ihm seine Rechtsauffassung darzulegen. Ob die Anrufe der Kennedys kausal dazu beigetragen haben, dass King tatsächlich auf freien Fuß gesetzt wurde, weil noch ein Widerspruch gegen die Bewährungsauflage anhängig war, wird nicht mit Sicherheit geklärt werden können. In der Öffentlichkeit wurde es aber so wahrgenommen und von der Kennedy-Kampagne entsprechend kommuniziert. King selbst bedankte sich bei Senator Kennedy. Kings Vater, Daddy King, erklärte öffentlich, dass er fortan nicht mehr die Republikaner, sondern den Demokraten Kennedy unterstützen und wählen würde. Es wird davon ausgegangen, dass dieses Ereignis wesentlich zu dem sehr knappen Sieg Kennedys beigetragen hat, indem bisher republikanisch wählende Schwarze im Süden zu den Demokraten wechselten.[42]

Daran wird deutlich, dass schon Anfang der 1960er Jahre in der Phase des Übergangs von der Protest- zur sozialen Bewegung die Frage der Macht im politischen Prozess eine Rolle spielt. Die drei Phasen und Dimensionen überlagern sich. Aber es ist ein Schwerpunkt hin zur Teilhabe an der politischen Macht zu erkennen.[43] Das ist auch empirisch an der Zunahme der registrierten schwarzen

---

42 Vgl. zum ganzen Absatz: ebd., 142–149; *Lewis*, Walking, 115–121; siehe auch die Dokumente in MLKP, Bd. 5, 522–540.

43 Vgl. dazu etwa auch: *Britta Waldschmidt-Nelson*, From Protest to Politics. Schwarze Frauen in der Bürgerrechtsbewegung und im Kongreß der Vereinigten Staaten, Frankfurt am Main/New York 1998; *dies.*, The Trumpet of Conscience. Das Vermächtnis von Martin Luther King, in: *Michael Haspel/Britta Waldschmidt-Nelson* (Hg.), Martin Luther King. Leben, Werk und Vermächtnis, Weimar 2008, 111–138.

Wähler im Süden zu erkennen. Im Zeitraum von 1950 bis 1965 hatte sich deren Anzahl von 900.000 auf über 2.250.000 mehr als verdoppelt. Hinzu kommt, dass durch die anhaltende Binnenmigration in den Norden auch dort die *black vote* an Bedeutung gewann.[44]

Mit dieser Entwicklung in drei sich überlappenden Phasen veränderte sich aber auch die Rolle der Kirche. Zu Beginn der Protestbewegung haben die schon existierenden *indigenous institutions*, zu denen neben den Kirchen vor allem auch die Hochschulen gehören, eine zentrale Rolle als Initiatorinnen des Protests. Im Übergang zur sozialen Bewegung geht diese Rolle immer stärker auf die spezialisierten und professionalisierten Bürgerrechtsorganisationen (SCLC, CORE, NAACP, SNCC u.a.) über, die in der Lage sind, externe Ressourcen zu mobilisieren und Kräfte für bestimmte Aktionen vor Ort zu bündeln sowie die komplexen logistischen und Führungsfunktionen wahrzunehmen. Dabei werden die lokalen Organisationen keineswegs bedeutungslos. Sie sind weiterhin für die Mobilisierung und Infrastruktur der Proteste absolut unverzichtbar. Aber sie haben nicht mehr die zentrale Führungsfunktion.

Allerdings ist der Höhepunkt der sozialen Bewegung bereits 1964/65 erreicht. Es wird jetzt nicht nur schwerer, die ökonomische und soziale Agenda mit den Mitteln einer Protestbewegung zu erreichen, auch die Unterstützung von außen nimmt ab diesem Zeitpunkt deutlich ab. Mit Sicherheit spielt hier der Vietnam-Krieg eine wichtige Rolle, weil die öffentliche Aufmerksamkeit darauf gerichtet ist, aber auch die Spenden aus dem weißen liberalen Milieu zunehmend in den Anti-Kriegs-Protest fließen. Außerdem schrecken die Radikalisierung erheblicher Teile der Protestbewegung und die seit 1964 zunehmenden Ghetto-Riots weiße Unterstützer ab.

Dadurch gewinnt die politische Mobilisierung der schwarzen Wählerinnen und Wähler an Bedeutung, um die Ziele der Protestbewegung zu erreichen. Mit der Wahl Nixons 1968 tritt allerdings eine Konstellation ein, welche das politische Gewicht der *black vote* verringert. Die enge Verbindung der Schwarzen und der Bürgerrechtsanliegen mit der Demokratischen Partei haben ehemals

---

44 Vgl. *McAdam*, Political Process, 156–159.

demokratisch wählende Weiße veranlasst, ins republikanische Lager zu wechseln. Dadurch entsteht für beide Parteien die Notwendigkeit, um die Stimmen der sozial eher konservativen weißen Arbeiter zu konkurrieren, die 1968 den Rassisten Wallace gewählt hatten, um jeweils eine Mehrheit zu organisieren. Dadurch wird die Möglichkeit zur Einflussnahme für die politischen Kräfte der Schwarzen geringer. Mit der Wahl Nixons verändert sich auch die Rolle der Bundesregierung, da Nixon – anders als Kennedy und Johnson – sich den schwarzen Wählerinnen und Wählern nicht verpflichtet fühlen muss. Diese Konstellation zeichnete sich seit den Kongress-Wahlen 1966 ab und bedeutete den Anfang des Endes der Bürgerrechtsbewegung.[45]

Mit dieser Verschiebung in den Bereich der Parteipolitik wird aber deutlich, dass die Rolle der *Black Church* sich wiederum verändert. Sie ist nun, selbst wenn bestimmte Gemeinden bestimmte Kandidatinnen und Kandidaten unterstützen sollten, nicht mehr die zentrale Institution, die Protest initiiert, sie ist auch nicht mehr das organisatorische Rückgrat einer von Protestorganisationen getragenen sozialen Bewegung. Hinzu kommt, dass es ein gestörtes Verhältnis von Demokratischer Partei und liberalen Kirchen gibt, obwohl sich die Mitgliederbasis bzw. politische Orientierung durchaus überschneiden.

Einerseits kann man in eher sozialwissenschaftlicher Perspektive festhalten, dass die jeweilige Rolle von Kirchen in Protestbewegungen von sehr spezifischen gesellschaftlichen Voraussetzungen abhängt, wie sie oben exemplarisch herausgearbeitet worden sind. Zum anderen wird sich die Rolle im Laufe eines Protestzyklus verändern.[46]

---

45 Vgl. zum Ganzen: ebd., 146–229.
46 Auch hier könnte man Parallelen zu der Rolle der evangelischen Kirchen in der DDR benennen. In den 1980er Jahren waren sie vor allem Schutzraum für die alternativen Gruppen und konnten sowohl auf Grund ihrer gesellschaftlich-institutionellen Rolle stellvertretend für die Bevölkerung Anliegen gegenüber dem Staat vorbringen als auch selbst Ersatzöffentlichkeit werden, in der Kritik geäußert werden konnte. In der aktuellen Phase der Friedlichen Revolution stellten die Kirchen vielfach Personal und Infrastruktur zur Verfügung und waren ein wichtiger Faktor der Massenmobilisierung. Zugleich hatten die Kirchenvertreter eine wichtige Funktion der Mediation und des friedlichen

Theologisch ist andererseits als wichtig festzuhalten, dass die öffentliche Verantwortung, die sich aus dem Öffentlichkeitsanspruch des Evangeliums ergibt, der Auftrag, sich aus Nächstenliebe für gesellschaftliche Gerechtigkeit einzusetzen, ganz unterschiedliche gesellschaftliche Formen und soziale Gestalten annehmen kann. In besonderen Konstellationen können diese aussehen wie in Montgomery (oder Leipzig), in anderen gesellschaftlichen Kontexten sind andere Formen notwendig. Es gehört zum theologischen Auftrag, die angemessene Gestalt des Engagements für Gerechtigkeit und Frieden zu entwickeln.[47]

6. Fazit

Es ist deutlich geworden, dass die *Black Church* eine signifikante Bedeutung für das Entstehen der Bürgerrechtsbewegung im Süden der USA Mitte der 1950er Jahre und für deren erfolgreiche Entfaltung bis Mitte der 1960er Jahre hatte. Entscheidend dafür waren verschiedene Faktoren. Zum einen war die organisatorische Stärke und soziale Bedeutung der schwarzen Kirchen wichtig, die sie seit den 1940er Jahren vor allem in den Städten aufgebaut haben.

Schon diese Entwicklung steht im Zusammenhang einer theologischen Orientierung auf soziale Gerechtigkeit. Durch die theologische Tradition der schwarzen Kirchen vorgeprägt und durch das *Social Gospel* beeinflusst, herrschte in der *Black Church* ein theologisches Verständnis vom Auftrag der Kirche vor, das Evangelium für die Armen zu verkündigen (Lk 4/Jes 61; Lk 7; Mt 25). Das Verständnis von Heil und Nächstenliebe wurde nicht individualistisch

---

Interessenausgleiches etwa an den Runden Tischen. Mehrere Parteien wurden dann in Kirchenräumen und mit Unterstützung kirchlicher Mitarbeitenden gegründet. Sobald aber der Protestzyklus in den Modus der repräsentativen Demokratie überführt worden war, hatten die Kirchen alle diese Funktionen verloren. Dies hat bei vielen Kirchenleuten Irritationen ausgelöst, weil sie die strukturellen Konstitutionsbedingungen der jeweiligen Phasen nicht verstanden hatten und sie meist nur in (geschichts-)theologischen Kategorien zu deuten wussten; vgl. *Haspel*, Politischer Protestantismus, 186–231.

47 Vgl. *Michael Haspel*, Das Vermächtnis Martin Luther Kings als Zumutung und Herausforderung. Überlegungen zu einem angemessenen Gedenken, in: Pastoraltheologie 108 (2019), 17–28.

verkürzt, sondern in Aufnahme der prophetischen Kritik wurde der Zusammenhang von Nächstenliebe und sozialer Gerechtigkeit betont, ebenso wie der von individueller und sozialer Erlösung. Insofern sahen es die schwarzen Kirchen als ihre ureigene Aufgabe an, sich um die sozialen Belange ihrer Mitglieder und die gesellschaftlichen Verhältnisse zu kümmern. Der Einsatz für Würde und Gleichheit bildete hier einen Schwerpunkt.

Deshalb wird die Analyse der gesellschaftlichen Situation zu einer theologischen Aufgabe. Erst durch eine angemessene Situationswahrnehmung und -deutung können die richtigen Handlungsperspektiven entwickelt werden. Daraus folgt, dass sich die *Black Church* und die schwarzen Gemeinden als soziale Organisationen in der Zivilgesellschaft und damit als zivilgesellschaftliche Akteurinnen ihrem theologischen Selbstverständnis entsprechend angesehen haben.

Dass dies in unterschiedlichen Kontexten ganz verschiedene Formen annehmen kann, haben wir oben gesehen. Es kann also nicht darum gehen, die spezifische Gestalt in einer bestimmten historischen Konstellation nachzuahmen, sondern jeweils neu zu entdecken und zu entwickeln, wie die theologische Orientierung auf Gerechtigkeit gesellschaftlich wirksam werden kann.

Voraussetzung dafür ist innere und äußere Freiheit. Das kongregationalistische Kirchenverständnis setzt die Trennung von Staat und Kirche voraus. Die urbanen schwarzen Gemeinden waren so politisch frei und wirtschaftlich unabhängig. Dies sind soziologisch notwendige Faktoren für ihre Rolle im *Civil Rights Movement* und zugleich entspricht dies zutiefst dem theologischen Selbstverständnis der *Black Church*. Als freie Kirche wird sie zum Ort, wo Freiheit geistlich und sozial erlebt werden kann, woraus das Engagement für politische Freiheit in der Gesellschaft wächst. "Free at last, free at last; thank God Almighty, we are free at last."[48]

---

48 Den Text eines Spirituals aufnehmend: *King*, I Have a Dream, in: *Ders.*, Testament of Hope, 220.

Literatur:

Baldwin, Lewis: The Voice of Conscience. The Church in the Mind of Martin Luther King, Jr., New York 2010.

Bennett, John C.: Social Salvation. A Religious Approach to the Problems of Social Change, New York, London 1935.

Berg, Manfred: The Ticket to Freedom. Die NAACP und das Wahlrecht der Afro-Amerikaner, Frankfurt am Main 2000.

Berg, Manfred: „What we are fighting for…" Die Bedeutung der Bürgerrechtsbewegung für die amerikanische und internationale Politik, in: *Haspel, Michael/Waldschmidt-Nelson, Britt*a (Hg.): Martin Luther King. Leben, Werk und Vermächtnis, Weimar 2008, 55–66.

Brackney, William H.: Die Geschichte der Baptisten in Nordamerika, in: *Strübind, Andrea/Rothkegel, Martin* (Hg.): Baptismus. Geschichte und Gegenwart, Göttingen 2011, 47–68.

Broecking, Christian: Jazz und die afroamerikanische Protestkultur, in: *Haspel, Michael/Reif-Spirek, Peter* (Hg.): „Hier stehe ich und kann nicht anders!" Martin Luther, Martin Luther King und die Musik, Leipzig 2017, 45–57.

Calhaoun-Brown, Allison: Upon This Rock. The Black Church, Nonviolence, and the Civil Rights Movement, in: Political Science & Politics 33 (2000), 168–174.

Cone, James H.: The Spirituals and the Blues. An Interpretation, New York 1972.

Cone, James H.: The Theology of Martin Luther King, Jr, in: Union Seminary Quarterly Review 40 (1986), 21–39.

Dorrien, Gary: New Abolition. W.E.B. Du Bois and the Black Social Gospel, New Haven, CT/London 2015.

Dorrien, Gary: Breaking White Supremacy. Martin Luther King, Jr. and the Black Social Gospel, New Haven, CT, 2018.

Dziewas, Ralf: Martin Luther King, Jr. Ein Visionär der Liebe, in: Zeitschrift für Theologie und Gemeinde 23 (2018), 191–212.

Evangelische Kirche und freiheitliche Demokratie. Der Staat des Grundgesetzes als Angebot und Aufgabe. Eine Denkschrift der Evangelischen Kirche in Deutschland, hg. vom Kirchenamt im Auftrag des Rats der EKD, Gütersloh 1985.

Frazier, E. Franklin: The Negro Church in America, New York 1964 (Taschenbuchausgabe: 1966).

Garrow, David J.: Bearing the Cross. Martin Luther King, Jr., and the Southern Christian Leadership Conference, New York 1988.

Geldbach, Erich: Zur Anfangsgeschichte schwarzer Baptisten in Nordamerika, in: *Strübind, Andrea/Rothkegel, Martin* (Hg.): Baptismus. Geschichte und Gegenwart, Göttingen 2011, 95–108.

Haspel, Michael: Politischer Protestantismus und gesellschaftliche Transformation. Ein Vergleich der Rolle der evangelischen Kirchen in der DDR und der schwarzen Kirchen in der Bürgerrechtsbewegung in den USA, Tübingen/Basel 1997.

Haspel, Michael: Sozialethik in der globalen Gesellschaft. Grundlagen und Orientierung in protestantischer Perspektive, Stuttgart 2010.

Haspel, Michael: Gottebenbildlichkeit und Menschenwürde. Implikationen für Bildung und Öffentlichen Diskurs in Martin Luther King, Jr.'s Konzeption „Öffentlicher Theologie", in: Zeitschrift für Pädagogik und Theologie 64 (2012), 251–264.

Haspel, Michael: Die Quellen von Martin Luther Kings theologischer Konzeption der Menschenrechte und sozialen Gerechtigkeit, in: Zeitschrift für Theologie und Gemeinde 21 (2016), 290–316.

Haspel, Michael: Das Vermächtnis Martin Luther Kings als Zumutung und Herausforderung. Überlegungen zu einem angemessenen Gedenken, in: Pastoraltheologie 108 (2019), 17–28.

Haspel, Michael: Martin Luther King, Jr.'s Theologie der Freiheit und Gerechtigkeit. Schwarze Kirche, Südstaatenbaptismus und Bostoner Personalismus, in: Theologisches Gespräch 49 (2019), 3–16.

Hudson, Winthrop S.: Religion in America. An Historical Account of the Development of American Religious Life, New York [2]1973.

Kessler, Rainer: Der Weg zum Leben. Ethik des Alten Testaments, Gütersloh 2017.

King, Jr., Martin Luther: Stride Toward Freedom. The Montgomery Story. New York 1958.

King, Jr., Martin Luther: A Testament of Hope. The Essential Writings and Speeches of Martin Luther King, Jr., hg. v. *James M. Washington*, San Francisco 1986 (Taschenbuchausgabe: 1991), 217–220.

King, Jr., Martin Luther: The Papers of Martin Luther King, Jr., hg. v. *Clayborn Carson* (MLKP), Bd. 1-7, Berkeley/Los Angeles/London 1992ff.

Lewis, John/D'Orso, Michael: Walking with the Wind. A Memoir of the Movement, New York 1998.

Lincoln, C. Eric/Mamiya, Lawrence H.: The Black Church in the African American Experience, Durham/London [5]1992 (1990),

Luhmann, Niklas: Die Gesellschaft der Gesellschaft, 2 Bde., Frankfurt am Main 1997.

Martin, Sandy Dwayne: Die Entstehung und frühe Entwicklungsphase des afro-amerikanischen Baptismus im globalen Kontext (1750–1930), in: *Strübind, Andrea/Rothkegel, Martin* (Hg.): Baptismus. Geschichte und Gegenwart, Göttingen 2011, 109–138.

McAdam, Doug: Political Process and the Development of Black Insurgency 1930–1970, Chicago/London 1982 (Taschenbuchausgabe: 1985).

Morris, Aldon D.: The Origins of the Civil Rights Movement. Black Communities Organizing for Change, New York 1986.

Nagler, Jörg: Abraham Lincoln. Amerikas großer Präsident, München 2009.

Nagler, Jörg/Haspel, Michael (Hg.): Abraham Lincoln und die Religion. Das Konzept der Nation unter Gott (scripturae 2), Weimar 2012.

Pinn, Anthony B.: Why, Lord? Suffering and Evil in Black Theology, New York 1995.

Pinn, Anthony B.: Varieties of African Religious Experience, Minneapolis MN, 1998.

Pinn, Anne H. / Pinn, Anthony B.: Fortress Introduction to Black Church History, Minneapolis, MN, 2001.

Rothkegel, Martin: Freiheit als Kennzeichen der wahren Kirche. Zum baptistischen Grundsatz der Religionsfreiheit und seinen historischen Ursprüngen, in: *Strübind, Andrea/Rothkegel, Martin* (Hg.): Baptismus. Geschichte und Gegenwart, Göttingen 2011, 201–228.

Rustin, Bayard: Time on Two Crosses. The Collected Writings of Bayard Rustin, hg. v. *Devon W. Carbado* und *Donald Weise*, New York 2015.

Smith, Karen E.: Kirche als Gemeinschaft der Gläubigen. Der Bundesgedanke in der frühen Ekklesiologie des Baptismus, in: *Strübind, Andrea/Rothkegel, Martin* (Hg.): Baptismus. Geschichte und Gegenwart, Göttingen 2011, 23–46.

Strübind, Andrea: Martin Luther King und die „Black Church" als Trägerin der Bürgerrechtsbewegung, in: Kirchliche Zeitgeschichte 17 (2004), 500–518.

Strübind, Andrea/Rothkegel, Martin (Hg.): Baptismus. Geschichte und Gegenwart, Göttingen 2011.

Waldschmidt-Nelson, Britta: From Protest to Politics. Schwarze Frauen in der Bürgerrechtsbewegung und im Kongreß der Vereinigten Staaten, Frankfurt am Main/New York 1998.

Waldschmidt-Nelson, Britta: The Trumpet of Conscience. Das Vermächtnis von Martin Luther King, in: *Haspel, Michael/Waldschmidt-Nelson, Britta* (Hg.): Martin Luther King. Leben, Werk und Vermächtnis, Wiemar 2008, 111–138.

Eine Kirche – viele Staaten

Die Herrnhuter Brüder-Unität als Modell einer internationalen Freikirche

Peter Vogt

Im Rahmen einer Diskussion des Verhältnisses von Staat und Kirche im Blick auf freikirchliche Denominationen kann die Herrnhuter Brüdergemeine (auch Brüder-Unität, *Unitas Fratrum, Moravian Church*) als Beispiel dafür dienen, wie sich die Thematik der Beziehung von Staat und Kirche in einem multinationalen Kontext darstellt. Das Schlagwort des Titels „Eine Kirche – viele Staaten" trifft auf die Brüdergemeine in besonderer Weise zu, da sie sich seit ihrer Entstehung in der ersten Hälfte des 18. Jahrhunderts immer als eine kirchliche Gemeinschaft verstanden hat, die global verbreitet ist, aber rechtlich und institutionell eine organische Einheit bildet.[1] Die Brüder-Unität ist heute eine Kirche mit 24 Provinzen, die sich auf über 20 Länder erstrecken, und weiteren Missionsprovinzen und Missionsgebieten in etwa 15 Ländern (Stand 2018).[2]

Ihre Einheit beruht auf der Grundlage einer gemeinsamen weltweiten Synode, einer gemeinsamen verbindlichen Kirchenordnung und einem gemeinsamen geistlichen Amt. Damit unterscheidet sich die Brüder-Unität rechtlich und organisatorisch von vielen anderen protestantischen Kirchenfamilien, die sich auf Weltebene eher als Föderation einzelner Gliedkirchen verstehen denn als genuin transnationale Weltkirche. Gerade so aber hat die Brüder-Unität von

---

1   Grundlegend zur Struktur der Unität: Kirchenordnung der Europäisch-Festländischen Brüder-Unität, Fassung 2018, hg. von der Direktion der Brüder-Unität, Herrnhut/Bad Boll/Zeist 2018; Gesamtdarstellung: *Matthias Meyer/Peter Vogt* (Hg.), Die Herrnhuter Brüdergemeine (Evangelische Brüder-Unität / Unitas Fratrum) (Die Kirchen der Gegenwart 6; Bensheimer Hefte 117), Göttingen 2019 (im Erscheinen).

2   Vgl. die verfügbare Statistik auf der Webseite der Herrnhuter Missionshilfe: www.herrnhuter-missionshilfe.de/startseite (Zugriff: 19.6.2018).

jeher vor der besonderen Herausforderung gestanden, kirchliche Einheit in einem multinationalen Kontext zu gestalten, das heißt, den Staaten übergreifenden Charakter ihrer Struktur in ihrer Verfassung zum Ausdruck zu bringen und zugleich die Anerkennung als kirchliche Organisation in unterschiedlichen nationalen Rechtssystemen abzusichern.

Der folgende Beitrag beabsichtigt, die Internationalität der Brüder-Unität und die damit verbundene Fragestellung nach der besonderen Gestaltung ihres Verhältnisses zum Staat näher in den Blick zu nehmen. Da für die Brüder-Unität die besondere Konstellation dieser Aspekte nur aus ihrer Geschichte heraus verständlich ist, erfolgt zunächst ein Überblick, wie sich die 1722 gegründete Exulantensiedlung Herrnhut in komplizierten historischen Prozessen zur heutigen globalen Denomination entwickelt hat. Der zweite Teil des Artikels geht auf die Frage ein, wie sich das Phänomen kirchlicher Internationalität im Fall der Brüder-Unität konkret darstellt und was das für ihr Verhältnis zum Staat bedeutet.

1. Geschichtliche Entwicklungen

Die Brüder-Unität hat sich seit dem 18. Jahrhundert in mehreren Etappen zu einer modernen internationalen Denomination entwickelt.[3] Dabei war sie im Verlauf ihrer Geschichte immer wieder herausgefordert, in jeweils unterschiedlichen historischen Konstellationen die Frage nach ihrem Verhältnis zu den bestehenden politischen und kirchlichen Ordnungen zu klären.[4]

---

3   Vgl. *Wilhelm Bettermann*, Das Werden einer Kirche im 18. Jahrhundert, in: Zwischen den Zeiten 11 (1933), 514–529. Zur Geschichte der Brüder-Unität vgl. *Dietrich Meyer*, Zinzendorf und die Herrnhuter Brüdergemeine 1700–2000, Göttingen 2000; *J. Taylor Hamilton/Kenneth G. Hamilton*, History of the Moravian Church. The Renewed Unitas Fratrum 1722–1957, Bethlehem, Pa. 1967.

4   Zur Verfassungsgeschichte der Brüder-Unität vgl. *Wilhelm Ludwig Kölbing,* Die Geschichte der Verfassung der Evangelischen Brüder-Unität in Deutschland mit besonderer Berücksichtigung der kirchenrechtlichen Verhältnisse, Leipzig 1906; *Ingeborg Posselt*, Die Verfassung der Brüdergemeine 1727 bis 1775. Mit besonderer Berücksichtigung des Verhältnisses zur sächsischen Landeskirche, Herrnhut 2018 (urspr. Dissertation 1949); *Hans-Georg Hafa*, Die Geschichte der Kirchenordnung in der Evangelischen Brüder-Unität, in: Herbergen der Christenheit 15 (1985/86), 105–121.

Ausgangspunkt war die Gründung Herrnhuts im Jahr 1722, als protestantische Exulanten aus Mähren, die in der Tradition der Böhmischen Brüder standen, auf dem Gut Berthelsdorf von Nikolaus Ludwig Graf von Zinzendorf (1700-1760) Zuflucht fanden und am Handelsweg von Löbau nach Zittau eine kleine Siedlung anlegten. Durch das Eintreffen weiterer Exulanten und Zuzug von erweckten Gläubigen aus dem pietistischen Milieu der Umgebung entstand bald eine rege Gemeinschaft, die im Sinne einer verbindlichen Nachfolge Jesu zusammen zu leben suchte. Formell gehörte die im Entstehen begriffene Herrnhuter Gemeinde zur lutherischen Parochie Berthelsdorf, deren sonntäglicher Gottesdienst regelmäßig besucht wurde, während es unter der Woche eigene Gebetsversammlungen, Bibelstunden und andere geistliche Zusammenkünfte gab.[5]

Unterschiedliche Frömmigkeitsformen und separatistische Tendenzen führten ab 1725 zu schwerwiegenden Konflikten, die das Eingreifen Zinzendorfs nötig machten. Auf der Grundlage seiner gutsherrschaftlichen Autorität verfasste er im Mai 1727 zwei Satzungen (Statuten), die das kommunale und geistliche Leben der Herrnhuter Gemeinde regeln sollten, und legte diese den Einwohnern zur Unterschrift vor.[6] Darin wird das Wesen der Herrnhuter Gemeinde als ein brüderlicher Verband von wiedergeborenen Christen beschrieben, der aufgrund obrigkeitlicher Billigung als Sondergemeinschaft innerhalb der lutherischen Parochie existiert. Im Hintergrund steht hier das pietistische Programm der Sammlung der Erweckten, das unter Speners Begriff der „ecclesiola in ecclesia" zunächst auf eine Gruppenbildung innerhalb von landeskirchlichen

---

5 Vgl. *Gudrun Meyer*, Herrnhuts Stellung innerhalb der sächsischen Landeskirche bis 1737, in: Unitas Fratrum. Zeitschrift für Geschichte und Gegenwartsfragen der Brüdergemeine 2 (1977), 21–45. Zur Lebensordnung der Herrnhuter Gemeinde in den Anfangsjahren vgl. *Hanns-Joachim Wollstadt*, Geordnetes Dienen in der christlichen Gemeinde, dargestellt an den Lebensformen der Herrnhuter Brüdergemeine in ihren Anfängen (Arbeiten zur Pastoraltheologie 4), Göttingen 1966; *Irina Modrow*, Dienstgemeine des Herrn. Nikolaus Ludwig von Zinzendorf und die Brüdergemeine seiner Zeit (Theologische Texte und Studien 4), Hildesheim 1994, 42–71.

6 Abgedruckt in *Hans-Christoph Hahn/Hellmut Reichel* (Hg.), Zinzendorf und die Herrnhuter Brüder. Quellen zur Geschichte der Brüder-Unität von 1722 bis 1760, Hamburg 1977, 70–80.

Gemeinden abzielte, sich im radikalen Pietismus dann aber auf die Bildung losgelöster überkonfessioneller Gemeinschaften richtete, welche sich weithin dem Ideal eines „unpartheyischen" bzw. „philadelphischen" Christentums verpflichtet fühlten.[7] Theologisch zeigte sich dabei die Tendenz zur Abkehr vom Begriff der Amtskirche zugunsten der Freiwilligenkirche, wofür man in Martin Luthers Rede von denen, „so mit Ernst Christen wollen seyn", eine Legitimation zu finden meinte.[8]

Zinzendorfs Statuten ermöglichten es, in der Herrnhuter Gemeinde geordnete Verhältnisse herzustellen, und ebneten den Weg für die eigentliche Überwindung des Konflikts, die am 13. August 1727 bei einer Abendmahlsfeier in der lutherischen Kirche von Berthelsdorf als geistgewirktes Geschenk der Versöhnung und inneren Einigung erlebt wurde. Rechtlich gesehen lag Zinzendorf daran, seine Stellung als Ortsherrschaft zu nutzen, um der entstehenden „Republic Gottes zu Herrenhuth"[9] den nötigen Schutz zu gewähren, wobei es freilich einer gewissen Ironie nicht entbehrt, dass er hier – wie auch später oft – bereitwillig auf seine herrschaftliche Autorität zurückgriff, um das Ideal brüderlicher Gleichheit zu befördern.[10]

Interessanterweise erwachte nun auch ein stärkeres Bewusstsein für die Verwurzelung in der Tradition der alten böhmischen Brüderkirche, so dass der 13. August 1727 im Nachhinein als Tag der

---

7 Vgl. *Peter Vogt*, „Philadelphia" – Inhalt, Verbreitung und Einfluß eines radikal-pietistischen Schlüsselbegriffs, in: *Udo Sträter* (Hg.), Interdisziplinäre Pietismusforschung. Beiträge zum ersten internationalen Kongress für Pietismusforschung 2001 (Hallesche Forschungen 17), Tübingen 2005, Bd. 2, 837–848; *Andreas Lindt*, Pietismus und Ökumene, in: *Kurt Aland/Oskar Söhngen* (Hg.), Pietismus und moderne Welt (Arbeiten zur Geschichte des Pietismus 12), Witten 1974, 138–160.

8 *Martin Luther*, Vorwort zur „Deutschen Messe" von 1526, in: Weimarer Ausgabe WA 19, 75; zur Bedeutung dieser Textstelle für Zinzendorf und die Herrnhuter Gemeinde vgl. *Wollstadt*, Geordnetes Dienen, 42; *Posselt*, Verfassung der Brüdergemeine, 5.

9 *Wollstadt*, Geordnetes Dienen, 141.

10 Vgl. *Peter Vogt*, „Als Christ ist man nicht Graf…" Paradoxien pietistisch-aristokratischer Identität bei Zinzendorf, in: *Ruth Albrecht* u.a. (Hg.), Pietismus und Adel. Genderhistorische Analysen (Hallesche Forschungen 49), Halle 2018, 97–117.

Erneuerung der Brüder-Unität verstanden wurde.[11] Ähnlichkeiten zwischen den Herrnhuter Statuten und den kirchlichen Ordnungen der Böhmischen Brüder bestärkten Zinzendorf darin, die alte Brüderkirche als eine eigene Tradition wahrzunehmen. Später hat er im Ringen um die kirchliche Eigenständigkeit der Brüdergemeine gern auf die Traditionslinie der Böhmischen Brüder verwiesen, die seiner Ansicht nach die Möglichkeit bot, den Sonderstatus der Brüdergemeine im System der konfessionellen Landeskirchen kirchenrechtlich zu begründen.[12]

Insgesamt tritt also schon in dieser Anfangszeit die grundlegende Problematik zu Tage, dass die Brüdergemeine in dem Maße, wie sie sich als verbindliche Gemeinde konstituierte, herausgefordert war, ihre Existenz gegenüber Staat und Amtskirche zu definieren und zu legitimieren. Und auch die drei eingeschlagenen Strategien sind deutlich zu erkennen: (1) fromme Sondergemeinschaft innerhalb der landeskirchlichen Parochie, (2) Zugeständnis von besonderen Rechten durch die örtliche Obrigkeit, sowie (3) Rückgriff auf die eigenständige Kirchentradition der Böhmischen Brüder. Diese Strategien bildeten in Europa und vielen Kolonialgebieten bis in das 19. Jahrhundert hinein die Grundlage für die rechtliche Anerkennung der Brüdergemeine, wenn auch in unterschiedlicher Ausprägung je nach Konstellation der örtlichen politischen und kirchlichen Umstände.

Der Beginn der Herrnhuter Mission im Jahre 1732 bildete den Auftakt für die weltweite Ausbreitung der Brüdergemeine. Innerhalb weniger Jahre verwandelte sich die überschaubare Herrnhuter Gemeinde in eine international verbreitete und global agierende Frömmigkeitsbewegung.[13] Innerhalb des ganzen protestantischen Europa wurden Kontakte mit Gleichgesinnten geknüpft, Freundeskreise gebildet und Informationen über Zinzendorf und die Herrn-

---

11 *David Cranz*, Alte und Neue Brüder-Historie oder kurz gefasste Geschichte der Evangelischen Brüder-Unität in den älteren Zeiten und insbesondere dem gegenwärtigen Jahrhundert, Barby ²1772, 147.
12 Vgl. *Joseph Theodor Müller*, Zinzendorf als Erneuerer der alten Brüderkirche, Leipzig 1900.
13 Vgl. *Gisela Mettele*, Weltbürgertum oder Gottesreich. Die Herrnhuter Brüdergemeine als globale Gemeinschaft 1727–1857, Göttingen 2009.

huter Bewegung weitergeben. Dabei trat die Brüdergemeine keinesfalls mit dem Anspruch auf, sich als eigenständige Kirche etablieren zu wollen, sondern zeigte sich als länder- und konfessionsübergreifendes Sammelbecken der Frommen, mithin als überkirchliches globales Evangelisations- und Kommunikationsnetzwerk. Dass das Amt des „Generalältesten" 1741 symbolisch Jesus Christus anvertraut wurde,[14] verdeutlicht die Priorität ideeller Vorstellungen vor institutionellen Belangen, gleichzeitig verstärkte sich dadurch der Impuls, die globale Weite der Herrschaft Christi in den Blick zu nehmen. Das Losungsbuch von 1739 zählt im Titel 38 Orte und Länder auf, in denen die Brüdergemeine präsent war.[15] Zugleich lag Zinzendorf sehr an einer breit gestreuten Zahl missionarischer Vorstöße in Übersee, um zumindest zeichenhaft eine „punktuelle globale Präsenz" (Hartmut Lehmann) zu erreichen.[16] Ähnlich wie John Wesley verkündete: „The world is my parish", so betonte auch Zinzendorf, dass „des Heilands Predigtstuhl" so groß und breit sei wie die ganze Welt.[17]

Dementsprechend begannen die Herrnhuter ihre Missionsarbeit mit einem enormen Sendungsbewusstsein. Von 1732 bis 1740 erfolgten elf Missionsunternehmungen auf vier Kontinenten, von denen sechs zu einer dauerhaften Arbeit führten.[18] Dabei war die Auswahl von möglichen Missionsfeldern stark durch die politischen Rahmenbedingungen der kolonialen Welt bestimmt. Auch wenn sich Zinzendorf und die Brüdergemeine bemühten, ihre Unabhängig-

---

14 *Joseph Theodor Müller*, Das Ältestenamt Christi in der erneuerten Brüderkirche, in: Zeitschrift für Brüdergeschichte 1 (1907), 1–32.

15 *Dietrich Meyer*, Bibliographisches Handbuch zur Zinzendorf-Forschung, Düsseldorf 1987, Nr. A 410.

16 *Hartmut Lehmann*, Punktuelle globale Präsenz. Die Missionsaktivitäten von Halle und Herrnhut im Vergleich, in: *Klaus Koschorke* (Hg.), Etappen der Globalisierung in christentumsgeschichtlicher Perspektive. Phases of Globalization in the History of Christianity (Studien zur Außereuropäischen Christentumsgeschichte 17), Wiesbaden 2012, 183–194.

17 *Carola Wessel*, „Es ist also des Heilands sein Predigtstuhl so weit und groß als die ganze Welt". Zinzendorfs Überlegungen zur Mission, in: *Martin Brecht/ Paul Peucker* (Hg.), Neue Aspekte der Zinzendorf-Forschung (Arbeiten zur Geschichte des Pietismus 47), Göttingen 2006, 163–173.

18 Vgl. *Hartmut Beck*, Brüder in vielen Völkern. 250 Jahre Mission der Brüdergemeine, Erlangen 1982.

keit von den Interessen der Handelsorganisationen und der politischen Mächte zu wahren, blieb sie doch für die Durchführung ihrer Missionsarbeit auf die wohlwollende Unterstützung oder zumindest Duldung seitens der kolonialen Autoritäten angewiesen. Da missionarische Unternehmungen in den unter katholischer Herrschaft stehenden Gebieten ausgeschlossen waren, beschränkte sich der Aktionsradius der Herrnhuter zunächst auf die drei protestantischen Kolonialmächte England, Dänemark und die Niederlande. Die ersten Missionsprojekte erfolgten durch Zinzendorfs Verbindungen zum dänischen Hof; dann verlagerte sich der Schwerpunkt nach England und den Niederlanden, so dass die Missionsarbeit der Brüdergemeine von Anfang an im wesentlichen dreigleisig fuhr und ihre Optionen in drei unterschiedlichen politischen und kirchenpolitischen Kontexten aushandeln musste.[19]

Zinzendorfs Auftreten als Reichsgraf war bei den Verhandlungen mit den Behörden natürlich von größtem Vorteil, auch wenn seine Person oft höchst umstritten war. Zugleich bestand unter den Mitgliedern und Mitarbeitern der Brüdergemeine eine große Bereitschaft, jederzeit aufzubrechen und weiterzuziehen, wenn ihnen der Aufenthalt an einem Ort durch die jeweilige Obrigkeit erschwert oder verweigert wurde. Dies kam auch tatsächlich vor, beispielsweise bei der Ausweisung Zinzendorfs aus Sachsen 1736 oder der Auflösung der Siedlung Herrnhaag 1750–1753.[20] Daher liegt es nahe zu vermuten, dass auch der Aufbau von brüderischen Stützpunkten in Nordamerika nicht nur dem Zweck der Missionsarbeit diente, sondern zugleich die Absicht verfolgte, sich ein

---

19 Zur Arbeit der Brüdergemeine in England vgl. *Colin Podmore*, The Moravian Church in England 1728–1760, Oxford 1998; zu Dänemark vgl. *Jørgen Bøytler*, Zinzendorf und Dänemark. Zu Zinzendorfs direktem und indirektem Einfluß in Dänemark, in: *Paul Peucker* (Hg.), Graf ohne Grenzen. Leben und Werk von Nikolaus Ludwig Graf von Zinzendorf, Herrnhut 2000, 73–81; zu den Niederlanden vgl. *Wilhelm Lutjeharms*, Die Evangelische Brüdergemeine in den Niederlanden, in: *Mari P. van Buijtenen* (Hg.), Unitas Fratrum. Herrnhuter Studien, Utrecht 1975, 93–118.
20 Vgl. *Meyer*, Zinzendorf und die Herrnhuter, 37–38, 56; *Hans Schneider*, Christoph Friedrich Bauer und das Ende des Herrnhaag, in: *Erich Beyreuther/Gerhard Meyer* (Hg.), Antizinzendorfiana V. Bericht der Büdingischen Graftschaft zur Vertreibung der Herrnhuter aus der Wetterau, Nikolaus Ludwig von Zinzendorf. Materialien und Dokumente, Reihe 2, Bd. 18, Hildesheim 1978, 1–123.

zweites Standbein zu schaffen, falls die Situation der Brüdergemeine in Europa wirklich prekär werden sollte.[21]

Eine dritte wichtige Etappe ist die kirchliche Verselbständigung der Brüdergemeine in den 1740er Jahren, die zunächst gegen Zinzendorfs Willen geschah. Die Übernahme des Bischofsamts der alten Böhmischen Brüder, die mit der Einsegnung von David Nitschmann durch den Berliner Hofprediger Daniel Ernst Jablonski 1735 in die Wege geleitet wurde, eröffnete die Möglichkeit, sich als Kirche in der Traditionslinie der alten Böhmischen Brüderkirche zu legitimieren.[22] In diesem Sinne wurde 1742, als Zinzendorf für längere Zeit in Nordamerika weilte, von Friedrich II. in Preußen eine Konzession für die Einrichtung „mährischer" Gemeinden erwirkt, die in den Folgejahren mehrfach erneuert und bestätigt wurde.[23] 1749 erhielt die Brüdergemeine in England durch das Parlament die rechtliche Anerkennung als eine „ancient episcopal church."[24] Kurz darauf gewährte auch die sächsische Regierung der Brüdergemeine die rechtliche Anerkennung ihrer sächsischen Gemeinden, allerdings vornehmlich auf Grundlage ihrer Konformität zur Augsburger Konfession.[25]

In der Folge wurde für alle brüderischen Gemeinden die Absicherung ihrer Sonderstellung durch staatlich gewährte Konzessionen angestrebt, bzw. wurden neue Gemeinden nur dann gegründet, wenn die jeweilige Landesobrigkeit bereit war, eine entsprechende Konzession auszustellen.[26] Ziel dabei war, es den brüderischen Gemein-

---

21 Vgl. *Georg Neisser*, A History of the Beginnings of Moravian Work in America, Publications of the Archives of the Moravian Church 1, Bethlehem, PA, 1955, 5; *Erika Sterik*, Mährische Exulanten in der erneuerten Brüderunität im 18. Jahrhundert (Unitas Fratrum, Beihefte 20), Herrnhut 2012, 232.

22 Vgl. *Müller*, Zinzendorf als Erneuerer, 57–58; *Dietrich Meyer*, Von Herrnhut in die Neue Welt. Jablonski als Begleiter Zinzendorfs und der mährischen Exulanten, in: *Joachim Bahlke* (Hg.), Brückenschläge. Daniel Ernst Jablonski im Europa der Frühaufklärung, Dößel 2010, 189–201.

23 Abgedruckt in *Kölbing*, Geschichte der Verfassung, 74–75.

24 *Podmore*, Moravian Church in England, 228–265.

25 Vgl. *Modrow*, Dienstgemeine des Herrn, 168–174; *Posselt*, Verfassung der Brüdergemeine, 102–108. Die Dokumente sind abgedruckt bei *Kölbing*, Geschichte der Verfassung, 71–73.

26 Vgl. die Übersicht einzelner Konzessionen mit Zusicherung der Militärfreiheit in: *Peter Vogt*, Die Brüder-Unität als Friedenskirche. Eine Spurensuche, in: Freikirchenforschung 24 (2015), 92–118, hier: 99–101.

orten zu ermöglichen, sich als „Dörfer des Heilands" zu organisieren, deren Einwohner sämtlich der Brüdergemeine angehören mussten und deren kommunales Gemeinwesen davon geprägt war, dass bürgerliche Ordnung und geistliches Leben vollkommen miteinander verschmolzen waren.[27] Gelegentlich sprach Zinzendorf in diesem Zusammenhang davon, dass die brüderischen Gemeinorte unter dem „Regiment des Heilands" stünden und daher theokratisch verfasst seien, jedoch nicht im Sinne einer Ablehnung der landesherrlichen Obrigkeit, sondern als ganzheitlich religiös geprägte Organisationsform nach innen.[28]

Bis 1760 gab es in Deutschland insgesamt 16 Gemeindegründungen, in den Niederlanden 4, in Großbritannien 20, in Nordamerika 13; dazu kommen vier Sozietäten in der Schweiz, drei in Schweden und eine in Dänemark sowie verschiedene Stützpunkte im Baltikum. Die Missionsarbeit umfasste Niederlassungen in Dänisch-Westindien, in Britisch Westindien, auf Grönland, in Suriname und in den nordamerikanischen Kolonien Pennsylvanien und New York sowie wichtige Versuche in Südafrika und Labrador.[29] Trotz der geographischen Distanz zeichneten sich die Siedlungen der Brüdergemeine nicht nur durch ein weitgehend einheitliches gottesdienstliches Leben aus, sondern auch durch eine einheitliche Architektur, Wirtschafts- und Sozialstruktur.[30] Ein ausgeklügeltes System der Berichterstattung durch einzusendende Diarien und ausgesandte Zirkularschreiben, die sogenannten Gemeinnachrichten, diente der stetigen gegenseitigen Kommunikation.[31] Dies schuf eine globale Verbundenheit und ermöglichte es den Mitgliedern, die

---

27 Vgl. *Erich Beyreuther*, Geschichte des Pietismus, Stuttgart 1978, 51; *Mettele*, Weltbürgertum oder Gottesreich, 49–58.
28 Vgl. *Dietrich Meyer*, Die Brüdergemeine als Theokratie und ihr Verhältnis zum Staat, in: *Sträter* (Hg.), Interdisziplinäre Pietismusforschung, 279–286.
29 *Mettele*, Weltbürgertum oder Gottesreich, 275–279.
30 Vgl. *Jürgen Lafrenz* (Hg.), Herrnhut & Herrnhuter Siedlungen/Moravian Settlements (Deutscher Historischer Städteatlas 3), Münster 2009.
31 Vgl. *Carola Wessel*, Connecting Congregations. The Net of Communication among the Moravians in the late 18th Century, in: *Craig Atwood/Peter Vogt* (Hg.), The Distinctiveness of Moravian Culture. Festschrift for Vernon Nelson, Nazareth, PA, 2003, 153–172; *Mettele*, Weltbürgertum oder Gottesreich, 124–178.

im Dienst der Kirche an einen anderen Ort versetzt wurden, sich überall sofort zuhause zu fühlen.[32]

Zinzendorfs Tod 1760 markiert den endgültigen Übergang zur Verfestigung kirchlicher Strukturen.[33] Hatte seine charismatische Leitung zur Ausbildung spezifischer Frömmigkeitsformen in der Brüdergemeine geführt, so fiel die Aufgabe, eine einheitliche Rechtsform zu schaffen, seinen Nachfolgern zu. Dies beinhaltete nicht weniger als die Konzeption einer neuen, länderübergreifenden (und damit in gewisser Hinsicht auch länderunabhängigen) Kirchenstruktur, wie es sie so im europäischen Protestantismus noch nicht gab.[34] Auf drei Synoden 1764, 1769 und 1775 wurde für den weltweiten Verband der Unität eine eigene Verfassung ausgearbeitet, die der gewachsenen Gemeinschaft eine angemessene und stabile Verwaltungsstruktur gab und ihre rechtliche Vertretung nach außen regelte. Dies war insbesondere im Blick auf komplizierte Besitzverhältnisse in mehreren Ländern eine große Herausforderung. Ausgehend vom Gedanken der geschwisterlichen Zusammengehörigkeit im Dienst Christi bildete eine „Generalsynode" aus gewählten und berufenen Vertretern der Gemeinden und Werke das höchste Leitungsgremium und rechtgebende Instanz. Durch Wahl wurde von der Synode ein kollektives Direktorium eingesetzt und mit der Verantwortung für die verschiedenen Aufgabenbereiche der Kirche (Gemeinden, Mission, Finanzen, Außenvertretung usw.) betraut. Analog wurden auf Gemeindeebene ebenfalls kollegiale Verwaltungsgremien eingerichtet, die teilweise durch Wahl, teilweise durch amtliche Vertreter besetzt waren.

Das Verhältnis der Brüdergemeine zu den unterschiedlichen staatlichen Autoritäten wurde weiterhin durch besondere obrigkeitliche Konzessionen vor Ort geregelt, sofern nicht – wie etwa in Pennsylvanien – eine allgemeine Religionsfreiheit ihr den rechtlichen Rahmen bot.[35] Interessanterweise führte die positiv wahrge-

---

32 Vgl. *Peter Vogt*, "Everywhere at Home". The Eighteenth-Century Moravian Movement as a Transatlantic Religious Community, in: Journal of Moravian History 1 (2006), 7–29.
33 Vgl. *Mettele*, Weltbürgertum oder Gottesreich, 76–82.
34 Vgl. *Kölbing*, Geschichte der Verfassung, 20–34.
35 Vgl. die Liste ebd., 43–51.

nommene Wirtschaftsleistung der brüderischen Gemeinorte in der zweiten Hälfte des 18. Jahrhunderts dazu, dass sich Adelshäuser aus ganz Europa in zunehmendem Maße darum bemühten, herrnhutische Kolonien auf ihren Territorien anzusiedeln. Für den Zeitraum zwischen 1758 und 1804 sind mehr als 100 entsprechende Offerten belegt, die von den kirchenleitenden Gremien aber nur dann näher in Betracht gezogen wurden, wenn sie den eigenen Zielen förderlich waren und die erforderlichen Freiheiten für die kirchliche Sonderstellung der Brüdergemeine garantierten.[36] Aufgrund von weitreichenden Konzessionen kam es etwa 1765 zur Gründung der Gemeinde Sarepta in Russland und 1772 zur Gründung der Gemeinde Christiansfeld in Dänemark.

Um die innere Einheit der Unität zu gewährleisten, die in der zweiten Hälfte des 18. Jahrhunderts zunehmend als Einheitlichkeit in Lehre, Frömmigkeit und Gemeindepraxis verstanden wurde, prägte sich bald eine zentralistische Leitungsstruktur aus. Alle wichtigen Entscheidungen in Übersee, etwa Personal- oder Gebäudeangelegenheiten betreffend, wurden durch die in Deutschland ansässige Kirchenleitung geregelt. Das theokratische Moment blieb weiterhin erhalten und zeigte sich insbesondere in der Praxis der Losbefragung bei allen wichtigen Entscheidungen, welche dazu diente, das „Regiment des Heilands" in der Leitung der Gemeinde zur Geltung zu bringen.[37] Für die einzelnen Gemeinden beinhaltete das theokratische Moment auch, dass sich ihre Mitglieder in einem höheren Maß zur Loyalität gegenüber der Brüdergemeine verpflichtet fühlten als gegenüber den jeweiligen politischen und staatlichen Autoritäten vor Ort. Die Zugehörigkeit zur Gemeinde als einer weltweiten Gemeinschaft war das entscheidende Kriterium ihrer Identität, das alle anderen Kategorien sozialer und politischer Art in

---

36 Vgl. *Thomas Dorfner*, Von ‚bösen Sektierern' zu ‚fleißigen Fabrikanten'. Zum Wahrnehmungswandel der Herrnhuter Brüdergemeine im Kontext kameralistischer Peuplierungspolitik (ca. 1750–1800), in: Zeitschrift für Historische Forschung 45 (2018), 283–313, hier: 285.

37 Vgl. *Peter Vogt*, Die Medialität göttlicher Willenskundgebung in der Lospraxis der Herrnhuter Brüdergemeine, in: *Christian Soboth/Pia Schmid* (Hg.), „Schrift soll leserlich seyn". Der Pietismus und die Medien. Beiträge zum IV. Internationalen Kongress für Pietismusforschung 2013 (Hallesche Forschungen 44), Halle 2016, 465–480.

ihrer Bedeutung relativierte. Bis in die Mitte des 19. Jahrhunderts bildete die Brüdergemeine somit eine *„imagined community* jenseits der Nation", wie es die Historikerin Gisela Mettele mit Rückgriff auf einen Ausdruck Benedict Andersons formuliert hat.[38]

Der hohe Anspruch einer theokratisch verfassten globalen Gemeinschaft war nicht von Dauer. Im Verlauf des 19. Jahrhunderts traten mehrere gegenläufige Tendenzen auf, die dazu führten, dass sich die Brüdergemeine in den unterschiedlichen Ländern zunehmend an das normale kirchliche Leben vor Ort anpasste. Zum einen zeigte sich in vielen Ländern ein neues Nationalgefühl, das dem „Weltbürgertum" der Brüdergemeine Konkurrenz machte. So entstand im Nachgang zur politischen Unabhängigkeit der Vereinigten Staaten in den nordamerikanischen Gemeinden ein stärkeres patriotisches Bewusstsein, das sich auch in der Forderung nach mehr kirchlicher Selbstbestimmung äußerte.[39] In den deutschen Staaten wiederum führten die Napoleonischen Kriege zum Entstehen nationaler Begeisterung, wovon die Brüdergemeine nicht unberührt blieb.[40] Spätestens am Ende des 19. Jahrhunderts gehörten im deutschen Zweig der Brüdergemeine Frömmigkeit und Nationalstolz untrennbar zusammen, nicht anders als in den Evangelischen Landeskirchen.[41] Eine weitere Entwicklung war die graduelle Säkularisierung der Gemeinorte. Kirchliches und bürgerliches Leben wurden stärker getrennt, Nichtmitglieder erhielten das Recht zum Zuzug und die kommunale Ordnung wurde zunehmend von staatlichen Stellen vorgegeben, so dass die althergebrachten Sonderrechte in den Hintergrund traten oder ganz an Bedeutung verloren.

---

38 *Gisela Mettele*, Eine „Imagined Community" jenseits der Nation. Die Herrnhuter Brüdergemeine als transnationale Gemeinschaft, in: Geschichte und Gesellschaft 32 (2006), 45–68.

39 *Vernon Nelson*, The Moravian Church in America, in: *van Buijtenen* (Hg.), Unitas Fratrum, 145–176, hier: 155.

40 Vgl. *Dietrich Meyer*, Herrnhut und die politische Situation des Jahres 1813, in: Unitas Fratrum 76 (2018), 373–388.

41 Vgl. *Vogt*, Brüder-Unität als Friedenskirche, 108–111; *Hans-Christoph Hahn*, Die Wirkung der nationalpatriotischen Tendenzen im 19. und 20. Jahrhundert auf die Brüdergemeine und ihr Verhältnis zum Judentum, in: Unitas Fratrum 69/70 (2013), 5–41.

Mit der Generalsynode von 1857 erfolgte die Aufteilung der Brüder-Unität in drei Unitätsprovinzen (England, Europäisches Festland und Nord-Amerika), die jeweils ein größeres Maß an Selbstverantwortung erhielten, jedoch weiterhin unter der Leitung der General-Synode und der „Unitäts-Ältesten Conferenz" als gemeinsamer Kirchenleitung standen.[42] Die Arbeit auf den Missionsgebieten wurde durch ein gemeinsames Missions-Departement koordiniert. Im Bereich der deutschen Brüder-Unität erfolgte zwischen 1892 und 1899 eine weitere Neuordnung der Verfassung, die in Reaktion auf die staatliche Gesetzgebung darauf abzielte, sicherzustellen, dass die Deutsche Brüder-Unität als Gesamtheit und die einzelnen Gemeinden jeweils als juristische Personen anerkannt wurden und durch bevollmächtigte Vertreter rechtlich handlungsfähig waren. Als Ergebnis wurden der Brüder-Unität bzw. ihren jeweiligen Gemeinden in den einzelnen deutschen Staaten nach und nach Körperschaftsrechte zuerkannt.[43]

Die letzten Etappen auf dem Weg zur heutigen Brüder-Unität als einer weltweit vertretenen Denomination waren weithin durch die politischen Entwicklungen des 20. Jahrhunderts bedingt. Der Erste und der Zweite Weltkrieg brachten für die Brüder-Unität die schmerzliche Erfahrung, was es heißt, in Ländern vertreten zu sein, die sich als feindliche Mächte gegenüberstanden.[44] Dabei zeigte sich, dass die patriotische Stimmung oft stärker war als das Gefühl der grenzüberschreitenden Zusammengehörigkeit als Schwestern und Brüder im Herrn. Am Ende des Zweiten Weltkriegs war zunächst unklar, ob die weltweite Unität weiter bestehen oder in eine Reihe von regionalen Kirchen auseinanderfallen würde, doch dann obsiegte der Wille zur Einheit und zur Versöhnung. Nach langen Vorbereitungen konnte 1957 in Bethlehem, Pennsylvania, eine unitätsweite Synode stattfinden, die ein klares Bekenntnis zur Einheit der Unität aussprach und wichtige Weichen für den Weg in die

---

42 *Hafa*, Geschichte der Kirchenordnung, 113–114.
43 Vgl. *Kölbing*, Geschichte der Verfassung, 56–70; *Hafa*, Geschichte der Kirchenordnung, 117; *Hans Liermann*, Sind die preußischen Brüdergemeinen Körperschaften des öffentlichen Rechts? Ein Rechtsgutachten, Herrnhut 1937.
44 Vgl. *Vogt*, Brüder-Unität als Friedenskirche, 111–114.

Zukunft stellte.[45] Eine neue, bis heute gültige Kirchenordnung wurde verabschiedet, die einer dezentralen Organisationsstruktur Rechnung trug und für die brüderischen Missionsgebiete das Ziel der Verwandlung zu eigenständigen Unitätsprovinzen formulierte und dafür auch einen geordneten Prozess vorgab. In der Folge kam es ab den 1960er Jahren zur Anerkennung zahlreicher neuer Unitätsprovinzen, die hauptsächlich im karibischen Raum und Afrika lagen.

Unter den Kriterien, die zur Anerkennung als vollgültige Unitätsprovinz erfüllt sein müssen, zählen die Leitung durch eine provinziale Synode und die Regelung ihrer Angelegenheiten durch eine provinziale Kirchenordnung, die mit der unitätsweiten Kirchenordnung übereinstimmt und von den staatlichen Behörden des jeweiligen Landes anerkannt wird.[46] Missionsgebiete, die die Anerkennung als eigenständige Provinz anstreben und schon einen hohen Grad an eigenständiger Verwaltung erreicht haben, werden als Missionsprovinzen bezeichnet. Die übergeordnete Behörde für die weltweite Brüder-Unität ist die Unitätssynode, die sich alle sieben Jahre trifft und die verfassungsmäßige Vertretung und das gesetzgebende Organ für die gesamte Kirche ist. Von ihr erhalten die einzelnen Provinzen ihre verfassungsmäßigen Rechte innerhalb der Unität. Darüber hinaus gibt es das *Unity Board* (Unitätsdirektorium), das aus Vertretern aller Kirchenleitungen der einzelnen Provinzen besteht, zwischen den Unitätssynoden die Unität rechtlich vertritt und in wichtigen Angelegenheiten Entscheidungen treffen kann. Weiterhin wird das Bischofsamt, das allerdings keine kirchenleitende, sondern eine Seelsorge- und Weihefunktion besitzt, als ein unitätsweites Amt betrachtet.[47] Nicht zuletzt hat auch das Losungsbuch der Brüdergemeine, das inzwischen in mehr als 60 Sprachen erscheint, eine wichtige verbindende Funktion in der weltweiten Unität.[48]

---

45 *Hafa*, Geschichte der Kirchenordnung, 118–119.
46 Kirchenordnung der Europäisch-Festländischen Brüder-Unität, § 201.
47 Kirchenordnung, § 687; zum Bischofsamt vgl. *Raimund Hertzsch*, Das Bischofsamt in der Brüdergemeine und seine verbindende Funktion, in: ITD – Internationaler Theologischer Dialog in der Brüder-Unität 12 (2009), 37–61.
48 Vgl. *Peter Zimmerling*, Die Losungen. Eine Erfolgsgeschichte durch die Jahrhunderte, Göttingen 2014; Die Losungen der Herrnhuter Brüdergemeine.

Aufgrund der steigenden Zahl von regulären Unitätsprovinzen und Missionsprovinzen und der Erschließung vieler neuer Missionsgebiete hat sich der Charakter der Brüder-Unität als weltweiter Kirche in den letzten Jahrzehnten spürbar gewandelt. Die Unität ist internationaler geworden und ihr demographischer Schwerpunkt hat sich von Norden nach Süden verschoben. Während die Brüder-Unität in Europa und Nord-Amerika zahlenmäßig schwächer wird, verzeichnet sie in Afrika ein stetiges Wachstum, insbesondere durch viele neue Missionsunternehmungen. Inzwischen lebt der größte Teil ihrer Mitglieder in ost- und zentralafrikanischen Ländern. Dementsprechend haben sich auch die Mehrheitsverhältnisse der Unitätssynode und anderer unitätsweiter Gremien signifikant verändert. Diese Veränderungen sind mit vielen Fragen und großen Herausforderungen verbunden, etwa der Frage nach der Einheit und Identität der Brüder-Unität im globalen Kontext, der Forderung nach gerechter Verteilung von finanziellen Ressourcen, der Notwendigkeit der Aufarbeitung der Kolonialgeschichte, der Suche nach einem angemessenen Umgang mit sozialethischen Fragen, insbesondere im Bereich von Ehe und Sexualität, der Frage des Umgangs mit Einflüssen aus dem charismatischen und pentekostalen Bereich und vieles mehr.

Insgesamt spiegeln die hier genannten Veränderungen und Herausforderungen eine Tendenz wider, die sich in den letzten Jahrzehnten auch bei vielen anderen globalen Kirchenfamilien manifestiert hat und zum großen Teil durch die allgemeinen politischen, gesellschaftlichen und wirtschaftlichen Entwicklungen auf Weltebene bedingt sein dürfte. Gleichwohl steht die Brüder-Unität aufgrund ihrer langen Geschichte in besonderer Weise vor der Herausforderung, tragfähige Antworten auf die Frage zu finden, was es heute heißt, als Glieder einer weltweiten Kirche miteinander verbunden zu sein und das Potential dieser Internationalität für ihren Dienst und ihr Zeugnis fruchtbar zu machen, auch und gerade im Bereich des politischen und sozialethischen Engagements.

Geschichte – Entstehung – Verbreitung – Gebrauch, hg. von der Evangelischen Brüder-Unität, Herrnhut/Basel 2003; *Hellmut Reichel*, Der Weg der Losungen über alle Kontinente, in: *Oskar Schnetter* (Hg.), Christ und Buch. Christliche Erfahrungen, Bd. 2, Stuttgart 1972, 222–235.

2. Kirchliche Internationalität und ihre Bedeutung für das Verhältnis zum Staat

Nachdem wir uns einen Überblick über die komplexen geschichtlichen Vorgänge verschafft haben, die in der Entwicklung der Brüdergemeine als multinationaler Freikirche wirksam waren, richtet sich unsere Aufmerksamkeit jetzt dezidiert auf das Phänomen kirchlicher Internationalität in der Brüdergemeine und die Frage, welche Bedeutung dieser Internationalität zukommt im Blick auf das Verhältnis zum Staat. Dazu sollen drei Aspekte in den Blick genommen werden, die für die Brüder-Unität in besonderer Weise charakteristisch sind.

Der erste Aspekt ist das, was man den „globalen Impuls" im Leben der Brüdergemeine nennen könnte, also die grundsätzliche Ausrichtung der Kirche auf die universale Weite des Reiches Christi und damit einhergehend die Bereitschaft zu grenzüberschreitendem globalen Handeln. Die theologische Voraussetzung dafür ist im ekklesiologischen Programm des Namens Brüdergemeine zu suchen, der den Gedanken beinhaltet, dass sich Menschen, die sich gegenseitig als Brüder und Schwestern in Christus erkannt haben, zu einer verbindlichen Gemeinschaft zusammenschließen.[49] Ländergrenzen und Nationalitäten spielen für diese Gemeinschaftsbildung keine Rolle, denn Zugehörigkeit zu Christus ist ja auf keinen geographisch oder politisch definierten Raum begrenzt. Stattdessen spannt der Begriff von Gottes Reich einen universalen Horizont auf. Der Auftrag Christi zielt darauf ab, auf der ganzen Welt seine Herrschaft aufzurichten und auszubreiten. Eine besondere Bedeutung haben in diesem Zusammenhang einmal der Missionsbefehl – „Gehet hin und lehret alle Völker..." (Mt 28,19) – und dann die Vision der Johannesoffenbarung, dass am Ende der Zeit Menschen „aus allen Nationen und Stämmen und Völkern und Sprachen" sich vor Christi Thron vereint finden (Offb 7,9). So wie der unsichtbare Leib Christi die ganze Welt umspannt, so liegt der Brüdergemeine daran, die globale Weite christlicher Gemeinschaft anzustreben und

---

49 *Peter Vogt,* Brüdergemeine – das theologische Programm eines Namens, in: Unitas Fratrum 48 (2001), 81–105.

in ihrer Mitte zeichenhaft sichtbar zu machen.[50] Im „Grund der Unität", der theologischen Präambel der unitätsweiten Kirchenordnung, ist dieser Anspruch wie folgt formuliert:

> „Die Kirche Jesu Christi ist trotz aller Unterschiede zwischen Mann und Frau, zwischen Arm und Reich und zwischen Menschen verschiedener ethnischer Herkunft eins im Herrn. Die Brüder-Unität erkennt zwischen denen, die im Herrn eins sind, keine trennenden Unterschiede an. Wir sind gerufen, zu bezeugen, dass Gott in Jesus Christus sein Volk aus allen Völkern und Sprachen sammelt und zu einem Leib formt und dass er den Sündern unter dem Kreuz vergibt und sie zusammenführt. Wir widersetzen uns jeder Diskriminierung in unsrer Mitte aus Gründen der ethnischen Herkunft, des Geschlechts oder der sozialen Stellung; und wir betrachten es als ein Gebot des Herrn, dies öffentlich zu bekennen und mit Wort und Tat zu zeigen, dass wir Brüder und Schwestern in Christus sind."[51]

Ein beeindruckendes Zeugnis für die Faszination, die schon im 18. Jahrhundert von dem „globalen Impuls" ausging, ist das sogenannte „Erstlingsbild" des brüderischen Malers Valentin Haidt (1700–1780), das 1747 in mehreren Fassungen entstand. Es zeigt 21 Personen aus 14 unterschiedlichen Missionsfeldern, die als getaufte Konvertiten starben und um den himmlischen Thron Christi versammelt sind.[52] Die Botschaft dieses Bildes ist die Erwartung, dass die kommende Kirche Christi sich dereinst über die ganze Welt erstrecken und Menschen aus allen Völkern umfassen wird. Diese globale Perspektive, der sich die Brüdergemeine von jeher verpflichtet gefühlt hat, impliziert eine relative Abwertung nationaler und staatlicher Instanzen. Im Verband einer staatenübergreifenden Glaubensgemeinschaft wie der Brüder-Unität kann der Hoheitsanspruch des einzelnen Staates ja nur eine untergeordnete Rolle spie-

---

50 *Peter Vogt*, Katholizität und Apostolizität der Kirche im Verständnis der Herrnhuter Brüdergemeine, in: *Burkhard Neumann/Jürgen Stolze* (Hg.), Ursprung und Sendung der Kirche. Apostolizität und Katholizität in freikirchlicher und römisch-katholischer Sicht, Paderborn 2011, 95–114.

51 Grund der Unität (§ 7), auf der Webseite der Evangelischen Brüder-Unität, www.ebu.de/brueder-unitaet/weltweite-kirche/grund-der-unitaet/ (Zugriff: 12.8.2019).

52 Vgl. *Rüdiger Kröger*, Die Erstlingsbilder in der Brüdergemeine, in: Unitas Fratrum 67/68 (2012), 135–163.

len. Von daher hat sich die Brüdergemeine nie zu eng an die staatliche Ordnung irgendeines bestimmten Landes gebunden.

Gleichwohl sieht sich die Brüder-Unität keinesfalls in grundsätzlicher Opposition zur staatlichen Gewalt, sondern strebt an allen Orten nach geordneten Verhältnissen in ihrer Beziehung zum Staat. Das ist der zweite Aspekt, der unsere Aufmerksamkeit verdient. In der unitätsweiten Kirchenordnung wird die Frage nach dem Verhältnis zum Staat wie folgt beantwortet:

> „Die Brüder-Unität erkennt besondere biblische Aussagen über das Verhältnis des Einzelnen wie auch der Kirche zum Staat. Ein Christ hat das Recht und die Pflicht, für die Regierenden Fürbitte zu leisten und vollen, aktiven Anteil am öffentlichen Leben seines Landes zu nehmen. Ebenso soll er, soweit es in seiner Macht steht, dafür sorgen, dass christliche Grundsätze das Leben von Gemeinde und Land regieren. Daher wollen wir die Anordnungen des Staates befolgen, solange sie nicht von uns verlangen, den Willen Gottes zu verleugnen." (§ 665)

Für die Europäisch-Festländische Provinz hält die Kirchenordnung darüber hinaus fest, dass die Synode als oberstes Leitungsgremium bei der Ausübung ihrer Rechte und Pflichten an die Grenzen gebunden ist, „die ihr durch kirchliche und staatliche Ordnungen gezogen werden" (§ 1416.1). Der biblische Bezug zu Jer 29, 8 – „Suchet der Stadt Bestes" – und zu Röm 13, 1 – „jedermann sei untertan der Obrigkeit, die Gewalt über ihn hat" – ist offenkundig, und man wird auch nicht fehlgehen, hier einen Einfluss der lutherischen Zwei-Reiche-Lehre im Hintergrund zu vermuten, der traditionsgeschichtlich über Zinzendorf und Spangenberg vermittelt worden ist.[53] Im Gegenzug hat sich die Brüder-Unität in den Ländern, in denen sie vertreten ist, stets nach Möglichkeit um eine offizielle staatliche Anerkennung bemüht, und zwar nicht nur, um für Leben und Arbeit der Kirche Rechtssicherheit zu schaffen, sondern auch um die besonderen rechtlichen Vorteile, die kirchlichen Organisationen in manchen Staaten eingeräumt werden, zu nutzen. So

---

53 Vgl. *Holger Bauer*, Nikolaus Ludwig von Zinzendorf und das lutherische Bekenntnis. Zinzendorf und die Augsburger Konfession von 1530 (Unitas Fratrum, Beiheft 12), Herrnhut 2004, 197–201; *Otto Uttendörfer*, Zinzendorfs christliches Lebensideal, Gnadau 1940, 48–54; *Gottlieb August Spangenberg*, Idea Fidei Fratrum oder kurzer Begrif der Christlichen Lehre in den evangelischen Brüdergemeinen, Barby 1789, 433–437, 540–541.

besitzt etwa die Brüder-Unität in Deutschland seit 1922 den Rechts-status einer Körperschaft des öffentlichen Rechts.[54] Der Sachver-halt dieser Anerkennung und die rechtliche Stellung aller anderen Provinzen in Bezug auf ihr jeweiliges Land sind in der unitätswei-ten Kirchenordnung detailliert vermerkt (§§ 221–237).

Der dritte Aspekt betrifft das Verhältnis staatlicher Ordnungen zu dem Anspruch der Brüdergemeine, in der Gestaltung ihrer Le-bensordnung vornehmlich Gottes Willen zum Ausdruck zu brin-gen. Im 18. Jahrhundert wurde dieser Anspruch gelegentlich unter dem Begriff der „Theokratie" betrachtet und mit drei Besonderhei-ten des kirchlichen Lebens in der Brüdergemeine in Verbindung gebracht: dem Ältestenamt des Heilands, der Lospraxis zur Ent-scheidungsfindung und der Einrichtung von geschlossenen Orts-gemeinden.[55] Angesichts möglicher Missverständnisse bemühte sich die erste Synode nach Zinzendorfs Tod 1764 um eine Klärung der Terminologie:

> „Wir sind ein Volk, das unter dem immediaten Regimente unsers Haup-tes und Herrn Jesu Christi steht, und also weder eine Republic noch Aristocratie noch Monarchie, sondern eine Theocratie. [...] Es wird dadurch nichts anders verstanden als das unmittelbare Regiment des Heilandes in den Gemeinen, welches sich in zweifelhaften Fällen durchs Loos ausweiset und den Gang der Gemeine und ihrer Direction aus der Menschen-Hände heraus hält."[56]

Das Verhältnis der theokratischen Ordnung zum Staat wird wie folgt beschrieben:

> „Wir sind also der Obrigkeit von Herzen unterthan, gehen aber unsern Gang gerade nach den Befehlen unsers Herrn, und wo wir das nicht können, sagen wir wie Lutherus: Hier stehen wir, wir können nicht anders. Will man uns fortjagen, so gehen wir; will man uns ins Ge-fängnis legen, so leiden wirs, sobald die Befehle der Obrigkeit den Be-fehlen unsers Herrn directe widersprechen. In allen andern Dingen aber

---

54 Kirchenordnung der Europäisch-Festländischen Brüder-Unität, § 221; vgl. Ver-waltungsordnung für die Gemeinden der Deutschen Brüder-Unität vom Jahre 1937. Mit einem Anhang: Die wichtigsten Rechtsurkunden der Unität, Herrnhut 1937, 29, 49–50.
55 *Meyer*, Brüdergemeine als Theokratie, 280.
56 *Dietrich Meyer*, The Moravian Church as a Theocracy. The Resolution of the Synod of 1764, in: *Atwood/Vogt* (Hg.), The Distinctiveness of Moravian Culture, 255–262, hier: 260.

geben wir von Herzen gerne nach, so daß es immer wahr bleibt, daß die Theocratie und die Obrigkeit, wenn diese keine Verfolgerin ist, immer harmoniren."[57]

Mit anderen Worten, die Stellungnahme der Synode geht davon aus, dass die theokratische Gemeindeordnung der Brüdergemeine normalerweise mit den Interessen der staatlichen Gewalt im Einklang steht, räumt aber zugleich die Möglichkeit ein, dass es auch Konflikte geben kann, insbesondere wenn Anordnungen des Staates dem offenkundigen Willen Gottes widersprechen. Im 18. Jahrhundert ging es dabei wohl um Fragen wie etwa das Schwören von Eiden oder der Zwang zum Waffendienst. In der modernen Brüder-Unität spielt der Theokratiebegriff keine Rolle mehr, die angesprochene Problematik ist jedoch weiterhin präsent: Was passiert, wenn Menschen aufgrund ihrer Zugehörigkeit zur Brüder-Unität mit der staatlichen Gewalt vor Ort in Konflikt geraten? Die aktuelle unitätsweite Kirchenordnung betont, dass der Glaube an Jesus Christus den umfassenden Anspruch seiner Herrschaft im Leben des Einzelnen und der Gemeinde impliziert, und hält fest: „Wir wissen uns verantwortlich gegenüber den Regierenden, soweit Anordnungen von Menschen nicht dem ‚Regiment des Heilandes' widersprechen" (§ 102.b). Das heißt, die Verpflichtung zum Gehorsam gegenüber Gott steht über der Pflicht, sich der staatlichen Obrigkeit unterzuordnen. Und auch Loyalität zur globalen Gemeinschaft der Kirche kann in bestimmten Fällen wichtiger sein als die von einem bestimmten Nationalstaat geforderte Loyalität.

In der Geschichte der Brüder-Unität gibt es mehrere Beispiele für Spannungen und Konflikte, die in der komplexen Konstellation von kirchlicher Internationalität einerseits und nationalem Staat-Kirche Verhältnis andererseits begründet sind. Ein erstes Beispiel ist die Lage der nordamerikanischen Gemeinden während der amerikanischen Revolution (1776–1783), die zur Unabhängigkeit der Vereinigten Staaten von der Britischen Krone führte.[58] Grundsätz-

---

57 Ebd., 261
58 Vgl. *John R. Weinlick*, The Moravians and the American Revolution, in: Transactions of the Moravian Historical Society 23 (1977), 1–16; *Udo Schemmel*, Pennsylvanische Herrnhuter und die Amerikanische Revolution. Ihre Entwicklung von englischen Untertanen zu pennsylvanischen Staatsbürgern. Eine rechtshistorische Betrachtung, Berlin 2017.

lich fühlte sich die Brüdergemeine zur Loyalität gegenüber England verpflichtet, zumal sie den revolutionären Aufstand gegen die britischen Kolonialbehörden als Verstoß gegen das biblische Gebot, der Obrigkeit untertan zu sein, rigoros ablehnte. Anderseits war es bald unumgänglich, mit der neuen Regierung zusammenzuarbeiten, um die Sicherheit der Gemeinden zu gewährleisten. Dazu kam, dass die Gemeindeleitung eine pazifistische Linie vertrat, während die revolutionären Kräfte Waffen und Truppen forderten und es auch innerhalb der Gemeinden durchaus Bereitschaft gab, die Sache der amerikanischen Unabhängigkeit zu unterstützen. Es war hauptsächlich der geschickten Diplomatie des leitenden Mitarbeiters Johann Ettwein zu verdanken, dass die brüderischen Gemeinden unter Erklärung politischer Neutralität die Übergangszeit relativ unbeschadet überstanden und im Nachgang auch eine Bestätigung ihrer rechtlichen Anerkennung durch die neuen Behörden erhielten.[59]

Ein zweites Beispiel fällt in die NS-Zeit und betrifft den Versuch der Provinzialsynode der Deutschen Brüder-Unität, die im Januar 1935 in Herrnhut zusammenkam und neben Deutschen auch Delegierte aus Dänemark, Polen, der Tschechoslowakei, der Schweiz und den Niederlanden umfasste, eine Erklärung zur kirchlichen Situation der Gegenwart zu verfassen, die angesichts des Kirchenkampfs im „Dritten Reich" als besonders brisant empfunden wurde.[60] Im Hintergrund stand die Frage, wie weit die Brüdergemeine sich im Spannungsfeld zwischen „Deutschen Christen" und Bekennender Kirche positionieren sollte. Einerseits gab es in manchen Gemeinden durchaus Begeisterung für die „nationale Erhebung" unter Hitler, andererseits machten sich einige Stimmen dafür stark, im Sinne der Barmer Theologischen Erklärung eine klare Abgrenzung gegen die theologischen Irrlehren eines „völkischen" Christentums vorzunehmen. Auch die Frage, wieweit die Brüdergemeine als Freikirche sich an Streitigkeiten innerhalb der Evangelischen Landeskirche beteiligen sollte, wurde gestellt. Gleichermaßen gab es Bedenken, ob allzu kritische Worte ratsam seien, da man für

---

59 Vgl. *Kenneth G. Hamilton*, John Ettwein and the Moravian Church during the Revolutionary Period, Bethlehem, PA, 1940.
60 *Hellmut Reichel*, Das Protokoll der Verhandlungen über ein „Wort der Synode", in: Unitas Fratrum 40 (1997), 43–87.

das Schulwerk und andere Einrichtungen auf das Wohlwollen staatlicher Stellen angewiesen sei. Das für unsere Fragestellung Interessante an der Debatte während der Synode, deren Protokolle überliefert und wissenschaftlich publiziert sind, ist die Tatsache, dass diese Debatte nicht in einem rein deutschen Gremium geführt wurde, sondern mit Beteiligung von Delegierten aus anderen Ländern, und dass so die transnationale Perspektive der Brüder-Unität zumindest ansatzweise zum Tragen kam. Das nach langen und kontroversen Beratungen einstimmig verabschiedete „Wort der Synode" lässt an drei Stellen anklingen, wie die transnationale Perspektive über eine völkisch-nationalistische Verengung hinausweist:

> „Gegenüber der Betonung artgemäßer Religion halten wir fest an der Ausbreitung des Evangeliums unter allen Völkern und Rassen, als an einem Auftrag, den der Herr seiner Gemeinde gegeben hat."[61]
>
> „Wir bezeugen [...] den ernsten Willen, mit allen Kirchen und Gemeinschaften, in denen das Evangelium von Jesus Christus schriftgemäß verkündet wird, verbunden zu sein. Wir wissen uns dabei durch das Testament des Heilandes (Joh 17, 21) verpflichtet, gemeinsam mit den außerdeutschen Teilen unserer Brüdergemeine auch unsererseits die Einheit der Kinder Gottes in aller Welt zu bewahren und zu fördern."[62]
>
> „Wie jeder von uns betend hinter seiner Regierung steht, so danken im besonderen wir reichsdeutschen Mitglieder der Synode Gott für alles Gute, das er unserem Vaterland in seinem Neuaufbau schenkt."[63]

Man mag bedauern, dass der eklatante Widerspruch zwischen der totalitären nationalistischen Ideologie des „Dritten Reichs" und dem internationalen Charakter der Brüder-Unität keine direkte Erwähnung findet. Vielleicht wurde das als zu gefährlich empfunden, vielleicht haben die damaligen Synodalen den Widerspruch aber auch gar nicht als solchen wahrgenommen. So oder so, das Schweigen an dieser Stelle stimmt mit dem auch sonst manchmal genannten Eindruck überein, dass sich die deutsche Brüdergemeine im „Dritten Reich" eher unpolitisch und staatskonform verhalten hat.[64]

---

61 Ebd., 77.
62 Ebd., 78.
63 Ebd., 79.
64 Vgl. *Karin Damaschke*, Diktatur und Kirche. Die Herrnhuter Brüdergemeine in der Zeit des Nationalsozialismus, in: Neues Lausitzisches Magazin. Zeitschrift der Oberlausitzischen Gesellschaft der Wissenschaften, Neue Folge 10 (2007), 75–92; *Hedwig Richter*, Jenseits der Dogmen. Die Herrnhuter als Untertanen,

Das dritte Beispiel betrifft die Situation der Brüdergemeine in der DDR während der Zeit der deutschen Teilung. In ihrem Band *Pietismus im Sozialismus* (2009) hat die Historikerin Hedwig Richter die These vertreten, die Herrnhuter Brüdergemeine habe in der DDR die Tradition ihrer Internationalität neu erfunden und strategisch dazu benutzt, ihre Distinktion als freikirchliche Sondergruppe im Verhältnis zum Staat zu profilieren und Vorteile für sich auszuhandeln.[65] Eine wesentliche Voraussetzung dafür war, dass sich die englischen und amerikanischen Provinzen direkt nach Beendigung des Zweiten Weltkriegs dazu entschlossen, auf die Brüdergemeine in Deutschland zuzugehen, um den Fortbestand der Unität als weltweiter Kirche zu sichern.[66] Durch Kontakte und Hilfsangebote entstand bei allen Beteiligten ein neues Bewusstsein der grenzüberschreitenden brüderlichen Zusammengehörigkeit, das dann für die Brüdergemeine im Osten, die sich in der DDR mit einer dezidiert kirchenfeindlichen Politik konfrontiert sah, enorm an Bedeutung gewann. Richter resümiert:

> „Dank dieser Neubelebung entstand ein umfangreiches Hilfsprogramm, das der ostdeutschen Brüdergemeine das Überleben sicherte. Doch die materielle Seite war nur ein Teil der „frommen Internationalen" (Hartmut Lehmann) nach 1945. In ihrer zunehmenden Isolation, sowohl innerhalb Ostdeutschlands als auch international gesehen, wurde der weltweite Horizont für die Brüdergemeine in der DDR immer zentraler. In teils neu erfundenen, teils alten Riten feierte die Brüder-Unität die wieder gewonnene weltweite Einheit: Losungsbuch, Gebetswacht, Missionsfeste, Unitätsgebetstag. [...] Doch diese Internationalität war in der sozialistischen Diktatur, in der jeder Rundbrief, jeder Geldtransfer und jede Reise genehmigt werden musste, nur mit Duldung des Regimes möglich. Das erwies sich zunächst als problematisch, denn die Internationalität stand im Verdacht der Spionagetätigkeit und die Missionsarbeit galt als national-koloniales Relikt. Für ihre Annäherung an das Regime Ende der fünfziger Jahre definierte die Freikirche dann ihre Tradition der weltweiten Verbundenheit neu: Neben den angeblichen Wurzeln im „Bruderstaat" der Tschechoslowakei boten sich dafür die Begriffe „Antirassismus", „Antikolonialismus" und „Frieden" an. [...] Die Obrigkeit, die seit Mitte der fünfziger Jahre ein großes Interesse

---

Staatsbürger und Christen vom 18. bis ins 20. Jahrhundert, in: Freikirchenforschung 24 (2015), 300–311.

65 *Hedwig Richter*, Pietismus im Sozialismus. Die Herrnhuter Brüdergemeine in der DDR (Kritische Studien zur Geschichtswissenschaft 186), Göttingen 2009.
66 Ebd., 90–103.

an der Loyalität der Brüdergemeine hatte, beteiligte sich aktiv an der Neuinterpretation der Internationalität und bot in der Presse und in öffentlichen Ansprachen bei brüderischen Feierlichkeiten entsprechende Konstrukte an. Die Herrnhuter wehrten sich keineswegs dagegen, sondern stimmten ihre Traditionserfindung damit ab. [...] Trotz allem enthielt die Internationalität auch ein widerständisches Moment: Die Hilfe aus dem Ausland schuf Unabhängigkeiten und der weite Horizont Freiheiten, die zumindest bei einzelnen Herrnhutern zu einem unabhängigen, staatskritischen Standpunkt führen konnten."[67]

Auch wenn man sich den Zungenschlag in Richters Interpretation nicht unbedingt zu eigen machen möchte, ist klar zu erkennen, welche bedeutende Rolle das Moment der Internationalität im Verhältnis der Brüdergemeine zum DDR Staat gespielt hat. Das Bewusstsein, Teil einer internationalen Gemeinschaft zu sein, machte es möglich, eine gewisse innere Freiheit und Distanz zum System des sozialistischen Staates zu wahren. Darüber hinaus bot der Verweis auf die internationale Vernetzung einen wichtigen Ansatzpunkt, um in Verhandlungen mit staatlichen Stellen die Position der Brüdergemeine zu stärken.

3. Ausblick

Ziel des vorliegenden Beitrags war, die Brüder-Unität als exemplarisches Modell einer internationalen Freikirche darzustellen, der aufgrund ihrer multinationalen Zusammensetzung und ihres globalen Horizonts ganz andere Wege zur Gestaltung ihres Verhältnisses zum Staat offenstehen als einer territorial verfassten Kirche. Das Beispiel der Brüder-Unität verdeutlicht die interessante Verschränkung von kirchlicher Internationalität und Verortung im nationalstaatlichen Kontext, woraus sich aufs Ganze gesehen ein größeres Maß an kirchlicher Autonomie zu ergeben scheint. Denn für eine Kirche, die staatenübergreifend organisiert ist, kann das Verhältnis zum Staat, das sich jeweils in einem besonderen nationalen Kontext konkretisiert, nur eine relative Bedeutung besitzen. Dazu kommt, dass der freikirchliche Ansatz, nämlich das Prinzip der freiwilligen Gemeinschaftsbildung auf der Grundlage persönlicher Glaubens- und Gewissensfreiheit, ebenfalls eine gewisse Abgrenzung

---

67 Ebd., 348–349.

zum Staat impliziert. Dies kann als Distanz verstanden werden, als Absicht, mit dem jeweiligen Staat vor Ort und seiner gesellschaftlichen Ordnung möglichst wenig zu tun zu haben, aber es eröffnet auch Spielräume für mögliche Zusammenarbeit und politisches Handeln, insbesondere im transnationalen Raum.

Traditionell wird der Brüder-Unität eine eher unpolitische Haltung nachgesagt.[68] Dies mag eine Nachwirkung der lutherischen Zwei-Reiche-Lehre sein und der damit verbundenen Tendenz, sich lieber um das Reich Christi zu kümmern als um die politischen Belange der Gesellschaft. Es mag auch damit zusammenhängen, dass die brüderischen Gemeinden oft ein Inseldasein geführt und in einer gewissen Abgrenzung zu ihrer Umgebung und den aktuellen gesellschaftlichen Fragen gelebt haben. Für das 18. Jahrhundert konstatiert die Historikerin Gisela Mettele, dass die Herrnhuter wohl gelegentlich als „Weltbürger" bezeichnet wurden, aber letztendlich doch eher „Akteure einer Gegenwelt" waren:

> „Die Mitglieder der Brüdergemeine bewegten sich in den großen Strukturen und zudem in verschiedenen Kulturen, verblieben aber dabei doch stets im Mikrokosmos der eigenen Gemeine, die durch ein enges Netz von Organisation, Kommunikation und gleicher Lebensweise zusammengehalten wurde. Mit den Dingen der vergänglichen Welt wollten sie möglichst wenig zu tun haben."[69]

Mit anderen Worten: Zumindest im Blick auf eine bestimmte Etappe in ihrer Geschichte präsentiert sich die Brüdergemeine als Modell freikirchlicher Internationalität im Rückzug aus der Welt. Doch ist die Entwicklung dort nicht stehen geblieben. Der selbstkritische Rückblick auf die Geschichte der deutschen Brüder-Unität im „Dritten Reich" und auch die Erfahrungen in der DDR-Zeit haben den Blick für die politische Relevanz kirchlicher Internationalität geschärft. Mehr noch, der 1957 eingeleitete Prozess der Anerkennung ehemaliger Missionsgebiete als gleichberechtigte Unitätsprovinzen hat das Thema der Globalität in ganz neuer Weise auf

---

68 Vgl. etwa *Albrecht Stammler*, Die Brüdergemeine in Deutschland im Umfeld der politischen Krise von 1848, in: Unitas Fratrum 48 (2001), 47–69; *Mettele*, Weltbürgertum oder Gottesreich, 85, 178–185; *Hedwig Richter*, Jenseits der Dogmen, 300–302.
69 *Mettele*, Weltbürgertum oder Gottesreich, 270–271.

die Tagesordnung der Brüder-Unität gesetzt, und zwar nicht nur im Hinblick auf Fragen innerkirchlicher Strukturierung, sondern auch als Anfrage an gemeinsames politisches und wirtschaftliches Handeln angesichts der großen sozialen Probleme und Herausforderungen der Gegenwart. Wichtige Etappen auf dem Weg der politischen Bewusstseinsbildung in der Brüdergemeine verbinden sich mit den Stichworten Südafrika und Nikaragua sowie mit der Friedensbewegung und dem konziliaren Prozess für Frieden, Gerechtigkeit und die Bewahrung der Schöpfung.

In jüngster Zeit sind es die Frage des massiven wirtschaftlichen Ungleichgewichts zwischen Nord und Süd, die Asyl- und Flüchtlingsthematik und, damit eng verbunden, die Herausforderung, dem wachsenden nationalistischen Rechtspopulismus entgegenzutreten. Hier bietet die vorhandene transnationale Vernetzung wichtige inhaltliche Gründe und organisatorische Möglichkeiten. Eine Kirche, die sich mit ihren derzeit 24 Provinzen, 5 Missionsprovinzen und 17 Missionsgebieten über mehr als 35 Länder erstreckt, hat eine enorme Chance, weltpolitische Fragen von Frieden und Gerechtigkeit im eigenen Kontext wahrzunehmen und gemeinsam darauf zu reagieren. Ein enges Netz von Organisation, Kommunikation und persönlichen Beziehungen steht zur Verfügung, um Informationen auszutauschen, materielle und personelle Ressourcen zu bündeln, Hilfsmaßnahmen zu organisieren und gemeinsam darüber nachzudenken, was es heißt, die Liebe Christi in der gegenwärtigen Welt zu bezeugen. Im Kontext des digitalen Zeitalters hat dieser Prozess gerade erst begonnen.

Die Entwicklung der Brüder-Unität als einer internationalen Freikirche ist keineswegs abgeschlossen. Vor ihr steht der eigene Anspruch, als grenzüberschreitende Gemeinschaft von Schwestern und Brüdern in Christus global und solidarisch verbunden zu sein. Dies neu zu entdecken und zu leben in Verantwortung für die Welt, das könnte das Modell sein für freikirchliche Internationalität, das die Brüder-Unität in der Zukunft vielleicht einmal repräsentieren wird.

Tabelle zur Herrnhuter Missionsarbeit im 18. Jahrhundert

Jahr (dauerhafte Arbeit in Fettdruck)	**Ort** (mit politischer Zugehörigkeit)	**ethnische Zielgruppe**
1732-	St. Thomas (Dk)	farbige Sklavenbevölkerung
1733-	Grönland (Dk)	Inuit
1734-36 / **1740-**	St. Croix (Dk)	farbige Sklavenbevölkerung
1734-1740	Georgia (Engl.)	Creeks und Cherokee
1734-1736	Lappland (Dk)	Lappen
1735 / **1738-**	Suriname (NL)	Arawakken
1736-44 / **1792-**	Südafrika (NL)	Khoikhoi
1736-1741	Guineaküste (NL)	Mulatten
1739-1741	Ceylon (NL)	Singalesen
1739-1743	Judenmission in Amsterdam	Juden
1740-	New York und Pennsylvanien (Engl.)	Irokesen, Mohikaner, Delawaren, Schawanosen
1747-1750	Persien	Gebern
1754-	Jamaika (Engl.)	farbige Sklavenbevölkerung
1754-	Suriname (NL)	farbige Sklavenbevölkerung
1754 / **1771-**	Labrador (Engl.)	Inuit
1756-	Antigua (Engl.)	farbige Sklavenbevölkerung
1759-1803	Dänisch Ostindien (Dk)	Ureinwohner
1765-	Barbados (Engl.)	farbige Sklavenbevölkerung
1768-1800	Wolgasteppe (Rußland)	Kalmücken
1777-	St. Kitts (Engl.)	farbige Sklavenbevölkerung
1790-	Tobago (Engl.)	farbige Sklavenbevölkerung

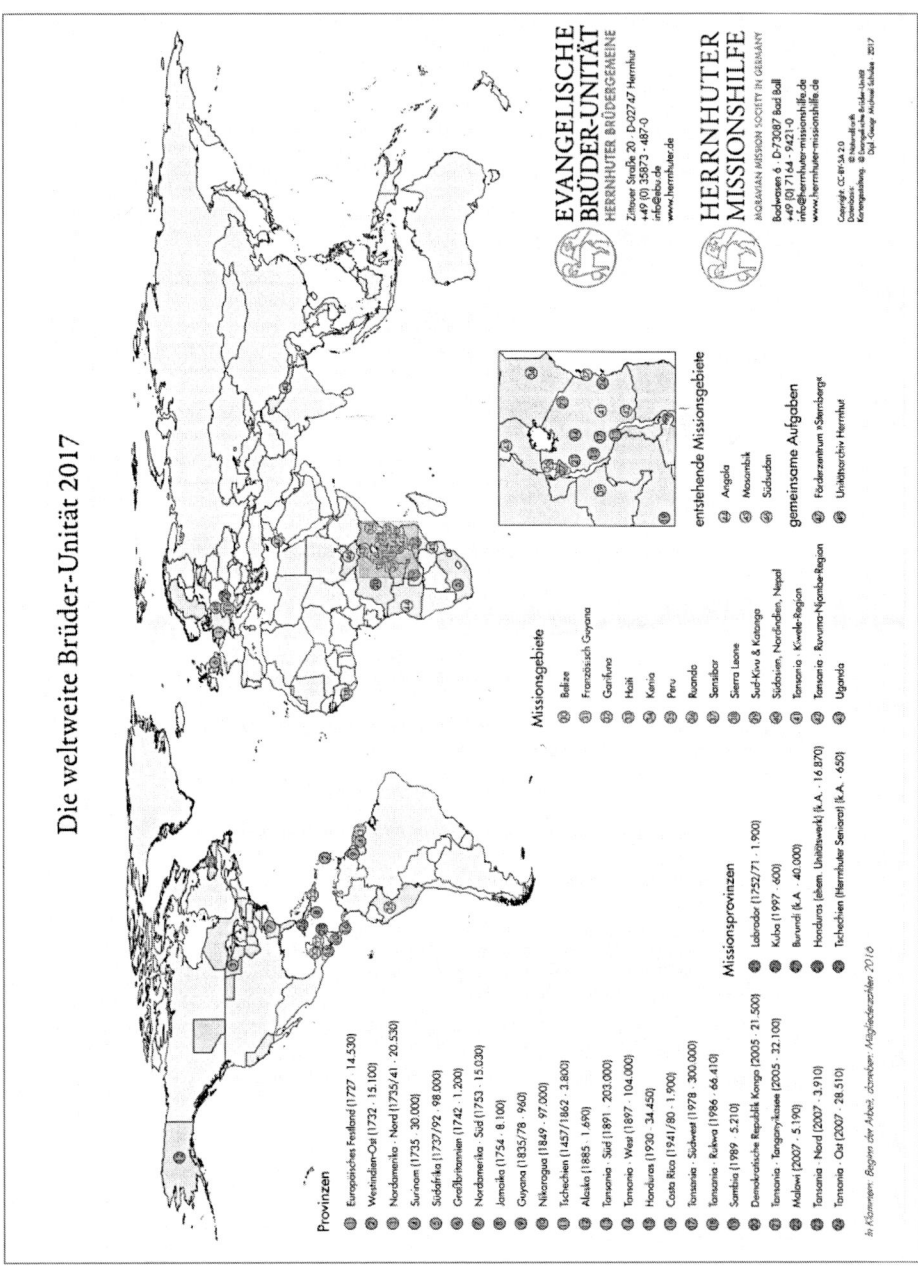

Die weltweite Brüder-Unität 2017

Peter Vogt

226

Literatur:

Bauer, Holger: Nikolaus Ludwig von Zinzendorf und das lutherische Bekenntnis. Zinzendorf und die Augsburger Konfession von 1530 (Unitas Fratrum, Beiheft 12), Herrnhut 2004, 197–201.

Beck, Hartmut: Brüder in vielen Völkern. 250 Jahre Mission der Brüdergemeine, Erlangen 1982.

Bettermann, Wilhelm: Das Werden einer Kirche im 18. Jahrhundert, in: Zwischen den Zeiten 11 (1933), 514–529.

Beyreuther, Erich: Geschichte des Pietismus, Stuttgart 1978.

Bøytler, Jørgen: Zinzendorf und Dänemark. Zu Zinzendorfs direktem und indirektem Einfluß in Dänemark, in: *Peucker, Paul* (Hg.): Graf ohne Grenzen. Leben und Werk von Nikolaus Ludwig Graf von Zinzendorf, Herrnhut 2000, 73–81.

Cranz, David: Alte und Neue Brüder-Historie oder kurz gefasste Geschichte der Evangelischen Brüder-Unität in den älteren Zeiten und insbesondere dem gegenwärtigen Jahrhundert, Barby 21772.

Damaschke, Karin: Diktatur und Kirche. Die Herrnhuter Brüdergemeine in der Zeit des Nationalsozialismus, in: Neues Lausitzisches Magazin. Zeitschrift der Oberlausitzischen Gesellschaft der Wissenschaften, Neue Folge 10 (2007), 75–92.

Dorfner, Thomas: Von ‚bösen Sektierern‘ zu ‚fleißigen Fabrikanten‘. Zum Wahrnehmungswandel der Herrnhuter Brüdergemeine im Kontext kameralistischer Peuplierungspolitik (ca. 1750–1800), in: Zeitschrift für Historische Forschung 45 (2018), 283–313.

Hafa, Hans-Georg: Die Geschichte der Kirchenordnung in der Evangelischen Brüder-Unität, in: Herbergen der Christenheit 15 (1985/86), 105–121.

Hahn, Hans-Christoph/Reichel, Hellmut (Hg.): Zinzendorf und die Herrnhuter Brüder. Quellen zur Geschichte der Brüder-Unität von 1722 bis 1760, Hamburg 1977, 70–80.

Hahn, Hans-Christoph: Die Wirkung der nationalpatriotischen Tendenzen im 19. und 20. Jahrhundert auf die Brüdergemeine und ihr Verhältnis zum Judentum, in: Unitas Fratrum 69/70 (2013), 5–41.

Hamilton, J. Taylor/Hamilton, Kenneth G.: History of the Moravian Church. The Renewed Unitas Fratrum 1722–1957, Bethlehem, PA, 1967.

Hamilton, Kenneth G.: John Ettwein and the Moravian Church during the Revolutionary Period, Bethlehem, PA, 1940.

Hellmut, Reichel: Der Weg der Losungen über alle Kontinente, in: *Schnetter, Oskar* (Hg.), Christ und Buch. Christliche Erfahrungen, Bd. 2, Stuttgart 1972, 222–235.

Hertzsch, Raimund: Das Bischofsamt in der Brüdergemeine und seine verbindende Funktion, in: ITD – Internationaler Theologischer Dialog in der Brüder-Unität 12 (2009), 37–61.

Kölbing, Wilhelm Ludwig: Die Geschichte der Verfassung der Evangelischen Brüder-Unität in Deutschland mit besonderer Berücksichtigung der kirchenrechtlichen Verhältnisse, Leipzig 1906.

Kröger, Rüdiger: Die Erstlingsbilder in der Brüdergemeine, in: Unitas Fratrum 67/68 (2012), 135–163.

Lafrenz, Jürgen (Hg.): Herrnhut & Herrnhuter Siedlungen/Moravian Settlements (Deutscher Historischer Städteatlas 3), Münster 2009.

Lehmann, Hartmut: Punktuelle globale Präsenz. Die Missionsaktivitäten von Halle und Herrnhut im Vergleich, in: *Koschorke, Klaus* (Hg.): Etappen der Globalisierung in christentumsgeschichtlicher Perspektive. Phases of Globalization in the History of Christianity (Studien zur Außereuropäischen Christentumsgeschichte 17), Wiesbaden 2012, 183–194.

Liermann, Hans: Sind die preußischen Brüdergemeinen Körperschaften des öffentlichen Rechts? Ein Rechtsgutachten, Herrnhut 1937.

Lindt, Andreas: Pietismus und Ökumene, in: *Aland, Kurt/Söhngen, Oskar* (Hg.): Pietismus und moderne Welt (Arbeiten zur Geschichte des Pietismus 12), Witten 1974, 138–160.

Die Losungen der Herrnhuter Brüdergemeine. Geschichte – Entstehung – Verbreitung – Gebrauch, hg. von der Evangelischen Brüder-Unität, Herrnhut/Basel 2003.

Lutjeharms, Wilhelm: Die Evangelische Brüdergemeine in den Niederlanden, in: *van Buijtenen, Mari P.* (Hg.): Unitas Fratrum. Herrnhuter Studien, Utrecht 1975, 93–118.

Mettele, Gisela: Eine „Imagined Community" jenseits der Nation. Die Herrnhuter Brüdergemeine als transnationale Gemeinschaft, in: Geschichte und Gesellschaft 32 (2006), 45–68.

Mettele, Gisela: Weltbürgertum oder Gottesreich. Die Herrnhuter Brüdergemeine als globale Gemeinschaft 1727–1857, Göttingen 2009.

Meyer, Dietrich: Bibliographisches Handbuch zur Zinzendorf-Forschung, Düsseldorf 1987.

Meyer, Dietrich: Die Brüdergemeine als Theokratie und ihr Verhältnis zum Staat, in: *Sträter, Udo* (Hg.): Interdisziplinäre Pietismusforschung. Beiträge zum ersten internationalen Kongress für Pietismusforschung 2001 (Hallesche Forschungen 17), Tübingen 2005, Bd. 1, 279–286.

Meyer, Dietrich: Herrnhut und die politische Situation des Jahres 1813, in: Unitas Fratrum 76 (2018), 373–388.

Meyer, Dietrich: The Moravian Church as a Theocracy. The Resolution of the Synod of 1764, in: *Atwood, Craig/Vogt, Peter* (Hg.): The Distinctiveness of Moravian Culture. Festschrift for Vernon Nelson, Nazareth, PA, 2003, 255–262.

Meyer, Dietrich: Von Herrnhut in die Neue Welt. Jablonski als Begleiter Zinzendorfs und der mährischen Exulanten, in: *Bahlke, Joachim* (Hg.): Brückenschläge. Daniel Ernst Jablonski im Europa der Frühaufklärung, Dößel 2010, 189–201.

Meyer, Dietrich: Zinzendorf und die Herrnhuter Brüdergemeine 1700–2000, Göttingen 2000.

Meyer, Gudrun: Herrnhuts Stellung innerhalb der sächsischen Landeskirche bis 1737, in: Unitas Fratrum. Zeitschrift für Geschichte und Gegenwartsfragen der Brüdergemeine 2 (1977), 21–45.

Meyer, Matthias/Vogt, Peter (Hg.): Die Herrnhuter Brüdergemeine (Evangelische Brüder-Unität / Unitas Fratrum) (Die Kirchen der Gegenwart 6; Bensheimer Hefte 117), Göttingen 2019 (im Erscheinen).

Modrow, Irina: Dienstgemeine des Herrn. Nikolaus Ludwig von Zinzendorf und die Brüdergemeine seiner Zeit (Theologische Texte und Studien 4), Hildesheim 1994.

Müller, Joseph Theodor: Das Ältestenamt Christi in der erneuerten Brüderkirche, in: Zeitschrift für Brüdergeschichte 1 (1907), 1–32.

Müller, Joseph Theodor: Zinzendorf als Erneuerer der alten Brüderkirche, Leipzig 1900.

Neisser, Georg: A History of the Beginnings of Moravian Work in America, Publications of the Archives of the Moravian Church 1, Bethlehem, PA, 1955.

Nelson, Vernon: The Moravian Church in America, in: *van Buijtenen, Mari P.* (Hg.): Unitas Fratrum. Herrnhuter Studien, Utrecht 1975, 145–176.

Podmore, Colin: The Moravian Church in England 1728–1760, Oxford 1998.

Posselt, Ingeborg: Die Verfassung der Brüdergemeine 1727 bis 1775. Mit besonderer Berücksichtigung des Verhältnisses zur sächsischen Landeskirche, Herrnhut 2018 (urspr. Dissertation 1949).

Reichel, Hellmut: Das Protokoll der Verhandlungen über ein „Wort der Synode", in: Unitas Fratrum 40 (1997), 43–87.

Richter, Hedwig: Jenseits der Dogmen. Die Herrnhuter als Untertanen, Staatsbürger und Christen vom 18. bis ins 20. Jahrhundert, in: Freikirchenforschung 24 (2015), 300–311.

Richter, Hedwig: Pietismus im Sozialismus. Die Herrnhuter Brüdergemeine in der DDR (Kritische Studien zur Geschichtswissenschaft 186), Göttingen 2009.

Schemmel, Udo: Pennsylvanische Herrnhuter und die Amerikanische Revolution. Ihre Entwicklung von englischen Untertanen zu pennsylvanischen Staatsbürgern. Eine rechtshistorische Betrachtung, Berlin 2017.

Schneider, Hans: Christoph Friedrich Bauer und das Ende des Herrnhaag, in: *Beyreuther, Erich/Meyer, Gerhard* (Hg.): Antizinzendorfiana V. Bericht der Büdingischen Graftschaft zur Vertreibung der Herrnhuter aus der Wetterau. Nikolaus Ludwig von Zinzendorf. Materialien und Dokumente, Reihe 2, Bd. 18, Hildesheim 1978, 1–123.

Spangenberg, Gottlieb August: Idea Fidei Fratrum oder kurzer Begrif der Christlichen Lehre in den evangelischen Brüdergemeinen, Barby 17891.

Stammler, Albrecht: Die Brüdergemeine in Deutschland im Umfeld der politischen Krise von 1848, in: Unitas Fratrum 48 (2001), 47–69.

Sterik, Erika: Mährische Exulanten in der erneuerten Brüderunität im 18. Jahrhundert (Unitas Fratrum, Beihefte 20), Herrnhut 2012.

Uttendörfer, Otto: Zinzendorfs christliches Lebensideal, Gnadau 1940.

Vogt, Peter: "Everywhere at Home". The Eighteenth-Century Moravian Movement as a Transatlantic Religious Community, in: Journal of Moravian History 1 (2006), 7–29.

Vogt, Peter: „Als Christ ist man nicht Graf..." Paradoxien pietistisch-aristokratischer Identität bei Zinzendorf, in: *Albrecht, Ruth* u.a. (Hg.): Pietismus und Adel. Genderhistorische Analysen (Hallesche Forschungen 49), Halle 2018, 97–117.

Vogt, Peter: „Philadelphia" – Inhalt, Verbreitung und Einfluß eines radikal-pietistischen Schlüsselbegriffs, in: *Sträter, Udo* (Hg.): Interdisziplinäre Pietismusforschung. Beiträge zum ersten internationalen Kongress für Pietismusforschung 2001 (Hallesche Forschungen 17), Tübingen 2005, Bd. 2, 837–848.

Vogt, Peter: Brüdergemeine – das theologische Programm eines Namens, in: Unitas Fratrum 48 (2001), 81–105.

Vogt, Peter: Die Brüder-Unität als Friedenskirche. Eine Spurensuche, in: Freikirchenforschung 24 (2015), 92–118.

Vogt, Peter: Die Medialität göttlicher Willenskundgebung in der Lospraxis der Herrnhuter Brüdergemeine, in: *Soboth, Christian/Schmid, Pia* (Hg.): „Schrift soll leserlich seyn". Der Pietismus und die Medien. Beiträge zum IV. Internationalen Kongress für Pietismusforschung 2013 (Hallesche Forschungen 44), Halle 2016, 465–480.

Vogt, Peter: Katholizität und Apostolizität der Kirche im Verständnis der Herrnhuter Brüdergemeine, in: *Neumann, Burkhard/Stolze, Jürgen* (Hg.), Ursprung und Sendung der Kirche. Apostolizität und Katholizität in freikirchlicher und römisch-katholischer Sicht, Paderborn 2011, 95–114.

Weinlick, John R.: The Moravians and the American Revolution, in: Transactions of the Moravian Historical Society 23 (1977), 1–16.

Wessel, Carola : Connecting Congregations. The Net of Communication among the Moravians in the late 18th Century, in: *Atwood, Craig/Vogt, Peter* (Hg.): The Distinctiveness of Moravian Culture. Festschrift for Vernon Nelson, Nazareth, PA, 2003, 153–172.

Wessel, Carola: „Es ist also des Heilands sein Predigtstuhl so weit und groß als die ganze Welt". Zinzendorfs Überlegungen zur Mission, in: *Brecht, Martin/Peucker, Paul* (Hg.): Neue Aspekte der Zinzendorf-Forschung (Arbeiten zur Geschichte des Pietismus 47), Göttingen 2006, 163–173.

Wollstadt, Hanns-Joachim: Geordnetes Dienen in der christlichen Gemeide, dargestellt an den Lebensformen der Herrnhuter Brüdergemeine in ihren Anfängen (Arbeiten zur Pastoraltheologie 4), Göttingen 1966.

Zimmerling, Peter: Die Losungen. Eine Erfolgsgeschichte durch die Jahrhunderte, Göttingen 2014.

Freikirchen im Deutschland des 19. Jahrhunderts

Thomas Hahn-Bruckart

Im 19. Jahrhundert diversifizierte sich das freikirchliche Feld im deutschsprachigen Raum. Für diesen Raum neue, zum Teil aus konkreten Missionsbemühungen heraus erwachsene Freikirchen entstanden und traten neben die schon länger bestehenden. Zu diesen älteren ‚Freikirchen' gehörten die Herrnhuter und die Mennoniten, letztere in ihrem Verhältnis zum Staat von deutlicher Distanznahme geprägt,[1] die sich im 19. Jahrhundert aber teilweise hin zur Übernahme politischer Ämter und zur Einnahme affirmativer Positionen verschob.[2] Die Gemeinden freilich hatten von allen obrigkeitlichen Eingriffen frei zu bleiben, wenngleich etwa für die Errichtung eines eigenen Bethauses um finanzielle Unterstützung durch die Regierung geworben werden konnte.[3]

Der erste große Konfliktfall im Zusammenspiel von Staat und Kirche im 19. Jahrhundert, der zur Bildung von ‚Freikirchen' führte, war die Auseinandersetzung um Union und Agende in Preußen, aus der schließlich separierte lutherische Kirchen hervorgingen. Diese Vorgänge sind gut erforscht und dokumentiert,[4] daher soll

---

1 Vgl. den Beitrag von *Astrid von Schlachta* in diesem Band.
2 Vgl. *Herbert Strahm*, Dissentertum im Deutschland des 19. Jahrhunderts. Freikirchen und religiöse Sondergemeinschaften im Beziehungs- und Spannungsfeld von Staat und protestantischen Landeskirchen (Münchener Kirchenhistorische Studien, Neue Folge 5), Stuttgart 2016, 86–89, 97 f.; *Diether Götz Lichdi*, Von der Absonderung zur Anpassung. Das Verhältnis der Mennoniten zum Staat im 19. Jahrhundert, in: Freikirchenforschung, 17 (2008), 77–91.
3 Vgl. *Strahm*, Dissentertum, 89.
4 Vgl. die Sammlung zentraler Quellen in: *Werner Klän/Gilberto da Silva* (Hg.), Quellen zur Geschichte selbständiger evangelisch-lutherischer Kirchen in Deutschland. Dokumente aus dem Bereich konkordienlutherischer Kirchen, Göttingen ²2010; zur Darstellung vgl. *dies.*: Lutherisch und selbständig. Einführung in die Geschichte selbständiger evangelisch-lutherischer Kirchen in Deutschland (Oberurseler Hefte, Ergänzungsbände 6), Göttingen 2012; vgl. auch *Strahm*, Dissentertum, 219 ff.

das Augenmerk in diesem Beitrag auf jenen Freikirchen liegen, die man für das 19. Jahrhundert als die „klassischen Freikirchen" bezeichnet, nämlich Baptisten, Methodisten und Freie evangelische Gemeinden. Wenn besonders bezogen auf diese Freikirchen gesagt wird, dass – wie im angelsächsischen Raum – auch für die deutschen Freikirchen die Trenung von Kirche und Staat ein zentrales Motiv gewesen sei,[5] so findet sich dieses historisch auch in der Tat, allerdings in durchaus unterschiedlichen Nuancierungen.[6] Warum Kirche und Staat zu trennen seien, wurde nicht einheitlich begründet, sondern es finden sich unterschiedliche Zugänge, die teils mit den Traditionen, mit denen man sich verbunden wusste, aber vor allem auch mit den konkreten politischen Erfahrungen, die man als Freikirchler in den unterschiedlichen territorialen Gestaltungsformen im Deutschland des 19. Jahrhunderts machte, und entsprechend auch mit der Wahrnehmung der konkret existierenden Staatskirchen zusammenhingen. Denn territorial glich Deutschland im 19. Jahrhundert einem Flickenteppich. Entsprechend unterschiedlich war auch der Umgang mit religiösen Minderheiten.

Unter dem Einfluss der Aufklärung wurden in manchen deutschen Staaten auch die nicht anerkannten Religionsgemeinschaften zunehmend geduldet. Eine solche Wendung zur Duldung Andersgläubiger vollzog sich meist, wenn zum einen der religiöse Pluralismus nicht mehr als staatsgefährdend betrachtet wurde, zum anderen auch wirtschaftliche Interessen eine solche Tolerierung nahelegten. In einigen Territorien etablierte sich auf diese Weise ein gewisser religiöser Pluralismus, sofern er als politisch opportun erschien. Daneben gab es auch weiterhin Länder, in denen jeder religiöse Dissent rigoros verfolgt wurde.[7]

---

5   Vgl. etwa *Hubert Kirchner*, Freikirchen und konfessionelle Minderheitskirchen. EIn Handbuch, Berlin (Ost) 1987, 12; *Erwin Fahlbusch*, Kirchenkunde der Gegenwart (Theologische Wissenschaft 9), Stuttgart u.a. 1979, 163.
6   *Erich Geldbach*, Freikirchen – Erbe, Gestalt und Wirkung (Bensheimer Hefte 70), Göttingen ²2005, 47 ff., legt dar, dass die Trennung von Kirche und Staat „eigentlich kein besonderes Proprium der Freikirchen" sei, da eine solche aus ganz unterschiedlichen Motiven auch von anderen gefordert werden konnte.
7   Vgl. *Andrea Strübind*, Trennung von Staat und Kirche? Bewährung und Scheitern eines freikirchlichen Prinzips, in: Zeitschrift für Theologie und Gemeinde 4 (1999), 261–288, hier: 268; *Harald Mueller*, Die rechtliche Lage von Freikir-

Trotz mancher Duldungsvereinbarungen für ältere Gruppierungen und des mit denselben manchmal einhergehenden aufklärerischen Pathos war die Entstehung der Freikirchen im immer noch von den territorialen Aufteilungen des konfessionellen Zeitalters geprägten Deutschland des 19. Jahrhunderts häufig verbunden mit staatlichen Repressionen wie Pfändungen, Inhaftierungen, polizeilichen Verhören und Versammlungsverboten.[8] Hinzu kam, dass auf dem europäischen Kontinent die Toleranzidee auf rationalistisch-aufklärerischer Basis häufig mit antiklerikalen Tendenzen verbunden war und auch die Billigung des Prinzips der Trennung von Kirche und Staat in der Paulskirchenverfassung von 1848 eher als Mittel zur „Verminderung des kirchlichen Einflusses"[9] verstanden werden muss als – wie im angelsächsischen Bereich – im Sinne einer positiven Korrelation von Kirche und Staat.[10] Diese Grundkoordinaten muss man beachten, wenn man verstehen will, wie in den Freikirchen im Deutschland des 19. Jahrhunderts das Thema der Trennung von Staat und Kirche profiliert worden ist.[11]

---

chen in den deutschen Staaten des 19. Jahrhunderts, in: Freikirchenforschung 17 (2008), 155–178.

8 Vgl. *Geldbach*, Freikirchen, 150–160; für die Baptisten vgl. *Günter Balders*, Kurze Geschichte der deutschen Baptisten, in: *ders.* (Hg.), Ein Herr, ein Glaube, eine Taufe. 150 Jahre Baptistengemeinden in Deutschland, Wuppertal/Kassel ³1989, 17–168, hier: 28 ff.; für Fallstudien insgesamt *Walter Fleischmann-Bisten/Ulrich Möller/Barbara Rudolph* (Hg.), Heilung der Erinnerungen – Freikirchen und Landeskirchen im 19. Jahrhundert. Beiträge aus einem Forschungsprojekt zum Reformationsjubiläum 2017 (Ökumenische Rundschau, Beiheft 120), Leipzig 2018.

9 So *Erich Geldbach*, Gewissensfreiheit und freikirchliche Tradition, in: Jahrbuch des Evangelischen Bundes 25 (1982), 81–100, hier: 97.

10 Vgl. *Strübind*, Trennung, 268.

11 Dabei möchte ich im Folgenden nicht das Thema Religionsfreiheit, wie es etwa im Rahmen der Evangelischen Allianz oder bei der Homburger Konferenz eine Rolle spielte, als solches thematisieren; vgl. dazu *Karl Heinz Voigt/Thomas Schirrmacher* (Hg.), Menschenrechte für Minderheiten in Deutschland und Europa. Vom Einsatz für die Religionsfreiheit durch die Evangelische Allianz und die Freikirchen im 19. Jahrhundert, Bonn 2003; *Gerhard Lindemann*, Für Frömmigkeit in Freiheit. Die Geschichte der Evangelischen Allianz im Zeitalter des Liberalismus (1846–1879), Berlin 2011, passim; *Karl Heinz Voigt*, Die „Homburg Conference" für Religionsfreiheit von 1853, in: *Lena Lybæk/Konrad Raiser/Stefanie Schardien* (Hg.), Gemeinschaft der Kirchen und gesellschaftliche Verantwortung. Die Würde des Anderen und das Recht

1. Baptistische Ansätze: zwischen politisch relevanten Grundprinzipien und apolitischer Grundhaltung

Für die Entstehungsgeschichte des Baptismus im deutschsprachigen Raum zentral war Johann Gerhard Oncken (1800–1884). Geprägt von der angelsächsischen Erweckung wirkte er zunächst als Agent überkonfessioneller Bibel- und Missionsgesellschaften in Deutschland und geriet durch die Bildung von Konventikeln in Konflikt mit Obrigkeit und Staatskirche. Nach Kontakten mit Taufgesinnten in England sammelte Oncken einen Kreis Taufgesinnter in Hamburg, der sich 1834 durch die Mitwirkung des zu einem Studienaufenthalt in Europa weilenden baptistischen Theologieprofessors Barnas Sears (1802–1880) als demokratisch verfasste Baptistengemeinde nach amerikanischem Vorbild konstituierte. Oncken richtete einen Brief an die baptistische *Hudson River Association*, damit die Gemeinde als „corresponding member" dieses Zusammenschlusses aufgenommen würde.[12] „Ein erwecklicher Konventikel, der zur Anschauung der Gläubigentaufe gekommen war, wurde gleichsam über Nacht als amerikanische Baptistengemeinde konstituiert."[13]

Dass nach innen gerichtet, also gemeindeorganisatorisch, das demokratische Vorbild des amerikanischen Freikirchentums übernommen wurde, war nicht unbedingt – wie der Fortgang der Geschichte zeigt – mit einer tiefergehenden Sympathie für die Demokratie als staatlicher Regierungsform verbunden. Gleichwohl spielte das Thema der Trennung von Kirche und Staat, das man ja durchaus – man denke etwa an Thomas Helwys (ca. 1550–1615) und

---

anders zu denken. Festschrift für Erich Geldbach (Ökumenische Studien 30), Münster 2004, 492–503; *Erich Geldbach/ Markus Wehrstedt/Dietmar Lütz* (Hgg.), Religions-Freiheit. Festschrift zum 200. Geburtstag von Julius Köbner, Berlin 2006; *Geldbach*, Freikirchen, 50 ff.

12 Zur Entstehungsgeschichte vgl. zuletzt *Andrea Strübind*, Mission to Germany. Die Entstehung des deutschen Baptismus in seiner Verflechtung mit der internationalen Erweckungsbewegung und den Schwesterkirchen in den USA und in England, in: *Andrea Strübind/Martin Rothkegel* (Hg.), Baptismus. Geschichte und Gegenwart, Göttingen 2012, 163–200.

13 *Strübind*, Trennung, 270.

Roger Williams (1603–1684)[14] – als einen baptistischen Grundsatz bezeichnen kann, in der jungen baptistischen Bewegung in Deutschland ein Rolle.

Zunächst hatte diese Frage, abseits von allen theoretischen Erwägungen, eine ganz praktische politisch-diplomatische Dimension. Im Falle von Repressionen, die die jungen Gemeinschaftsbildungen erfuhren, berief man sich in Bittgesuchen, zum Beispiel an den Hamburger Senat, ausdrücklich auf die Freiheitsrechte, die im Westen gelten würden.[15] Empfehlungsschreiben hochgestellter amerikanischer Baptisten wurden vorgelegt, im Zusammenhang einer Inhaftierung Onckens wurde sogar die Bitte um diplomatische Bemühungen der amerikanischen Regierung erwogen.[16] Konfliktive Situationen mit staatlichen Instanzen wurden also nicht gescheut, was in der Logik der Zeit – zumindest in Bezug auf die möglicherweise dahinter stehenden politischen Grundhaltungen – als Missachtung der Staatsräson und je nach konkreter politischer Konfiguration, die Mitte des 19. Jahrhunderts in verschiedener Weise von ‚revolutionären' Umtrieben geprägt sein konnte, als Angriff auf die Fundamente der staatlichen Ordnung gewertet wurde.

Es lässt sich allerdings auch beobachten – und hier können sowohl sich aus diesen Konfliktlagen ergebende Ermüdungserscheinungen als auch taktische Erwägungen ins Feld geführt werden –, dass sich baptistischerseits Tendenzen zur Anpassung an staatliche Verhältnisse entwickelten. So wird im Glaubensbekenntnis von 1847 festgehalten: „Unsere Gemeinden haben nirgends eine politische Tendenz" (Art. XIV)[17] – was im folgenden Jahr schon auf eine harte Probe gestellt wurde. Denn aus dem nun festgeschriebenen, sich zu einem guten Teil dem Ringen um staatliche Anerkennung verdankenden Grundsatz des Apolitismus ergab sich ein durchaus

---

14 Vgl. dazu *Martin Rothkegel*, Freiheit als Kennzeichen der wahren Kirche. Zum baptistischen Grundsatz der Religionsfreiheit und seinen historischen Ursprüngen, in: *Strübind/Rothkegel* (Hg.): Baptismus, 201–225; *Geldbach*, Freikirchen, 68–74; vgl. auch den Beitrag von *Curtis Freeman* in diesem Band.
15 Vgl. *Hans Luckey*, Johann Gerhard Oncken und die Anfänge des deutschen Baptismus, Kassel ²1934, 164.
16 Vgl. ebd., 175.
17 Oncken führte diesen Artikel als einen der Gründe für die spätere behördliche Anerkennung an; vgl. ebd., 209.

ambivalentes Verhältnis zur Revolution von 1848. Diese dürfte in den unter Repressionen leidenden jungen baptistischen Gemeinden zunächst Hoffnungen auf freie religiöse Entfaltungsmöglichkeiten geweckt haben. In diesem Sinne konnte die Revolution von Baptisten als Anbruch einer neuen Zeit und als „wunderbares Erdbeben" – so im „Manifest" Julius Köbners[18] – begrüßt werden, erwartete man doch von ihr die Gleichstellung der Religionsgemeinschaften und die Trennung von Kirche und Staat.

Der vielseitig gebildete Julius Köbner (1806–1884), seit 1844 Prediger der Hamburger Baptistengemeinde, profilierte in seinem „Manifest des freien Urchristentums" den deutschen Baptismus als Teil einer religiösen Freiheitsbewegung, die auch in der bürgerlichen Emanzipation der Zeit angemessenen Ausdruck finde. Er votierte eindeutig im Sinne der Demokratie und gegen Aristokratie und Absolutismus. Köbner forderte in seinem Manifest die allgemeine Religionsfreiheit als Grundrecht und wandte sich gegen eine Verbindung der Kirche mit der Staatsgewalt.[19] Historisch wies er auf, dass aus der Privilegierung einer Religionsgemeinschaft nur Machtmissbrauch gegen andere entstehen könne, der sich in inquisitorischen Maßnahmen äußere. Dem Staatskirchentum gegenüber stellte er das Urchristentum als freie Verbindung mündiger Christen dar, die gemeinschaftliches Leben nach demokratischen Prinzipien regelten.[20] Bezüglich der Revolution von 1848 teilten nicht alle deutschen Baptisten Köbners Einschätzung. Oncken etwa lehnte die politischen Unruhen ab und hielt sich von den revolutionären Vorgängen fern, diente sogar als Corporal der Hambur-

---

18 *Julius Köbner*, Manifest des freien Urchristenthums an das deutsche Volk, Hamburg 1848, zit. nach der Edition in: *Geldbach/Wehrstedt/Lütz*, Religions-Freiheit, 131–150, hier: 132. Die politische Wende galt Köbner als Gottes Gericht, durch das „der allmächtige Gott die Ketten deiner bürgerlichen Unterjochung zerbrach"; vgl. ebd., 131.

19 „Aber wir behaupten nicht nur unsre religiöse Freiheit, wir fordern sie für jeden Menschen, der den Boden des Vaterlandes bewohnt. Wir fordern sie in völlig gleichem Maße für Alle, seien sie Christen, Juden, Muhamedaner oder was sonst. Wir halten es [...] für eine höchst unchristliche Sünde, die eiserne Faust der Gewalt an die Gottesverehrung irgend eines anderen Menschen zu legen [...]" (ebd., 135).

20 Vgl. v.a. ebd., 136–140.

ger Bürgergarde gegen die Revolutionäre.[21] Auch später war sein Urteil über die Revolution negativ, und er betonte, dass die Baptisten sich von ihr ferngehalten hätten.[22]

Es fällt auf, zu welch divergierenden Ansichten die Gründerväter im deutschen Baptismus – Gottfried Wilhelm Lehmann (1799–1882) noch gar nicht eingeschlossen[23] – gelangten. Köbner galt die bürgerliche Revolution als Gottes Führung, für Oncken waren die Revolutionäre eine „Partei Satans"[24]. Mit aller Vorsicht – die Quellenlage macht eine kohärente Darstellung der diesbezüglichen Anschauungen Onckens nur bedingt möglich – lässt sich sagen, dass die demokratischen Kräfte und ihr Ringen um die bürgerlichen Freiheitsrechte offensichtlich von Oncken nicht als genuine Bündnispartner für die baptistische Bewegung und die Erlangung von Rechten für dieselbe in Deutschland gesehen wurden. Auch legt sich das Urteil nahe, dass es ihm offensichtlich an Verständnis für die Demokratie als Staatsform und einer reflektierten Sicht der Trennung von Staat und Kirche im konstruktiven Sinne – wie in den USA – fehlte.[25] Separation meinte für ihn lediglich die Ermöglichung einer vom Staat ungestörten Ausübung der Gemeindearbeit. Inwieweit dieses Verständnis vor allem taktischen Erwägungen geschuldet war, lässt sich nicht mit Sicherheit sagen;[26] auffallend an Onckens Einsatz

---

21 Vgl. *Luckey*, Oncken, 210.

22 „Als der politische Topf auch in Hamburg überkochte, als sich Juden und Heiden, Krethi und Plethi gegen die bestehende Obrigkeit auflehnten und dadurch zeigten, daß sie eine Partei des Satans seien, wurden alle Bande zerrissen und alle menschliche Ordnung mit Füßen getreten. Wir Baptisten waren damals die einzige unter den Religionsgemeinschaften, die sich von der Revolte fernhielt, obgleich wir auch nach Freiheit strebten." Aus der ersten Fassung der „Erinnerungen" Onckens zit. nach *Strübind*, Trennung, 271.

23 Zum religionspolitischen Wirken des Berliner Baptistenpredigers Gottfried Wilhelm Lehmann vgl. *Karl Heinz Voigt*, Religionsfreiheit bei Baptisten und Methodisten in Deutschland. Versuch eines Vergleichs, in: *Geldbach/Wehrstedt/ Lütz*, Religions-Freiheit, 295–324, hier: 296–306. Während *Voigt* Köbner v.a. als Theoretiker profiliert, tritt Lehmann durch konkrete politische Aktivitäten hervor.

24 Vgl. das Zitat in Anm. 22.

25 So *Strübind*, Trennung, 272.

26 Zumindest würde Oncken sich Jahre später – nun aber gegenüber amerikanischen Korrespondenzpartnern – lobend über die Verfassung von 1848 äußern; vgl. *Strübind*, Mission, 179 f.

für die staatliche Anerkennung der Baptisten in Hamburg ist zumindest in der Folgezeit seine durchgehende Berufung darauf, dass die Baptisten eine neutrale politische Position verträten und sich auch faktisch von allen revolutionären Umtrieben ferngehalten hätten. Wohl nicht zuletzt aufgrund des Gewichts einer solchen neutralen Haltung verlieh der Hamburger Senat den Baptisten 1857 die lang ersehnte behördliche „Concession".[27] Dass nicht programmatische Thesen wie in Köbners Manifest – das ohnehin bald verboten wurde –, sondern taktisches Argumentieren, wie es Oncken mit der unpolitischen Haltung den Baptisten betrieb, erstmalig die staatliche Anerkennung brachte, kann – wie es Andrea Strübind plausibel formuliert hat – als „politische Urerfahrung"[28] des frühen Baptismus in Deutschland gesehen werden.

Als eigentümlich mag erscheinen, dass sich Oncken angesichts seiner Einbindung in die englische Erweckungsbewegung, die sich für die Abschaffung der Sklaverei, die Reformierung des Schulsystems, die Mitarbeit in Gewerkschaften und für menschenwürdige Verhältnisse in der Arbeiterschaft einsetzte, bei der also gemeinhin der enge Zusammenhang von karitativer und missionarischer Arbeit, von geistlicher Erweckung und Sozialethik betont wird,[29] in seiner eigenen Tätigkeit – abgesehen von seinem frühen Wirken – als wenig sozial-diakonisch engagiert oder gar als Sozialreformer mit Forderungen an Kirche und Staat darstellt. Er wirkte vielmehr als Evangelist, der sich um Rettung einzelner Seelen, um persönliche Glaubenserfahrung und Vereinigung der Bekehrten zur sichtbaren Gemeinde der Glaubenden bemühte.[30] Für die entsprechende Einordnung dürfte aber eine Rolle spielen, dass es Strömungen in der englischen Erweckung gab, die nicht in das zuvor skizzierte sozialreformerische Profil passen, in ihrem ‚konservativen' Zug aber Einfluss auf Oncken gehabt haben dürften; vor allem trifft dies auf die *Conti-*

---

27 Vgl. *Luckey*, Oncken, 209.
28 *Strübind*, Trennung, 272.
29 Vgl. etwa *Gustav Adolf Benrath*, Art. Erweckung/Erweckungsbewegungen I. Historisch, in: Theologische Realenzyklopädie, Bd. 10, Berlin/New York 1982, 205–220, hier: 206ff.
30 Vgl. *Strübind*, Trennung, 272.

nental Society zu, von der Oncken längere Zeit angestellt war.[31] Von daher mag erhellen, dass Oncken keine Erneuerung der Kirche oder der Gesellschaft propagierte, sondern die Trennung von Kirche und Staat vor allem im Sinne einer Freiheit von obrigkeitlichen Übergriffen verstand oder sie gar im Sinne einer Absonderung von der ‚Welt' als exklusive Separation deutete.[32]

2. Freie evangelische Gemeinden: die Volkskirche als ein der „Welt" verhaftetes Modell

Entstehungsgeschichtlich in Berührung mit dem frühen deutschen Baptismus, namentlich mit Köbner, letztlich aber bewusst von ihm geschieden, traditionsgeschichtlich auch aus anderen Quellen gespeist, sind die Freien evangelischen Gemeinden in Deutschland. Hermann Heinrich Grafe (1818–1869), der Gründer der ersten *Freien evangelischen Gemeinde* in Deutschland, hatte vom Staat unabhängige protestantische Gemeinden im französischsprachigen Europa kennengelernt, wo sie ausgehend vom Genfer Réveil am Anfang des 19. Jahrhunderts angeregt worden waren.[33] Hier waren Protagonisten einer theoretisch fundierten Trennung von Kirche und Staat beheimatet: Auguste Rochat (1789–1847) und Alexandre Vinet (1797–1847).[34]

Während die 1849 gegründete *Église évangélique libre à Genève* in ihrem Glaubensbekenntnis und ihrer Verfassung zum unmittelbaren Vorbild für die erste Freie evangelische Gemeinde in Deutschland wurde, kannte Grafe aus eigener Anschauung vor allem die

---

31 Vgl. *Manfred Henke*, Internationale Verbindungen in der Entstehung deutscher Freikirchen. Eine Fallstudie zur „Continental Society for the Diffusion of Religious Knowledge over the Continent of Europe", in: Freikirchenforschung 26 (2017), 86–102.

32 So die Charakterisierung des Ansatzes Onckens bei *Strübind*, Trennung, 272 f.

33 Zur Entstehungsgeschichte der Freien evangelischen Gemeinden vgl. *Hartmut Lenhard*, Die Einheit der Kinder Gottes. Der Weg Hermann Heinrich Grafes (1818–1869) zwischen Brüderbewegung und Baptisten, Wuppertal 1977; *Hartmut Weyel*, Evangelisch und frei. Geschichte des Bundes Freier evangelischer Gemeinden in Deutschland, Witten 2013, 4-38.

34 Vgl. *Ulrich Gäbler*, Evangelikalismus und Réveil, in: *ders.* (Hg.), Geschichte des Pietismus, Bd. 3: Der Pietismus im neunzehnten und zwanzigsten Jahrhundert, Göttingen 2000, 27–85, hier: 39 ff.

église libre in Lyon, die von Adolphe Monod (1802–1856), einem reformierten Pfarrer, der bezüglich der von ihm geforderten Abendmahlszucht mit dem Konsistorium in Konflikt geraten war, gegründet wurde. Und genau die Abendmahlsfrage war es nun, die Hermann Heinrich Grafe zu Hause im heimatlichen Elberfeld umtrieb. An das Presbyterium der reformierten Gemeinde Elberfeld schrieb er am 23. Februar 1853, dass er aufgrund der in ihm gewachsenen „Überzeugung von dem <u>Mißbrauche</u> des Abendmahls in den <u>disciplinlosen Volk-</u> und <u>Staats</u>kirchen" nicht mehr am Abendmahl teilnehmen könne.[35] Die volkskirchliche Praxis, dass Gläubige und Ungläubige gemeinsam an den Tisch des Herrn träten, bereitete ihm Gewissensnöte.

Sucht man in den frühen Dokumenten der Entstehungszeit der Freien evangelischen Gemeinden daher nach dem semantischen Feld der „Trennung", dann begegnet einem nur sehr selten, dass Kirche und Staat getrennt werden müssten, sehr häufig aber, dass Kinder Gottes und Welt, dass Gläubige und Ungläubige zu trennen seien. Dabei stehen die Staatskirchen wiederum für die „Welt", aber nicht so sehr in Bezug auf mangelnde Religionsfreiheit oder konkrete Eingriffe des Staates in die Kirche, sondern vielmehr durch eine tiefsitzende strukturelle Angleichung der Volkskirche an die Prinzipien, nach denen der Staat als Ordnungsmacht des Weltlichen zu funktionieren habe. Tagebuchaufzeichnungen Grafes aus der Zeit vor der Gemeindegründung belegen dies. Am 28. Januar 1852 schreibt er:

> „Oder sind die nationalen kirchlichen Gemeinschaften mehr als ein bloß äußerlicher Verband von bürgerlichen und staatlichen Werthen? – Giebt denn die protestantische Kirche in ihrem Bekenntniße den wahren Ausdruck der inneren Überzeugung ihrer Glieder? oder ist ein solches allgemeines Glaubensbekenntniß nicht vielmehr einer Staatsverfassung gleich, unter welcher Millionen Menschen leben, und

---

35 Zit. nach dem Entwurf Grafes, den er unter dem 21.02.1853 in seinem Tagebuch festgehalten hat, in: *Hermann Heinrich Grafe*, Lebenszeichen Bd. 2, 17, als Typoskript veröffentlicht auf der CD-ROM: Lebendige FeG-Geschichte. Historische Dokumente zur Entwicklung der Freien evangelischen Gemeinden, Witten 2005.

doch ein Jeder darüber denkt und denken darf, wie er will, weil von ihr nur ein äußerer Gehorsam verlangt wird!"[36]

Religiöse Freiheit, in der Perspektive Grafes: Beliebigkeit bzw. in der Formulierung seines Briefes: Disziplinlosigkeit, erscheint hier geradezu als ein Signum des staatskirchlichen Modells. Gleichzeitig nimmt Grafe Kirche und Staat durchaus als zwei prinzipiell eigenständige Größen wahr, die nun aber aufs Engste verwoben seien. Eine Woche später schreibt er:

> „Die Kirche beweist in ihrer Verbindung mit dem Staate nur, daß sie ihr Lebensprinzip, den Glauben, aufgegeben, und dagegen das Sichtbare äußerer Anerkennung, äußerer Ehre, äußeren Schutzes und äußerer Unterstützung eingetauscht hat. Aber sie will von diesem geistigen Selbstmorde nichts wissen; sie freut sich vielmehr ihrer eigenen Giftmischerei; und sie zieht es vor, mit der Welt zu leben, statt mit dem Herrn zu sterben."[37]

Es ist also das Argument einer Veräußerlichung der Kirche, das hier begegnet. Grafe fragt aber auch danach, ob die Kirche so etwas wie einen gesellschaftlichen Auftrag habe:

> „Man sagt, die Kirche müsse den Staat und die Welt durchdringen; aber ich finde, daß der Staat und die Welt vielmehr die Kirche durchdringen, so daß der Kirche gerade so viel von ihrem wahren Wesen verloren geht, als sie in ihrer Verbindung mit der Welt dieselbe kirchlich macht, ohne sie wahrhaft gläubig zu machen. Wenn die Kirche die Welt wirklich durchdringen könnte, so würde dies doch am wenigsten dadurch möglich gemacht, daß man die Welt in der Kirche vorab kirchlich berechtigt, und dadurch die Kirche selbst weltlich macht, so daß von einem Durchdringen gar keine Rede mehr sein kann, weil man den Gegensatz aufhebt."[38]

Das, was als Prozess in der Kirche ansetzen müsse, sei die Scheidung von Glauben und Unglauben, und daraus würde dann „von selbst" die Verbindung der Kirche mit dem Staat fallen. Aber all das sei nicht zu erwarten.[39] Wenn es einen Auftrag gibt, dann ist es also ein evangelistischer.

---

36 Ebd., Bd. 1, 55.
37 Ebd., 62.
38 Ebd., 62 f.
39 Vgl. ebd., 63.

Es finden sich auf dieser Fluchtlinie noch mehr Äußerungen Grafes zum Thema Staat und Kirche,[40] die in gewisser Weise zum Abschluss kommen mit dem Austrittsschreiben Grafes und einiger Gleichgesinnter aus der „Volkskirche" (nicht „Reformierten Gemeinde") vom 30.11.1854. Hier wird noch einmal betont, dass es sich „nicht um herrschende Übelstände, um eine mangelhafte *Praxis* in der Kirche, die mit der Zeit und nach Umständen besser werden könnte", sondern um die „*Grundlage* der bestehenden Volkskirche" handle, in welcher „der Ungläubige mit dem Gläubigen auf Grund einer Massenkonfirmation dasselbe Recht genießt".[41] „Wir trennen uns deshalb von ihrer Gemeine, weil die Gläubigen in derselben sich *grundsätzlich* nicht von der Welt trennen wollen [...]."[42] „Volk" und „Masse" sind hier also die semantischen Leitmotive, nicht „Staat".

Damit scheint das Thema für Grafe – folgt man seinen persönlichen Aufzeichnungen – zum Abschluss gekommen zu sein. Erst sechseinhalb Jahre später kommt er mit dem Fokus der Religionsfreiheit darauf zurück, nun aufgrund eigener Repressionserfahrungen:

> „Nun ist aber die Massenkirche allgemein dermaßen versäuert, daß man die Bösen innerhalb derselben duldet, dagegen auf dem Acker der Welt, in der Verbindung der Kirche mit dem Staat, durch Polizei-Maßregeln wohl zu unterdrücken sucht."[43]

Offensichtlich wog in dieser Stuation doch die eigene Erfahrung mehr als rein theoretische Erwägungen. Denn Grafe kannte sicher Köbners Manifest und hatte auch keine ganz negative Sicht der Revolution von 1848 entwickelt. Im Rückblick schreibt er:

> „In der damaligen Bewegung sah ich <u>nur</u> Schlechtes, und in dem Festhalten am Alten meist nur Gutes. Aber seit dem Jahre 1849 habe ich über unsre königlichen und fürstlichen Regierungen ein ganz andres Urtheil gewinnen müssen. [...] Und sollte ich unter den verschiedenen

---

40 Vgl. die Tagebucheinträge in Bd. 1, 90–93, 118; Bd. 2, 17, 42 f.
41 Zit. nach *Lenhard*, Einheit, 126.
42 Ebd., 127.
43 Eintrag vom 15.7.1860, in: *Grafe*, Lebenszeichen, Bd. 7, 5. Noch einmal am 19.12.1861 sollte er sich zur „verfallenen Lands- oder Staatskirche" äußern, die eben nicht zur Erziehung des Volkes dienen könnte, da in ihr selbst keine Zucht herrsche, vgl. ebd., 30.

Regierungsformen wählen, so würde ich keine Bedenken tragen, mich für eine Republik als für die an sich beste, zu erklären [...]."[44]

Diese Sicht teilte er mit einer Freikirchenfamilie, die genau zu dieser Zeit in Deutschland auf den Plan trat: die Methodisten.

3. Methodistische Ansätze: zwischen Belebung der Staatskirchen und freier Verbindung von Kirche und Gesellschaft

Dem entstehungsgeschichtlichen Selbstverständnis nach handelte es sich bei der methodistischen Bewegung um eine Erneuerungsbewegung innerhalb der anglikanischen Kirche, die sich vor allem in der Gestalt überschaubarer „Klassen" formierte. Die Bewegung gelangte nach Nordamerika, wo sie aufgrund der äußeren Verhältnisse 1784 Gestalt in einer eigenen Kirche fand, der *Methodist Episcopal Church*.[45] Seit 1835 gab es in derselben einen eigenen deutschsprachigen Zweig, der Einwanderer aus Deutschland umfasste, die sich zunehmend – aufgrund der eigenen für sie segensreichen Erfahrungen – eine methodistische Tätigkeit auch in ihrem Heimatland wünschten.[46]

Unter dem Eindruck des Jahres 1848 mit seinem Durchbruch zu Religionsfreiheit und Innerer Mission in Deutschland sah man die Zeit dafür gekommen – schätzte aber sowohl die Tragfähigkeit der jüngsten politischen Entwicklungen als auch die politische Positionierung erwecklicher Kreise in Deutschland nicht ganz richtig ein.[47] Ludwig Sigismund Jacoby (1813–1874) begann 1849 eine Missionsarbeit in Bremen, das den USA seit 1827 durch einen

---

44 Eintrag vom 21.6.1852, in: ebd. Bd. 1, 131.

45 Zum geschichtlichen Überblick vgl. *Karl Steckel/Carl Ernst Sommer*, Geschichte der Evangelisch-methodistischen Kirche. Weg, Wesen und Auftrag des Methodismus unter besonderer Berücksichtigung der deutschsprachigen Länder Europas, Göttingen ²2007.

46 Daneben bildete sich innerhalb des Methodismus mit der „Evangelischen Gemeinschaft" eine von vornherein deutschsprachige Denomination in Nordamerika, die ebenfalls in der Mitte des 19. Jahrhunderts eine Missionsarbeit in Deutschland begann.

47 Vgl. *Karl Heinz Voigt*, Warum kamen die Methodisten nach Deutschland? Eine Untersuchung über die Motive für ihre Mission in Deutschland (Beiträge zur Geschichte der Evangelisch-methodistischen Kirche 4), Stuttgart 1975.

Handels-, Schifffahrts- und Freundschaftsvertrag verbunden war. Hier konnte Jacoby sehr frei wirken und unter anderem Versammlungen in einem der repräsentativsten Gebäude der Stadt, dem Krameramtshaus, halten. Inwieweit die frühe Missionsarbeit der Methodisten tatsächlich als gemeindebildend intendiert war, wird in der Forschung diskutiert.[48]

Bezüglich des hier zu verhandelnden Themas ist in diesem Zusammenhang von Bedeutung, dass im Methodismus eine staatskirchenkritische Position aus ekklesiologischen Gründen – anders als im traditionellen Nonkonformismus – nicht Teil des freikirchlichen Erbes ist,[49] man eine gegenüber einer zu engen Verbindung von Staat und Kirche kritische Position vielmehr aus soteriologischen Gründen einnahm. So finden sich Stimmen, die den Wert der bestehenden Volkskirchen betonen und hoffen, auf diese positiven Einfluss nehmen zu können, neben Stimmen, die es als vorrangiges Ziel bezeichnen, dass die Kirche doch vom Staat frei werden möge um ihrer eigentlichen Aufgabe willen, der Evangelisierung des Volkes. Dabei lässt sich beobachten, dass bis ca. 1870 die methodistische Kritik an den bestehenden Verhältnissen in Deutschland recht verhalten ausfällt, was auch mit den Bestimmungen des „Manuals" für die frühen methodistischen Prediger in Deutschland zu tun hat, politisch möglichst keinen Anstoß zu bereiten.[50]

Erst nach 1870 verschärfte sich der Ton gegenüber den Staatskirchen. Wie eine solche Kritik konkret aussehen konnte, sei exemplarisch gezeigt an den Ausführungen des nach Lehrtätigkeit am

---

48 Vgl. die Forschungsdiskussion zwischen Christoph Raedel und Karl Heinz Voigt, *Christoph Raedel*, „Gemeindegründung als Mittel zur persönlichen Seelenrettung" – oder: Mit welcher Absicht kamen die bischöflichen Methodisten nach Deutschland?, in: EmK Geschichte 23/2 (2002), 5–25; *Karl Heinz Voigt*, Methodistische Kirchenbildung: ja oder nein? Quellen zu einer „heiklen Frage" in der Mitte des 19. Jahrhunderts, ebd. 25/1 (2004), 12-23; *Christoph Raedel*, Erwiderung, ebd, 23-26.

49 So zitiert *Ludwig Sigismund Jacoby* in seinem „Handbuch des Methodismus. Enthaltend die Geschichte, Lehre, das Kirchenregiment und eigenthümliche Gebräuche desselben", Bremen ²1855, 77, ein Urteil über die historische Situation in England, dass die Methodisten letztlich nicht anerkannt worden seien von den „hohen Dissenters, weil wir nicht einsehen wollten, daß eine Staatskirche an und für sich wider den Supremat Christi sei [...]".

50 Vgl. *Voigt*, Religionsfreiheit, 317 f.

methodistischen Predigerseminar in Bremen seit 1874 als Professor für Systematische Theologie in Berea, Ohio, unterrichtenden Carl Friedrich Paulus (1843–1893) in seinem 1890 in Cincinnati erschienen Werk „Das christliche Heilsleben. Eine populäre Darstellung der christlichen Sittenlehre".[51] Seine grundsätzliche Kritik des Staatskirchensystems entfaltet Paulus in vier Punkten. Zunächst verweist er auf die fehlende Legitimation eines staatskirchlichen Ansatzes durch das Neue Testament und das Zeugnis der alten Kirche. Zweitens skizziert er die sich aus diesem Ansatz ergebenden Säkularisierungseffekte für die Kirche selbst: Durch den Modus der Aufnahme in die Staatskirche bleibe die Mehrheit der Kirchenglieder ohne persönliche Heilserfahrung. Diese Kritik sei drittens und in besonderem Maße auch auf die evangelische Pfarrerschaft zu beziehen, für die die Heilserfahrung keine konstitutive Voraussetzung ihres Dienstes sei. Schließlich sei eine Staatskirche in ihrer freien Entwicklung gebunden, da sie aufgrund ihrer staatlichen Einbindung nicht bedingungslos der Leitung des Heilgen Geistes folgen könne.

Auffällig ist, das hier in der Kritik des Staatskirchensystems der exegetische Rückgriff auf das neutestamentliche Gemeindeverständnis lediglich die Vorlage bietet für eine kritische Bestandsaufnahme des empirischen Zustandes der Landeskirchen von einem erfahrungstheologischen Standpunkt aus. Die Bindung an staatliche Institutionen – zumindest sofern diese Bindung vom Staat ausgeht – wird verstanden als Einschränkung für das freie Wirken des göttlichen Geistes in der Kirche; ein Wirken, das sich nach methodistischem Verständnis vor allem als missionarische Tätigkeit unter all jenen Menschen äußert, deren Leben noch nicht von einer persönlichen Heilserfahrung bestimmt ist.

Bei aller grundsätzlichen Kritik war es methodistischerseits unbestritten, dass auch in den Staatskirchen geistliches Leben zu finden sei. Und so sehr man sich gegen eine konstitutionelle Verbindung von Kirche und Staat wandte: eine „geistige" Verbindung beider

---

51 Dort 352 ff.; vgl. zum Folgenden auch *Christoph Raedel*, Methodistische Theologie im 19. Jahrhundert. Der deutschsprachige Zweig der Bischöflichen Methodistenkirche (Kirche – Konfession – Religion 47), Göttingen 2004, 291 ff.

war durchaus positiv zu bewerten, was mitunter sogar auf den Gedanken einer eschatologischen Verschmelzung von Kirche und Gesellschaft hinauslaufen konnte. Hinter derartigen Überlegungen stand die Anschauung einer besonderen heilsgeschichtlichen Erwählung der amerikanischen Nation sowie die postmillenniaristische Vision von einem innergeschichtlichen Sieg des Evangeliums.[52]

Solche Erwartungen bezüglich des Verhältnisses von Kirche und Gesellschaft sind bei den anderen beiden dargestellten Freikirchen eher nicht zu finden. Dort wurde höchstens das Verständnis der Separation als Absonderung durch die heilsgeschichtliche Deutung der Zeit präzisiert und mit apokalyptischen Anklängen angereichert.[53]

4. Auf dem Weg ins 20. Jahrhundert – freikirchliches Erbe und politische Herausforderungen im Widerstreit

War die Perspektive im Hinblick auf den Methodismus schon auf das späte 19. Jahrhundert gerichtet, so soll abschließend der Übergang ins 20. Jahrhundert auch für die anderen beiden Freikirchen in den Blick genommen werden. Für den Baptismus sind bereits Linien deutlich geworden, die sich auch für die Zeit nach 1848 feststellen lassen: Zur Sicherung der eigenen gesellschaftlichen Position betonte man den eigenen Apolitismus und war bemüht, sich unauffällig in die gesellschaftlichen Strukturen einzufügen. Nach innen waren die Gemeinden zwar nach den aus dem angelsächsischen Raum stammenden Idealen einer staatsunabhängigen Freiwilligkeitskirche strukturiert, nach außen können religiöser Pluralismus und weltliche Demokratie der Tendenz nach aber nicht zu den Identitätsmarkern der deutschen Baptisten dieser Zeit gezählt werden.

Der Ruf nach einer produktiven Trennung von Kirche und Staat – also einer Korrelation, die gerade zur Gesellschaftsverantwortung führt –, wie sie das angelsächsische Freikirchentum kannte, scheint den deutschen Baptisten eher fremd geblieben zu sein. Das amerika-

---

52 Vgl. ebd., 293.
53 Vgl. *Strübind*, Trennung, 274.

nische Modell einer Befreiung der Kirche von staatlichem Zwang, um sie zu einer eigenständigen, auch gesellschaftsgestaltenden Kraft mit politischer Relevanz zu machen, ist nur von wenigen – wie etwa Köbner – vertreten worden. Die wesentlichen Punkte seines Manifestes erschienen 1882 in konzentrierter und nüchterner, auch weniger in eine konkrete politische Situation eingezeichneter Form;[54] seiner Auffassung nach würde gerade durch eine Befreiung der Kirche vom Staat das Christentum überhaupt erst eine wirkliche positive Wirkung auf breitere Bevölkerungsschichten haben können.[55]

Der Frage nach der gesellschaftsgestaltenden Kraft des Evangeliums und der diesbezüglichen Verantwortung der Freikirchen hat sich später der Baptist Walter Rauschenbusch (1861–1918) in umfassender Weise gestellt. Möglicherweise haben die Methodisten sie in ihren bis heute weitergeführten weltweiten sozialen Grundsätzen seit dem Anfang des 20. Jahrhunderts früher aufgenommen als viele Baptisten, wenngleich Rauschenbuschs *Social Gospel* den Methodismus in Deutschland auch lange Zeit nicht wirklich beeinflusst hat.[56] Der Anpassungsdruck auf viele Freikirchen – gerade auch angesichts des Vorwurfs, „ausländische Gewächse" zu sein – führte hier zu einer eher konformistischen Haltung, die sich höchstens im Kleinen an dem zahlenmäßigen und prägenden „Unverhältnis" – wie Erich Geldbach es nennt[57] – der deutschen Situation abarbeitete.[58]

Fragt man nach Chancen und Grenzen freikirchlicher Ansätze im Hinblick auf die Trennung von Staat und Kirche – gerade auch in der Spannung des zuvor Skizzierten –, so wird beides in besonderer Weise an der „Nahtstelle" zwischen den beiden Jahrhunderten deutlich, in den Jahren um den 1. Weltkrieg. Paul Gustav Jun-

---

54 *Julius Köbner*, Staat und Kirche, verbunden oder getrennt?, Elberfeld 1882.
55 Vgl. ebd., 11, 14f.
56 Für den deutschen Zweig muss konstatiert werden, dass man sich monarchiefreundlich gab und zu politischer Abstinenz aufforderte; vgl. *Karl Heinz Voigt*, Methodistische Sichten auf Staat und Kirche im Deutschen Kaiserreich, in: Freikirchenforschung 17 (2008), 53–76, hier: 68.
57 *Geldbach*, Freikirchen, 124.
58 Vgl. *Voigt*, Religionsfreiheit, 324.

ker (1854–1919), Direktor am Frankfurter Predigerseminar der Methodistenkirche, hielt zum 25-jährigen Regierungsjubiläum Wilhelms II. einen Vortrag in Königsberg, in dem er auch auf die Gestalt der Kirche zu sprechen kam und diese als notwendige Gestaltungskraft für das „Volk" profilierte:

> „[...] um unseres Volkes willen müssen wir wünschen, daß die heutige Staatskirche eine wirklich freie Kirche werde [...]. Das kann nur geschehen, wenn man zum freikirchlichen System übergeht [...], wo keine staatliche Behörde mehr darüber befinden will, auf welcher Seite die Wahrheit ist, sondern allein das Leben entscheidet, wo der Beweis des Geistes und der Kraft vorhanden ist."[59]

Als es dann nach Ende des 1. Weltkriegs tatsächlich so war, dass das ganze staatliche Gefüge und auch die Stellung der Kirchen neu geordnet werden mussten, also durchaus die theoretische Möglichkeit bestand, dass ein solches „freikirchliches System" entstünde, wurde von Seiten der Freikirchen – aus heutiger Sicht vielleicht erstaunlicher Weise – eher eine Beibehaltung des Status Quo favorisiert. Das hing damit zusammen, dass Pläne zur Trennung von Staat und Kirche, zur Aufhebung des konfessionellen Schulwesens und zur Entfernung des Religionsunterrichts aus den öffentlichen Schulen im November 1918 von dem zur linken USPD gehörenden neuen Kultusminister Adolph Hoffmann (1858–1930) eingebracht wurden. Mitte Dezember fand zunächst eine Unterredung mit Abgesandten der Landeskirchen statt, dann mit denen der Freikirchen und der jüdischen Gemeinde.[60] Was sich daran anschloss, war eine Kampagne der Kirchen gegen die von Hoffmann vorgestellten Pläne.[61]

In der Zeitschrift *Der Gärtner*, dem Organ der Freien evangelischen Gemeinden, erschien am 12.1.1919 ein Artikel der Schriftleitung mit einer deutlichen Wahlempfehlung zur bevorstehenden

---

59 *Paul Gustav Junker*, Die Aufgabe des Methodismus in Deutschland, Bremen 1913, 21; zit. nach *Voigt*, Methodistische Sichten, 69.

60 Vgl. *Ernst Rudolf Huber/Wolfgang Huber*, Staat und Kirche im 19. und 20. Jahrhundert. Dokumente zur Geschichte des deutschen Staatskirchenrechts, Bd. 4: Staat und Kirche in der Zeit der Weimarer Republik, Berlin 1988, 3 ff.

61 Vgl. *Bastian Scholz*, Die Kirchen und der deutsche Nationalstaat. Konfessionelle Beiträge zum Systembestand und Systemwechsel, Wiesbaden 2016, 263 f.

Wahl zur Deutschen Nationalversammlung, der ersten reichsweiten Wahl nach der Novemberrevolution von 1918:

> „Wir müssen auf die Hauptsache sehen, nämlich wo wir am meisten Hoffnung haben können, daß solche Männer und Frauen in den Nationalrat gewählt werden, welche die göttlichen Grundlagen jedes gesunden Staatslebens zu wahren suchen, die also für Ehe und Familie, für Recht und Gerechtigkeit und eine Freiheit, die nicht Willkür und Knechtung anderer ist, eintreten. Diese Hoffnung glauben wir persönlich augenblicklich noch am meisten bei der deutschnationalen Volkspartei hegen zu dürfen, wiewohl wir uns das Programm dieser Partei keineswegs in allen Stücken zu eigen machen können. [...] Wir können doch gewissenshalber nicht solche Parteilisten, die Männer in die Nationalversammlung wählen, welche Vertreter des nackten Unglaubens und Feinde des Evangeliums sind, durch unsere Stimme unterstützen, etwa deswegen, weil diese Parteien unter anderm auch die Trennung von Kirche und Staat auf ihre Fahne geschrieben haben. Allerdings sind wir der bestimmten Überzeugung, daß die Gemeinde des Herrn vom Staat unabhängig sein muß, und haben unser Leben lang für diese Überzeugung viele Opfer gebracht. Wir können aber nicht Männer, welche in ihrer ganzen Richtung gottfeindlich sind, deshalb wählen, weil sie die Trennung von Kirche und Staat herbeiführen wollen."[62]

In der vorfindlichen politischen Konfiguration wurde also das eigentlich für die Freikirchen zentrale Kriterium einer Trennung von Kirche und Staat ausdrücklich abgelehnt zugunsten der Erhaltung einer wie auch immer statuierten Sittlichkeit und göttlichen Ordnung für Volk und Staat. Es wurde letztlich also nicht auf die gesellschaftliche Gestaltungskraft einer freien Kirche vertraut, sondern in den bisherigen politischen Parametern gedacht. Sofern die freikirchliche Tradition des angelsächsischen Raums überhaupt präsent war, offenbarte sich bei den deutschen Freikirchen – das Votum des „Gärtners" lässt sich dabei einfügen in eine allgemeinere Stimmung[63] – nur eine schwache Verwurzelung in ihr.

---

62 Der Gärtner 27 (1919), H. 1/2, 4, zit. nach *Jens Mankel*, Der Bund Freier evangelischer Gemeinden in der Weimarer Republik. Sein Verhalten in der ersten deutschen Demokratie von 1918–1933 und dessen theologische Begründungen, in: Freikirchenforschung 21 (2012), 76–111, hier: 84, Anm. 48.
63 Vgl. ebd., 91.

Literatur:

Balders, Günter: Kurze Geschichte der deutschen Baptisten, in: *Ders.* (Hg.): Ein Herr, ein Glaube, eine Taufe. 150 Jahre Baptistengemeinden in Deutschland, Wuppertal/Kassel [3]1989, 17-168.

Benrath, Gustav Adolf: Art. Erweckung/Erweckungsbewegungen, I. Historisch, in: Theologische Realenzyklopädie, Bd. 10, Berlin/New York 1982, 205–220.

Fahlbusch, Erwin: Kirchenkunde der Gegenwart (Theologische Wissenschaft 9), Stuttgart u.a. 1979.

Fleischmann-Bisten, Walter/Möller, Ulrich/Rudolph, Barbara (Hg.): Heilung der Erinnerungen – Freikirchen und Landeskirchen im 19. Jahrhundert. Beiträge aus einem Forschungsprojekt zum Reformationsjubiläum 2017 (Ökumenische Rundschau, Beiheft 120), Leipzig 2018.

Gäbler, Ulrich: Evangelikalismus und Réveil, in: Ders. (Hg.): Geschichte des Pietismus, Bd. 3: Der Pietismus im neunzehnten und zwanzigsten Jahrhundert, Göttingen 2000, 27–85.

Geldbach, Erich/Wehrstedt, Markus/Lütz, Dietmar (Hg.): Religions-Freiheit. Festschrift zum 200. Geburtstag von Julius Köbner, Berlin 2006.

Geldbach, Erich: Freikirchen – Erbe, Gestalt und Wirkung (Bensheimer Hefte 70), Göttingen [2]2005.

Geldbach, Erich: Gewissensfreiheit und freikirchliche Tradition, in: Jahrbuch des Evangelischen Bundes 25 (1982), 81–100.

Henke, Manfred: Internationale Verbindungen in der Entstehung deutscher Freikirchen. Eine Fallstudie zur „Continental Society for the Diffusion of Religious Knowledge over the Continent of Europe", in: Freikirchenforschung 26 (2017), 86–102.

Huber, Ernst Rudolf/Huber, Wolfgang: Staat und Kirche im 19. und 20. Jahrhundert. Dokumente zur Geschichte des deutschen Staatskirchenrechts, Bd. 4: Staat und Kirche in der Zeit der Weimarer Republik, Berlin 1988.

Jacoby, Ludwig Sigismund: Handbuch des Methodismus. Enthaltend die Geschichte, Lehre, das Kirchenregiment und eigenthümliche Gebräuche desselben, Bremen [2]1855.

Kirchner, Hubert (Hg.): Freikirchen und konfessionelle Minderheitskirchen. Ein Handbuch, Berlin (Ost) 1987.

Klän, Werner/da Silva, Gilberto (Hg.): Quellen zur Geschichte selbständiger evangelisch-lutherischer Kirchen in Deutschland. Dokumente aus dem Bereich konkordienlutherischer Kirchen (Oberurseler Hefte, Ergänzungsbände 6), Göttingen [2]2010

Klän, Werner/da Silva, Gilberto: Lutherisch und selbständig. Einführung in die Geschichte selbständiger evangelisch-lutherischer Kirchen in Deutschland, Göttingen 2012.

Köbner, Julius: Manifest des freien Urchristenthums an das deutsche Volk, Hamburg 1848.

Köbner, Julius: Staat und Kirche, verbunden oder getrennt?, Elberfeld 1882.

Lebendige FeG-Geschichte. Historische Dokumente zur Entwicklung der Freien evangelischen Gemeinden, CD-Rom, Witten 2005.

Lenhard, Hartmut: Die Einheit der Kinder Gottes. Der Weg Hermann Heinrich Grafes (1818–1869) zwischen Brüderbewegung und Baptisten, Wuppertal 1977.

Lichdi, Diether Götz: Von der Absonderung zur Anpassung. Das Verhältnis der Mennoniten zum Staat im 19. Jahrhundert, in: Freikirchenforschung, 17 (2008), 77–91.

Lindemann, Gerhard: Für Frömmigkeit in Freiheit. Die Geschichte der Evangelischen Allianz im Zeitalter des Liberalismus (1846–1879), Berlin 2011.

Luckey, Hans: Johann Gerhard Oncken und die Anfänge des deutschen Baptismus, Kassel [2]1934.

Mankel, Jens: Der Bund Freier evangelischer Gemeinden in der Weimarer Republik. Sein Verhalten in der ersten deutschen Demokratie von 1918–1933 und dessen theologische Begründungen, in: Freikirchenforschung 21 (2012), 76–111.

Mueller, Harald: Zur rechtlichen Lage von Freikirchen im Deutschland des 19. Jahrhunderts, in: Spes Christiana 17 (2006), 21–44.

Mueller, Harald: Die rechtliche Lage von Freikirchen in den deutschen Staaten des 19. Jahrhunderts, in: Freikirchenforschung 17 (2008), 155–178.

Raedel, Christoph: „Gemeindegründung als Mittel zur persönlichen Seelenrettung" – oder: Mit welcher Absicht kamen die bischöflichen Methodisten nach Deutschland?, in: EmK Geschichte 23/2 (2002), 5–25.

Raedel, Christoph: Erwiderung, in: EmK Geschichte 25/1 (2004), 23-26.

Raedel, Christoph: Methodistische Theologie im 19. Jahrhundert. Der deutschsprachige Zweig der Bischöflichen Methodistenkirche (Kirche - Konfession – Religion 47), Göttingen 2004.

Rothkegel, Martin: Freiheit als Kennzeichen der wahren Kirche. Zum baptistischen Grundsatz der Religionsfreiheit und seinen historischen Ursprüngen in: *Strübind, Andrea/Rothkegel, Martin* (Hg.): Baptismus. Geschichte und Gegenwart, Göttingen 2012, 201–225.

Scholz, Bastian: Die Kirchen und der deutsche Nationalstaat. Konfessionelle Beiträge zum Systembestand und Systemwechsel, Wiesbaden 2016.

Steckel, Karl/Sommer, Carl Ernst: Geschichte der Evangelisch-methodistischen Kirche. Weg, Wesen und Auftrag des Methodismus unter besonderer Berücksichtigung der deutschsprachigen Länder Europas, Göttingen ²2007.

Strahm, Herbert: Dissentertum im Deutschland des 19. Jahrhunderts. Freikirchen und religiöse Sondergemeinschaften im Beziehungs- und Spannungsfeld von Staat und protestantischen Landeskirchen (Münchener Kirchenhistorische Studien, Neue Folge 5), Stuttgart 2016.

Strübind, Andrea: Mission to Germany. Die Entstehung des deutschen Baptismus in seiner Verflechtung mit der internationalen Erweckungsbewegung und den Schwesterkirchen in den USA und in England, in: *Dies./Rothkegel, Martin* (Hg.): Baptismus. Geschichte und Gegenwart, Göttingen 2012, 163–200.

Strübind, Andrea: Trennung von Staat und Kirche? Bewährung und Scheitern eines freikirchlichen Prinzips, in: Zeitschrift für Theologie und Gemeinde 4 (1999), 261–288.

Voigt, Karl Heinz: Warum kamen die Methodisten nach Deutschland? Eine Untersuchung über die Motive für ihre Mission in Deutschland (Beiträge zur Geschichte der Evangelisch-methodistischen Kirche 4), Stuttgart 1975.

Voigt, Karl Heinz: Die „Homburg Conference" für Religionsfreiheit von 1853, in: *Lybæk, Lena/Raiser, Konrad/Schardien, Stefanie* (Hg.): Gemeinschaft der Kirchen und gesellschaftliche Verantwortung. Die Würde des Anderen und das Recht anders zu denken. Festschrift für Erich Geldbach (Ökumenische Studien 30), Münster 2004, 492–503.

Voigt, Karl Heinz: Methodistische Kirchenbildung: ja oder nein? Quellen zu einer „heiklen Frage" in der Mitte des 19. Jahrhunderts, in: EmK Geschichte 25/1 (2004), 12-23.

Voigt, Karl Heinz: Religionsfreiheit bei Baptisten und Methodisten in Deutschland. Versuch eines Vergleichs, in: *Geldbach, Erich/Wehrstedt, Markus/Lütz, Dietmar* (Hg.): Religions-Freiheit. Festschrift zum 200. Geburtstag von Julius Köbner, Berlin 2006, 295–324.

Voigt, Karl Heinz: Methodistische Sichten auf Staat und Kirche im Deutschen Kaiserreich, in: Freikirchenforschung 17 (2008), 53–76.

Voigt, Karl Heinz/Schirrmacher, Thomas (Hg.): Menschenrechte für Minderheiten in Deutschland und Europa. Vom Einsatz für die Religionsfreiheit durch die Evangelische Allianz und die Freikirchen im 19. Jahrhundert, Bonn 2003.

Weyel, Hartmut: Evangelisch und frei. Geschichte des Bundes Freier evangelischer Gemeinden in Deutschland, Witten 2013.

Die evangelischen Freikirchen in der Zeit des Nationalsozialismus

Andreas Liese

1. Einleitung

Im Amtsblatt des Bundes Evangelisch-Freikirchlicher Gemeinden las man am 10. August 1944 folgende Nachricht:

> „Glückwunschtelegramm an den Führer
>
> Nach dem missglückten Attentat auf den Führer wurde vom Vorstand der Vereinigung Evangelischer Freikirchen folgendes Telegramm gesandt:
>
> Bad Reichenhall, den 24. Juli 1944.
>
> An den Führer, Berlin
>
> Zur Rettung von ruchlosem Attentat senden mit inniger Freude, Dank gegen Gott und der Versicherung weiterer Fürbitte herzlichste Glückwünsche namens der Vereinigung evangelischer Freikirchen."

Unterzeichnet war das Telegramm von F. H. Otto Melle und Paul Schmidt.[1]

Hier stellen sich folgende Fragen: Zu fragen ist einerseits, ob es sich um eine Äußerung handelte, die als repräsentativ für die Haltung der evangelischen Freikirchen gegenüber dem NS-Staat angesehen werden kann, oder ob sie völlig aus dem Rahmen bisheriger Verlautbarungen seitens der Freikirchen fiel? Zu fragen ist andererseits, wen genau beide Personen repräsentierten. Unterzeichner F. H. Otto Melle war Bischof der Bischöflichen Methodistenkirche und Erster Vorsitzender der Vereinigung evangelischer Freikirchen (VEF), und Paul Schmidt als Zweiter Vorsitzender war zugleich Bundesdirektor des Bundes Evangelisch-Freikirchlicher Gemeinden, also des gemeinsamen Bundes aus Baptisten und Brüdergemeinden, der 1941/42 entstanden war.

---

1 Amtsblatt des Bundes Evangelisch-Freikirchlicher Gemeinden Nr. 8, 10.8.1944, 1, Oncken-Archiv, Elstal (OAE).

Zur VEF, 1926 als Interessenvertretung der evangelischen Freikirchen gegründet,[2] gehörten damals noch die Evangelische Gemeinschaft – eine weitere methodistische Kirche – und der Bund
Freier evangelischer Gemeinden. Alle diese Freikirchen hatten also gemeinsam das Telegramm an Hitler nach dem missglückten
Attentatsversuch am 20. Juli 1994 zu verantworten; diese Kirchen
und Gemeindebünde sollen damit auch im Fokus des folgenden
Beitrages stehen.

Dabei muss aber gleich am Anfang auf die Unterschiede zwischen den einzelnen Freikirchen hingewiesen werden.[3] So handelte es sich bei den Baptisten, Freien evangelischen Gemeinden und
den Offenen Brüdern um kongregationalistische Gemeinschaften, die
die Selbstständigkeit der Ortsgemeinden betonten; die Kirchenleitungen hatten hier kein Weisungsrecht gegenüber einzelnen Gemeinden. Demgegenüber waren die Bischöfliche Methodistenkirche und
die Evangelische Gemeinschaft konnexional aufgebaut. Unter dem
Konnexionalismus wurde und wird ein *Verbundsystem* verstanden,
„in dem die kirchlichen Leitungsorgane der verschiedenen Ebenen
einander wechselseitig zugeordnet und verantwortlich sind."[4] Das
zentrale Leitungsorgan stellte die Jährliche Konferenz dar. Dabei
handelte es sich nicht nur um das aktuelle Treffen, sondern auch
um das entsprechende Gremium und dessen Mitglieder sowie das
Gebiet, für das die Jährliche Konferenz zuständig war. In Deutschland entstanden nach 1919 fünf Jährliche Konferenzen.[5] Oberstes
Leitungsgremium der Bischöflichen Methodisten weltweit stellte die
Generalkonferenz dar, die aus Vertretern der Jährlichen Konferenzen bestand und grundsätzlich alle vier Jahre tagte.[6] Ähnliche

---

2 Vgl. *Karl Heinz Voigt*, Freikirchen und Ökumenische Bewegung. Die Bildung der
   Vereinigung Evangelischer Freikirchen zwischen Stockholm (1925) und Lausanne (1927), in: Freikirchenforschung 9 (1999), 151–187.
3 Vgl. *Andrea Strübind*, Die NS-Religionspolitik gegenüber den Freikirchen, in:
   Kirchliche Zeitgeschichte 30 (2017), 27–45, hier: 30.
4 Grundbegriffe methodistischer kirchlicher Strukturen, in: *Walter Klaiber* (Hg.),
   Methodistische Kirchen. Die Kirchen der Gegenwart (Bensheimer Hefte 111),
   Göttingen 2011, 319.
5 Vgl. *Gunter Stemmler*, Eine Kirche in Bewegung. Die Bischöfliche Methodistenkirche im Deutschen Reich während der Weimarer Republik, Göttingen 1987, 18.
6 Vgl. *Klaiber* (Hg.), Methodistische Kirchen, 320.

Strukturen existierten damals auch in der Evangelischen Gemeinschaft.

Daraus wird der internationale Charakter der methodistischen Kirchen ersichtlich. Die deutschen Methodisten konnten eigentlich nur als Teil der Gesamtkirche wirken. Vergleichbares gab es bei den kongregationalistischen Gemeinden nicht. Zwar gehörten die deutschen Baptisten zur *Baptist World Alliance*, es handelte sich hierbei jedoch mehr darum, die Verbundenheit der Baptisten weltweit zu bekunden und gemeinsame Projekte durchzuführen.

Auch in Fragen wie Taufe und Kirchenmitgliedschaft bestanden Unterschiede. Tauften Baptisten, Brüder und Freie evangelische Gemeinden keine Säuglinge, war dies bei den Methodisten gängige Praxis. Die drei erstgenannten unterschieden sich nun wiederum hinsichtlich des Zusammenhangs von Taufe und Mitgliedschaft. Konnten bei den Baptisten nur gläubig Getaufte Mitglieder werden, bestand dieser Zusammenhang bei den Freien evangelischen Gemeinden und einem Teil der Brüdergemeinden nicht. Besonders in den Freien evangelischen Gemeinden wurden auch Säuglingsgetaufte als Mitglieder aufgenommen.

Wenn man also Aussagen über die deutschen Freikirchen in der hier zu behandelnden Zeit tätigt, muss immer konkret gefragt werden, inwieweit das auch auf die anderen Freikirchen zutrifft. Deshalb wird im Folgenden versucht, besonders auf solche Sachverhalte einzugehen, bei denen die Verantwortlichen der einzelnen Freikirchen versucht haben, sich im Rahmen der VEF gemeinsam zu äußern und gemeinsam zu agieren. Das führt naturgemäß dazu, dass die Ausführungen sich im Wesentlichen auf das Handeln der kirchenleitenden Instanzen konzentrieren werden. Kritisiert wird diese Vorgehensweise gerade im Hinblick auf die kongregationalistischen Gemeindebünde, da man ihnen mit diesem Ansatz nicht gerecht werden würde, weil die Ebene der einzelnen Ortsgemeinden wegen ihrer Bedeutung stärker berücksichtigt werden müsste.[7] Richtig ist an dieser Kritik, dass die Erforschung der lokalen Ebene noch mehr betrieben werden sollte und die Haltung der Leitungsgremien nicht

---

7 Vgl. *Strübind*, NS-Religionspolitik, 33, die einer „Freikirchengeschichte ‚von unten‘" das Wort redet.

immer die Einstellungen der einzelnen Gemeinden repräsentierte. Allerdings ist zu konstatieren, dass Kirchenleitungen wie gerade auch die baptistische im Verlauf des „Dritten Reiches" eine immer größere Bedeutung erhielten, sie trafen gewichtige Entscheidungen, die dann auch in der Öffentlichkeit als repräsentativ für die jeweiligen Gemeinschaften wahrgenommen wurden. Deshalb ist dieser Ansatz hier durchaus angemessen.

2. Situation der Freikirchen in der Weimarer Republik

In die Zeit nach dem Ersten Weltkrieg traten die genannten evangelischen Freikirchen als Minderheitenkirchen mit Erfahrungen von Diskriminierungen ein; Angehörige dieser Religionsgemeinschaften kamen sich oft als Bürger zweiter Klasse vor. Zwar lehnten etwa die Baptisten und die Freien evangelischen Gemeinden die Revolution ab,[8] aber die Freikirchen stellten aufgrund ihrer negativen Erfahrungen durchaus Erwartungen an den Staat der Weimarer Republik. Das neue Prinzip der Trennung von Staat und Kirche, wie es in der Weimarer Reichsverfassung niedergelegt worden war, erzeugte Hoffnungen hinsichtlich einer Gleichberechtigung mit den großen Kirchen,[9] da jetzt die Möglichkeit eröffnet wurde, Körperschaftsrechte zu erhalten. In vielen Einzelstaaten wie Thüringen und Württemberg beispielsweise konnten die Methodisten und Baptisten diesen Status bald erlangen. Dabei ist darauf hinzuweisen, dass die Bischöflichen Methodisten und die Evangelische Gemeinschaft eigens kirchliche Strukturen auf Länderebene schaffen mussten, um diese Rechte beantragen zu können. Im Land Preußen traten in der Ministerialbürokratie im Verbund mit der preußischen Landeskirche größere Schwierigkeiten auf, so dass der Bund der Baptistengemeinden und die Bischöfliche Methodistenkirche dort erst 1930 die Körperschaftsrechte erhielten.

---

8 Vgl. *Jens Mankel*, Der Bund Freier Evangelischer Gemeinden in der Weimarer Republik – Sein Verhalten in der ersten deutschen Demokratie von 1918–1933 und dessen theologischen Begründungen, in: Freikirchenforschung 21 (2012), 76–113, hier: 83; *Imanuel Baumann*, Baptisten und 1918/19. Zum Verhältnis von Freikirche und Staat in der Gründungsphase der Weimarer Republik, in: Historische Zeitschrift 306 (2018), 354–395, hier: 7.

9 Vgl. *Stemmler*, Eine Kirche, 76.

Diese und andere Vorgänge machten den Freikirchen deutlich, dass man *de facto* doch nicht gleichgestellt war. Sie erfuhren trotz der rechtlichen Gleichstellung weiterhin Ausgrenzung und Diskriminierung, häufig wurden sie immer noch als Sekten bezeichnet. Die frühere Marginalisierung setzte sich fort, und zwar besonders seitens der Landeskirchen. Diese Erfahrungen müssen – und da sind sich die Freikirchenforscher weitgehend einig – als Beurteilungsfolie für ihr Verhalten im „Dritten Reich" berücksichtigt werden.

Auch wenn oft von einer grundsätzlich apolitischen Haltung der Freikirchen gesprochen wird, forderten die Baptisten gleich 1919 ihre Mitglieder auf, sich an den Wahlen zu beteiligen.[10] Die Methodisten verurteilten sogar öffentlich die Ermordung Rathenaus, was ihnen viel Kritik eintrug.[11] Zeitweilig fanden Freikirchler in der parlamentarischen Demokratie ihren Platz, z.B. im Christlich-Sozialen Volksdienst, der besonders von ihnen in den Septemberwahlen 1930 gewählt wurde. Im CSVD arbeiteten auch einige bekannte Freikirchler mit, so beispielsweise der Baptist Paul Schmidt als Reichstagsabgeordneter. Aber gerade dieses Engagement stieß auch auf Ablehnung in den baptistischen Gemeinden.[12]

Letztlich – so der Eindruck – wuchs damit die Distanz zur Weimarer Demokratie. Leitbild vieler freikirchlicher Christen war dabei der christliche Obrigkeitsstaat. Tendenziell wurde der Weimarer Republik mangelnde Sorge für die öffentliche Ordnung vorgeworfen. Beklagt wurde u.a. der Verfall von Kultur und Sitten. Die Auffassung, dass ein religiös und weltanschaulich neutraler Staat sowohl den Freikirchen als auch beispielsweise der Gottlosenbewegung die gleichen Rechte einräumen müsse, konnten viele Freikirchler nicht teilen. Auch wenn man deshalb gegenüber den Regierungen der Weimarer Republik bisweilen reserviert eingestellt war, galt für die Einstellung ihnen gegenüber ebenfalls die Aufforderung des Paulus im Römerbrief, ihnen untertan zu sein,

---

10 Vgl. *Baumann*, Baptisten, 7–10.
11 Vgl. *Stemmler*, Eine Kirche, 96.
12 Vgl. zur Mitarbeit im CSVD u.a. *Stemmler*, Eine Kirche, 98–101; *Baumann*, Baptisten, 38f.

da auch sie als von Gott eingesetzte Obrigkeiten anzusehen seien. Allerdings gab man zu, dass das Untertansein im Kaiserreich leichter gefallen sei.[13]

3. Die evangelischen Freikirchen 1933/34

3.1 Zustimmung

Obwohl es vor 1933 an einigen Stellen zu Vorbehalten und kritischen Stellungnahmen gegenüber dem Nationalsozialismus gekommen war und auch noch in den ersten Wochen nach dem 30. Januar 1933 eine gewisse Zurückhaltung zu beobachten war, äußerte man sich nach den Wahlen vom 5. März zunehmend zustimmend gegenüber dem NS-Staat. Offenkundig war erst jetzt diese Regierung wirklich Obrigkeit im Sinne des Paulus. Und dieser hatte man sich unterzuordnen, wobei jetzt noch einmal sehr deutlich in allen Freikirchen auf die Bedeutung von Röm 13 verwiesen wurde. Dieser Bibeltext galt als „unwandelbar"[14]. Im Gegensatz zur Weimarer Republik konnte man die neue Regierung mit umso leichterem Herzen als Obrigkeit im Sinne des Neuen Testaments anerkennen und sich ihr unterordnen, als deren konkrete Politik eigenen Überzeugungen entgegenkam. Zustimmend wurde beispielsweise kommentiert, dass die neue Regierung sich gegen Schund- und Schmutzliteratur wandte; die Abschaffung der Demokratie beklagte man dagegen nicht. Hervorgehoben wurde auch, dass die „Führer" des neuen Deutschlands in Aufnahme des Parteiprogramms der NSDAP „positives Christentum treiben wollen", wie es in einer Predigt der Evangelischen Gemeinschaft 1933 hieß.[15]

---

13 Vergleiche dazu *Mankel*, Bund Freier evangelischer Gemeinden, 83, der diesen Sachverhalt mit den Worten des FeG-Predigers Hermes verdeutlicht, dass man natürlich auch für die Regierung der Weimarer Republik zu beten habe. „Gewiß" – so Hermes weiter – „bei dem alten Regiment fiel einem das ein gut Teil leichter"; aber auch für die neue Regierung habe zu gelten: „Es ist keine Obrigkeit ohne von Gott!" (Der Gärtner, 27. Jg., Nr. 29 v. 20.7.1919, 121).

14 Zit. nach *Günter Kösling*, Die deutschen Baptisten 1933/34. Ihr Denken und Handeln zu Beginn des III. Reiches, Diss. masch. Marburg 1980, 33.

15 Zit. nach *Paul Wüthrich*, Die Evangelische Gemeinschaft im deutschsprachigen Europa, in: *Karl Steckel / C. Ernst Sommer* (Hg.), Geschichte der Evangelisch-methodistischen Kirche. Weg, Wesen und Auftrag des Methodismus der deutschsprachigen Länder Europas, Stuttgart 1982, 149–212, hier: 196.

Vor allem aber die vermeintliche Rettung vor dem Bolschewismus stellte ein gewichtiges Motiv für die Anerkennung des neuen Staates dar. Schon am Ende der Weimarer Republik konnte man einen ausgeprägten Antibolschewismus beobachten.[16] Beklagt wurde die Zunahme der Gottlosenbewegung und ihrer Propaganda. Freikirchliche Christen in Deutschland waren eng vernetzt mit erweckten Christen in der Sowjetunion. Ihre zunehmende Verfolgung unter Stalin wurde mit großer Aufmerksamkeit zur Kenntnis genommen.

Das bewusste Schüren von Ängsten bezüglich eines bolschewistischen Umsturzes seitens der neuen Regierung ab Februar 1933, die sich durch den Reichstagsbrand Ende des Monats zu bestätigen schienen, führte zur Einschätzung, Deutschland habe kurz vor einer bolschewistischen Machtübernahme und daraus folgend vor Verhältnissen wie denen in der Sowjetunion gestanden. Vor diesen nun habe der „Führer" Hitler die Christen durch Gottes Vorsehung bewahrt, zumal die neue Regierung auch bewusst das Christentum als Basis des neuen Staates erklärt hatte. Diese Dankbarkeit wurde für die freikirchlichen Christen prägend und findet sich in vielen Äußerungen als bedeutsames Motiv. Die unmittelbar nach dem Reichstagsbrand einsetzende Verfolgung von Gewerkschaftlern, Kommunisten usw. nahm man dagegen nicht weiter zur Kenntnis.

3.2 Sorgen hinsichtlich einer Gleichschaltung

Aufschlussreich ist aber nun, dass bei aller Zustimmung für den neuen Staat sehr bald die Befürchtung auftrat, dass die Stellung der Freikirchen eine grundlegende Veränderung erfahren würde.

Die Dynamik der Etablierung des NS-Regimes, besonders nach der Verabschiedung des Ermächtigungsgesetzes, machte auch vor den Kirchen nicht halt. In den evangelischen Kirchen erhob sich, besonders seitens der Deutschen Christen, die Forderung nach Schaffung einer einheitlichen Reichskirche und nach Gleichschaltung mit dem NS-Staat, die mit Sicherheit auch die Freikirchen betreffen würde. Fraglich war nur, ob man als eine eigenständige Freikirche

---

16 Vgl. *Andrea Strübind*, Die unfreie Freikirche. Der Bund der Baptistengemeinden im „Dritten Reich", Wuppertal u.a. [2]1995, 59f.

weiter existieren könnte oder eine Eingliederung in die neue Deutsche Evangelische Kirche (DEK) drohte. Für den Fall, dass die erste Option realisiert werden würde, erarbeitete man in der VEF im Sommer 1933 einen Verfassungsentwurf für einen „Bund deutscher Freikirchen".[17] Im September desselben Jahres wurde dieser auf der VEF-Vorstandssitzung beraten und angenommen.[18]

Da die Situation Anfang Oktober bezüglich einer drohenden Eingliederung in die DEK sehr unübersichtlich war, beauftragte der Vorstand der VEF die Vorsitzenden Schmidt und Melle, beim Reichsministerium des Inneren (RMdI) vorstellig zu werden. Hier versicherte der zuständige Referent Walter Conrad den beiden Freikirchenvertretern, dass an eine erzwungene Eingliederung der Freikirchen in die neue Reichskirche überhaupt nicht zu denken sei. Er erklärte weiter, sein Ministerium sei allein zuständig für die Freikirchen. Außerdem kündigte er ein Gesetz an, das die Beziehungen der kleineren Religionsgemeinschaften zum Staat auf eine neue Basis stellen würde.[19] Nach diesem Gespräch erklärte auch die Leitung der DEK, eine Eingliederung der Freikirchen sei nicht geplant. Im Gegensatz zum Referenten des RMdI gab man diese Erklärung auch schriftlich heraus.[20]

Daraufhin beschloss man in der VEF Ende 1933, die „Weiterberatung" des Verfassungsentwurfes für eine gemeinsame Freikirche erst einmal auszusetzen.[21] Nachdem es im Frühjahr 1934 zu einer erneuten Beunruhigung hinsichtlich einer Eingliederung der Freikirchen gekommen war,[22] konnte diese Frage dann endgültig geklärt werden: Anlässlich des Baptistischen Weltkongresses 1934

---

17 Abgedruckt in: *Karl Zehrer*, Evangelische Freikirchen und das „Dritte Reich" (Arbeiten zur Geschichte des Kirchenkampfes, Ergänzungsreihe 13), Göttingen 1986, 112–114.
18 Verhandlungsbericht des Vorstandes der Vereinigung Evangelischer Freikirchen und der Vorsitzenden der Aktionsausschüsse der dieser Vereinigung angeschlossenen Freikirchen und Gemeindebünde, 4. Oktober 1933, Punkt 6, VEF-Akte I, OAE.
19 Protokoll der Unterredung mit Conrad, 5. Oktober 1933, ebd.
20 Reichskirchenregierung an die VEF, 11. November 1933, ebd.
21 Bericht der Verhandlungen des Vorstandes der Evangelischen Kirchen in Deutschland in der Sitzung vom 29. Dezember 1933, ebd.
22 Vgl. *Zehrer*, Evangelische Freikirchen, 27 ff.

bestätigte Reichsbischof Ludwig Müller gegenüber deutschen und ausländischen Vertretern der Baptisten die Selbstständigkeit der evangelischen Freikirchen.[23]

Da der 5. Kongress der „Baptist World Alliance", des baptistischen Weltbundes, damals eine große Aufmerksamkeit erfuhr, soll auf ihn an dieser Stelle kurz eingegangen werden. Hinsichtlich der Durchführung dieser Veranstaltung in Berlin hatte es viele Diskussionen gegeben.[24] Nach Hitlers Machtantritt 1933 waren die deutschen Baptisten anfänglich eher geneigt gewesen, den Kongress nicht in Deutschland stattfinden zu lassen, da man nicht den Ruf einer international ausgerichteten und damit undeutschen Religionsgemeinschaft bestätigen wollte.[25] Aber staatiche Stellen, wie beispielsweise die deutsche Botschaft in Washington gegenüber dem Auswärtigen Amt, plädierten für eine Abhaltung des Weltkongresses in Berlin, und die Verantwortlichen in Deutschland sicherten allen Delegierten Redefreiheit zu. Die deutschen Baptisten änderten daraufhin ihre Meinung.[26] Unterstützt wurde die Abhaltung des Kongresses in Berlin auch durch den Generalsekretär der BWA, James Henry Rushbrooke, der außerdem versuchte, Befürchtungen von Teilnehmern hinsichtlich ihrer Sicherheit zu zerstreuen.[27]

Das Programm musste vorher von den zuständigen Stellen genehmigt werden.[28] Eine Neuerung war die vorherige Einrichtung von Kommissionen zu bestimmten Themenbereichen wie Nationalismus, Rassismus und Wirtschaftsfragen. Alle Berichte konnten

---

23 Vgl. *Walter Harnisch/Paul Schmidt* (Hg.), Fünfter Baptisten-Weltkongress. Deutscher Bericht des in Berlin vom 4. bis 10. August 1934 gehaltenen Kongresses, Kassel 1934, 301 ff.

24 Vgl. dazu *Strübind*, Freikirche, 118-121, 149-179; *Erich Geldbach*, The Years of Anxiety and World War II, in: *Richard V. Pierard* (Hg.), Baptists Together in Christ 1905-2005: A Hundred-Year History of the Baptist World Alliance, Falls Church 2005, 74-99; *Blake McKinney*, "One Lord, One Faith, One Baptism" in the Land of ein Volk, ein Reich, ein Führer: The Fifth Baptist World Congress (Berlin, 1934), in: Church History 87 (2018), 122-148.

25 Vgl. *Geldbach*, Years of Anxiety, 77.

26 Vgl. *Strübind*, Freikirche, 119ff.

27 Vgl. *Bernard Green*, Tomorrow's Man: A Biography of James Henry Rushbrooke, Didcot 2008, 119.

28 Vgl. *Harnisch/Schmidt* (Hg.), Fünfter Baptisten-Weltkongress, 8.

vorgetragen werden, obwohl einige Aussagen durchaus in Spannung zur NS-Ideologie standen.

Dass auch für die VEF dieser Kongress eine große Bedeutung hatte, zeigt sich daran, dass ihr Vorsitzender Melle ein ausführliches Grußwort verfasste. Er äußerte seinen Eindruck, dass die freikirchlichen Prinzipien (persönliche Erfahrung des Heils und der daraus sich ergebende „freiwillige Anschluss" an Gemeinden) stetig an Bedeutung gewönnen, gleichzeitig unterstrich er die Bereitschaft der Freikirchen sich an der „Erneuerung" des deutschen Volkes zu beteiligen. Er forderte die ausländischen Delegierten auf, sich gegen die Gerüchte bezüglich einer angeblichen Unterdrückung der Freikirchen auszusprechen, da man „volle Freiheit" für die Weitergabe der christlichen Botschaft habe.[29]

Die Bedeutung dieses Kongresses lag in zwei Richtungen: Zum einen wurden durch die Kommissionsberichte Inhalte vorgetragen, die man woanders nicht mehr hören konnte. So wurden ein übersteigerter Nationalismus gegen einen legitimen Patriotismus gestellt, der Rassismus kritisiert und der Krieg verurteilt.[30] Eine gesonderte Resolution, die einstimmig, also auch von den deutschen Baptisten, angenommen wurde, wandte sich ausdrücklich gegen die rassische Unterdrückung von Juden und Menschen anderer Hautfarbe.[31] Auf der anderen Seite diente der Kongress der Steigerung des Ansehens des Deutschen Reiches, was letztlich als ein propagandistischer Erfolg für den NS-Staat zu verbuchen war. So gingen beispielsweise Amerikaner mit einer positiven Sicht nach Hause und verurteilten dort die negative Darstellung Deutschlands in den amerikanischen Medien.[32] Damit erfüllten sie letztlich den von Melle ausgesprochenen Wunsch. Auch die Zeitungen im NS-

---

[29] Ebd., Grußwort des 2. Vorsitzenden der VEF, Melle, 23-25. Aufgrund einer Erkrankung Melles wurde nur eine Kurzfassung verlesen, das ausführliche Grußwort wurde dann aber abgedruckt.

[30] Ebd., 169-262.

[31] Ebd., 225 f.

[32] So sprach der amerikanische Teilnehmer John D. Freeman nach dem Kongress ausdrücklich von einer „furious anti-German propaganda" in der amerikanischen Presse, in: Baptist and Reflector (Organ Tennessee Baptist Convention), 100/36 (6.9.1934).

Deutschland würdigten die Ergebnisse des Kongresses positiv. Die deutschen Baptisten meinten, der Weltkongress habe zu ihrer Statusverbesserung beigetragen.[33] Allerdings hatten sie daran auch kräftig mitgewirkt, indem sie beispielsweise in einem Treffen der deutschsprachigen Baptisten eine Resolution einbrachten, in der sie u. a. ihr „Vertrauen" und ihre „Treue" zum „Führer und Reichskanzler" bekundeten und der Hoffnung Ausdruck gaben, dass der Kongress ein positiveres Bild bei den ausländischen Glaubensbrüdern über Deutschland bewirken würde.[34] Damit der Imagegewinn des NS- Regimes aber durch missliebige Texte nicht zu sehr in Frage gestellt werden würde, wurde die weitere Verbreitung des Berichtsbandes in Deutschland nach 18 Monaten unterbunden.[35]

Im weiteren Verlauf dieser Darstellung soll noch einmal auf die Frage eingegangen werden, wie die evangelischen Freikirchen versuchten, ihre Position im „Dritten Reich" zu klären. Die bisher geschilderten Bemühungen, dies im Rahmen der VEF zu tun, war aber in der Bischöflichen Methodistenkirche umstritten, da man hier dem Kurs Melles nicht überall folgen wollte. So sprach Superintendent Keip der VEF die entsprechende Kompetenz ab und wandte sich direkt an Conrad, um die rechtliche Situation seiner Kirche zu klären.[36] Er verfolgte den Plan, die einzelnen Körperschaften der Bischöflichen Methodistenkirche zu einer einheitlichen Kirche auf Reichsebene zusammenzuschließen, was aber zur Folge haben würde, dass die deutschen Methodisten aus der mitteleuropäischen Zentralkonferenz ausscheiden müssten. Dies konnte nur die Generalkonferenz beschließen, die aber erst 1936 tagen sollte. Da viele der Ansicht waren, dass man so lange nicht warten könne, arbeitete man einen Verfassungsentwurf für eine Reichskörperschaft der Bischöflichen Methodistenkirche aus und legte diesen dem Reichsinnenministerium vor. Dieses seinerseits genehmigte die Verfassung und verlieh der Bischöflichen Methodistenkirche

---

33 Vgl. *Strübind*, Freikirche, 176.
34 *Harnisch/Schmidt* (Hg.), Fünfter Baptisten-Weltkongress, 93.
35 Vgl. *Green*, Man, 120.
36 Vgl. dazu die Darstellung bei *Herbert Strahm*, Die Bischöfliche Methodistenkirche im Dritten Reich (Münchener Kirchenhistorische Studien 3), Stuttgart/Berlin/Köln 1989, 125–132.

in Deutschland die Körperschaftsrechte für das gesamte Reichs-
gebiet. 1936 billigte die methodistische Generalkonferenz das Vorgehen der deutschen Methodisten, indem sie eine deutsche Zentralkonferenz einrichtete, deren Bischof Melle wurde, der eigentlich
für ein gemeinsames Vorgehen der evangelischen Freikirchen eingetreten war.

Die Evangelische Gemeinschaft versuchte nun auf die gleiche
Weise ihre rechtliche Situation zu verbessern. 1937 beschloss man,
die einzelnen „Landesgenossenschaften" zu einer einheitlichen Kirche zusammenzuschließen, eine Verfassung auszuarbeiten, diese
dem Reichskirchenministerium vorzulegen und die Körperschaftsrechte auf Reichsebene für die Gesamtkirche zu beantragen.[37] Das
Ministerium lehnte diesen Antrag jedoch aus grundsätzlichen Überlegungen ab.[38] Als die Evangelische Gemeinschaft darauf hinwies,
die Bischöfliche Methodistenkirche habe genau auf gleichem Weg
die Körperschaftrechte erhalten, erklärte der zuständige Referent,
man würde jetzt nicht mehr so verfahren. Erst die Erklärung, man
beabsichtige, sich mit der Bischöflichen Methodistenkirche zusammenzuschließen, und das Argument, dem Ansinnen der Evangelischen Gemeinschaft müsse im Sinne der Gleichbehandlung statt-
gegeben werden, führten zu einem positiven Ergebnis. 1938 erkannte das Reichskirchenministerium die Verfassung an und verlieh
der Evangelischen Gemeinschaft in Deutschland die Körperschaftsrechte.[39] Anträgen anderer Religionsgemeinschaften auf Verleihung der Körperschaftsrechte wurde aber nicht mehr stattgege-
ben.

Die Baptisten hatten im Vorgriff auf eventuelle Neuordnungen
im Sommer 1933 das Führerprinzip „in leicht modifizierter Weise" in
ihrem Bund eingeführt.[40] Als man dieses auch auf die örtlichen
Gemeinden ausdehnen wollte, kam es an einigen Orten zu Protesten, so dass es wieder aufgegeben wurde.[41] Die Bundesversamm-
lung wählte 1936 sieben Bundesälteste, die man aber mit dem

---

37 Vgl. Evangelische Gemeinschaft an das RKM, 04.09.1936, BArch Berlin, R
5101/23136.
38 RKM an die Evangelische Gemeinschaft, 13.10.1936, ebd, Bl. 247 ff.
39 Vermerk des Referenten Haugg im RKM, 04.02.1938, ebd., Bl. 276.
40 *Kösling*, Die deutschen Baptisten, 121.
41 Vgl. ebd., 123–135.

neutraleren Begriff „Bundesleitung" bezeichnete.[42] Damit war die Führungsebene des Bundes der Baptistengemeinden eindeutig gestärkt worden.

4. Loyalität und Unterstützung des neuen Staates nach außen

Das seitens des RMdI immer wieder angekündigte Gesetz bezüglich der Beziehungen des NS-Staates zu den kleinen Religionsgemeinschaften wurde nie fertiggestellt. 1935 begann mit der Errichtung des Reichsministeriums für kirchliche Angelegenheiten oder Reichskirchenministeriums (RKM) eine neue Entwicklung. Die Evangelische Abteilung erhielt auch die Zuständigkeit für die evangelischen Freikirchen. Referent hier wurde Werner Haugg,[43] ein Jurist mit profunden Kenntnissen des Kirchenrechts, zu dem die Verantwortlichen aus den einzelnen Freikirchen im Laufe der Jahre ein gutes Verhältnis aufbauten. Entsprechend positiv äußerten sich diese. So schrieb 1939 Heinrich Wiesemann, Prediger der Freien evangelischen Gemeinden und in jenem Jahr Vorsitzender der VEF, nach einem Gespräch mit Haugg, dieser hätte ihn so empfangen, „als ob wir alte Freunde wären."[44] Besonders auch Paul Schmidt stand in einem engen Kontakt zu Haugg; dieser gab Schmidt sogar den Vorentwurf seines Buches über das Reichskirchenministerium zu lesen, weil es ausführlich auch auf die evangelischen Freikirchen einging.[45]

So kamen hinsichtlich des Verhältnisses der Freikirchen zum NS-Staat mehrere Faktoren zusammen. Zum einen entschied man sich bei ihnen für einen Kurs der strikten Loyalität. Oberste Leitlinie stellte ein positives Verhalten gegenüber dem NS-Staat dar.[46]

---

42 Ebd., 135.
43 Vgl. *Andreas Liese*, Verboten – geduldet – verfolgt. Die nationalsozialistische Religionspolitik gegenüber der Brüderbewegung, Hammerbrücke 2002, 36 ff.
44 Wiesemann an Lenhard, 20.01.1939, VEF-Akte I, OAE. Zu Wiesemann vgl. *Harmut Weyel*, Zukunft braucht Herkunft. Biografische Porträts aus der Geschichte und Vorgeschichte Freier evangelischer Gemeinden, Bd. 3, Witten 2011, 447–496.
45 Vgl. *Strübind*, Freikirche, 232.
46 P. Schmidt an den Prediger Klumbies (Königsberg), 05.03.1936, BArch, R 5101/23397, Bl. 353.

Das schloss auch die Bereitschaft ein, für ihn öffentlich einzutreten. Andererseits suggerierte die zunehmende Nähe zum Referenten Haugg und damit, wie man meinte, zur politischen Macht, dass die Freikirchen jetzt endlich als gleichberechtigt mit den Landeskirchen galten. Und da sie im Gegensatz zu letzteren nach außen hin kein zerstrittenes Bild abgaben, hofften einige auch auf einen Gewinn an öffentlicher Relevanz.

Für das RKM wiederum ergab sich die Möglichkeit, die Freikirchen, trotz ihrer zahlenmäßigen Kleinheit, auch im Hinblick auf ihre internationalen Verbindungen für den NS-Staat und seine Interessen zu instrumentalisieren. Das Eintreten der Freikirchen für den NS-Staat kann man an einigen Stellen aufzeigen. Einen aus der Perspektive der Freikirchen nachhaltigen Vorgang stellt die Teilnahme der beiden von der VEF nominierten Delegierten Melle und Schmidt an der Weltkirchenkonferenz für praktisches Christentum in Oxford 1937 dar.[47] Nachdem Hitler die Teilnahme von Geistlichen der DEK an der Konferenz in Oxford verboten hatte,[48] schrieb das RKM an die Reichskanzlei, man gehe davon aus, dass das Verbot u. a. nicht für die freikirchlichen Delegierten gelte.[49] Die Reichskanzlei hielt in einem Vermerk fest, nach mündlicher Auskunft schlössen sich Auswärtiges Amt und Gestapo dieser Auffassung an. Im Übrigen hielten beide die Teilnahme der „genannten Sekten für bedeutungslos". Es sei deshalb nichts weiter zu unternehmen.[50]

Aufschlussreich ist, dass das RKM die Teilnahme der VEF-Delegierten ausdrücklich wünschte – so berichteten jedenfalls Melle und Schmidt im VEF-Vorstand über ein Gespräch mit Haugg. Daraus würden sich „Chancen für die Freikirchen in Deutschland" ergeben. Man sprach auch mit dem Staatssekretär Hermann Muhs, der u. a. die Hoffnung äußerte, die internationalen Beziehungen der Frei-

---

47 *Strahm*, Bischöfliche Methodistenkirche, 203.
48 Schreiben des Chefs der Reichskanzlei an Staatssekretär v. Mackensen (Auswärtiges Amt), 3. Juni 1937, in: *Gertraud Grünzinger/Carsten Nicolaisen* (Hg.), Dokumente zur Kirchenpolitik, Bd. IV: 1937–1939. Vom Wahlerlass Hitlers bis zur Bildung des Geistlichen Vertrauensrates (Februar 1937 – August 1939), Gütersloh 2000, 67.
49 Schreiben des Reichskirchenministers an den Chef der Reichskanzlei, 8. Juni 1937, ebd.
50 Aktenvermerk der Reichskanzlei, 18. Juni 1937, ebd., 68.

kirchen könnten sich positiv auf den Konferenzverlauf auswirken. Muhs machte auch klar, wie er die Frage der Religionsfreiheit in Deutschland beurteilte: „selbstverständlich" sei diese in Deutschland „garantiert". Nur Leute, die „gegen den Staat opponieren", könne man nicht dulden,[51] womit er wohl die Angehörigen der Bekennenden Kirche gemeint haben dürfte.

Das Kirchliche Außenamt der DEK nahm ebenfalls Kontakt zu Melle auf, der auch während der Konferenz anhielt, ebenso gab es Gespräche mit der deutschen Botschaft.[52] In Oxford arbeiteten die beiden Delegierten in der Sektion II Kirche-Staat mit und äußerten sich in den Besprechungen positiv über die Konzeption eines totalen Staates. Nachdem die Konferenz eine Botschaft an die DEK verabschiedet hatte, in der man u. a. seine Solidarität mit den verfolgten Pfarrern der Bekennenden Kirche aussprach, wandten sich die beiden VEF-Delegierten mit einer schriftlichen Erklärung an die Konferenzleitung. Darin formulierten sie u. a., die Botschaft der Weltkirchenkonferenz könnte zu „Missverständnissen" in Deutschland führen; jedenfalls seien die Freikirchen dankbar dafür, dass sie in Freiheit wirken könnten. Wenig später trug Melle einiges aus dem Inhalt dieser Erklärung in einer kurzen Ansprache im Plenum vor, in der er u. a. ausführte, dass in Deutschland völlige Freiheit der Evangeliumsverkündigung herrsche. Die Kirchen könnten ungehindert ihren Gemeindeaufbau betreiben. Bezüglich des NS-Staates führte er aus, dass man die „nationale Erhebung" begrüße; man habe die Gemeinden gerade am Anfang der nationalsozialistischen Herrschaft „auf die grundlegenden Worte" in Röm 13 „über die Stellung der Christen zum Staat" verwiesen und „sie ersucht, in treuer Fürbitte für die Obrigkeit anzuhalten". Auch ein ausdrückliches Bekenntnis zu Hitler fehlte nicht.[53]

Es ist verständlich, dass diese Äußerungen in den Reihen der Bekennenden Kirche große Empörung hervorriefen. Das bisher gute Verhältnis der Methodisten zur Evangelischen Kirche in Württemberg wurde nachhaltig belastet. Aber es gab auch innergemeindliche

---

51 Wiesemann an verschiedene Verantwortliche der Freien evangelischen Gemeinden, 2. Juni 1937, VEF-Akte I, OAE.
52 Vgl. *Strübind*, Freikirche, 238f.
53 Melles Ansprache zit. nach *Zehrer*, Evangelische Freikirchen, 140.

Kritik. So verschickte der baptistische Arzt Jacob Köbberling einen Rundbrief u.a. an die Prediger seines Bundes. In diesem schrieb er, die Freikirchenvertreter hätten nicht nach Oxford fahren dürfen. Durch ihre Teilnahme an der Konferenz hätten sie sich von ihren Brüdern aus den „bekämpften Evangelischen Kirchen" getrennt und hätten die „Gunst der kirchenfeindlichen Staatsbehörden höher" geachtet „als die Einheit mit den verfolgten Brüdern".[54] Ganz klar arbeitete Köbberling heraus, dass sich Melle und Schmidt in Oxford eindeutig und in aller Öffentlichkeit gegen die Bekennende Kirche positioniert hätten. Aus brieflichen Reaktionen und Antworten geht hervor, dass auch andere die Beurteilung der Auseinandersetzungen in der Evangelischen Kirche als einen internen „Kirchenstreit" ablehnten und diese Auseinandersetzungen als einen Kampf gegen oder für Christus deuteten.[55] Auch das Agieren Paul Schmidts in diesem Zusammenhang wurde kritisch gesehen. So formulierte der Prediger Hans Rockel, er kritisiere die „Kirchenpolitik" Schmidts.[56]

Das nationalsozialistische Deutschland dagegen – so beispielsweise Alfred Rosenberg, der Weltanschauungsbeauftrage der NSDAP – begrüßte die Ausführungen Melles ausdrücklich. Rosenberg attestierte den deutschen Freikirchen, „sauber und anständig gehandelt" zu haben.[57] Auf jeden Fall hätten sich die Freikirchen durch ihr Verhalten in Oxford in ein positives Licht gesetzt, was Haugg in seiner Publikation über das Reichskirchenministerium ausdrücklich bestätigte.[58] Des Öfteren wurde das Auftreten in Oxford als Begründung für Entscheidungen des NS-Staates zugunsten der Freikirchen angeführt. So begründete das RKM seine Entscheidung, die Evangelische Gemeinschaft in Deutschland als eine Kör-

---

54 Stellungnahme von Köbberling, Oktober 1937, zit. nach *Roland Fleischer*, Der Streit über den Weg der Baptisten im Nationalsozialismus. Jacob Köbberlings Auseinandersetzung mit Paul Schmidt zu Oxford 1937 und Velbert 1946 (Baptismus-Dokumentation 4), Elstal 2014, 37.
55 Vgl. August Rausch an Köbberling, 8.11.1937, ebd., 55 f.
56 Rockel an Köbberling, 1.11.1937, ebd., 53 ff., hier: 54.
57 *Alfred Rosenberg*, Protestantische Rompilger, 73 f., zit. nach: *Armin Boyens*, Kirchenkampf und Ökumene 1933–1939. Darstellung und Dokumentation, München 1969, 169.
58 *Werner Haugg*, Das Reichsministerium für kirchliche Angelegenheiten, Berlin 1940, 29.

perschaft des öffentlichen Rechts in ihrer Gesamtheit zu betrachten, neben den schon weiter oben genannten Begründungen auch mit dem Argument, diese Religionsgemeinschaft habe die Ausführungen Melles in Oxford gebilligt.[59]

Auf diesem Kurs der eindeutigen Akkommodation agierten die Freikirchen weiter. An vielen Stellen lässt sich aufzeigen, wie sie sich im Ausland für Deutschland einsetzten, um dessen Ruf zu verbessern. So unternahm 1939 der Prediger Wiesemann (Freie evangelische Gemeinden) in seiner Funktion als Vorsitzender der VEF eine Reise zu einer Freikirchentagung nach Schweden. Bei seinen Begegnungen und Ansprachen bekundete er eindringlich, im Staate Hitlers existiere Religionsfreiheit. Er verteidigte die Maßnahmen des NS-Staates gegenüber den Juden mit dem Argument, Juden seien in bestimmten Bereichen überproportional vertreten gewesen und der Staat habe deshalb „Berufsverbote" aussprechen müssen. Ferner rechtfertigte er die expansionistische Politik Deutschlands.[60] In einem nach seiner Rückkehr veröffentlichten Zeitschriftenartikel äußerte Wiesemann die Einschätzung, seine Bemühungen hätten durchaus positive Wirkungen gezeitigt.[61]

An der Reise der deutschen Delegation zum baptistischen Weltkongress 1939 in Atlanta/USA kann man noch weitere Aspekte dieser propagandistischen Tätigkeit erkennen. So wandte sich der Delegationsleiter Schmidt besonders an die Auslandsdeutschen, um sie über die Verhältnisse in Deutschland aufzuklären. Auch auf der Tagung selbst äußerte man sich zustimmend zum NS-Staat und wandte sich entschieden gegen die kritische Haltung besonders von amerikanischen Baptisten.[62]

Der schon mehrmals erwähnte Bischof Melle sprach nach seiner Teilnahme an der Generalkonferenz der Methodisten in den USA

---

59 Aktenvermerk Hauggs vom 4. Februar 1938; Schreiben an die Evangelische Gemeinschaft, BArch, 5101/23136, Bl. 276.
60 Vgl. *Andreas Liese*, „Anwalt seines Vaterlandes". Neuere Forschungsergebnisse zur Schwedenreise des Vorsitzenden der VEF Heinrich Wiesemann 1939, in: Freikirchenforschung 21 (2012), 244–261, hier: 248f.
61 Vgl. ebd., 244.
62 Vgl. *Andreas Liese*, Wir konnten immer das Evangelium verkündigen. Baptisten und Brüdergemeinden im „Dritten Reich", in: Kirchliche Zeitgeschichte 30 (2017), 93–133, hier: 99f.

ebenfalls davon, dass er versucht habe, „Verständnis für Deutschland zu wecken"; er habe den Eindruck, dass ihm das auch gelungen sei. Danach sprachen sich wichtige Stellen des Deutschen Reiches (u.a. die deutsche Botschaft in Washington) positiv für eine weitere eventuelle Teilnahme Melles an einer methodistischen Tagung 1940 aus.[63]

Zur Anpassung an den NS-Staat gehörte auch die häufige Bekundung der Loyalität u.a. durch die Versendung diverser Gruß- und Glückwunschtelegramme. An zwei Beispielen soll das exemplarisch aufgezeigt werden. Wie der Geistliche Vertrauensrat der Deutschen Evangelischen Kirche[64] versandte auch der Vorstand der VEF nach dem Überfall der deutschen Wehrmacht auf die Sowjetunion 1941 ein Telegramm an Hitler, in dem es u.a. hieß, man beglückwünsche Hitler „zu den gewaltigen Siegen im Osten" in der Überzeugung, dass Hitler „als Werkzeug Gottes endlich die gott- und christentumsfeindliche Macht des Bolschewismus brechen" und damit „eine Neuordnung Europas" bewirken würde.[65] In einem persönlichen Schreiben an den Schatzmeister der Freien evangelischen Gemeinden, Ernst Pickhardt, verteidigte Schmidt dieses Telegramm mit der Begründung, man sei der „Überzeugung, dass die Überwindung des Bolschewismus eine so große Sache ist und eine Erhörung der Gebete vieler Kinder Gottes bedeutet", dass man sich „innerlich genötigt" gesehen habe, dieses Telegramm abzuschicken.[66] Damit hatte die VEF offiziell nicht nur den Angriffskrieg Deutschlands befürwortet, sondern auch eine ganze Bevölkerung

---

63 Melle (Bischöfliche Methodistenkirche) an die Deutsche Kongress-Zentrale, 17.7.1939; Deutsche Botschaft an das Auswärtige Amt, 25.5.1939, Stanford University, Hoover Institution Archives, Germany, Deutsche Kongress-Zentrale Records, 1870–1943, Box number 2/2, Methodisten; Methodisten Kg. Cansas-City 1939.

64 Vgl. *Karl-Heinrich Melzer*, Der Geistliche Vertrauensrat. Geistliche Leitung für die Deutsche Evangelische Kirche im Zweiten Weltkrieg? (Arbeiten zur kirchlichen Zeitgeschichte Reihe B; Darstellungen 17), Göttingen 1991, 193.

65 Telegramm des Vorstandes der VEF an den „Führer und Reichskanzler", unterzeichnet von Direktor Paul Schmidt und Bischof Melle, Juli 1941, Juli 1941, Bundesarchiv der Freien evangelischen Gemeinden, Witten, Vereinigungsakte Pickhardt.

66 Schmidt an Pickhardt, 27. September 1941, ebd.

mit der politischen Anschauung des Bolschewismus gleichgesetzt und damit ihre Vernichtung theologisch gerechtfertigt.

Auf dieser Linie ist dann auch das anfangs zitierte Glückwunsch-telegramm der VEF nach dem missglückten Attentat auf Hitler 1944 zu sehen. Im Namen des Vertrauensrates der DEK war ebenfalls ein Telegramm an Hitler abgeschickt worden, in dem zum Ausdruck gebracht wurde, dass man in allen „evangelischen Kirchen im Gebet" Gott für die Bewahrung Hitlers danke. Man bitte Gott, dass er Hitler weiterhin „für die großen Aufgaben der Zukunft Kraft schenke".[67] Damit lag die VEF auf einer Linie mit dem Leitungs-gremium der DEK, das im Wesentlichen aus Mitgliedern bestand, die den gemäßigten Deutschen Christen und der kirchlichen Mitte angehörte.

Natürlich stellen sich bei derartigen Äußerungen Fragen. Sicher-lich kann man davon ausgehen, dass beide hier angeführten Tele-gramme politisch zu sehen sind: Man formulierte das, was der vor-gegebenen politischen Linie entsprach. Schwieriger wird es schon, die briefliche Äußerung Paul Schmidts bezüglich des deutschen An-griffs auf die Sowjetunion zu bewerten: Entsprachen diese Äuße-rungen wirklich der Überzeugung Schmidts oder meinte er, dies aus politischen Gründen so formulieren zu müssen? Und letztlich stellt sich die Frage, ob beispielsweise die VEF 1944 überhaupt etwas Derartiges sagen musste.

5. Die Sicht der Verfolgungsorgane auf die Freikirchen

Während Haugg zwischen den evangelischen Freikirchen wie Bap-tisten und Methodisten einerseits und Sekten andererseits – zu letzteren rechnete er u. a. die Zeugen Jehovas[68] – differenzierte, taten dies die Verfolgungsorgane wie der Sicherheitsdienst der SS (SD) und die Gestapo nicht. In ihren Augen gehörten alle Gemein-schaften außerhalb der beiden großen Kirchen mehr oder minder zu den Sekten. Dies wiederum irritierte die evangelischen Freikir-chen. Deutlich wurde das in den Jahren 1935/36, als die Gestapo

---

67 *Melzer*, Vertrauensrat, 195. Über die Entstehung dieser Erklärung gibt es un-terschiedliche Berichte.
68 *Haugg*, Reichsministerium, 30.

eine reichsweite Ermittlungsaktion gegen die sogenannten Sekten durchführte. Einbezogen wurden auch die Freikirchen, die, als sie davon Kenntnis erhielten, nicht nur beim RKM, sondern auch bei der Gestapo Protest einlegten.[69]

Auch in den verschiedenen Berichten des SD zu kirchlichen Fragen wurden die evangelischen Freikirchen bis auf ganz wenige Ausnahmen zu den Sekten gerechnet. Freikirchliche Aktivitäten wurden aufmerksam wahrgenommen, wobei besonderes Interesse der Jugendarbeit der örtlichen Gemeinden galt. Diese versuchte man mit allen Mitteln zu unterbinden, was immer wieder zu Konflikten der einzelnen Freikirchen mit dem NS-Staat führte. Grundsätzlich formulierte der SD, letztlich sei die Auflösung der Sekten anzustreben; harmlose könnten aber erst einmal bestehen bleiben, die Zersplitterung des Sektenwesens sei auf keinen Fall zu beseitigen.[70]

6. Das Verbot der Christlichen Versammlung und die Gründung des Bundes freikirchlicher Christen

Keine der Freikirchen, die der VEF angehörten, wurde im „Dritten Reich" verboten. Nur die freikirchenähnliche Glaubensgemeinschaft der Christlichen Versammlung, auch Darbysten genannt, traf im April 1937 ein reichsweites Verbot.[71] Diese Gemeinschaft wollte jenseits verfasster Kirchen schlicht nach neutestamentlichen Prinzipien Gottesdienste halten, ohne dass man sich einen festen Namen gab. Konstitutiv war u. a. das Prinzip der Absonderung von allem Weltlichen im Bereich der Kultur und besonders auch in der Politik – so jedenfalls konnte man es in ihrem Schrifttum lesen. Begründet wurde das Verbot, das auf der Grundlage der Reichstagsbrandverordnung vom 28.2.1933 ausgesprochen wurde, mit einer Verweigerungshaltung dieser Christen gegenüber dem NS-Staat, die damit als „volks- und staatsfeindlich" anzusehen seien. Jegliche Versuche der Fortsetzung dieser Gemeinschaft wurden unter Strafe gestellt, ihr Eigentum wurde beschlagnahmt.

Unmittelbar nach Bekanntwerden des Verbotes setzten auf verschiedenen Ebenen Bemühungen ein, dessen Rücknahme zu erwir-

---

69 Vgl. *Liese*, Verboten, 82 f.
70 Vgl. ebd., 77 f.
71 Vgl. hierzu und zum Folgenden ebd., 207–212.

ken. So reichte eine Delegation der Christlichen Versammlung beim Geheimen Staatspolizeiamt eine Eingabe ein, in der darauf hingewiesen wurde, dass man sich durchaus loyal gegenüber dem NS-Staat verhielte. Beleg dafür seien u. a. die Teilnahme an Wahlen und Volksabstimmungen und die Mitgliedschaft von Angehörigen der Christlichen Versammlung in NS-Organisationen bis hin zur NSDAP. Ähnliche Eingaben erfolgten an verschiedenen Orten. Parallel dazu gelang es dem Industriemanager und promovierten Juristen Hans Becker, der innerhalb der Christlichen Versammlung als Anführer einer internen Oppositionsgruppe auftrat, über persönliche Beziehungen einen Kontakt zu dem für das Verbot verantwortlichen Dezernenten Karl Haselbacher im Geheimen Staatspolizeiamt herzustellen. Hier trug Becker vor, dass es sich bei vielen Mitgliedern der verbotenen Christlichen Versammlung keineswegs um staatsfeindliche Personen handelte. Bestätigt wurde diese Aussage durch die persönliche Intervention eines ehemaligen Mitgliedes der Gestapo. Die Gestapo hob daraufhin das Verbot zwar nicht auf, gestattete Becker aber, mit loyalen Kräften der Christlichen Versammlung, eine neue Religionsgemeinschaft, den Bund freikirchlicher Christen (BfC), zu gründen.

Eine der Bedingungen für die Genehmigung der Gründung des BfC war die Abkehr von der bisher offiziell vertretenen Absonderungslehre und die eindeutige Bejahung des NS-Staates. So formulierte Becker, dass man „den nationalsozialistischen Staat als von Gott verordnet anerkenne [...] und ihm mit der Tat dienen solle [...], weil er Gottes Diener ist"[72].

In Rundschreiben wurde beispielsweise zur Beteiligung an den nationalsozialistischen Wahlen aufgerufen. Die Bejahung des NS-Staates wurde theologisch zum einen durch eine erneute Bezugnahme auf Röm 13 gerechtfertigt. Ferner wurde hervorgehoben, dass die Aufforderung der Bergpredigt „Trachtet zuerst nach dem Reich Gottes" nicht so zu verstehen sei, dass man allein nach religiösen Werten trachten solle, sondern dass auch den irdischen

---

72 *Hans Becker*, Die Wahrheit über den Bund freikirchlicher Christen, Düsseldorf [1937], 28, zit. nach *Liese*, Verboten, 350.

eine Bedeutung zukäme. Letzteres bezog man besonders auch auf die Teilnahme an der Kultur.

Eine zweite Bedingung für die Gründung der neuen Glaubensgemeinschaft bestand darin, dass man ihr das Führerprinzip verordnete. An der Spitze des BfC stand Hans Becker, der aufgrund seiner pro-nationalsozialistischen Haltung die Durchsetzung der von der Gestapo aufgestellten Grundsätze garantierte. Er allein entschied, wer die Leitung einer Ortsgemeinde übernahm. Letztlich konnte gegen Becker im BfC nichts durchgesetzt werden. Die politische Zuverlässigkeit der Mitglieder wurde durch die örtlichen Leiter garantiert. Kontrolliert wurde das durch die Gestapo, die die Neuaufnahmen von Mitgliedern überprüfte.

Schon Zeitgenossen sprachen vom BfC als einer pro-nationalsozialistischen Religionsgemeinschaft. Zwar betonten Mitglieder und spätere Verteidiger des BfC häufig, es habe sich am gottesdienstlichen Leben nach dem Verbot der Christlichen Versammlung überhaupt nichts geändert. Dies unterstreicht jedoch nur das Urteil über den BfC: Der NS-Staat hatte überhaupt nichts dagegen, wenn in den Gottesdiensten weiter die gleichen Lieder gesungen wurden, solange man den Totalitätsanspruch des NS-Staates außerhalb der Kirchenmauern akzeptierte. Durch die Aufnahme des BfC in die VEF erkannten die evangelischen Freikirchen diesen als eine evangelische Freikirche an.[73]

7. Vereinigungsbemühungen der Freikirchen

Ab 1937 lassen sich verstärkt Bemühungen der einzelnen Freikirchen beobachten, sich zu größeren Verbänden zusammenzuschließen. Dass das auch durch die Zeitverhältnisse beeinflusst wurde, sprach man schon damals aus.[74] Man kann deshalb sagen, dass

---

73 Vgl. *Liese*, Verboten, 323.
74 [Hans Becker], Dortmund 20.07.1939 [Zur Frage der Vereinigung der evangelischen Freikirchen zu einer Freikirche nach den Beratungen in Patmos], Zentralarchiv der Evangelisch-methodistischen Kirche in Deutschland, Reutlingen, Bestand VEF, Altbestand Leger (Superintendentur Stuttgart). Aufgrund der Ortsangabe Dortmund (Wohnort Beckers), ist zu vermuten, dass diese Abhandlung von ihm stammt; er hatte für den BfC an dieser Besprechung teilgenommen.

neben mehr religiösen Motiven auch kirchen- wie allgemeinpoliti-sche Gründe eine wichtige Rolle spielten. So vertrat man die Auf-fassung, mit einer Vereinigung von mehreren Freikirchen könne man einen Statuszuwachs erreichen. Dass nunmehr die „Stunde der Freikirchen" gekommen sei, war eine Auffassung, die beispielswei-se von Bischof Melle vertreten wurde.[75] Verantwortliche in der VEF hofften sogar, dass jetzt, da die Deutsche Evangelische Kirche ihrer Meinung nach in einem Zerfall begriffen sei, die Freikirchen an ihre Stelle treten könnten.[76] Auch in den Landeskirchlichen Ge-meinschaften innerhalb der DEK begann man sich für diese Idee zu interessieren. Ferner spielte besonders um 1940 die Frage eine Rolle, wie es den Freikirchen nach dem endgültigen Sieg Deutsch-lands ergehen könnte. Noch sei ein Zusammenschluss möglich – so der Referent Haugg in einer Auskunft gegenüber Vertretern der Baptisten und des BfC.[77] Es galt deshalb für die Zeit nach dem Krieg gerüstet zu sein.

Hinderlich bezüglich eines Zusammengehens der evangelischen Freikirchen wirkten sich jedoch deren unterschiedliche Ansichten besonders in Fragen von Taufe und Gemeindemitgliedschaft aus. Zu einem tatsächlichen Zusammenschluss zweier freikirchlicher Bünde kam es daher nur zwischen dem BfC und den Baptisten, die sich 1941/42 zum Bund Evangelisch-Freikirchlicher Gemeinden vereinigten. Eine andere mögliche Option, der Zusammenschluss der beiden methodistischen Gemeinschaften mit landeskirchlichen Gemeinschaften unter Einschluss der Freien evangelischen Gemein-den, wurde dagegen nicht weiter verfolgt.

8. Die evangelischen Freikirchen und ihr Verhältnis zu Juden und Christen jüdischer Herkunft

Auch hier lassen sich Tendenzen aufzeigen, die sich in den evange-lischen Freikirchen mehr oder minder ähnelten. Treffend ist die Haltung der freikirchlichen Christen mit einem Quellenzitat gekenn-

---

75 Vgl. *Roland Blaich*, Die Bischöfe Nuelsen und Melle im Dritten Reich. Deutsche Methodisten und der NS-Staat, in: EmK Geschichte 23/1 (2002), 5–34, hier: 25.
76 Vgl. [Becker], [Zur Frage der Vereinigung].
77 Protokoll der Sitzung der Bundesleitung des Bundes freikirchlicher Christen am 2./3.11.1940, Archiv Wiedenest, Bestand Bister.

zeichnet, das Andrea Strübind einem Aufsatz über das Thema als Überschrift gab: „Wir Christen unter Zuschauern".[78] Weder protestierte man gegen den Boykott jüdischer Geschäfte 1933, noch unternahm man in den nächsten Jahren etwas gegen die antijüdischen Maßnahmen. Die reichsweiten Pogrome im November 1938 wurden nicht nur hingenommen, vielmehr verteidigte der VEF-Vorsitzende Wiesemann – wie oben dargestellt – noch 1939 die Maßnahmen des NS-Regimes. Mehrere Untersuchungen haben verdeutlicht, wie Christen jüdischer Herkunft in den freikirchlichen Gemeinden ausgegrenzt wurden. Auch sie gehörten zu den Opfern des Holocaust. So konnte Roland Fleischer in einer Untersuchung über Christen jüdischer Herkunft bei den Baptisten eine Anzahl von Mitgliedern ermitteln, die in den Konzentrations- und Vernichtungslagern umgekommen sind.[79] Auch aus Reihen der Brüderbewegung sind zwei Familien bekannt, die während der Naziherrschaft umkamen. Ein Angehöriger dieser Gemeinschaft, David Kogut, beschrieb in einem Brief, wie er von seinen Mitchristen ausgegrenzt wurde.[80] Er wurde 1942 in das KZ Theresienstadt deportiert, wo er 1943 starb.

9. Widerständiges Verhalten

Zu einer differenzierten Beurteilung der Freikirchen in ihrem Verhältnis zum Nationalsozialismus gehört, dass trotz der Tendenz zur Akkommodation an den NS- Staat auch bei Freikirchlern durchaus widerständiges Verhalten wahrzunehmen ist. Dabei ist die Beob-

---

78 *Andrea Strübind*, „Wir Christen unter Zuschauern". Die deutschen Baptisten und die Judenverfolgung in der Zeit der NS-Diktatur, in: *Daniel Heinz* (Hg.), Freikirchen und Juden im „Dritten Reich". Instrumentalisierte Heilsgeschichte, antisemitische Vorurteile und verdrängte Schuld, Göttingen 2011, 151–182.

79 *Roland Fleischer*, Baptisten jüdischer Herkunft in der NS-Zeit. Schicksale, Umgang, Hintergründe, in: Theologisches Gespräch 3 (2012), 107-128; *ders.*, Judenchristliche Mitglieder in Baptistengemeinden im „Dritten Reich", in: Theologisches Gespräch (2012), Beiheft 12 (online: http://www.theologischesgespraech.de/).

80 Vgl. *Andreas Liese*, Deportiert nach Theresienstadt. Zum 75. Todestag von David Kogut, in: Zeit&Schrift 21/6 (2018), 26–29; zur Haltung der Brüderbewegung zur NS-Judenverfolgung: *Andreas Liese*, Die Juden – ein „Fluch" für die Völker? Die Brüderbewegung und die „Judenfrage" im „Dritten Reich", in: *Heinz* (Hg.), Freikirchen, 77–102.

achtung von Bedeutung, dass bisweilen ein und dieselbe Person sich sowohl zustimmend als auch widerständig verhalten konnte. Exemplarisch sei der Geschäftsführer des BfC, Friedrich Richter, genannt.[81] Richter, ein promovierter Jurist, Mitglied der NSDAP, war von 1937 bis 1940 Geschäftsführer des BfC. Er half einem Mitarbeiter seiner Firma, der jüdischer Abstammung war, nicht nur bei der Emigration in die Schweiz, sondern auch bei der Transferierung seines Vermögens. Wegen dieser und anderer widerständiger Verhaltensweisen wurde er aus der NSDAP ausgeschlossen.

Dass man Funktionsträger im BfC sein und dennoch widerständiges Verhalten aufweisen konnte, stellte der Leiter der BfC-Gemeinde Berlin-Wilmersdorf, Wilhelm Teske, eindrucksvoll dar. Teske half zusammen mit seiner Frau unter Gefahr für das eigene Leben verfolgten Juden, unabhängig davon, ob sie Christen waren oder nicht. Später wurde das Ehepaar für seinen Einsatz nicht nur in Berlin geehrt, sondern auch in der Gedenkstätte Yad Vashem unter die Gerechten unter den Völkern aufgenommen.[82]

Aber auch eine ganze Personengruppe verhielt sich partiell widerständig, indem sie das Verbot der illegalen Fortsetzung einer verbotenen Religionsgemeinschaft übertrat.[83] Etwa 10% der Mitglieder der verbotenen Christlichen Versammlung traten nicht in den BfC ein, sondern begannen mit illegalen Zusammenkünften in kleinem Kreise. Nachdem es aufgrund von Ermittlungen durch die Gestapo und die Staatsanwaltschaften zu Verwarnungen dieser Christen gekommen war, stellten sie ihre Treffen zunächst ein. Sie begannen aber bald wieder mit ihren heimlichen Zusammenkünften und organisierten sich teilweise als festgefügte Gruppen. Ab 1942 kam es zu Anklagen vor Sonder- und Amtsgerichten, die zu Verurteilungen in Form von Gefängnis- und Geldstrafen führten. Erstere wurden des Öfteren ausgesetzt. Andere mussten ihre Ge-

---

81 Vgl. *Liese*, Verboten, 395 ff.
82 Vgl. *Elisabeth Hofacker*, Menschen auf dem Prüfstand. Eine Berliner Familie im Widerstand gegen die Judenverfolgung, hg. von *Claudia Schoppmann* (Publikationen der Gedenkstätte Stille Helden 2), Berlin 2013. In ihren Erinnerungen beschreibt Hofacker die Aktivitäten ihrer Eltern Teske.
83 Vgl. die Darstellung dieses Personenkreises bei *Liese*, Verboten, 439–588.

fängnisstrafen verbüßen. Mindestens in einem Fall kam es in Folge der Untersuchungshaft, die aus gesundheitlichen Gründen nicht mehr hätte angetreten werden dürfen, zu einem Todesfall.

Es fällt nun auf, dass dieser Personenkreis in den seltensten Fällen kritisch gegenüber dem NS-Staat eingestellt war. Einerseits meinte man, der NS-Staat dürfe nicht über die Gewissen herrschen und vorschreiben, welcher Religionsgemeinschaft man angehören müsse. Andererseits spendete man Geld für NS-Organisationen, schickte seine Kinder in die HJ und in den BDM. Anderen wiederum gelang es, gerades dieses zu vermeiden. In den Verhören, in denen immer wieder nach der Einstellung zum Militärdienst gefragt wurde, erklärte man, nicht gegen den Krieg zu sein. In einigen wenigen Fällen aber lehnte man den BfC nicht nur wegen seines Leiters oder aus religiösen Gründen ab, sondern man meinte, der BfC sei eine typische Nazi-Organisation, weshalb man in ihm nicht Mitglied werden könne. In den meisten Fällen ging aber eine positive Einstellung zum NS-Staat einher mit der Bereitschaft, die Christliche Versammlung heimlich weiterzuführen.

10. Resümee

Wenn man den Weg der evangelischen Freikirchen – besonders unter dem Aspekt ihres Verhältnisses zum NS-Staat und zum Politischen – bedenkt, ergibt sich folgende Beurteilung:

Zum einen kann gesagt werden, dass es Auseinandersetzungen wie in den evangelischen Landeskirchen fast nicht gegeben hat. Es gab keine Beziehungen zur Bekennenden Kirche. Zu den Deutschen Christen gab es nur am Anfang des „Dritten Reiches" vereinzelte Kontakte. Theologisch stand man der kirchlichen Mitte, bisweilen sogar den gemäßigten Deutschen Christen nahe.[84] Auf offizieller Ebene gab es gute Kontakte zu Persönlichkeiten der DEK. Auch die intensiven Kontakte zum RKM belegen, dass man der dort vertretenen Auffassung einer Vereinbarkeit von Christentum und Nationalsozialismus durchaus zustimmte.

---

[84] So schon Köbberling in seiner ersten Stellungnahme zu Oxford vom September 1937, in: *Fleischer*, Streit, 32 f.

Entscheidend für das Verhältnis zum NS-Staat waren darüber hinaus zwei Aspekte: Zum einen war für alle Freikirchen die Unterordnungsforderung nach Röm 13 bindend. Dazu kam eine politische Haltung, die durchaus deutsch-national geprägt war. Aufschlussreich ist, dass sich beispielsweise der Methodist Melle „als Deutscher, als Christ, als Methodist" bezeichnete und zwar genau in dieser Reihenfolge.[85] Auch andere Freikirchler wiesen eine ausgesprochen nationale Prägung auf. Damit verbanden sich letztlich eine Ablehnung von pluralistischer Demokratie und säkularem Staat einerseits und andererseits das Eintreten für einen christlichen Obrigkeitsstaat autoritärer Prägung. Dass Hitler pointiert in seinen Regierungserklärungen vom Februar und dann vor allem im März 1933 dem Christentum eine hohe Bedeutung für die Zukunft einräumte, erweckte den Eindruck, im Gegensatz zum Bedeutungsverlust der Kirchen in der Weimarer Republik sei ihre Zeit wieder gekommen. Auch die Wahrnehmung, Hitler habe die Christen vor den Schrecken des religionsfeindlichen Bolschewismus bewahrt, verstärkte Sympathien für den Nationalsozialismus. So konstatierte der amerikanische Historiker Blaich, Melle sei zwar kein Nationalsozialist gewesen, aber vieles, was der Nationalsozialismus „anbot", „gefiel ihm" durchaus.[86] Auch bei Schmidt und besonders bei Becker lassen sich derartige Haltungen und Prägungen beobachten. Erstaunlich in der Rückschau ist, wie wenig die politische Ethik der angloamerikanischen Freikirchen in ihren deutschen Schwesterdenominationen verwurzelt war. Gerade aber die Ablehnung der Demokratie widersprach beispielsweise eindeutig der baptistischen Tradition.

Auf der Basis der biblischen Forderung nach Gehorsam gegenüber einer Regierung, die von Gott eingesetzt sei, und angesichts einer Politik, die in einigen Bereichen den eigenen Überzeugungen sehr nahe kam, lassen sich dann die Anpassung an den NS-Staat in

---

85 *Friedrich Heinrich Otto Melle*, „Fußspuren Gottes in meinem Leben". Lebenserinnerungen 1875–1936, hg. von *Klaus Schneider*, Rübgarten 2005, 518, zit. nach *Helmut Nausner*, Bischof F. H. Melle und seine ungeklärte Beziehung zum nationalsozialistischen Staat, in: EmK Geschichte 34 (2014), 76–93, hier: 79.
86 Vgl. *Blaich*, Bischöfe, 27.

Form von Grußadressen und propagandistischen Aktivitäten im Ausland deuten. Wenn der NS-Staat diese Handlungen einforderte, kam man diesem selbstverständlich nach, wobei man auch dem Ausland immer wieder eine einseitige Sicht der Dinge unterstellte und die Notwendigkeit sah, diese aus Gerechtigkeitsgründen gerade zu rücken. Dass diese Inanspruchnahme durch den Staat dem von den Freikirchen hochgehaltenen Prinzip der Trennung von Staat und Kirche widersprach, wurde nicht gesehen. Im Gegenteil: Man meinte, nunmehr sei die Stunde der Freikirchen gekommen. Vor dem Hintergrund der früheren Erfahrungen von Diskriminierung und Marginalisierung wollte man die vermeintliche historische Chance nicht verpassen. Und dass man jetzt im Gegensatz zu früheren Zeiten vom Staat ernstgenommen wurde, suggerierte auch der ständige Kontakt mit dem Referenten im Reichskirchenministerium.

Aufschlussreich ist, dass man das öffentliche Eintreten für den NS-Staat nicht als eine politische Tätigkeit ansah. So führte Heinrich Wiesemann (FeG) Jahre später in einem Interview aus: „Wie wir in das Dritte Reich ohne Politik hineingegangen sind und in ihm keine Politik getrieben haben, so sind wir auch ohne Politik aus dem Dritten Reich wieder herausgekommen."[87] Dass Wiesemann mehrfach erklärt hatte, das ganze deutsche Volk stehe hinter Hitler, auch seine öffentliche Unterstützung der antisemitischen Politik – für Wiesemann stellte dies keine politische Tätigkeit dar.

In einem Vortrag unter der Überschrift: „Die Methodisten und die kirchliche Lage", den Melle 1938 hielt, fragte er zum Schluss, wie die Methodisten die Aufgaben der Gegenwart bewältigen könnten. Die Antwort bestehe nun nicht darin, „Politik [zu] betreiben", dies überließe man „den von Gott berufenen Männern". Verpflichtend sei immer die Aussage des Paulus, dass jede Obrigkeit von Gott sei. Das bedeute für die Methodisten: „Statt uns etwa in die Politik zu mischen, befolgen wir die Mahnung, für die Obrigkeit zu beten", was

---

87 Waldemar Brenner, Interview mit H. Wiesemann, 1973 (Privatbesitz Hartmut Weyel).

ausdrücklich „auf den Führer und seine Ratgeber" bezogen wurde.[88] Auch hier ist wieder der gleiche Sachverhalt zu konstatieren: Melle verstand seine propagandistischen Auftritte im Ausland ebenso wie die Loyalitätsbekundungen im Inland nicht als politische Aktivitäten, sondern als Gehorsamsakte, die der Christ der von Gott eingesetzten Obrigkeiten schulde.

Nach 1945 rechtfertigten Repräsentanten der Freikirchen ihr Verhalten während des „Dritten Reiches" immer wieder mit dem Argument, es sei den Freikirchen gelungen, ihre Existenz zu bewahren und das Evangelium ungehindert zu verkündigen. So sprach Schmidt in seinem Rechenschaftsbericht auf dem Bundesrat des Bundes Evangelisch-Freikirchlicher Gemeinden 1946 davon, die Grenze des Gehorsams nach Röm 13 wäre gegeben gewesen, wenn man das Evangelium nicht mehr hätte verkündigen können. Dieser Fall sei aber nicht eingetreten.[89]

Auch die Methodisten sprachen davon, dass die Gemeinden dem Evangelium treu geblieben wären und durch die Zeit gekommen seien, ohne „besonderen Schaden" zu nehmen.[90] Gefragt werden muss aber, welcher Inhalt des Evangeliums hier gemeint ist. Schon der Deutschamerikaner John Louis Nuelsen, der bis 1940 amtierende methodistische Bischof für Zentraleuropa, urteilte, die deutsche Bischöfliche Methodistenkirche verträte „ein begrenztes pietistisches Evangelium persönlicher Frömmigkeit".[91]

Auch in späteren Rückblicken wurde das Fehlen der gesellschaftlichen Dimension der Evangeliumsverkündigung vermisst, also eines genuin freikirchlichen Anliegens. Im Grunde genommen entsprach der freikirchlichen Konzentration auf die religiöse Innerlichkeit die Auffassung des Nationalsozialismus, dass außerhalb der Gemeinderäume sein Totalitätsanspruch zu gelten habe. Wurde das akzeptiert, hatte man gegen Aufrufe zur Bekehrung des

---

88 F. H. Otto Melle, Ausführungen am 9. Februar 1938, Zentralarchiv der EmK in Reutlingen, zit. nach *Nausner*, Melle, 80 f.
89 *Paul Schmidt*, Unser Weg als Bund Evangelisch-Freikirchlicher Gemeinden in den Jahren 1941–1946, in: Bericht an den Bundesrat in der Sitzung vom 24.–26. Mai in Velbert 1946, Stuttgart 1946, 3-23, hier: 8.
90 Zit. nach *Nausner*, Melle, 78.
91 Nuelsen an Dieffenbacher, 14. Mai 1933, in: Methodistisches Archiv Zürich/ 214, zit.nach *Blaich*, Melle, 33.

Einzelnen und das Singer frommer Lieder nichts einzuwenden. Wenn dann in Gemeindezusammenkünften noch für den „Führer" gebetet wurde, was ein sich ständig wiederholendes Motiv in freikirchlichen Verlautbarungen darstellte, schien das dem NS-Regime zu gefallen. So konnte man auch die kleineren Gemeinschaften gewähren lassen. Diese hatten dann öffentlich für die ihnen gewährte Freiheit zu danken und dem Staat ihre Loyalität zu bekunden. Das war die freikirchliche Politik, die vor allem von den Leitungsorganen der Freikirchen praktiziert wurde. Erst in jüngerer Zeit setzten Überlegungen ein, die diese Haltung einer grundsätzlichen Kritik unterzogen.

Literatur:

Baumann, Imanuel: Baptisten und 1918/19. Zum Verhältnis von Freikirche und Staat in der Gründungsphase der Weimarer Republik, in: Historische Zeitschrift 306 (2018), 354–395.

Blaich, Roland: Die Bischöfe Nuelsen und Melle im Dritten Reich. Deutsche Methodisten und der NS-Staat, in: EmK Geschichte 23/1 (2002), 5–34.

Boyens, Armin: Kirchenkampf und Ökumene 1933–1939. Darstellung und Dokumentation, München 1969.

Fleischer, Roland: Baptisten jüdischer Herkunft in der NS-Zeit. Schicksale, Umgang, Hintergründe, in: Theologisches Gespräch 3 (2012), 107-128.

Fleischer, Roland: Judenchristliche Mitglieder in Baptistengemeinden im „Dritten Reich", in: Theologisches Gespräch (2012), Beiheft 12 (online: http://www.theologisches-gespraech.de/).

Fleischer, Roland (Hg.): Der Streit über den Weg der Baptisten im Nationalsozialismus. Jacob Köbberlings Auseinandersetzung mit Paul Schmidt zu Oxford 1937 und Velbert 1946 (Baptismus-Dokumentation 4), Elstal 2014.

Geldbach, Erich: The Years of Anxiety and World War II, in: *Pierard, Richard V.* (Hg.): Baptists Together in Christ 1905-2005: A Hundred-Year History of the Baptist World Alliance, Falls Church 2005, 74-99.

Green, Bernard: Tomorrow's Man: A Biography of James Henry Rushbrooke, Didcot 2008.

Grünzinger, Gertraud/Nicolaisen, Carsten (Hg.): Dokumente zur Kirchen-politik, Bd. IV: 1937–1939. Vom Wahlerlass Hitlers bis zur Bildung des Geistlichen Vertrauensrates (Februar 1937 – August 1939), Gütersloh 2000.

Harnisch, Walter/Schmidt, Paul (Hg.): Fünfter Baptisten-Weltkongress. Deutscher Bericht des in Berlin vom 4. bis 10. August 1934 gehaltenen Kongresses, Kassel 1934.

Haugg, Werner: Das Reichsministerium für kirchliche Angelegenheiten, Berlin 1940.

*Hofacker, Elisabet*h: Menschen auf dem Prüfstand. Eine Berliner Familie im Widerstand gegen die Judenverfolgung, hg. von *Claudia Schopp-mann* (Publikationen der Gedenkstätte Stille Helden 2), Berlin 2013.

Klaiber, Walter (Hg.): Methodistische Kirchen. Die Kirchen der Gegen-wart (Bensheimer Hefte 111), Göttingen 2011.

Kösling, Günter: Die deutschen Baptisten 1933/34. Ihr Denken und Han-deln zu Beginn des III. Reiches, Diss. masch. Marburg 1980.

Liese, Andreas: Verboten – geduldet – verfolgt. Die nationalsozialistische Religionspolitik gegenüber der Brüderbewegung, Hammerbrücke 2002.

Liese, Andreas: Die Juden – ein „Fluch" für die Völker? Die Brüderbewe-gung und die „Judenfrage" im „Dritten Reich", in: *Heinz, Daniel* (Hg.): Freikirchen und Juden im „Dritten Reich". Instrumentalisierte Heils-geschichte, antisemitische Vorurteile und verdrängte Schuld, Göttin-gen 2011, 77–102.

Liese, Andreas: „Anwalt seines Vaterlandes". Neuere Forschungsergeb-nisse zur Schwedenreise des Vorsitzenden der VEF Heinrich Wiese-mann 1939, in: Freikirchenforschung 21 (2012), 244–261.

Liese, Andreas: Wir konnten immer das Evangelium verkündigen. Bapti-sten und Brüdergemeinden im „Dritten Reich", in: Kirchliche Zeitge-schichte 30 (2017), 93–133.

Liese, Andreas: Deportiert nach Theresienstadt. Zum 75. Todestag von David Kogut, in: Zeit&Schrift 21/6 (2018), 26–29.

Mankel, Jens: Der Bund Freier Evangelischer Gemeinden in der Weimarer Republik – Sein Verhalten in der ersten deutschen Demokratie von 1918–1933 und dessen theologischen Begründungen, in: Freikirchen-forschung 21 (2012), 76–113.

McKinney, Blake: "One Lord, One Faith, One Baptism" in the Land of ein Volk, ein Reich, ein Führer: The Fifth Baptist World Congress (Berlin, 1934), in: Church History 87 (2018), 122-148.

Melle, Friedrich Heinrich Otto: „Fußspuren Gottes in meinem Leben". Lebens-erinnerungen 1875–1936, hg. von *Klaus Schneider*, Rübgarten 2005.

Melzer, Karl-Heinrich: Der Geistliche Vertrauensrat. Geistliche Leitung für die Deutsche Evangelische Kirche im Zweiten Weltkrieg? (Arbeiten zur kirchlichen Zeitgeschichte Reihe B; Darstellungen 17), Göttingen 1991.

Nausner, Helmut: Bischof F. H. Melle und seine ungeklärte Beziehung zum nationalsozialistischen Staat, in: EmK Geschichte 34 (2014), 76–93.

Schmidt, Paul: Unser Weg als Bund Evangelisch-Freikirchlicher Gemeinden in den Jahren 1941–1946, in: Bericht an den Bundesrat in der Sitzung vom 24.–26. Mai in Velbert 1946, Stuttgart 1946, 3-23.

Stemmler, Gunter: Eine Kirche in Bewegung. Die Bischöfliche Methodistenkirche im Deutschen Reich während der Weimarer Republik, Göttingen 1987.

Strahm, Herbert: Die Bischöfliche Methodistenkirche im Dritten Reich (Münchener Kirchenhistorische Studien 3), Stuttgart/ Berlin/Köln 1989.

Strübind, Andrea: Die unfreie Freikirche. Der Bund der Baptistengemeinden im „Dritten Reich", Wuppertal u.a. ²1995.

Strübind, Andrea: „Wir Christen unter Zuschauern". Die deutschen Baptisten und die Judenverfolgung in der Zeit der NS-Diktatur, in: *Heinz, Daniel* (Hg.): Freikirchen und Juden im „Dritten Reich". Instrumentalisierte Heilsgeschichte, antisemitische Vorurteile und verdrängte Schuld, Göttingen 2011, 151–182.

Strübind, Andrea: Die NS-Religionspolitik gegenüber den Freikirchen, in: Kirchliche Zeitgeschichte 30 (2017), 27–45.

Voigt, Karl Heinz: Freikirchen und Ökumenische Bewegung. Die Bildung der Vereinigung Evangelischer Freikirchen zwischen Stockholm (1925) und Lausanne (1927), in: Freikirchenforschung 9 (1999), 151–187.

Weyel, Harmut: Zukunft braucht Herkunft. Biografische Porträts aus der Geschichte und Vorgeschichte Freier evangelischer Gemeinden, Bd. 3, Witten 2011.

Wüthrich, Paul: Die Evangelische Gemeinschaft im deutschsprachigen Europa, in: *Steckel, Karl/Sommer, C. Ernst* (Hg.): Geschichte der Evangelisch-methodistischen Kirche. Weg, Wesen und Auftrag des Methodismus der deutschsprachigen Länder Europas, Stuttgart 1982, 149–212.

Zehrer, Karl: Evangelische Freikirchen und das „Dritte Reich" (Arbeiten zur Geschichte des Kirchenkampfes, Ergänzungsreihe 13), Göttingen 1986.

Freikirchen in der DDR

Der baptistische Laienprediger Helmut Samjeske (1909–1952) in der Etablierungsphase der SED-Diktatur

Imanuel Baumann

Die Politik des Bundes Evangelisch-Freikirchlicher Gemeinden wurde in der Gründungsphase der SED-Diktatur durch die Haltung und das Auftreten des Evangelisten Helmut Samjeske in besonderer Weise herausgefordert. Betrachtet man sein Schicksal in der gebotenen Tiefenschärfe, lassen sich Konfliktlinien zwischen der DDR-Regierung und unangepassten Christen sowie zwischen der baptistischen Bundesführung und Dissidenten exemplarisch analysieren. Das Schicksal Helmut Samjeskes ist von Reinhard Assmann mit zwei gut recherchierten Artikeln bekannt gemacht worden, an die meine Beobachtungen anknüpfen können.[1] Hier liegt der Fokus aber auf den Behörden, insbesondere auf dem Agieren der Volkspolizei, das anhand von Akten aus der Stasiunterlagenbehörde nachgezeichnet werden kann; diese Unterlagen sind ebenfalls von Reinhard Assmann bereits gehoben, bislang aber noch nicht ausgewertet worden.[2] Die folgenden Überlegungen verfolgen nun das Ziel, anhand einer mikrohistorischen Fallanalyse Befunde und Ergebnisse zu erzielen, anhand derer – auf der Makroebene – Thesen zur Begründung der baptistischen Loyalität gegenüber den beiden deutschen Diktaturen kritisch befragt werden können.[3]

---

1   *Reinhard Assmann,* Evangelist Helmut Samjeske – ein tragisches Schicksal, in: *Ulrich Materne/Günter Balders* (Hgg.), Erlebt in der DDR. Berichte aus dem Bund Evangelisch-Freikirchlicher Gemeinden, Kassel 1995, 186–193; *ders.,* Samjeske, Helmut, in: *Harald Schultze/Andreas Kurschat* (Hg.), „Ihr Ende schaut an...". Evangelische Märtyrer des 20. Jahrhunderts, Leipzig 2006, 639–640.

2   Pastor Reinhard Assmann danke ich für die kooperative und fruchtbare Zusammenarbeit herzlich.

3   Diese biographische Skizze ist aus meinen Forschungen zum Verhältnis von Freikirchen und Staat in den Phasen der staatlichen Neugründungen in Deutsch-

Helmut Samjeske wurde am 17. Dezember 1909 in Breslau geboren; er besuchte die Volksschule, absolvierte eine kaufmänni-
sche Lehre und betätigte sich später als Handelsvertreter.[4] Nach
dem Tod der Mutter fand Samjeske 1935 während einer Evangeli-
sationswoche zum Glauben und wurde Mitglied der Baptistengemeinde.[5] Als theologischer Laie übernahm er nun gelegentliche
Predigtdienste und warb nachdrücklich und direkt für das Evangelium. Wie seine spätere Frau in ihren Lebenserinnerungen festhielt, war sie über „seine Art, seine Einseitigkeit u. Strenge" oft er-
schrocken.[6] Samjeske führte ein asketisches Leben und hielt eine
Partizipation am kulturellen Leben dieser Welt mindestens für über-
flüssig oder gar für mit dem Glauben unvereinbar.

Durch sein nonkonformes Verhalten eckte Samjeske in der NS-
Diktatur an und wurde im Sommer 1939 aufgrund einer Anzeige
von der Gestapo verhaftet und später wegen „Vergehen gegen das
Heimtückegesetz" zu einer sechsmonatigen Gefängnisstrafe verurteilt.[7] Die Aussagen über die konkreten Ursachen dieser Sanktion
gehen auseinander; sie könnten auf eine Weigerung, den Hitler-Gruß
auszuführen, zurückgehen[8] oder auch mit seinem kompromiss-
losen missionarischen Lebensstil insgesamt zusammenhängen[9] –
gründeten jedenfalls aber in seiner Glaubenspraxis.

---

land im 20. Jahrhundert an der Martin-Luther-Universität Halle-Wittenberg
hervorgegangen.

4   Protokoll der Vernehmung von Helmut Samjeske vom 03.12.1950, Archiv des
Bundesbeauftragten für die Unterlagen des Staatssicherheitsdienstes der
ehemaligen DDR (BStU), MfS, BV Schwerin, AU 299/51, Band I, 29.

5   Protokoll der Vernehmung von Helmut Samjeske vom 31.01.1951, ebd.,
Band I, 47.

6   Lebensgeschichte von Erna Samjeske, 1967 (?), 43, Sammlung Assmann (Berlin).

7   Vgl. die Protokolle der Vernehmungen von Helmut Samjeske vom 03.12. und
vom 22.12.1950, BStU, BV Schwerin, AU 299/51, Band I, 29, 39.

8   So äußerte sich Helmut Samjeske selbst, als er am 6. Dezember 1950 polizei-
lich vernommen wurde, vgl. ebd., 33. Gleiches berichtete bereits Chefinspekteur der Volkspolizei Lust an das Ministerium des Innern, Staatssekretär Warnke,
am 21. November 1950, Bundesarchiv (BArch) DO 1/278664.

9   In ihren Lebenserinnerungen berichtete die Witwe Samjeskes: „Zwei Männer,
die aus der NSDAP herausgeflogen waren, wollten wieder die Gunst der Partei gewinnen. In einem auswärtigen Hotel, in dem mein Verlobter übernach-
tete, paßten sie ihn im Speiseraum ab u. baten ihn an ihren Tisch. Er kannte
die Herren, er hatte ihnen schon Traktate zu lesen gegeben. Unter dem Vor-
wand mehr von der Bibel u. dem Glauben zu hören, brachten sie das Gespräch

Kurz vor diesem Vorfall hatte sich Samjeske verlobt und heiratete im April 1940, unmittelbar vor seiner Einberufung zur Wehrmacht. Noch im Sommer 1945 konnte er zu seiner Frau und seinen beiden Kindern, 1942 und 1944 geboren, zurückkehren; 1946 und 1948 vergrößerte sich die junge Familie abermals. Ihre wirtschaftliche Situation war indessen prekär und besserte sich erst, als Helmut Samjeske 1947 als „Gemeindehelfer" der Baptistengemeinde Sonneberg in Thüringen eingestellt wurde. Hier und in der großen Baptistengemeinde Magdeburg, zu der er im Jahr 1948 wechselte, konnte er seinem Wunsch nach vollzeitlicher Verkündigung nachgehen.[10]

Samjeskes Auftreten war jedoch innerhalb des Bundes Evangelisch-Freikirchlicher Gemeinden umstritten. Der Konflikt mit dem Baptismus rührte wohl von zweierlei Problemen: zum einen wurden Inhalt und Stil, die Schärfe seiner Verkündigung, von der Mehrheit des Gemeindevorstands in Magdeburg nicht gebilligt; hinzu kam, dass sich Samjeske dort tatsächlich oder vermeintlich über Gemeindebeschlüsse hinwegsetzte; am Ende entband der Gemeindegesamtvorstand Samjeske zum 30. Juni 1949 von seinen Aufgaben.[11] Zum anderen galt er dem Bund Evangelisch-Freikirchlicher Gemeinden durch sein konfrontatives Verhalten offenbar auch als ein Risikofaktor. Der Bundesvorsitzende-Ost, Otto Soltau, erinnerte Samjeske im Juni 1950 daran, „dass wir aufgrund der Schrift eine positive Einstellung zu unserer Obrigkeit haben und auch keinen Anlass, uns anders einzustellen", und rügte Samjeske dafür, dass er scharf gegen die Großkirchen und ihre Pfarrer polemisiere.[12]

---

aufs Politische. Als mein Mann sagte, daß wir ‚vor Gott alle Sünder seien, denn in der Bibel steht: alle Menschen sind Lügner'. Da meinte der eine: „Adolf Hitler auch?" „Ja er ist auch nur ein Mensch." In der Anklageschrift stand dann, er hätte gesagt, Adolf Hitler ist ein Lügner. Daher dieses Urteil." Lebensgeschichte von Erna Samjeske, 1967 (?), 64f., Sammlung Assmann (Berlin).

10 *Assmann*, Evangelist, 186.

11 *Assmann*, Samjeske, 639; vgl. das Protokoll der Sitzung der Bundesleitung Ost vom 15.09.1949 in Berlin, Oncken-Archiv Elstal (OAE), BL-Ost: „Br. Sondheimer gibt zum Schluss noch bekannt, daß die Gemeinde Magdeburg ihren Gemeindehelfer Br. Helmut Samjeske aus dem Gemeindedienst entlassen und ihm geraten hat, in seinen früheren Beruf zurückzukehren."

12 Schreiben Otto Soltau an Helmut Samjeske vom 13.06.1950 und vom 04.07.1950, BStU, BV Schwerin, AU 299/51, Band II, 41f., Zitat: 42.

Nachdem Samjeske aus dem Dienst entlassen worden war, legte der Gemeindebund Wert darauf, dass seine Betätigung als freier Evangelist nicht mit dem Bund in Verbindung gebracht wurde; auf seine Dienste solle im Ost-Organ des Bundes, *Wort und Werk*, nicht hingewiesen werden.[13] Zudem drängte die Bundesleitung-Ost auf eine Distanzierung von Samjeske in dem übergeordneten Organ des Bundes Evangelisch-Freikirchlicher Gemeinden, der *Bundespost*, einem internen Mitteilungsblatt an die Ortsgemeinden in Ost und West.[14] Offenbar befürchtete man, dass seine ‚negative' Einstellung zum Staat auch für den Bund Konsequenzen haben könnte.

Am 8. November 1950 informierte die Hauptverwaltung der Deutschen Volkspolizei in Berlin alle Landesbehörden der Volkspolizei, dass Helmut Samjeske aus Burg bei Magdeburg und dem Bund Evangelisch-Freikirchlicher Gemeinden zugehörig „in verschiedenen Orten der DDR" mit Predigten in Erscheinung trete, die „wüste Hetzen gegen die DDR, Sowjetunion und die Volksdemokratien enthalten". Seine Predigten seien „verschärft zu überwachen" und Berichte hierüber nach Berlin zu übersenden.[15] Den Behörden in Berlin war Samjeske bis dahin offenbar noch nicht aufgefallen, wie der Leiter der Hauptabteilung VA, Chefinspekteur der Volkspolizei Erich Lust, am 21. November 1950 an Staatssekretär Warnke im Ministerium des Innern berichtete.[16] Indessen war Samjeske auf Landesebene bereits spätestens im Frühsommer des Jahres 1950 ins Visier der Ermittler geraten. So berichtete Otto Soltau dem Prediger Samjeske, dass „eine Anzeige gegen Dich von der Landesregierung

---

13 Protokoll der Sitzung der Bundesleitung-Ost gelegentlich der Berliner Theologischen Woche am 3. Mai 1950, 14 Uhr in Berlin-Schöneberg, OAE, BL-Ost. Des Weiteren wurde Samjeske im Protokoll der Sitzung der Bundesleitung-Ost am 10. Oktober 1950 in Berlin erwähnt (es solle Rücksprache mit ihm gehalten werden; er sei zurzeit in Frankenberg, Gemeinde Chemnitz), ebd.

14 In der „Bundespost" 3 (1950) vom 21. Juni 1950 wurde verlautbart: „Der Dienst der Brüder <u>Samjeske</u> und <u>B</u>[...] geschieht in eigener Verantwortung. Weil wiederholt danach gefragt wurde, sei das hier vermerkt." OAE, ARC Dg 7 (Hervorhebung im Original).

15 Fernschreiben der Hauptverwaltung Deutsche Volkspolizei an alle Landesbehörden der deutschen Volkspolizei vom 08.11.1950, BArch DO 1/27864.

16 Schreiben des Leiters der Hauptabteilung VA, Chefinspekteur der Volkspolizei Lust, an das Ministerium des Innern (Staatssekretär Warnke) vom 21.11.1950, BArch DO 1/27864.

Sachsen eingegangen" und ein Bruder dazu länger in der Hauptpolizeistelle in Burg vernommen worden sei.[17]

Im Oktober 1950 brach Samjeske zu einer längeren Evangelisationsreise durch Mecklenburg auf, bei der er nahezu 50 Veranstaltungen absolvierte. Sie sollten, retrospektiv betrachtet, die letzten Stationen seines öffentlichen Wirken werden. Die Volkspolizei observierte Samjeske, nutzte die Dienste von Spitzeln und berichtete der Abteilung für Staatssicherheit im Land Mecklenburg über Samjeskes Veranstaltungen.[18] Am 3. Dezember 1950 wurde Samjeske verhaftet und in „Gewahrsam der Staatssicherheit" genommen.[19] Am 29. Oktober 1951 verurteilte ihn das Landgericht Güstrow u. a. wegen „Boykotthetze" („Verbrechen gegen Artikel 6 der Verfassung") zu einer zehnjährigen Zuchthausstrafe.[20]

Die Ehefrau Samjeskes wurde derweil von den Behörden im Ungewissen gelassen, obwohl sie sich im April 1951 mutig – Artikel 136 der DDR-Verfassung von 1949 zitierend[21] – bei der Landesbehörde der Volkspolizei in Schwerin nach dem Schicksal ihres Mannes erkundigt hatte.[22] Zu diesem Zeitpunkt war gegen Helmut

---

17 Schreiben Otto Soltau an Helmut Samjeske vom 13.06.1950, BStU, BV Schwerin, AU 299/51, Band II, 42.

18 Ebd., Band II, 18.

19 Nachricht (Vertrauliche Verschlusssache) des Volkspolizeiamtes Stralsund, Leiter des Einsatzstabes, an die Landesbehörde der Volkspolizei Mecklenburg in Schwerin (Abschrift), ebd., Band II, 39–40, hier: 40; Karteikarte Samjeske, Helmut, *17.12.1909, BArch DO 1/Zentrale Gefangenenkartei des MdI; vgl. zur Begründung den Festnahmebeschluss vom 2.12.1950, BStU, BV Schwerin, AU 299/51, Band I, 10.

20 St.Ks. 74/51, Urteil der Großen Strafkammer I des Landgerichts Güstrow in der Strafsache gegen Helmut Samjeske vom 29.10.1951, BArch DP 1/23377.

21 Artikel 136 der Verfassung der DDR von 1949: „(1) Bei vorläufigen Festnahmen, Hausdurchsuchungen sowie Beschlagnahmen im Ermittlungsverfahren ist die richterliche Bestätigung unverzüglich einzuholen. (2) Über die Zulässigkeit und Fortdauer einer Freiheitsentziehung hat nur der Richter zu entschieden. Verhaftete sind spätestens am Tage nach dem Ergreifen dem Richter vorzuführen. Wird von ihm die Untersuchungshaft angeordnet, so hat er in regelmäßigen Abständen zu prüfen, ob ihre Fortdauer gerechtfertigt ist. (3) Der Grund der Verhaftung ist dem Festgenommenen bei der ersten richterlichen Vernehmung zu eröffnen und auf seinen Wunsch einer von ihm benannten Person innerhalb weiterer 24 Stunden mitzuteilen." Zit. nach: Die Verfassung der Deutschen Demokratischen Republik, Berlin 1962, 55.

22 Schreiben Erna Samjeske an die Landesbehörde der Volkspolizei in Schwerin vom 04.04.1951, BStU, BV Schwerin, AU 299/51, Bd. II, 147.

Samjeske noch nicht einmal ein Haftbefehl erlassen worden (dies erfolgte erst am 28. Juni 1951, am gleichen Tag wurde auch das Strafverfahren eröffnet und Untersuchungshaft angeordnet).[23] Bis dahin war er von der Volkspolizei als politischer Gefangener hinter Schloss und Riegel gehalten worden.

Als die briefliche Verbindung zu ihrem Mann abrupt abgebrochen und im Dezember 1950 ihre Wohnung durchsucht worden war, hatte Frau Samjeske bereits geahnt, dass etwas vorgefallen sein musste; über Dritte erfuhr sie dann, dass ihr Mann verhaftet worden war. Erst nach dem Urteilspruch aber erhielt sie aus dem Zuchthaus Bützow-Dreibergen ein Lebenszeichen.[24] Im März 1952 beantragte sie einen Besuch, der ihr gewährt wurde.[25] Ihr Antrag auf Strafaufschub aufgrund einer schweren Erkrankung Samjeskes blieb indes erfolglos. Am 28. Mai 1952 verstarb Helmut Samjeske in Haft; seine Kinder waren vier, sechs, acht und zehn Jahre alt.[26]

Was genau wurde Samjeske zur Last gelegt und was machte ihn aus Sicht der Behörden für den Staat gefährlich? In den Zeugenvernehmungsprotokollen wurde – in wie ausgestanzten Phrasen – festgehalten, dass Samjeske gegen die DDR gehetzt und „die Massen in eine gewisse Opposition" habe bringen wollen.[27] Eine Zeugin, Stenotypistin, SED-Mitglied und Angestellte bei der Volkspolizei, wurde gefragt: „Sind Sie der Meinung, daß man es bei Samjeske mit einem Feind der Deutschen Demokratischen Republik zu tun hat?" Die im Protokoll vermerkte Antwort lautete:

> „Ja, ohne weiteres, Samjeske sprach mit keiner Silbe über unseren friedlichen Aufbau, mit keiner Silbe von unserer Friedenspolitik. Er brachte vielmehr bewußt zum Ausdruck, die Besucher von unserem Aufbau und vom dem Kampf für den Frieden abzuhalten."[28]

---

23 Haftbefehl gegen Helmut Samjeske und Eröffnungsbeschluss vom 28.06.1951, ebd., Bd. I, 8 f.
24 Lebensgeschichte von Erna Samjeske, 1967 (?), 159, Sammlung Assmann (Berlin).
25 Ebd., 165.
26 Nach der friedlichen Revolution strengte das jüngste Kind erfolgreich ein Rehabilitationsverfahren an; das Urteil wurde am 29.09.1993 von der 1. Rehabilitationskammer des Landgerichts Schwerin als rechtsstaatswidrig aufgehoben; vgl. Assmann, Samjeske, 640.
27 Vernehmungsprotokoll vom 02.12.1950, BStU, BV Schwerin, AU 299/51, Band I, 15.
28 Ebd., Band I, 25.

In der Vernehmung eines Zeugen am gleichen Tag, eines Lebensmittelkaufmanns und SED-Mitglieds, der an vier evangelistischen Abendveranstaltungen und zusätzlich an zwei Nachmittagen anwesend gewesen war, wurden Bezüge zu den Zeugen Jehovas hergestellt.[29] In dem Vernehmungsprotokoll ist es der Zeuge, der zunächst einen solchen Zusammenhang herstellte; er wurde dann gefragt: „Ist Ihnen aufgefallen, daß sich die Sekte der freikirchlichen Gemeinde (Baptisten) in der feindlichen Tätigkeit von der der Sekte Zeugen Jehovas unterscheidet?" Laut Protokoll war der Zeuge der Auffassung, „daß Samjeske seine feindliche Einstellung innerhalb der Versammlung noch offener zur Schau trug."

Der Bezug auf die Zeugen Jehovas war vermutlich auch aus politischen Gründen wichtig: Im Sommer 1950 kam es zu Massenverhaftungen von Zeugen Jehovas und zum Verbot dieser vitalen Glaubensgemeinschaft, die durch Wahlverweigerung und eine stark eschatologische Ausrichtung aufgefallen war. Diese Maßnahmen fielen in eine Phase, im Jahr 1950, die für die „Diktaturetablierung nach Gründung des ostdeutschen Staates" entscheidend war: Mit den für die Volkskammerwahl aufgestellten Einheitslisten wurde die parlamentarisch-demokratische Ordnung vollends beseitigt; zwischen den Behörden der jungen DDR und den Religionsgemeinschaften – den „Sekten" wie den Großkirchen – setzten harte Auseinandersetzungen ein.[30] Der offizielle Baptismus distanzierte sich von den Zeugen Jehovas, was theologisch-apologetisch begründet war, aber auch eine politische Komponente gehabt haben könnte. Im November 1950 führte Otto Ekelmann in dem vom ihm redigierten, bundesoffiziellen Blatt *Wort und Werk* aus, „die Bibelforscher (Zeugen Jehovas) taten der Auslegung von Römer 13 Gewalt an" (sie bezogen den Obrigkeitsbegriff auf Jehova und Jesus); wir, die Baptisten, so könnte die Sub-Botschaft an den Staat gelautet haben, denken eben nicht so.[31]

---

29 Ebd., Band I, 13.
30 Dieser Gedanke und die Zitate bei *Gerald Hacke*, Zwei Diktaturen, ein Feind. Die Verfolgung der Zeugen Jehovas im nationalsozialistischen Deutschland und in der DDR, in: *Günther Heydemann/Heinrich Oberreuter* (Hg.), Diktaturen in Deutschland – Vergleichsaspekte. Strukturen, Institutionen und Verhaltensweisen, Bonn 2003, 283–309, hier: 293.
31 Otto Ekelmann hatte bereits in der SBZ eine Lizenz für eine konfessionelle Zeitschrift erhalten und repräsentierte nach Gründung der DDR mit *Wort und*

Noch am Tag seiner Verhaftung wurde auch Helmut Samjeske selbst verhört und zwischen dem 3. Dezember 1950 und dem 31. Januar 1950 insgesamt acht Mal vernommen, wobei er mit inkriminierenden Aussagen konfrontiert wurde. Die Volkspolizei hatte bei dem Prediger zudem Predigtnotizen sichergestellt und bei der erwähnten Hausdurchsuchung Briefe beschlagnahmt, die Samjeske belasteten, darunter die oben zitierten Briefe von Otto Soltau – sie gelangten auf diese Weise in die Akten der Staatssicherheit.[32] Aus dem ermittelten Material destillierte die Volkspolizei eine Vielzahl von Vorwürfen, darunter auch solche, die das Selbstverständnis des Staates durchaus im Kern berührten. Sie lassen sich vier Bereichen zuordnen.

Sie bezogen sich, erstens, auf die *wirtschaftlichen* Grundlagen des Staates, weil Samjeske die Sinnhaftigkeit der Aktivistenbewegung (von Seiten des Staates zur Produktivitätssteigerung propagiert) ebenso infrage stellte, wie er den Konsum der Bevölkerung kritisierte (in den HO-Betrieben).[33]

Zweitens kritisierte der Evangelist die sozialistische „Friedenspolitik", indem er ausweislich eines Spitzelberichts geäußert haben soll:

> „Auf was warten wir, nicht doch auf die Einheit Deutschlands, oder auf den Abzug der Besatzungsmacht, oder auf einen Frieden, weiter dass die Zonengrenzen fallen sollen, nein darauf warten wir doch nicht, ist das für uns wichtig? Nein, wir warten auf den Heiland, denn er ist nicht mehr weit, er alleine kann uns helfen, zu ihm müssen wir beten."[34]

Werk den offiziellen Kurs des Bundes Evangelisch-Freikirchlicher Gemeinden. *Wort und Werk. Monatsblatt für die Evangelisch-Freikirchlichen Gemeinden* 11 (1950), 129–130, hier: 129. Zu Ekelmann und seiner redaktionellen Tätigkeit in dieser Phase: *Reinhard Assmann*, Der Bund Evangelisch-Freikirchlicher Gemeinden in der DDR. Ein Leitfaden zu Strukturen – Quellen – Forschung, Kassel 2004, 39. Ekelmanns verlegerische Tätigkeit wurde vom Gesamtbund als „Verlagswerk Ostzone" (mit-) finanziert; vgl. Protokoll der Sitzung der Bundesleitung im Predigerseminar des Bundes Evangelisch-Freikirchlicher Gemeinden in Hamburg-Horn am 28. und 29.05.1953, OAE, Sitzungsprotokolle der Bundesleitung, Kart. A2.

32 Lebensgeschichte von Erna Samjeske, 1967 (?), 149, Sammlung Assmann (Berlin).

33 Siehe dazu seine eigenen Predigtnotizen, BStU, BV Schwerin, AU 299/51, Band II, 58.

34 Bericht (Abschrift) vom 20.11.1950, ebd., Band II, 30.

Die Orientierung auf eine bessere Weltsicht und die Predigt vom Ende der Zeit hinterfragte, drittens, den sozialistischen Fortschrittsglauben; Samjeskes Hinweis auf eine in dieser Endzeit womöglich bevorstehende Christenverfolgung konnte aus Behördensicht Unruhe und Misstrauen gegenüber der Regierung säen.[35]

Die Mahnung, sich vor allem mit der Bibel und dem christlichen Leben zu beschäftigen, hingegen weltlich-kulturelle Dinge ebenso zu meiden wie sich der Politik zu enthalten, konnte, viertens, von Staatsseite nicht grundlos als Versuch verstanden werden, Bürgerinnen und Bürger von einer aktiven Mitarbeit am Aufbau der sozialistischen Republik abzuhalten.

Diese Ansichten mussten aus Sicht des Staats umso gefährlicher erscheinen, weil Samjeske überregional und an wechselnden Orten wirkte und dabei ein großes Publikum erreichte, pro Veranstaltung bis zu 300 Menschen. Hingegen sah sich der Prediger selbst ganz und gar *nicht* als politischen Widerpart der DDR-Regierung. Für sein Selbstverständnis ist eine Sentenz aus dem Dezember 1950 wichtig, mit der er auf ein Dokument reagierte, das die Volkspolizei seinen Unterlagen entnommen hatte. Bei jenem Schriftstück handelte es sich um ein (nicht von Samjeske verfasstes) Protokoll einer Veranstaltung der Evangelischen Kirche zum Thema „Die Verantwortung der Kirche in der Öffentlichkeit" mit Probst Oskar Zuckschwerdt, ehedem Mitglied der oppositionellen Bekennenden Kirche. Samjeske hatte diese Veranstaltung im Sommer 1948 als „politisch" kritisiert. Nun erklärte Samjeske gegenüber der Volkspolizei im Dezember 1950:

> „Wir haben kein Recht <u>gegen</u> etwas zu kämpfen (etwa falsche Regierungen, Wahlschwindel usw.) (so die Worte d. Propstes), sondern <u>für</u> etwas, für das Reich Gottes, für Christus! Viele Bibelforscher sind im Kz. gewesen <u>nicht um Jesu willen</u>, sondern wegen ihrer grossen Klappe! Die Kirche solle [sic] lieber das Gericht in ihren eigenen Reihen ausüben, anstatt an der Welt."[36]

---

35 „Bald kommt der Endkampf" stand in Samjeskes Manuskript zur Predigt „Jesus von sieben Seiten", ebd., Band II, 73. Nach Aussage eines Zeugen – mindestens ausweislich des Vernehmungsprotokolls – habe Samjeske beispielsweise ausgeführt: „Bald kommt die Feuerprobe, wir fordern sie nicht heraus, aber sie kommt", Vernehmungsprotokoll vom 05.01.1951, ebd., Band II, 28.

36 Ebd., Band II, 81 (Hervorhebungen im Original).

Es griffe zu kurz, diese Aussage als Ausdruck einer taktischen Verteidigungsstrategie zu deuten. Auch in seiner Verkündigung predigte Samjeske politische Abstinenz.[37] Bezeichnenderweise machte Samjeske aber Beispiele aus dem Raum des Gesellschaftlich-Politischen für seine Argumentation geltend. Wenn er damit – weit gefasst – selbst „politisch" wurde, so war ihm dieser Widerspruch offenbar nicht bewusst. Exemplarisch kam dies in seiner Vernehmung vom 22. Dezember 1950 zum Ausdruck.

> „Frage: Zu welchen Zeitfragen haben Sie auf Ihren Versammlungen Stellung genommen?
> Antwort: Ich habe in meinen Versammlungen erklärt, daß ich mich als ganzer Christ am politischen Leben nicht beteilige.
> Frage: Warum erwähnten Sie in den Versammlungen, daß Sie unpolitisch sind?
> Antwort: Weil einige Brüder dadurch, daß sie im 3. Reich Politik betrieben haben, zu damaliger Zeit Schaden erlitten haben.
> Frage: Warum haben Sie Ihren Gläubigen das in Stralsund erzählt?
> Antwort: Ich hatte die Absicht, die Brüder zu warnen, ihre Finger rein zu halten von der Politik. [...]
> Frage: Zu welchen politischen Fragen haben Sie in Ihren Versammlungen noch Stellung genommen?
> Antwort: Ich habe erklärt, daß das Fallen der Zonengrenzen und die Rückkehr in die Heimat sowie das Warten auf bessere Zeiten, Abzug der Besatzungsmächte, nicht das Wichtigste sei, sondern die Frage um die Ewigkeit." [38]

Und wenn Samjeske beispielsweise in einer Predigt erklärte, er brauche keinen Fünfjahresplan, „meinen Plan trage ich im Herzen und der dauert nicht nur 5 Jahre, sondern mein ganzes Leben lang"[39], so hörten die Behörden dies nicht als evangelistische Botschaft, sondern verstanden das als einen politischen Angriff. Für sie war Samjeske deshalb ein „Hetzer", der politische Parolen allenfalls religiös bemäntelte. Dementsprechend wüteten die Richter in der Urteilsbegründung: „Der Angeklagte ist ein Parasit am gesunden Volks-

---

37 Vgl. z.B. das Manuskript der Predigt „Jesus von sieben Seiten", ebd., Band II, 72.
38 Protokoll der Vernehmung vom Helmut Samjeske vom 22.12.1950, ebd., Band II, 40.
39 Bericht über die Versammlung am 2. November 1950 vom 3. November 1950, ebd., Band II, 5.

körper", weil er von den Kollekten der „werktätigen Bevölkerung"
lebe.

> „Die Werktätigen unserer DDR dulden es nicht, daß solche Menschen
> sich noch frei in der Öffentlichkeit bewegen, um ein Drohnenleben zu
> führen und im Sinne des anglo-amerikanischen Imperialismus für ei-
> nen neuen Krieg zu hetzen. Sie verlangen daher eine strenge Bestra-
> fung solcher Menschen [...]. Solche Menschen sind es nicht wert, daß
> sie sich in der Gemeinschaft bewegen und müssen auf eine Zeitlang von
> der Gemeinschaft abgesondert werden."[40]

Stellt man nun das Fallbeispiel in einen etwas größeren Zusammenhang, so gilt es, die Thesen zur Begründung der baptistischen Loyalität gegenüber den beiden Diktaturen kritisch zu befragen. Das
trifft zunächst auf das wirkmächtige Biblizismus-Interpretament
zu, wonach ein biblizistisches Bibelverständnis – also die wört-
liche, kontextlose Auffassung biblischer Stellen und hier insbesondere der Aussagen zur Gehorsamspflicht gegenüber der Staatsgewalt in Römer 13 – zu einer unkritischen Loyalität gegenüber dem
NS-Staat respektive der SED-Diktatur geführt habe. Das Beispiel
Samjeskes zeigt die Grenzen eines solchen Ansatzes: Samjeske las
Römer 13 offenbar nicht als absolutes Loyalitäts- und Konformi-
tätsgebot; sein Denken und Handeln wurde (auch) von anderen
Bibelstellen motiviert. Meine Hypothese lautet daher, dass es sich
bei der wiederholt unter Verweis auf Römer 13 bekundeten Loyalität der Baptisten (und anderer Freikirchen) gegenüber den beiden Diktaturen gar nicht um ein Problem des Schriftverständ-
nisses handelt, sondern um den Ausdruck eines spezifischen *Gesell-
schaftsverständnis*es, das es näher zu untersuchen gilt. Jedenfalls
scheint der Begriff „Biblizismus" für die historische Analyse nicht
präzise genug zu sein.

Will man aber nach der Herausbildung eines spezifisch baptistischen Gesellschaftsverständnisses fragen, könnte eine mentalitäts-
geschichtliche Perspektive hilfreich sei. Im Baptismus hatte es im
19. Jahrhundert, vergröbert gesagt, zwei Strömungen gegeben; die
eine – von Julius Köbner repräsentiert – setzte sich aktiv für die
bürgerlichen Freiheitsrechte ein. Köbner forderte 1848 die Religi-

---

40 St.Ks. 74/51, Urteil der Großen Strafkammer I des Landgerichts Güstrow in der
Strafsache gegen Helmut Samjeske vom 29.10.1951, BArch DP 1/23377.

onsfreiheit auch für Muslime. Die andere Richtung – in Johann Gerhard Oncken verkörpert – sah in dem bewussten Loyalitätserweis gegenüber der Staatsgewalt die Chance, ihre religiöse Freiheit zu sichern: Er positionierte die Baptisten gegen die Revolution von 1848 und deren Anliegen. Religiöse Abweichung wurde durch ostentative Staatstreue kompensiert. Diese Richtung setzte sich im deutschen Baptismus durch. Auf diese Weise lässt sich das demonstrative, nationalistische Bekenntnis zum „Vaterland" während des Ersten Weltkrieges deuten, als die Loyalität von Freikirchen mit angloamerikanischen Wurzeln in Frage gestellt wurde.[41] Für die unbefriedigenden Verhältnisse hinsichtlich der religiösen Entfaltung war die enge Verbindung von Kirche und Staat haftbar gemacht worden – zugespitzt formuliert: im Mittelpunkt der Kritik stand nicht der Staat, sondern die Kirche; im baptistischen Zentralorgan war im März 1917 im Zusammenhang mit der Haltung der Baptisten zur Staatsgewalt argumentiert worden: „Die Staatsgewalt als solche, von sich aus, hat uns nie etwas in den Weg gelegt. Sie tat es stets auf Anstiften der Geistlichkeit [...]"[42], und die Forderung, die bis dahin erhoben wurde, zielte dementsprechend auf die Trennung von Kirche und Staat.[43]

Auch die These, dass Freikirchen aufgrund ihrer „Politikferne" nicht in der Lage gewesen wären, der Diktatur mündig-kritisch entgegen zu treten, gilt es zu hinterfragen. Zum einen handelte es sich bei der Beschreibung „Politikferne" zunächst um eine zeitgenössische Selbstwahrnehmung und Selbstbeschreibung; sie war zum anderen aber offenbar nur auf solches Verhalten bezogen, das dem jeweiligen Regierungshandeln kritisch gegenüberstand, nicht aber auf Loyalitätsbekundungen unterschiedlicher Art. Denn solche gab es von freikirchlicher Weise ja vielfach und auf unterschiedlichen Ebenen. Insofern bestünde die Gefahr einer historischen oder theo-

---

41 Vgl. dazu und zur „Vaterländischen Kundgebung" im Jahr 1915 *Andrea Strübind*, Die unfreie Freikirche. Der Bund der Baptistengemeinden im ‚Dritten Reich', Neukirchen-Vluyn 1991, 35, 37 f.

42 Der Wahrheitszeuge. Eine Zeitschrift für Gemeinde und Haus. Organ der deutschen Baptisten 10 (1917) vom 11. März, 76 (Rubrik „Aus der Schmiede").

43 Vgl. *C. Dreßler*, Die Grundsätze der Baptisten, ebd. 19 (1917) vom 20. Mai, 147, 150–152, hier: 151.

logiegeschichtlichen Analyse, die mit dem Deutungsmuster der „Politikferne" arbeitet, die zeitgenössische Selbstwahrnehmung fortzuschreiben.

Wie eben bereits erwähnt, bildet der hier verwendete Begriff des Politischen nicht alle Interaktionsbereiche zwischen Staat und den Glaubensgemeinschaften ab: Gewiss, mit einem genuin politischen oder gar parteipolitischen Handeln, das intentional auf eine Veränderung von Politik und Gesellschaft ausgerichtet war, haben sich in der DDR wohl nur wenige freikirchliche Christen exponiert. Doch das konkrete Denken und Handeln der einzelnen Gläubigen sollte man aus meiner Sicht durchaus politisch nennen, denn es reagierte oder reagierte nicht auf staatliche Forderungen und blieb damit in beiden Fällen nicht wirkungslos. Auch das zeigt das Leben und die Verfolgung von Helmut Samjeske in der Etablierungsphase der SED-Diktatur.

Auswahlbibliographie zum Verhältnis von Freikirchen und Staat in der DDR:

Assmann, Reinhard: Evangelist Helmut Samjeske – ein tragisches Schicksal, in: *Materne, Ulrich/Balders, Günter* (Hg.): Erlebt in der DDR. Berichte aus dem Bund Evangelisch-Freikirchlicher Gemeinden, Kassel 1995, 186–193.

Assmann, Reinhard: Der Bund Evangelisch-Freikirchlicher Gemeinden in der DDR. Ein Leitfaden zu Strukturen – Quellen – Forschung, Kassel 2004.

Assmann, Reinhard: Samjeske, Helmut, in: *Schultze, Harald/Kurschat, Andreas* (Hg.): „Ihr Ende schaut an...". Evangelische Märtyrer des 20. Jahrhunderts, Leipzig 2006, 639–640.

Assmann, Reinhard : „Wir bleiben Missionare": Der Bund Evangelisch-Freikirchlicher Gemeinden in der DDR (BEFG). Response, in: Kirchliche Zeitgeschichte 29 (2016), 95-101.

Baumann, Imanuel: Als der Entwurf zum Verbot der Mennoniten in der DDR bereits aufgesetzt war. Bemerkungen zu einem Fund von staatlichen Dokumenten aus den Jahren 1951 und 1952, in: Mennonitische Geschichtsblätter 73 (2016), 61-79.

Baumann, Imanuel: Die evangelischen Freikirchen in der DDR – resümierende Bemerkungen, in: Kirchliche Zeitgeschichte 29 (2016), 102-108.

Beaupain, Lothar: Eine Freikirche sucht ihren Weg. Der Bund Freier evangelischer Gemeinden in der DDR, Wuppertal 2001.

Böttcher, Manfred: Die Adventgemeinde in der DDR. Eine Gratwanderung von 1949 bis 1990, Lüneburg 2007.

Dietrich, Wolfgang/Ritter, Heinz-Adolf: Freie evangelische Gemeinden vor und nach der Mauer. Rückblick – Einsicht – Hoffnung (Standpunkte – Christsein heute 1/2), Witten 1995.

Eine offene Flanke zur Welt. Die Evangelisch-methodistische Kirche in der DDR – Dokumente und Erfahrungen, hg. vom Gremium zur Darstellung der Geschichte der Ostdeutschen Jährlichen Konferenz (Beiträge zur Geschichte der Evangelisch-Methodistischen Kirche 46), Stuttgart 1997.

Fitschen, Klaus: Übersehen? Die Freikirchen in der DDR in der kirchlichen Zeitgeschichtsforschung, in: Kirchliche Zeitgeschichte 29 (2016), 19-28.

Hacke, Gerald: Zwei Diktaturen, ein Feind. Die Verfolgung der Zeugen Jehovas im nationalsozialistischen Deutschland und in der DDR, in: *Heydemann, Günther/Oberreuter, Heinrich* (Hg.): Diktaturen in Deutschland – Vergleichsaspekte. Strukturen, Institutionen und Verhaltensweisen (Bundeszentrale für Politische Bildung, Schriftenreihe 398), Bonn 2003, 283–309.

Hampel, Dieter: Ein Abriss des geschichtlichen Werdegangs der Elim-Bewegung, besonders der Elim-Gemeinden in der ehemaligen DDR, in: *Hampel, Dieter/Krüger, Richard/Oertel, Gerhard*: Der Auftrag bleibt. Der Bund Freikirchlicher Pfingstgemeinden auf dem Weg ins dritte Jahrtausend, Erzhausen 2009, 167–260.

Jantzen, Jochen: Die Mennonitengemeinde in der DDR, in: 100 Jahre Berliner Mennonitengemeinde 1887–1987. Festschrift, Berlin (Selbstverlag) [2]1995.

Kirchner, Hubert (Hg.): Freikirchen und konfessionelle Minderheitskirchen. Ein Handbuch, Berlin (Ost) 1987.

Kirchner, Hubert (Hg.): Kirchen, Freikirchen und Religionsgemeinschaften in der DDR. Eine ökumenische Bilanz aus evangelischer Sicht, Berlin (Ost) 1989.

Kirchner, Hubert: Die Freikirchen und Religionsgemeinschaften in der DDR in ihrer Zusammenarbeit in der AGCK und in ihrem Verhältnis zum SED-Staat, in: Materialien der Enquete-Kommission „Aufarbeitung von Geschichte und Folgen der SED-Diktatur in Deutschland" (12. Wahlperiode des Deutschen Bundestages), hg. vom Deutschen Bundestag, Bd. VI/2, Baden-Baden/Frankfurt am Main 1995, 950–996.

Materne, Ulrich/Balders, Günter (Hg.): Erlebt in der DDR. Berichte aus dem Bund Evangelisch-Freikirchlicher Gemeinden, Wuppertal und Kassel 1995.

Müntz, Dieter/Wachowitz, Harald: Kirchen und Religionsgemeinschaften in der DDR ohne den Bund Evangelischer Kirchen in der DDR, die Römisch-Katholische und die Russisch-Orthodoxe Kirche sowie den Verband Jüdischer Gemeinden in der DDR. Handbuch, hg. von der Ingenieurhochschule für Seefahrt Warnemünde/Wustrow, Institut für Marxismus-Leninismus, Rostock-Warnemünde 1988.

Ritter, Heinz-Adolf: Zur Geschichte der Freien Evangelischen Gemeinden zwischen 1945 und 1995. Teil II: Wie der Staatssicherheitsdienst der SED-Diktatur die Gemeinden einschätzte und überwachte und vom Umgang der Gemeinden mit ihren Erfahrungen (Christsein heute-Forum 96), Witten 1997.

Schuler, Ulrike: Die Evangelische Gemeinschaft. Missionarische Aufbrüche in gesellschaftspolitischen Umbrüchen (EmK-Studien 1), Stuttgart 1998.

Strübind, Andrea: Die unfreie Freikirche. Der Bund der Baptistengemeinden im ‚Dritten Reich' (Historisch-Theologische Studien zum 19. und 20. Jahrhundert 1), Neukirchen-Vluyn 1991.

Strübind, Andrea: Evangelisch-Freikirchliche Gemeinden in der DDR aus der Sicht des SED-Staates, in: Zeitschrift für Theologie und Gemeinde 8 (2003), 245–279.

Strübind, Andrea: Der Bund Evangelisch-Freikirchlicher Gemeinden in der DDR (Baptisten), in: Kirchliche Zeitgeschichte 29 (2016),77-94.

Swoboda, Jörg (Hg.): Die Revolution der Kerzen. Christen in den Umwälzungen der DDR, Wuppertal/Kassel 1990.

Törner, Günter: Neuapostolische Kirche in der DDR. Dem Evangelium leben in einem sozialistischen Staat, Selbstverlag 2017.

Voigt, Karl-Heinz: Die methodistische Kirche: Minderheit zwischen den drei Polen: Staat, Kirche und Gesellschaft, in: Kirchliche Zeitgeschichte 29 (2016), 63-76.

Werner, Simon: Das politische Verhalten der Mitglieder Evangelisch-Freikirchlicher Gemeinden in der DDR. Auswertung einer Umfrage, in: Theologisches Gespräch Beiheft 9 (2007).

Wetzel, Michael: Zwischen Anpassung und Verweigerung: Eine Zwischen-bilanz der Forschung zur Rolle der EmK in der DDR, in: Kirchliche Zeitgeschichte 29 (2016), 51-62.

Zehrer, Karl: Das Netz ist zerrissen, wir sind frei. Die Evangelisch-metho-distische Kirche in der DDR, Regnitzlosau (Selbstverlag) 2010.

State and Churches (Religious Communities) in Contemporary Poland
Legal Norms versus Reality

Tadeusz J. Zieliński

As a succinct summary of the following reflections on the present Polish model of church-state relations, it may be said that Poland nowadays is a "liberal Catholic Republic". It is Catholic in so far as the state maintains close relations with the Roman Catholic Church and actively promotes her vision of life. It is liberal since significant freedoms for non-Catholics are still maintained. Such a description should be further extended by another comment: there has been a vivid, serious disparity between legal norms on church-state issues and the daily practice of public authorities (central and local). In other words, since 1989 (the collapse of Communism) and 1997 (an enactment of the present Constitution), a majority of politicians have intentionally been ignoring constitutional norms regarding church-state issues, which according to the Constitution's framers were to secure the secular character of the Polish state.

1.   Religious statistics

Poland's religious landscape embraces 180 denominations (religious associations) whose status is regulated by law.[1] The total

---

1   The legal status of 15 religious denominations is regulated by separate parliamentary acts. Among them are the Roman Catholic Church, the Polish Autocephalous Orthodox Church, the Evangelical Church of the Augsburg Confession, the Evangelical Reformed Church, the United Methodist Church, the Baptist Union, the Church of Seventh Day Adventists, the Polish-Catholic Church, the Jewish Religious Congregations, the Old Catholic Mariavite Church, the Catholic Mariavite Church and the Pentecostal Church. The other 165 religious associations are registered by the Ministry of Internal Affairs and Administration (information as at 27.4.2018). See: Kościoły i związki wyznaniowe wpisane

population of the country is ca. 38,5 million people. There are approximately

33,000,000	Roman Catholics,
500,000	Orthodox Christians,
120,000	Jehovah's Witnesses,
60,000	Lutherans,
55,000	Greek Catholics,
25,000	Pentecostals,
23,000	Mariavites,
18,000	Polish Catholics (Old Catholics of the Utrecht Union),
9,500	Adventists,
6,000	Muslims,
5,000	Baptists,
4,500	Methodists,
3,500	Calvinists and
2,000	Jewish believers.[2]

More than 4,5 million inhabitants do not identify with any religion.

2. Constitutional norms

The Polish system of law has a hierarchical structure, with the written Constitution as the chief legal regulation.[3] Since 2015 it has been grievously violated several times by the governing party "Prawo i Sprawiedliwość" (PiS) led by Jarosław Kaczyński (especially the destruction of the Constitutional Tribunal and the Supreme Court has seriously diminished the level of protection of basic

---

do rejestru kościołów i innych związków wyznaniowych [Churches and religious associations listed in the Register of churches and other religious associations], online:
https://mswia.gov.pl/download/1/32127/ostE-RejestrHW13022018r.pdf (accessed: 10.6.2018).

2   Mały Rocznik Statystyczny Polski. Concise Statistical Yearbook of Poland, Warszawa 2019, 114–115.

3   Konstytucja Rzeczypospolitej Polskiej z dnia 2 kwietnia 1997 r. [Constitution of the Republic of Poland of April 2, 1997, with later amendments], Dziennik Ustaw Rzeczypospolitej Polskiej [Journal of Laws of the Republic of Poland; in the following footnotes abbreviated as: Dz. U.] 1997 Nr 78 poz. 483 z późn. zm.

rights).[4] Nonetheless the provisions of the constitution remain binding, and this applies *inter alia* to the guarantee of liberty in matters of religion and worldview.

Enacted in 1997, the Constitution of the Republic of Poland was drafted by the National Assembly, which at the time was dominated by a Left-Centrist parliamentary coalition. The Constitution embodies the concept of a "friendly separation of church and state".[5] such a vision of mutual relations – the "friendliness" of separation – is not well settled in Polish and foreign law. However, its crucial elements are enshrined in the Constitution, being stipulated mainly in Article 25. Subsection 1 specifies the legal equality (equal legal protection) of all churches and other religious associations; subsection 2 the impartiality (neutrality) of public authorities in religious, worldview and philosophical matters; subsection 3 the autonomy and independence of religious associations and the state; and subsections 4–5 the so-called bilateral model of legal regulation regarding religious associations (in the case of Catholic Church by the Concordat between the Apostolic See and the Republic of Poland,[6] in the case of other religious denominations by parliamentary statutes passed on the basis of agreements made between the churches and the Council of Ministers).

The aforementioned clauses on institutional aspects of religious liberty act in harmony with the clauses that regulate the position of individual persons. In Article 53, the Constitution stipulates: the individual freedom of conscience and religion (subsection 1); the right of registered religious associations to conduct

---

4 Cf. *Christian Davies*, Hostile Takeover: How Law and Justice Captured Poland's Courts (May 2018), online:
https://freedomhouse.org/report/special-reports/hostile-takeover-how-law-and-justice-captured-poland-s-courts (accessed: 8.6.2018).

5 Ocalić przyjazny rozdział Kościoła od państwa. Z Tadeuszem Mazowieckim rozmawia Henryk Woźniakowski [Maintaining a friendly separation between church and state. Tadeusz Mazowiecki interviewed by Henryk Woźniakowski] (December 2010), online: http://www.miesiecznik.znak.com.pl/6672010z-tadeuszem-mazowieckim-rozmawia-henryk-wozniakowskiocalic-przyjazny-rozdzial-kosciola-od-panstwa/ (accessed: 8.6.2018).

6 Konkordat między Stolicą Apostolską i Rzecząpospolitą Polską, podpisany w Warszawie dnia 28 lipca 1993 r. [Concordat between the Apostolic See and the Republic of Poland, signed on July 28, 1993], in: Dz. U. 1998 Nr 51 poz. 318.

religious classes in public schools at public expense (subsection 4); the prohibition of governmental coercion in matters of religion (subsection 6); and the right of each individual not to reveal her or his religious convictions (subsection 7).

All constitutional provisions on religion and worldviews find a detailed statutory reinforcement first of all in the Act of the 17th of May 1989 "on the guarantees of freedom of conscience and confession"[7] and also in the individual parliamentary acts in connection with the state's relations with 15 particular churches and other religious associations[8].

3. Main issues of church–state relations

A substantial part of the legislation on church–state issues is in actuality ignored in the administrative practice of various governmental agencies. This effect is additionally deepened by the fact that the law-makers remain passive as far as detailed guarantees of individual freedoms are concerned. This becomes most evident in particular areas of religious expression in public life.

3.1 Religious expression in public schools

In 1990, shortly after the collapse of Communism, without any parliamentary debate, the Minister of Education introduced religious instruction to public schools by way of a simple note, not even an official ministerial order.[9] The curriculum is not aimed at transmitting knowledge about the various religions, but rather has the character of catechetical instruction according to the beliefs of the particular denominations. All churches and other religious

---

7 Ustawa z dnia 17 maja 1989 r. o gwarancjach wolności sumienia i wyznania [Act of May 17, 1989, on the guarantees of freedom of conscience and confession], Dz. U. 2017 poz. 1153.

8 For a list of those bodies cf. footnote 1.

9 Instrukcja Ministra Edukacji Narodowej z dnia 3 sierpnia 1990 r. dotycząca powrotu nauczania religii do szkoły w roku szkolnym 1990/91 (niepublikowana) [Instruction by the Minister of National Education of August 3, 1990, concerning the reintroduction of religious education in the school year 1990/91], in: *Beata Górowska/Grzegorz Rydlewski* (eds.), Regulacje prawne stosunków wyznaniowych w Polsce [Legal regulations concerning religious affairs in Poland], Warszawa 1992, 138–140. Later teaching of religion was introduced to kindergartens as well.

associations have the right to conduct such classes. According to legal regulations, the participation of the pupils is voluntary, but in practice, in most schools – especially in smaller localities – those who choose not to attend religious instruction have to opt-out by way of a written form. Members of religious minorities and non-believers face a strong social pressure to participate. In secondary schools, participation is much lower, because after reaching the age of 16, students have the right to decide for themselves. The whole process of religious education, including the teachers' salaries, is paid from public funds. Catechists are appointed by the diocesan bishops (or their non-Catholic equivalents), and school headmasters have no voice in the selection of particular candidates.[10]

Besides religious instruction conducted in the form of classes, the is a wide range of religious practices, services and corporate prayers regularly celebrated in public schools. Crucifixes, crosses, portraits of the pope, pictures of saints are regularly placed in public school buildings. Many major public events start with the celebration of the mass with whole school classes participating, accompanied by their teachers. Those who object may abstain. The whole public educational system is employed to promote religion, which in practice usually means the doctrine and practice of the Roman Catholic Church.

With only a few exceptions (less than 50 communities [gminy] out of almost 2500), religious minorities conduct religious instruction outside the school buildings, usually on church premises. Participation in these classes is recognized by the public school system.[11]

The law requires institutions of public education to organize voluntary courses in ethics. Such courses are open to all, including the members of denominations that conduct religious classes, but schools often obstruct the effective organization of ethics classes. The situation has been somewhat improved after the European Court of Human Rights' decision of 2010 in the case *Grzelak versus*

---

10 *Michał Pietrzak*, Prawo wyznaniowe [Constitutional law on church-state-relations], Warszawa ³2005, 251.
11 *Artur Mezglewski/Henryk Misztal/Piotr Stanisz*, Prawo wyznaniowe [Constitutional law on church-state-relations], Warszawa ³2011, 176–177.

Poland (application nr 7710/02), in which it was found that the lack of access to alternative courses to religious instruction infringed the pupil's liberty of conscience and caused an impermissible discrimination.[12]

Among the more recent instances in which public schools urged pupils to participate in acts of worship was a case in the Płock region, where pupils from several schools were obliged by teachers to venerate the relics of the local patron-saint Stanisław Kostka, including kissing the reliquiary.[13]

In several decisions the Constitutional Tribunal recognized the increasing presence of religious symbols and acts in public schools as permissible. Professor Andrzej Zoll, who as a member (1989–1997) and president (1993–1997) of the Constitutional Tribunal consistently promoted a conservative Catholic agenda, now admits that his judicial opinions and Tribunal's judgments concerning religion in the public educational system were wrong: "Today I think that I voted wrongly and our decision was wrong. In the schools, religious studies should be introduced, a subject on different religions and their cultural significance. Teaching of catechism should be conducted in churches."[14]

3.2 Financial support for religious schools

The right to establish private schools also encompasses religious institutions. Hence several churches and other religious associations operate educational institutions of different types and levels.

---

12 *Tadeusz J. Zieliński*, Nauka etyki w szkołach publicznych w ujęciu prawnym [Legal aspects of ethical instruction in public schools], in: *Józef Krukowski / Paweł Sobczyk / Michał Poniatowski* (eds.), Religia i etyka w edukacji publicznej [Religions and ethics in public education], Warszawa 2014, 97–100.

13 Dzieci w szkole zmuszane do całowania relikwii? W internecie zawrzało: Wróciliśmy do średniowiecza! [Children at school forced to kiss relics? Outrage in the internet: We have returned to the Middle Ages!] (5.6.2018), online: http://www.tokfm.pl/Tokfm/7,103454,23498096,dzieci-w-szkole-zmuszane-do-calowania-relikwii-w-internecie.html (accessed: 9.6.2018).

14 "Ale dziś uważam, że głosowałem źle i źle orzekliśmy. Do szkół powinno być wprowadzone religioznawstwo, nauka o różnych religiach i ich znaczeniu dla kultury. Katecheza powinna się odbywać w kościołach." Werdykt wyborczy może odwrócić rzekę. Z prof. Andrzejem Zollem rozmawia Maciej Stasiński [Elections may result in a change of direction. Professor Andrzej Zoll interviewed by Maciej Stasiński], in: Gazeta Wyborcza, 24–25.2.2018, 11.

The great majority of them are affiliated with the Catholic Church or are operated by various Catholic organizations. Besides primary and secondary private religious schools (with or without public rights) there are private religious institutions of higher education. Among them can be counted first of all: the John Paul II Catholic University of Lublin, the Papal University of John Paul II in Kraków, the Papal Faculty of Theology in Wrocław, and the Papal Faculty of Theology in Warsaw. All of them are fully financed from the state budget. There are also public (governmental) religious institutions of higher education fully financed by the state: the Cardinal Stefan Wyszyński University in Warsaw (Catholic) and the Christian Academy of Theology in Warsaw (ecumenical, non-Roman Catholic). There are faculties of theology within state universities in Poznań, Katowice, Toruń, Szczecin, Olsztyn, Opole, also fully financed by the public budget. The state recognizes theology as a science, and state authorities confer degrees in theological science, including a permanent professorship in theological sciences that is awarded by the President of the Republic.[15]

3.3 Religious symbols in public space and religious expression of public officials

The present author recollects his visit to the Office of Religious Affairs[16] in the early 1990s. In the department that dealt with the registration of new churches and other religious association he was astonished to see numerous pictures of the Virgin Mary, Pope John Paul II, and other Christian symbols. With this massive display of Roman Catholic symbols, the state functionaries who worked there were clearly expressing that they identified with the dominant religion of the country. Such a practice was unthinkable

---

15 *Artur Mezglewski*, Wyznaniowe szkoły wyższe a publiczny system kształcenia [Denominational universities and the public educational system], in: *Michał Skwarzyński/Piotr Steczkowski* (eds.), Polityka wyznaniowa a prawo III Rzeczypospolitej [State policy on religion and the legislation of the Third Republic], Lublin 2016, 237–250.

16 The full name in Polish was Biuro do Spraw Wyznań Urzędu Rady Ministrów. Today the Department that copes with the same range of issues is located in the Ministry of Internal Affairs and Administration (Ministerstwo Spraw Wewnętrznych i Administracji).

some months before, during Communist rule. In the new political situation, expressions of religious identity in public spaces were not banned any more – quite the opposite: quite often it was even encouraged by officials. However, it was an unusually disappointing experience to see that the employees of the governmental office responsible for the registration of non-Catholic denominations were allowed to create the impression that the state agency was dominated by one particular religious group.

During the last almost thirty years the offices and buildings of many (although not all) public institutions in Poland have been decorated with symbols of Christianity, usually Roman Catholic. Their presence is most common in schools, as already mentioned, but crosses and crucifixes are exhibited in other public places as well, including the houses of parliament, governmental offices, and some courts of justice. Catholic believers erect crosses and wayside shrines on public property, normally without asking for permission. The typical procedure is that whenever individuals or groups of individuals express the will to post a crucifix in public space, they soon find a circle of supporters, and the responsible authority does not have the courage to formulate objections. Symptomatic in this respect was the behavior of archbishop Sławoj Leszek Głódź, the former military bishop of the Polish Armed Forces, who in 2006 during the religious dedication of the Municipal Courts of Justice in Warsaw in the presence of the assembled crowd handed over a crucifix with a hammer and nails to the chief justice, and pressured him publicly till he fixed it on the wall.[17]

In several cases, complaints against the practice of placing religious symbols in public spaces as lacking any legal basis have

---

17 See: Biskup obrotowy [A rotating bishop] (5.2.2006), online: http://www.newsweek.pl/postac-tygodnia/biskup-obrotowy,15042,1,1.html (accessed: 9.6.2018). The same hierarch in 2016 placed a crucifix in the building of the public television in Gdańsk: Arcybiskup Sławoj Leszek Głódź poświęcił krzyż w... gabinecie dyrektor TVP Gdańsk [Archibishop Sławoj Leszek consecrated a cross in ... the director's office of TVP Gdańsk] (29.5. 2016), online: http://trojmiasto.wyborcza.pl/trojmiasto/1,35612,20150356,arcybiskup-slawoj-leszek-glodz-poswiecil-krzyz-w-gabinecie.html (accessed: 9.6.2018).

been determined by the courts to be unsubstantiated.[18] In their reasoning, the courts employed the majoritarian argument which ignores the situation of minority religions and communities of conviction, and allows for dominance by the ideological majority. Even the dissenting convictions of members of the dominant religion voiced in such situations are usually ignored.

Since majoritarian reasoning is used very widely in determining the religious and ideological issues that arise in the public sphere, it is proper to ask what remains of the state's religious neutrality in this context. Does the position of the state not mean a capitulation to the will of an expansionist majority? Only a few public officials have expressed their determination to uphold the proper meaning of Article 25.5 of the Polish Constitution which stipulates the principle of governmental "impartiality" in religious, philosophical and worldview matters.[19] Their task is however complex, since there is a lack of statutory instruments stipulating what that "impartiality" (neutrality) of the state means in particular areas of governmental activities. Such are the consequences of public legislative negligence.[20]

---

18 For example in the case regarding the placement of the cross in the town hall of Łódź.
19 In 2016 the District Court of Opole (Sąd Okręgowy w Opolu) ruled in favour of a teacher who in 2013 took off the crucifix from the wall in public school in Krapkowice. The public prosecutor and the school concerned filed an appeal against the decision. The Appeal Court in Wrocław (Sąd Apelacyjny we Wrocławiu) in 2017 upheld the original ruling admitting the discrimination in workplace on worldview grounds. The teacher was granted compensation of 5000 zlotys (ca. 1150 Euro in mid-2018). See: Odszkodowanie dla nauczycielki, która zdjęła krzyż ze ściany. Sąd: była dyskryminowana [Compensation for a teacher who removed a cross from the wall. Court: She was discriminated] [(31.1.2017), online:
https://www.tvn24.pl/wroclaw,44/nauczycielka-sciagnela-krzyz-ze-sciany-wygrala-sadowa-batalie,711469.html (accessed: 9.6.2018).
20 The Act of May 17, 1989, on the guarantees of freedom of conscience and confession (cf. footnote 7), regulates several liberties in the area of religion and worldview. It was enacted at the very end of Communist rule and was intended as an instrument of securing religious rights in the state governed by officially atheist Communist party. The act however contains only few safety norms against public religious harassment, especially in the periods, when the political power rests in the hands of – according to western European standards – religious radicals.

Among other symbolic forms of religious presence in the public sphere are Catholic (rarely ecumenical) worship services office-ated as part of governmental (central and local) celebrations. Very often governmental events encompass certain Catholic elements (prayer, benediction, exhortation); some start with Catholic masses. For example, the recent centennial celebration commemorating the establishment of the Supreme Court (1917–2017) started with a mass in St. John's Cathedral in Warsaw, including the partici-pation of the president and the majority of the other justices of the Supreme Court.[21] It is a matter of principle that new buildings and other constructions erected from public funds (schools, courts of justice, police stations, roads, bridges, tunnels etc.) are dedicated by Catholic bishops and priests (occasionally also by clergy of other denominations).[22]

Public institutions, not just individual office-bearers, make special declarations of a religious character. In 2017, the Polish Parlia-ment celebrated the 100th anniversary of the "appearances of Virgin Mary" in Fatima (Portugal). In an official motion, the Sejm announced: "In Her message, the Mother of God revealed the greatest events of the 20th century, and her message is still mean-ingful. In an extremely dramatic way, by revealing a three-part secret and a spectacular miracle of the sun, the Mother of God drew attention to the truth of the Gospel according to which hu-mans for their happiness need only the almighty God, who created us for himself and wants to share with us the fullness of hap-piness. Rarely has a religious event played such an important role in the history of the Church and the world as the Fatima revela-tions. They have also an important dimension for our Father-land."[23] This statement, which in fact is the confession of one

---

21 See the official invitation issued by the First President of the Supreme Court: Obchody 100-lecia SN [100th anniversary of the Supreme Court] (2017), online: http://www.sn.pl/sites/100lecie/jubileusz/SitePages/Obchody.aspx (accessed: 9.6.2018).

22 The high number of streets, squares, hospitals and schools named after Catholic saints and clergymen (particularly after pope John Paul II) is another indicator for the massive presence of Catholicism in Polish public life.

23 "W swoim orędziu Matka Boża objawiła największe wydarzenia XX w., a jego przesłanie jest nadal aktualne. W sposób niezwykle dramatyczny, poprzez

particular religious belief, aroused mixed feelings even among Catholic clergy. Archbishop Wojciech Polak, the Roman Catholic Primate of Poland, commented on the resolution with the words: "Such acts should be passed in the Church, not in the Parliament, since God does not demand such declarations."[24]

3.4   Chaplaincies in public institutions

The right of the churches and religious associations to offer religious ministries in institutions with restricted access conditions like hospitals, the armed forces and prisons is not questioned in democratic states. In Poland, pastoral care by representatives of their own religious tradition is normally available to the believers of the various denominations. While hospitals and prisons provide access to ministers of all religious groups, hospital and prison chaplaincies financed from public funds exist only for the Catholics and, to a significantly smaller extent, for the Orthodox and the Lutherans. The situation is similar in the army, where military chaplaincies fully maintained from the state budget meet the spiritual needs of military personnel from the three major Christian traditions, Catholic, Orthodox, and Lutheran.[25]

---

przekazanie trzyczęściowej tajemnicy oraz spektakularny cud słońca, Matka Boża przypomniała ewangeliczną prawdę, że ludziom do szczęścia tak naprawdę potrzebny jest tylko wszechmocny Bóg, który stworzył nas dla siebie i pragnie podzielić się z nami pełnią szczęścia. Rzadko które wydarzenie religijne odegrało tak ważną rolę w dziejach Kościoła i całego świata, jak objawienia fatimskie. Mają one także istotny wymiar dla naszej Ojczyzny." Uchwała Sejmu Rzeczypospolitej Polskiej z dnia 7 kwietnia 2017 r. w sprawie uczczenia objawień fatimskich w ich 100. rocznicę [Resolution of the Parliament of the Republic of Poland of April 7, 2017 on the commemoration of the Fatima apparitions on their 100th anniversary], Monitor Polski [Monitor of Poland. Official Gazette of the Republic of Poland] 2017 poz. 396.

24 "Takie akty powinny być przyjmowane w Kościele, a nie w Sejmie, ponieważ Bóg nie domaga się żadnych deklaracji." Prymas Polski o uchwale dotyczącej objawień fatimskich: Takie akty powinny być w Kościele, a nie w Sejmie [The Polish primate on the resolution concerning the Fatima apparitions: Such acts should be passed in church, not in parliament] (14.4.2017), online:: https://www.wprost.pl/kraj/10050860/Prymas-Polski-o-uchwale-dotyczacej-objawien-fatimskich-Takie-akty-powinny-byc-w-Kosciele-a-nie-w-Sejmie.html (accessed: 9.6.2018).

25 Military chaplaincies were established on the basis on the parliamentary acts regulating state's relations with the Roman Catholic Church, with the Polish

However, serious objections have been voiced against granting and financing chaplaincies to uniformed services which are not stationed in garrisons. The Polish police, fire brigades, border guards and customs service employ Catholic, Orthodox and Lutheran chaplains, who exercise the right to organize religious ceremonies, social events and supervise religious life of the personnel.[26]

The President of the Republic and the parliament of Poland also have access to fully paid Catholic chaplains who officiate ceremonies in chapels in the presidential palace and in the parliamentary buildings in Warsaw.

3.5 Public financial support for churches and other religious associations

Presently the major source of income for most Roman Catholic clergy is the salaries received for teaching religion in public schools. This is not the case with non-Catholic ministers since in most cases, the number of children from minority denominations is not sufficient to create the minimal teachers' workloads for their local ministers, and they therefore need to be maintained from denominational sources.

Ministers of the registered religious denominations are not obliged to pay the regular income taxes that are required from other citizens (taxation privileges). Social insurance contributions of clergy are partly covered by the state budget, and pensions are paid for out of the public purse through the Social Insurance Agency (Zakład Ubezpieczeń Społecznych).

In 2013 the state budget paid 1.8 billion zlotys (PLN) for the purposes of all religious associations (equivalent of ca. 415 million EUR). From this amount ca. 1,365 million PLN (ca. 315 million EUR)

Autocephalous Orthodox Church and with the Evangelical Church of the Augsburg Confession.

26 *Artur Mezglewski*, Finansowanie nauczania religii w placówkach publicznych oraz wynagrodzeń kapelanów z budżetu państwa [Financing of religious instruction in public institutions and chaplains' remuneration from the state budget], in: *Dariusz Walencik/Marcin Worbs* (eds.), Finansowanie związków wyznaniowych w krajach niemieckojęzycznych i w Polsce. Die Finanzierung der Religionsgemeinschaften in den deutschsprachigen Ländern und in Polen, Opole 2012, 114–120.

covered the salaries of 30,570 teachers of religious education (other costs of religious education like maintaining classrooms, pedagogical supervision etc. are not counted). The remaining ca. 457 million PLN was spent in the following areas: higher religious education (excluding theological and similar faculties at public higher education institutions); Roman Catholic schools (180 million PLN[27]) and students' scholarships (ca. 34 million PLN); salaries of clergy employed by the central government (24 million PLN for 520 persons, including 226 chaplains in prisons and other public institutions, and 161 military chaplains); clergy's social insurance (ca. ¼ of 457 million PLN); and renovation of historical buildings and monuments (81 million PLN).[28] In 2013 the state budget was ca. 321 billion PLN, hence the expenditure on religion (as detailed above) amounted to 0.56 % of all budgetary spending.[29] The overwhelming of this expenditure goes to the Roman Catholic Church. It is evident that in the six years which have passed since 2013, during of rule of Jarosław Kaczyński's party, governmental support for the Roman Catholic Church has seen a significant increase.[30]

Another form of financial privilege for churches has been the exemption from an extremely restrictive law on land ownership introduced by PiS party in 2016,[31] which deprives foreigners and

---

27 *Anna Frankowska*, Państwo daje za dużo na katolickie uczelnie? [Does the state give too much to Catholic schools?] (14.12.2009), online: https://www.money.pl/gospodarka/raporty/artykul/panstwo;daje;za;duzo; na;katolickie;uczelnie,200,0,566216.html (accessed: 12.6.2018). There is a clear growth of expenditure for this purpose: in 2006, 113 million PLN; 2007, 147 million PLN; 2008, 166 million PLN; 2009, 178 million PLN.

28 *Michał Fal*, Ile polskie państwo wydaje na Kościół? Poseł Artur Dębski ujawnia ministerialne dane [How much does the Polish state spend for the church? MP Artur Dębski reveals government figures] (28 April 2014), online: http://natemat.pl/100229,ile-polskie-panstwo-wydaje-na-kosciol-posel-artur-debski-ujawnia-ministerialne-dane (accessed: 12.6.2018).

29 *Fal*, Ile polskie państwo wydaje (cf. footnote 28).

30 *Wiktor Ferfecki*, Miliony z budżetu na finansowanie instytucji związanych z o. Rydzykiem [Institutions related to Father Rydzyk financially supported with millions from the state budget] (9 August 2017), online: http://www.rp.pl/Rzad-PiS/308099903-Miliony-z-budzetu-na-finansowanie-instytucji-zwiazanych-z-o-Rydzykiem.html (accessed: 12.6.2018).

31 Ustawa z dnia 14 kwietnia 2016 r. o wstrzymaniu sprzedaży nieruchomości Zasobu Własności Rolnej Skarbu Państwa oraz o zmianie niektórych ustaw

Polish citizens who are not farmers in a given community (gmina) of the right to purchase real estate bigger than 3000 square meters.[32]

Churches and religious institutions also benefit from EU funds destined for purposes such as the preservation of historic sites including cemeteries and churches and other buildings. Even the construction of new religious buildings has been supported by EU subsidies (for example a contribution of one million PLN was granted to the Center of Buddhist Culture in Grabnik).[33]

Discretionary funding goes to countless entities, mainly Catholic, from the majority of state departments (the Ministry of Justice, the Ministry of the Environment etc.). Since 2015, the institutions affiliated with Father Tadeusz Rydzyk, the founder of Radio Maryja ("Virgin Mary" Radio Station) and Telewizja Trwam ("I Shall Persevere" Television), a chief unofficial campaigner for the ruling PiS party, have been among the leading beneficiaries.[34]

There is no sub-constitutional law in Poland that sets restrictions on public funding of religious institutions and activities. Since 1989, governmental and other public agencies have probably financed a full range of possible religious purposes including salaries and education of clergy, public acts of worship (not only during the papal visits), the construction of new churches and places of worship (including the monumental "Temple of God's Providence"

[Act of April 14, 2016, on the suspension of the sale of real estate from the State Agricultural Property Reserve and on the amendment of some acts], Dz. U. 2016 poz. 585.

32 *Jan Cienski*, Poland raises fences to block farmland sales (26.4.2016), online: https://www.politico.eu/article/poland-raises-fences-to-block-farmland-sales/ (accessed: 12.6.2018); Sprzedaż gruntów rolnych: to już koniec wolnego handlu ziemią [Sale of agricultural land: the end of free trade in land] (29.4.2016), online: http://www.rp.pl/Nieruchomosci/304289855-Sprzedaz-gruntow-rolnych-to-juz-koniec-wolnego-handlu-ziemia.html (accessed: 13.6.2018).

33 See: *Artur Osiecki*, Kościoły i związki wyznaniowe też pozyskują dotacje unijne [Churches and religious associations also benefit from EU subsidies] (6.5.2011), online: http://www.rp.pl/artykul/658838-Koscioly-i-zwiazki-wyznaniowe-tez-pozyskuja-dotacje-unijne.html (accessed: 13.6.2018).

34 Cf. footnote 30.

in Warsaw, heavily funded by the Ministry of Culture and National Heritage), and religious symbols and artifacts (crosses, statues of the Virgin Mary and statues of other saints and priests).

3.6   Reclamation of property taken by Nazis and Communists

The outbreak of the Second World War brought an unprecedented wave of robbery and devastation of religious property, which was organized by the German occupants. The systematic persecution of the Jews during the Holocaust cost millions of human lives and resulted in the destruction of most synagogues, Jewish cemeteries, and other Jewish religious institutions on Polish soil, and in the complete dispossession of the Jewish congregations of their property. Just a tiny share of the former Jewish communal property was reassigned to the use of the small survivor congregations re-established after the war.

During the war, and during the massive population transfers following it, the Christian churches, including the Roman Catholics, the Uniate Greek Catholics, and the various Protestant denominations, also suffered significant material losses. In addition to the damages caused by the German and Soviet occupation during the war, post-war Communist rule in Poland followed a carefully planned agenda of depravation of church property.

One of the last actions of the previous political regime was the introduction of a law on the recovery of Catholic Church property in 1989. Subsequently, till 1997, all other religious denominations were granted the same right for the recovery of lost lands and buildings. The Catholic Church is the chief beneficiary of this legislation. In contrast to the relatively high rate of success in cases submitted by the Catholic Church, a significant share of the claims made by non-Catholic religious bodies, especially the Jewish congregations have been rejected or are still pending.[35]

---

35   The regulation regarding the Catholic Church was a part of: Ustawa z dnia 17 maja 1989 r. o stosunku Państwa do Kościoła Katolickiego w Polskiej Rzeczy-pospolitej Ludowej [Act of May 17, 1989 on the relations between the State and the Catholic Church in People's Republic of Poland], Dz. U. 1989 nr. 29 poz. 154.

3.7 Situation of the Catholic Church

Looking back on the first months of the PiS government's political agenda, archbishop Stanisław Gądecki, chairman of the Polish Bishops' Conference, stated in early 2016: "A great breakthrough has happened. Since the war, there has never been such a unification of the state and the Church."[36] This statement not only expresses the degree of support offered by Catholic clergy to right-wing political politicians, especially the PiS party, but also symbolizes the pinnacle of the Catholic Church's achievements in the public life of Poland. Since 1989 she has exerted an enormous influence on governmental politics, and most of her expectations have been met successfully. Symbolic, material and institutional benefits granted to the Church were already identified in the preceding paragraphs.

For the last thirty years, the majority Church in Poland has been playing a crucial role in the decision-making process regarding such issues as abortion, *in vitro* fertilization, marriage and family law, equality of women, children rights, civil partnerships (still not regulated by law), LGBT-persons' rights, and the prosecution of pedophilia cases. The great majority of Catholic clergy have been supportive of a right-wing political agenda. However, the episcopate has negotiated on the implementation of its ideological goals with every government in spite of its political colors. As a result, the Polish legal system and the universally accepted social norms in the country are perceived as strictly conservative. The degree of pro-Catholic bias in the public administration is demonstrated in the fact that all agencies which serve for foreign adoptions are affiliated with the Catholic Church; they choose adoption parents only from among Catholic candidates, or – if such a candidate cannot be found – from among people of other Christian denominations.

---

36 „Nastąpił ogromny przełom. Po wojnie nie było jeszcze takiego zjednoczenia państwa i Kościoła." *Jarosław Makowski*, Kościelne państwo PiS-owskiej herezji [The church-state of the PiS-sect] (23.10.2016), online:
http://www.newsweek.pl/opinie/kosciol-katolicki-i-pis-rok-dobrej-zmiany-kaczynskiego-,artykuly,399184,1.html (accessed: 14.6.2018). It is worthwile to mention that in 2014 the same prelate remarked that „the principle of state religious neutrality cannot be practically implemented. It is a void notion."

On the other hand, it must be noted that archbishop Stanisław Gądecki (quotes above), but also Cardinal Kazimierz Nycz, and the Primate of Poland, archbishop Wojciech Polak recently issued clearly anti-authoritarian and anti-nationalistic statements in reaction to the growing tide of nationalistic, racist and xenophobic demonstrations, during which even slogans like „Pray for a Holocaust for the Muslims" or „White Power rules" were publicly displayed on Polish streets.

3.8   The fate of religious minorities

The religious minorities of Poland find themselves in a relatively convenient situation. From the legal point of view, their position may be assessed as staying in line with standards accepted in liberal democratic states. Socially the worst treatment is accorded to Jewish and Muslim communities, which more and more often face verbal attacks from more or less extreme right-wing political circles.

The main non-Roman Catholic Churches (Orthodox, Lutheran, Reformed, Methodist, Baptist, Polish National, Old Catholic Mariavite) are members of Polish Ecumenical Council which – *inter alia* – successfully serves as a lobbying agency in public matters.

In accordance with the Constitution, public functions (offices) are still open to all. However, according the 2017 legislation teachers are to be scrutinized „ethically", which may mean that in many localities there is an assessment according to Catholic standards. Generally, no religious test (confessional rubric) is required. Television and radio materials of several religious minorities are broadcast on public media at the expense of the public budget. Since 1989 the formal registration of new religious denominations is rather easy and convenient: no more than a minimum of 100 supporters is required to receive registration.

A wave of „anti-cultist" propaganda, directed against new or small religious groups, was orchestrated by certain Catholic circles in 2001, but these anti-minority activities came to an end within two years without after failing to achieve a significant influence on the population.

4.   Conclusions

In spite of formal constitutional regulations that stipulate the religious and ideological neutrality of the state, Poland may be called a "liberal Catholic republic". On the one hand many symbolic actions of public authorities are marked by Catholic features. Religious institutions (non-Catholic included) receive substantial public funding, and social life is subordinated to standards of Catholic morals. On the other hand, citizens who do not identify with the Roman Catholic faith still enjoy a large amount of freedom. This applies also to confessional minorities. Nonetheless the central government, which since 2015 is controlled by the right-wing party *Prawo i Sprawiedliwość*, fosters a political form of Catholicism closely tied with nationalistic sentiments. Hence the evident growth in the disparity between enacted law and administrative practice.

A careful observer of Polish society may imagine two realistic scenarios in the development of Church-State relations in Poland. One direction would be from the present liberal Catholic republic to a strictly Catholic republic, implementing the expectations of the right-wing, nationalistic, anti-EU sections of society. The other direction would be oriented towards a clearly liberal republic, much desired by those sections of Polish society which are centrist and left-wing, pro-EU, pro-open-society. The present political atmosphere, and the growing polarization which divides the opposing camps on the political spectrum, makes it appear unlikely that the current state of affairs can simply be maintained. Whatever the future may bring, Poland's shoulders are currently being wrapped ever more tightly in a Catholic mantle.

Bibliography:

Górowska, Beata / Rydlewski, Grzegorz (eds.): Regulacje prawne stosunków wyznaniowych w Polsce, Warszawa 1992.

Mały Rocznik Statystyczny Polski. Concise Statistical Yearbook of Poland, Warszawa 2019, pp. 114–115.

Mezglewski, Artur / Misztal, Henryk/Stanisz, Piotr: Prawo wyznaniowe, Warszawa ³2011.

Mezglewski, Artur: Finansowanie nauczania religii w placówkach publicznych oraz wynagrodzeń kapelanów z budżetu państwa, in: *Walencik, Dariusz/Worbs, Marcin* (eds.): Finansowanie związków wyznaniowych w krajach niemieckojęzycznych i w Polsce. Die Finanzierung der Religionsgemeinschaften in den deutschsprachigen Ländern und in Polen, Opole 2012, 114–120.

Mezglewski, Artur: Wyznaniowe szkoły wyższe a publiczny system kształcenia, in: *Skwarzyński, Michał/Steczkowski, Piotr* (eds.): Polityka wyznaniowa a prawo III Rzeczypospolitej, Lublin 2016, 237–250.

Pietrzak, Michał: Prawo wyznaniowe, Warszawa ³2005.

Zieliński, Tadeusz J.: Nauka etyki w szkołach publicznych w ujęciu prawnym, in: *Krukowski, Józef/Sobczyk, Paweł/Poniatowski, Michał* (eds.): Religia i etyka w edukacji publicznej, Warszawa 2014, 97–100.

Staat, Kirchen und Freikirchen in der Bundesrepublik Deutschland

Harald Mueller

Wenn man das Verhältnis zwischen Staat und Kirchen in Deutschland betrachtet, fällt eine Besonderheit auf, die sich vor allem dann deutlich zeigt, wenn man internationale Vergleiche anstellt. Ich möchte dies am Beispiel des 500. Reformationsjubiläums 2017 illustrieren. Es hat am 31. Oktober 2017 einen Festgottesdienst und einen Staatsakt in Wittenberg gegeben, zu dem Vertreter des öffentlichen Lebens und der Kirchen und Religionsgemeinschaften eingeladen waren. Ein Blick auf die Gästeauswahl zeigt, dass neben Vertretern der evangelischen Kirchen im Sinne der EKD-Kirchen und der Römisch-Katholischen Kirche auch Freikirchen berücksichtigt waren, letztere allerdings nur in Form der Repräsentanz durch Dachorganisationen und nicht durch Vertreter einzelner Freikirchen.

Ich greife zwei andere Länder heraus, nämlich Chile und Italien, die unbestreitbar katholisch geprägt sind. In beiden Ländern ist auch des Reformationsjubiläums gedacht worden. In beiden Ländern sind zu diesem Anlass protestantische Delegationen vom jeweiligen Staatsoberhaupt empfangen worden, in Chile von der damaligen Präsidentin Michelle Bachelet, in Italien vom Präsidenten Sergio Mattarella[1]. In diesen Delegationen waren unterschiedliche protestantische Kirchen gleichberechtigt vertreten durch Repräsentanten der jeweiligen Einzelkirchen. Es haben sich hierbei auf Augenhöhe Vertreter der evangelisch-lutherischen Kirche ebenso befunden wie Repräsentanten der Methodisten, Baptisten oder Siebenten-Tags-Adventisten und weitere. In diesen katholisch gepräg-

---

1 Zum Empfang in Italien am 24.10.2017: http://www.chiesaluterana.it/2017/10/24/il-presidente-della-repubblica-mattarella-riceve-una-delegazione-di-protestanti (Zugriff: 9.4.2018). Die Information über den Empfang in Chile am 1.11.2017 hat der Verfasser von einer ihm persönlich bekannten Teilnehmerin dieser Delegation, der adventistischen Juristin Elizabeth Jimenez.

ten Ländern sind sie alle Minderheitskirchen und sitzen als solche in einem gemeinsamen protestantischen Boot, wenn es um die öffentliche Wahrnehmung geht.

Ganz anders in Deutschland. Dort treffen wir auf eine Aufteilung in zwei Blöcke, die scheinbar die Christenheit in Deutschland repräsentieren, die evangelischen Landeskirchen einerseits und die Römisch-Katholische Kirche andererseits. Dass es auch noch andere christliche Kirchen gibt, die sogenannten Freikirchen, gerät aus dem Blick der Öffentlichkeit und auch der Politik. Woran liegt das?

In Deutschland mit seinen beiden großen – mitgliedermäßig heute fast gleichstarken – Konfessionen wirkt in gewisser Weise immer noch die durch den Religionsfrieden von Augsburg im Jahr 1555 und den westfälischen Frieden im Jahr 1648 geregelte Aufteilung in konfessionell weitgehend homogene Territorien nach. Die Landeskirchen, die (oder deren Rechtsnachfolgerinnen) heute der EKD angehören, und die römisch-katholische Kirche waren noch bis zum Inkrafttreten der Weimarer Reichsverfassung im Jahr 1919 Staatskirchen der historischen deutschen Länder.[2] Die Freikirchen, ganz zu schweigen von Juden und Muslimen, haben nie so recht in das religionsverfassungsrechtliche Modell unseres Landes hineingepasst. Die Freikirchen waren bis ins 19. Jahrhundert hinein sogar noch staatlichen Repressionen ausgesetzt.[3]

Das überkommene Konzept unseres Religionsverfassungsrechts wird in unseren Tagen herausgefordert durch die wachsende Anzahl von Muslimen, deren Anteil etwa 5 % der Gesamtbevölkerung beträgt, und unübersehbar durch eine starke Entkirchlichung weiter Bevölkerungsgruppen gerade im Osten unseres Landes, wo der Anteil der Konfessionslosen in manchen Gebieten über 80 % der Bevölkerung ausmacht.[4] Die juristische Basis der Beziehungen zwischen Staat und Religionsgemeinschaften findet sich in den ins Grundgesetz inkorporierten Kirchenartikeln aus der Wei-

---

2 Zu den geschichtlichen Zusammenhängen: *Claus Dieter Classen*, Religionsrecht, Tübingen 2006, 4 ff.

3 *Harald Mueller*, Zur rechtlichen Lage von Freikirchen im Deutschland des 19. Jahrhunderts, in: Spes Christiana 17 (2006), 21–44.

4 Vgl. https://ergebnisse.zensus2011.de/#MapContent:00,R59,m, (Zugriff: 1.8.2018).

marer Verfassung. Es ist, um es kurz zusammenzufassen, dort statuiert, dass keine Staatskirche besteht und dass Religionsgesellschaften Körperschaften des öffentlichen Rechts bleiben, soweit sie bisher solche waren. Anderen Religionsgesellschaften sind auf ihren Antrag gleiche Rechte zu gewähren, wenn sie durch ihre Verfassung und die Zahl ihrer Mitglieder die Gewähr der Dauer bieten.[5] Der Staat ist religiös neutral, erkennt aber einen Öffentlichkeitsauftrag der Kirchen an und kooperiert mit ihnen. Man spricht daher auch von der „hinkenden" Trennung zwischen Staat und Kirchen in Deutschland.

Die tatsächlich noch bestehende Verbindung zwischen Staat und Kirchen zeigt sich in der Frage des verfassungsgemäß garantierten konfessionellen Religionsunterrichts an öffentlichen Schulen, bei der Besetzung theologischer Lehrstühle an staatlichen Hochschulen, in der Seelsorge an öffentlichen Einrichtungen, am Kirchensteuerwesen und an finanziellen Leistungen (Staatsleistungen), die der Staat einigen Kirchen in nicht unerheblichem Umfang gewährt. Schließlich gehört auch der Abschluss von öffentlich-rechtlichen Verträgen, sogenannten Staatsverträgen, in diesen Bereich, obwohl hierin auch gleichzeitig eine Abgrenzung der jeweiligen Interessenssphären gesehen werden kann.

Die Differenzierungen zwischen den einzelnen Kirchen liegen darin, dass einige Körperschaftsqualität haben, andere nicht. Einige hatten diese Qualität schon vor Inkrafttreten der Weimarer Reichsverfassung inne („geborene Körperschaften"), andere haben sie später durch Verleihung erworben („gekorene Körperschaften"). Einige Religionsgemeinschaften streben diesen Status noch an, andere lehnen ihn aus prinzipiellen Erwägungen ab. Dann gibt es solche Religionsgemeinschaften, die Staatsverträge geschlossen haben und Staatsleistungen erhalten, andere wiederum nicht. Ein weiterer Unterschied zeigt sich darin, inwieweit die Religionsgemeinschaften mit Körperschaftsqualität von ihren verfassungsmäßig zugestandenen Möglichkeiten Gebrauch machen, z. B. bei der Frage des

---

5 Art. 140 Grundgesetz im Vergleich mit Art. 137 Weimarer Reichsverfassung; vgl. *Axel von Campenhausen/Heinrich de Walle*, Staatskirchenrecht. Eine systematische Darstellung des Religionsverfassungsrechts in Deutschland und Europa, München [4]2006, 134 f.

Kirchensteuereinzugs. Hier stellt der Staat seine Behördenstruktur den daran teilnehmenden Kirchen zur Verfügung, wobei eine Win-win-Situation dahingehend gesehen wird, dass die finanzielle Ausstattung der teilnehmenden Kirchen deren karitatives Engagement sicherstelle, das wiederum der Gesellschaft zugutekomme und den Staat davon entlaste, in diesen Bereichen selbst Angebote vorzuhalten.[6]

Dass es auch anders geht als mit dem deutschen Kirchensteuermodell, zeigt ein Blick über den Tellerrand nach Italien. Dort ist im Zusammenhang mit einer Neuordnung der Beziehungen zur römisch-katholischen Kirche 1984 das sogenannte „otto per mille"-System[7] installiert worden, an dem auch eine Anzahl protestantischer Kirchen teilnehmen. Es funktioniert vereinfacht dargestellt so, dass jeder Steuerpflichtige von seinem zu versteuernden Einkommen einen Satz von acht Promille gemeinnützigen oder religiösen Zwecken zuwenden muss. Man kann, muss aber nicht, diejenige Organisation bzw. Kirche auswählen, der man den Betrag zuwenden möchte. Trifft man keine Auswahl, wird das Geld nach dem Verhältnis der von den anderen getroffenen Auswahlentscheidungen den teilnehmenden Organisationen zugeleitet.

Im Folgenden sollen die Beziehungen zwischen Staat und Kirchen in Deutschland anhand des Beispiels der Staatsverträge und der Staatsleistungen kurz beleuchtet werden. Für die evangelischen Landeskirchen ist der sogenannte *Loccumer Vertrag* vom 19. März 1955 Muster geworden,[8] soweit es die EKD-Kirchen im Westen Deutschlands betrifft, für den Osten ist es der *Wittenber-*

---

6 Ebd., 226 ff.
7 Vgl. *Tiziano Rimoldi*, L'Intesa con la Chiesa avventista del 7° Giorno, OLIR (Osservatorio delle libertà ed istituzioni religiose) 2004, online: https://www.olir.it/areetematiche/62/documents/Rimoldi_Intesaavventista.pdf (Zugriff: 9.4.2018).
8 Vertrag der evangelischen Landeskirchen in Niedersachsen mit dem Lande Niedersachsen vom 19. März 1955, Zusatzvereinbarung zum Vertrag der evangelischen Landeskirchen mit dem Lande Niedersachsen vom 19. März 1955, in: *Gerhard Robbers/Angelika Günzel* (Hg.), Religionsrechtliche Bestimmungen in der Bundesrepublik Deutschland, Universität Trier 2014, 1417–1426, online: https://www.uni-trier.de/fileadmin/fb5/inst/IEVR/Gesamtdokument.pdf (Zugriff 4.4.2018).

ger Vertrag vom 15. September 1993.[9] In diesen Verträgen werden die Beziehungen zwischen den Vertragspartnern, soweit sie nicht sowieso schon verfassungsrechtlich vorgegeben und mit Garantien versehen sind, noch einmal explizit geregelt und erhalten sozusagen durch die Vertragsform einen doppelten Boden. In den Verträgen sind auch die regelmäßigen finanziellen Leistungen (Staatsleistungen) aufgeführt, die erheblich sind und mit Anpassungsklausel versehen der jeweiligen Beamtenbesoldung angepasst werden.

So sah der Loccumer Vertrag 1955 „als Dotation für kirchenregimentliche Zwecke und als Zuschüsse für Zwecke der Pfarrbesoldung und Versorgung" jährlich 7.700.000 DM vor, die an die evangelischen Kirchen im Vertragsgebiet zu zahlen waren. Der Wittenberger Vertrag gewährte für das Jahr 1991 eine Staatsleistung in Höhe von 18.500.000 DM und für 1992 in Höhe von 25.270.000 DM – mit jeweiliger Anpassung nach oben für die Folgejahre. Vergleichbare Verträge gibt es mit der Römisch-Katholischen Kirche.[10]

Die Zahlungen werden mit alten Rechtstiteln begründet, die für die evangelischen Kirchen noch aus der Zeit der Reformation stammen, als kirchliche Befugnisse im Rahmen des Kirchenregiments auf den Landesherrn übertragen wurden, was finanziell auszugleichen sei. Für die Römisch-Katholische Kirche wird auf die Enteignungen durch den Staat während der Säkularisation verwiesen, die eine finanzielle Entschädigung erforderten.[11] Bereits die Wiemarer Reichsverfassung hat – ebenso wie das Grundgesetz – eine Ablösung dieser Staatsleistungen gefordert. Dazu ist es bislang nicht gekommen. Die weitergeltende Existenz der angesprochenen historischen Ansprüche kann aus heutiger Sicht durchaus angezweifelt werden.

---

9 Vertrag des Landes Sachsen-Anhalt mit den Evangelischen Landeskirchen in Sachsen-Anhalt (Evangelischer Kirchenvertrag Sachsen-Anhalt) vom 15. September 1993 (GVBl. LSA 1994, S. 193), in: *Robbers/Günzel* (Hg.), Religionsrechtliche Bestimmungen, 1529–1542.
10 Zum Beispiel der Vertrag zwischen dem Heiligen Stuhl und dem Land Mecklenburg-Vorpommern vom 15.9.1997, ebd., 1379–1386; anders aber z.B. die Staatsverträge mit der Römisch-Katholischen sowie der Evangelischen Kirche in Hamburg, die keine Staatsleistungen vorsehen, ebd., 1334–1342, 1347–1356; ebenso in Bremen, ebd., 1316–1323, 1324–1331.
11 Zu den historischen Zusammenhängen vgl. *von Campenhausen/de Walle*, Staatskirchenrecht, 283 ff.

Harald Mueller

Dadurch, dass diese Leistungen jedoch in die Staatsverträge einbezogen wurden und damit eine eigenständige Rechtsgrundlage erhalten haben, sind sie in gewisser Weise zukunftsfest gemacht worden.[12] Eine Ablösung, wie sie die Verfassung unverändert vorsieht, kann nur im Konsens mit den begünstigten Kirchen geschehen. Dazu wird es vermutlich in naher Zukunft nicht kommen. Es ist zu erwarten, dass in einer Diskussion über eine Ablösung Einmalzahlungen in großer Höhe – ob berechtigt oder nicht – zur Bedingung gemacht würden, die keine Regierung ihren Wählern plausibel machen könnte.

Interessanterweise sind Staatsleistungen trotz des verfassungsmäßigen Ablöseauftrags auch noch Gemeinschaften in neuerer Zeit zugewandt worden, die sich gar nicht auf alte Rechtstitel stützen können. Hier sei der Staatsvertrag zwischen dem Land Niedersachsen und der Freireligiösen Landesgemeinschaft Niedersachsen vom 8. Juni 1970 erwähnt,[13] der ab 1970 Zahlungen von jährlich insgesamt 100.000 DM mit entsprechender Anpassungsklausel vorsieht. Für den freikirchlichen Sektor ist der Vertrag zwischen dem Land Niedersachsen und der Evangelisch-methodistischen Kirche in Nordwestdeutschland vom 26. Januar 1978 anzusprechen,[14] der Zahlungen ab 1993 bis 2022 regelt, die allerdings in Vierjahresschritten betragsmäßig abnehmen. Sie beginnen für die Jahre 1993 bis 1997 mit 50.000 DM jährlich und laufen für die Jahre 2018 bis 2022 mit 5.000 DM jährlich aus. Auch gegenüber jüdischen Körperschaften sind Zahlungsverpflichtungen vom Staat vertragsmäßig übernommen worden,[15] nicht hingegen gegenüber den muslimischen Verbänden, mit denen in neuerer Zeit in einigen Bundesländern Verträge geschlossen wurden.[16]

---

12 Teilweise wird die Vereinbarkeit der in den Kirchenverträgen geregelten Staatsleistungen mit der Verfassung bezweifelt, vgl. *Ulrich K. Preuß*, Art. 140 Rdnr. 63, in: *Erhard Denninger* (Hg.), Kommentar zum Grundgesetz der Bundesrepublik Deutschland. Alternativkommentar, Neuwied-Kriftel ³2001.

13 Vgl. *Robbers/Günzel* (Hg.), Religionsrechtliche Bestimmungen, 1430–1432.

14 Vgl. ebd., 1429f.

15 Z.B. in Nordrhein-Westfalen, ebd., 1450; oder in Hamburg, ebd., 1342, wo hinsichtlich der Höhe der Staatsleistungen im Staatsvertrag auf gesonderte Vereinbarungen verwiesen wird.

16 Z.B. in Hamburg mit verschiedenen muslimischen Verbänden, wobei es noch einen gesonderten Vertrag mit der Alevitischen Gemeinde gibt, vgl. http://

Interessant ist in diesem Zusammenhang auch eine Besonderheit des Bayerischen Landeshaushalts. Der Doppelhaushalt 2017/18 des Freistaates Bayern sieht unter dem Titel 05/52, „Zuschüsse an sonstige Religionsgemeinschaften und Weltanschauungsgemeinschaften", Staatsleistungen für kleinere Kirchen und Weltanschauungsgemeinschaften „aus Paritätsgründen" vor,[17] auch wenn es mit ihnen keine Staatsverträge gibt. Begünstigt sind die Alt-Katholische Kirche, der Bund für Geistesfreiheit, die Griechisch-Orthodoxe Metropolie, die Russisch-Orthodoxe Kirche, der Bund Evangelisch-Freikirchlicher-Gemeinden, die Evangelisch-methodistische Kirche, die Rumänisch-Orthodoxe Kirche und der Humanistische Verband Deutschlands – Bayern. Diese Gemeinschaften erhalten einen Betrag, der für den vorgenannten Haushaltszeitraum knapp 7 € pro Mitglied betrug.

Für Freikirchen stellt sich angesichts der beschriebenen Situation die Frage, wie sie sich jeweils positionieren sollen. Hier gibt es zwei Ansätze. Zum einen haben Religions- und Weltanschauungsgemeinschaften versucht bzw. sie versuchen es immer noch, auf der Leiter der staatlichen Anerkennung durch die Gewährung von Körperschaftsrechten nach oben zu gelangen und sich hier innerhalb des überkommenen Systems zu bewegen, es in ihrem Sinne zu benutzen und Vorteile daraus zu ziehen. Hier gibt es naturgemäß solche, die es „geschafft" haben und solche die „auf der Strecke" geblieben sind bzw. noch „unterwegs" sind.

Der andere Ansatz ist, diese Entwicklung bewusst zu kritisieren und sich für eine Modernisierung – gleichsam für ein „aggiornamento" – des deutschen Religionsverfassungsrechts einzusetzen. Wer diesen Weg für richtig hält, wird sich gegen das auf historischen Traditionen beruhende System der Staatsleistungen wenden[18] sowie gegen das bestehende Kirchensteuerwesen[19] und

---

www.hamburg.de/contentblob/3551366/data/download-alevitische-gemeinde.pdf (Zugriff: 14.8.2019). Diese Verbände sind bislang keine Körperschaften des Öffentlichen Rechts.

17 Vgl. https://www.stmflh.bayern.de/haushalt/staatshaushalt_2017/haushaltsplan/Epl05.pdf (Zugriff: 8.4.2018), 250 f.

18 *Godehard Weyerer*, Zwei Jahre Staatsvertrag mit den islamischen Religionsgemeinschaften, Deutschlandfunk Kultur, Beitrag vom 1.3.2015, online:

andere Relikte der staatlichen Verknüpfung mit kirchlichen Belangen. Wer diesen Ansatz verfolgt, muss allerdings auch gangbare Gegenvorschläge machen. Eine religionsfeindliche Zurückdrängung alles Religiösen auf die Ebene des Privaten im Sinne eines strikten Laizismus dürfte der Religionsfreiheit, wie sie das Grundgesetz sowohl für Individuen als auch für Religionsgemeinschaften garantiert, nicht zuträglich sein. Auch müsste gewährleistet sein, dass eine Reform der Kirchenfinanzierung nicht das karitative Engagement der Kirchen im Rahmen der öffentlich geförderten Freien Wohlfahrtspflege in Frage stellt.

Die in der Regierungsverantwortung stehenden Politiker haben bislang kein Interesse gezeigt, am bestehenden System ernsthaft zu rütteln. So sind erhebliche Beharrungskräfte festzustellen, die eine zeitnahe Veränderung der gegenwärtigen Verhältnisse unwahrscheinlich machen. Allerding ist durchaus in Betracht zu ziehen, dass sich die gesellschaftlichen Rahmenbedingungen in unserem Land schneller ändern als manche ahnen. Es könnte dann ein Zustand eintreten, der ein „Weiter so" nicht mehr zulässt.

---

https://www.deutschlandfunkkultur.de/bremen-zwei-jahre-staatsvertrag-mit-den-islamischen.1278.de.html?dram:article_id=312939 (Zugriff: 14.8.2018); *Erwin Fischer*, Trennung von Staat und Kirche. Die Gefährdung der Religions- und Weltanschauungsfreiheit in der Bundesrepublik, Frankfurt am Main [3]1984, 238–241.

19 *Ulrich Hemel*, Die Kirchensteuer muss endlich abgeschafft werden, in: Welt, 13.8.2017, https://www.welt.de/debatte/kommentare/plus167614937 (Zugriff: 9.4.2018); zu rechtspolitischen Fragen: *von Campenhausen/de Walle*, Staatskirchenrecht, 238 ff.

Literatur:

Campenhausen, Axel von/de Walle, Heinrich: Staatskirchenrecht. Eine systematische Darstellung des Religionsverfassungsrechts in Deutschland und Europa, München [4]2006.

Classen, Claus Dieter: Religionsrecht, Tübingen 2006.

Denninger, Erhard (Hg.): Kommentar zum Grundgesetz der Bundesrepublik Deutschland. Alternativkommentar, Neuwied-Kriftel [3]2001.

Mueller, Harald: Zur rechtlichen Lage von Freikirchen im Deutschland des 19. Jahrhunderts, in: Spes Christiana 17 (2006), 21–44.

Rimoldi, Tiziano: L'Intesa con la Chiesa avventista del 7° Giorno, OLIR (Osservatorio delle libertà ed istituzioni religiose) 2004, online: https://www.olir.it/areetematiche/62/documents/Rimoldi_Intesaav ventista.pdf.

Robbers, Gerhard/Günzel, Angelika (Hg.): Religionsrechtliche Bestimmungen in der Bundesrepublik Deutschland, Universität Trier 2014, 1417–1426, online: https://www.uni-trier.de/fileadmin/fb5/inst/IEVR/Gesamtdokument.pdf.

Zu den Autoren

Pastor i. R. **Reinhard Assmann** gehört dem Vorstand der Gesellschaft zur Förderung vergleichender Staat-Kirche-Forschung und dem Historischen Beirat des Präsidiums des Bundes Evangelisch-Freikirchlicher Gemeinden in Deutschland (BEFG) an.

Dr. **Imanuel Baumann** ist wissenschaftlicher Mitarbeiter für Geschichtsvermittlung am Haus der Geschichte Baden-Württemberg in Stuttgart.

Prof. Dr. **John Coffey** ist Professor für Geschichte der Frühen Neuzeit an der Universität Leicester. Sein Forschungsschwerpunkt ist die Geschichte des britischen und amerikanischen Protestantismus.

Prof. Dr. **Curtis W. Freeman** ist Forschungsprofessor für Theologie und Baptistische Studien an der Duke University Divinity School und Direktor des dortigen Baptist House of Studies.

Dr. **Thomas Hahn-Bruckart** ist Habilitand an der Evangelisch-Theologischen Fakultät der Johannes Gutenberg-Universität Mainz.

Prof. Dr. **Michael Haspel** lehrt Systematische Theologie am Martin-Luther-Institut der Universität Erfurt.

Dr. **Joachim Heise**, Historiker, Leiter des Berliner Instituts für vergleichende Staat-Kirche-Forschung, Vorsitzender der Ursula-und-Horst-Dähn-Stiftung.

Dr. **Andreas Liese** war Gymnasiallehrer für Geschichte und Ev. Religion in Bielefeld und langjähriger Lehrbeauftragter für Kirchengeschichte an der Universität Bielefeld. Er ist Vorsitzender des Historischen Beirats des Präsidiums des BEFG.

Prof. Dr. **Gerhard Lindemann** lehrt Kirchengeschichte am Institut für Evangelische Theologie der Technischen Universität Dresden.

Dr. **Harald Mueller** ist Richter am Amtsgericht Hannover und Leiter des Instituts für Religionsfreiheit der Theologischen Hochschule Friedensau.

Prof. Dr. **Martin Rothkegel** unterrichtet Kirchengeschichte an der Theologischen Hochschule Elstal.

Dr. **Sascha Salatowsky** ist wissenschaftlicher Referent an der Forschungsbibliothek Gotha.

PD Dr. **Astrid von Schlachta** ist Lehrbeauftragte für Neuere Geschichte an der Universität Regensburg und Leiterin der Mennonitischen Forschungsstelle Weierhof.

Dr. **Peter Vogt** ist Pfarrer der Evangelischen Brüdergemeine in Herrnhut und Studienleiter der Evangelischen Brüder-Unität. Er gehört dem Synodalvorstand der Synode der Europäisch-Festländischen Brüder-Unität an.

Prof. Dr. theol. habil. Dr. jur. habil. **Tadeusz Jacek Zieliński** ist stellvertretender Rektor der Christlichen Theologischen Akademie in Warschau und war 1993-2001 Mitglied des Polnischen Parlaments (Sejm).

Namensregister